犯罪の一般理論

低自己統制シンドローム

マイケル・R・ゴットフレッドソン

トラビス・ハーシー［著］

大渕憲一［訳］

A GENERAL
THEORY OF
CRIME

丸善出版

A GENERAL THEORY OF CRIME

by

Michael R. Gottfredson and Travis Hirschi

Published in English

by Stanford University Press

Copyright © 2000 by the Board of Trustees of

the Leland Stanford Junior University.

All rights reserved.

This translation is published

by arrangement with Stanford University Press,

www.sup.org

through Japan UNI Agency, Inc.

1988年の仲間たち、キャロル、ケイト、ブライアン、アンナ、ケンドル、
カレン、ネイサン、ジャニス、ジュスティン、フィルへ

子供たちのことが気掛りだったのだが、彼はある日、思い至った。
彼らのために何かできることがあるはずだ、と。

未だ明らかにされていない何かがあると信じること、そして命を掛けて
それを引き受けること、それが未来を拓く唯一の道である。
目の前の事実に支配され、みずからに推量、直観、大胆な仮説、
冒険を認めないことは独房に閉じ込められているようなものだ。
無知であるからといって、心と想像力を完全に封じ込めることはできない。

——リリアン・スミス［Lillian Smith］
『遍歴（*The Journey*）』（ニューヨーク、1954：12, 256）

日本語版への序

　本書はマイケル・R・ゴットフレッドソン（Michael R. Gottfredson）とトラビス・ハーシー（Travis Hirschi）の著書 "A General Theory of Crime"（1990）の全訳である。彼らは犯罪抑制因に焦点を当てた犯罪統制理論を展開してきたが、とりわけハーシーは、1960 年代後半、社会的絆理論によって犯罪学者としての地位を確立した。著者らは、この絆理論の基盤となる諸概念をさらに精緻化し、犯罪‐低自己統制理論として本書においてこれを展開した。

　この理論は、犯罪概念と犯罪性概念を区別するところから始まる。犯罪とは「安易なやり方で、即座の欲求充足をはかる衝動的行動」であり、一方、犯罪性とは「そうした衝動的行動を行う人たちがもつ諸傾向」で、その中核要素が低自己統制と呼ばれる心的体制である。これは、長期的視点に立ってものごとを考えることが苦手で、目前の快楽に惹かれて行動する傾向である。

　フィクションの世界では、綿密な計画に基づき、統制された行動によって犯行を遂行する窃盗団などが描かれることがある。世の中にこうした緻密な犯罪もないわけではないが、それはきわめて稀なもので、実際の犯罪の大半は、目の前の誘惑に惹かれ、予見性や計画性を欠き、努力や訓練を必要としない衝動的なものである。それは低自己統制という性質をもつ人々によって行われることが多い。著者らが自分たちの理論を犯罪の「一般理論」とした理由は、大半の犯罪には上記の共通特徴があり、大部分の犯罪がこれによって説明できるとしたことによるものである。

　犯罪と犯罪性（低自己統制）は完全に重なるわけではない。犯罪は状況要因にも左右され、どんなに低自己統制の人でも監視人の目の前での犯行は控えるだろうし、誘惑が余りに強力であれば高自己統制の人でも魔が差すことがあるかもしれない。一方、低自己統制の人は、犯罪以外の問題行動も示す。彼らは事故、病気、学業失敗、失業、離婚などのトラブルとしばしば遭遇するが、それは軽率、怠惰、無責任といった彼らの行動特性を反映するものである。低自己統制は犯罪だけでなく、広範囲の社会病理・個人病理の原因であるという著者らの主張を汲んで、本書の日本語版には

「低自己統制シンドローム」という副題を付けさせてもらった。

　本書の特徴の一つはその論争性であろう。社会解体論、緊張理論、下位文化理論はじめ主要な犯罪理論が俎上に載せられ、著者らの厳しい批判にさらされる。犯罪学分野では、重犯罪と軽犯罪、早発犯罪と遅発犯罪、対人犯罪と対物犯罪など、犯罪を分類してそれぞれに異なる説明を与える犯罪理論が数多く提起されてきたが、著者らはこれらすべてが犯罪の本質を見誤ったものであるとして一蹴する。その容赦のない糾問に、一面的過ぎるのではないかと同情を禁じ得ないこともあるほどだが、こうした批判的検討を通して著者らは低自己統制理論の正当性を主張していくのである。

　犯罪学研究の主流を占める犯罪社会学では、社会変動、階層、文化など社会環境要因を中心に犯罪分析を進めてきたが、本書の著者らは社会学者でありながら、その理論の中心に低自己統制という心理学的概念を置いている。しかし、著者らは自分たちの立場を心理学的とは認めていない。それどころか、攻撃性など犯罪関連の個人特性を探求する心理学を、基本概念が曖昧で方法論に問題があるとして批判するのである。この背景には、低自己統制理論で仮定する犯罪行動の基本動因である快楽追及は人間の本性であり、個人特性ではないという著者らの信念がある。心理学を個人特性の研究のみと限定するなど、著者らの学問分野（ディシプリン）観はやや偏狭だが、研究対象を無限に細分化し、マイクロ・セオリーを量産するだけの近代の実証科学のあり方を批判し、著者らは、犯罪に関する多様な分野の知見を統合し得るグランド・セオリーの構築を目指したのである。その後、各国で実施された実証研究は概ねこの理論を支持しており、今日、低自己統制は犯罪原因の有力な原因とみなされるに至っている。

　本書は、1996 年、松本忠久氏によって邦訳され、『犯罪の基礎理論』として文憲堂から出版された。ハーシーたちが展開した低自己統制論は、今日、犯罪原因論として広く知られるようになり、また、犯罪学以外の分野からも関心が高まっている。『基礎理論』が絶版になっている事情もあり、この機会に訳語の再検討を踏まえて新たな翻訳出版を試みることとした。犯罪学分野における重要文献である本書の翻訳に携わることができたことは、訳者として栄誉であるとともに、この挑戦的な仕事から多くの刺激と感銘を受けることができた。この機会を与えていただいた丸善出版株式会社には大いに感謝申し上げたい。原著には独特の言い回しが多く用いられ、思い切った意訳の必要な個所も少なくなかった。誤認あるいは不十分な点もあるかと思い、これらについて読者の方々の指摘を待ちたい。

2018 年 9 月

大 渕 憲 一

謝　辞

Acknowledgments

　ジョン・ヘーガン、ジョン・カプラン両氏には本書の原稿を読んでもらい、貴重な助言と励ましをいただいた。我々はそのご努力に感謝するとともに、両氏が必ずしも犯罪に関して我々が述べようとしたことすべてに同意されたわけでないことも記したい。

　我々は何度か改稿を繰り返したが、下記のアリゾナ大学の学生・同僚たちはそれらを読んで意見を述べてくれ、有益な助言もいただいた。それは、ゲリー・ジェンセン、デービッド・ロウ、チェスター・ブリット、レノア・シモン、ジェフリー・クロッツ、メアリー・アン・ゼイガー、セロン・クイスト、デービッド・ソレンソン、キャロリン・ウィレイン、リンダ・マーコビッツ、バーバラ・コステロの皆さんである。

　本文においてその都度明示してはいないが、我々が多くの学術的恩恵を受けていることを読者の方々はすぐに気付かれるであろう。脚注や引用文献に記したもの以上に、はるかに多くの影響を我々は以下の方々の著作から与えられてきた。それは、ロナルド・エイカーズ、リー・ロビンス、デービッド・マッツア、マーカス・フェルソン、ローレンス・コーエン、ロナルド・クラーク、ジャックソン・トビー、ジョン・ヘーガン、ドナルド・クレッシー、ヨージ・モリタ、ジェラルド・パターソン、ジョン・ローブ、ロバート・サンプソン、ルース・コーンハウザー、ロバート・バージェス、チモシー・ホープ、チュアン・ジム・シュウ、パット・メイヒュウ、アーネスト・バン・デン・ハグ、グウィン・ネトラー、ダニエル・グレイサー、デービッド・ボルドー、ロドニー・スターク、カール・クロッカーズ、マーチン・キリアス、ケネス・ランド、ジョン・ロフランド、アービング・ピライアビン、ラマー・エンピィ、ウォルター・ゴーブの方々である。もちろん、これらの方々が我々と同じ考えであると申し上げるつもりではない。むしろ、この方々の言わんとすることを我々は真摯に汲み取ろうと努力したと申し上げたい。

　同僚のマイケル・ヒンデラング（ニューヨーク州立大学オーバニー校）とメイナード・エリクソン（アリゾナ大学）から我々が日々享受した刺激に言及しなければ、彼

らとの友情に対する怠慢とされるであろう。

スタンフォード大学出版のグラント・バーンズ氏は我々の原稿を快く受け取ってくれたが、同時に鋭い批評も行ってくれ、これらは著者として誠に幸運なことであった。本書に注ぎ込んでくれたその才能とエネルギーに心から感謝申し上げる。ジュリア・ジョンソン・ゼファーノ氏は「意欲的」という語の使用者を驚愕させる熱心さで意欲的に編集支援を行い、我々の要求に応えてくれた。これらのおかげで、本書はずっと良いものとなった。

いくつかの章の一部は、他で既に出版されたものを書き直したものである。ここで、これらの使用を許可してくれた出版社に感謝申し上げたい。とりわけ、「年齢と犯罪の説明」（『米国社会学雑誌』89 巻、552-84）についてはシカゴ大学出版に、「ラムダの真値は零になるだろう」（1986、24 巻、213-34）、「縦断的犯罪研究の方法的適切性」（1987、25 巻、581-614）、「科学、公共政策とキャリア・パラダイム」（1988、26 巻、37-55）および「ホワイト・カラー犯罪の原因」（1987、25 巻、949-74）については米国犯罪学会に、「犯罪と家族」（ジェームズ・Q・ウィルソン編『犯罪と公共政策』1983、53-68）について ICS 出版に、「犯罪と犯罪性の違い」（T・F・ハートネイゲル、R・ジルバーマン編『批判と説明：ギーン・ネットラーに敬意を込めて』1986、55-69）と「犯罪の性向理論」（F・アドラー、W・ローフア編『犯罪学理論の進歩第 1 巻』1988、57-67）についてはトランザクション出版社に、「国際比較犯罪学のための犯罪の一般理論」（『青少年非行第 5 回アジア太平洋会議プロシーディング』、1988、44-53）についてはアジア太平洋地域文化社会センターに、最後に「職業犯罪者と選択的不能化」（J・E・スコット、T・ハーシー編『犯罪と司法における論争』1988、199-209）についてはセイジ出版社に、それぞれ感謝の意を表したい。

マイケル・R・ゴットフレッドソン

トラビス・ハーシー

目　次

Contents

序　　xi

Ⅰ部　犯　罪
1章　犯罪の古典学派理論と犯罪概念　　2
2章　犯罪の本質　　13

Ⅱ部　犯罪性
3章　生物学的実証主義　　42
4章　心理学的、経済学的、社会学的実証主義　　58
5章　犯罪性の本質：低自己統制　　77

Ⅲ部　理論の応用
6章　犯罪事象と個人特性：年齢、性別、人種　　112
7章　低自己統制の社会的帰結　　141
8章　文化と犯罪　　154
9章　ホワイト・カラー犯罪　　164
10章　組織と犯罪　　184

Ⅳ部　研究と政策
11章　研究デザインと測定　　198
12章　公共政策への示唆　　232

引用・参照文献　　251
索　引　　265

表・図の掲載頁

表1 実父と養父に分けたときの、犯罪記録をもつ養男子の割合　　49

表2 実父と養父に分けたときの、刑法犯によって有罪判決を受けた養男子の割合　49

表3 1924〜47年のデンマーク（コペンハーゲンを除く）における、実父と養父の犯罪性が養男子の犯罪性に与える共同効果　　51

表4 男子養子に関するスウェーデン研究の交差養子データ：生物学的傾向による「軽犯罪」の関与の割合　　53

表5 共通に用いられた自己報告項目における男性の対女性比、この性比のメディアンによる順位　　133

表6 親の監視の程度とジェンダーによる自己報告された非行割合　　136

表7 犯罪種とデータの違いによる出現率（I）、関与率（P）、度数（λ）の測度：13〜18歳男子　　221

表8 外部変数と犯罪の発生率（I）、関与率（P）、度数（λ）の各測度との相関（ピアソンのrとガンマ）　　224

図1 父親と息子の犯罪行動間に観察される相関.03を生み出すために必要な諸相関　55

図2 イングランドとウェールズにおける1842〜44年の犯罪者の年齢別、性別分布　113

図3 イングランドにおいて、1908年、最初の有罪判決を受けた男性犯罪者の一般人口に対する年齢分布　　114

図4 1977年の米国の全検挙者数の一般母集団に対する年齢分布　　114

図5 1965年のイングランドとウェールズにおける、犯罪で起訴され有罪となった男性と女性の全人口に対する年齢分布　　115

図6 フィラデルフィアにおける1945年生まれの男性の人種別、年齢別非行率　116

図7 1975年のニューヨーク州の男性受刑者1,000人当たりの刑務所内違反件数　118

図 8　1977 年のニューヨーク州の年齢別、性別の自動車事故数　　　119

図 9　年齢によって影響されない真の理論　　　120

図 10　詐欺（1980 年 1 万人当たり）と横領（1984 年 100 万人当たり）の逮捕率　　175

図 11　横領（1981 年 100 万人当たり）と詐欺（1981 年 1 万人当たり）の性別、人種別逮捕率　　　176

図 12　殺人（1983 年 50 万人当たり）、詐欺（1980 年 3 万人当たり）、横領（1984 年 100 万人当たり）の年齢別逮捕率　　　176

図 13　性別による横領逮捕率（1984 年 10 万人当たり）　　　177

図 14　1970、74、83 年の米国の男性強盗犯の年齢別検挙率（10 万人当たり）　　239

序

Preface

　犯罪行動に対して犯罪学が信憑性のある説明を与えることができるかどうかについて、ここしばらく我々は悲観的だった。さまざまの学問分野が次から次へと犯罪研究に名乗りを上げたが、それらは、犯罪についても、自分たちが他で述べてきたことを繰り返すだけに終始するのが常だった。学問的立場に拘束された説明の仕方では、真理のリングを手にすることなどできないであろう。公共政策は、リハビリテーション、抑止、投獄など、刑事司法システムを使って犯罪に戦いを挑む人々が利用できる手段を、おおかた出し尽くしてしまった。政策立案者たちがしていることといえば、いたずらに、自分たちの解決策が他のものよりましだとする正当化の論拠を探し回るだけで、結果として彼らは、警察官増強から薬物取締、職業犯罪者プログラムから休暇削減、囮捜査から自警団に至るまで、多くの政策案に翻弄され続けている。

　この事態に対する「学際的」解決策にも我々は悲観的だった。大学内において、犯罪学は常に典型的な副専攻であり、それぞれの親学問から知識を借用して真理と地位を達成しようとする派生的研究分野に過ぎなかった。事実、犯罪学は、学際的視点が理論的にも実践的にも、中途半端なものを生み出すだけであることを示している。

　この状況は逆説的にも見える。社会秩序や政治秩序の基盤以上に重要なトピック、人間の本性の探求以上に興味深いトピック、窃盗や暴力の理解以上に実践的なトピックというものはないであろう。学生たちの関心も同じで、こうしたトピックを含まないコースでは教室に多くの学生を惹き付けることはできないであろう。犯罪研究者たちは、基本的には犯罪に無関心な他の学問領域に主導権を奪われることなく、犯罪研究を進める必要がある。

　我々は、学問的立場という拘束から自由で、しかし犯罪に対する合理的な公共政策の基本構図を描くのに役立つような本を執筆しようと努力してきた。我々はまた、どの学問分野であれ、また、たとえ我々の犯罪統制能力の限界を示すものであろうと、信頼できる研究結果であればこれを取り入れ、それらに基づいて執筆を進めようと努力してきた。

こうした本を執筆するために、我々は、諸学問分野が誕生する以前に支配的であった観念、すなわち、犯罪を、快楽を追求し苦痛を回避しようとする人間がもつ無制限の性向の自然的結果とみなす観念に再度注目した。犯罪学分野では古典学派として、それ以外の分野では合理的選択モデルとして知られるこの観念は、諸学問分野に取り入れられた科学的偏好のために犯罪学者たちによって放棄されたものである。実証学派と呼ばれるこの科学的学問分野は 20 世紀を通じて犯罪学を主導した。それは因果律と決定論を強調し、古典学派にあった人間性の自己追及モデルを否定したのである。

詳細に検討してみると、古典学派のモデルを単に復活させるだけで、犯罪学が抱える理論的、政策的問題が解決されるわけではないことが明らかとなった。現代の実証学派は多くの問題を抱えているが、それらすべてが古典学派理論の不当な解釈と結び付けられるわけではない。例えば、古典学派理論は犯罪の法的コストへと関心を向けさせるが、多くの研究が示すところでは、刑事司法システムの動員によって犯罪率が変化するわけではない。古典学派理論はまた、犯罪原因として家族の役割を無視する傾向があるが、これは研究によって支持されてはいない。

しかし、人間性に関する古典学派イメージと犯罪行為に対する古典学派概念は、どの実証学派理論よりも、犯罪が、事故、被害、家出、怠学、怠業、薬物濫用、家族問題、疾患など、より大きな逸脱行為群の一部に過ぎないという研究知見とよりよく調和するように思われる。さらに、犯罪が若者に過度に集中していること、犯罪傾向における人々の間の違いは長期間にわたって比較的安定していることも知られている。

どの学問分野も、通例、「何が犯罪を生み出すか？」という問から始める。当然のことだが、各学問分野は自己の中核概念に基づいてこの問に答えようとする。つまり、社会学なら社会階層、文化、組織に注目する；心理学は人格に注目する；生物学は遺伝に注目する；そして、経済学は雇用あるいは就労に注目する。本書の 1 章、2 章において、我々は別の問から始める：それは、「犯罪とは何か？」である。ほとんどの先行研究と違って、我々は犯罪そのものからスタートする。因果関係の説明を試みる前に、その本質を明らかにしたいと思う。これこそが、生産的な方略であろう。犯罪の社会科学的概念や大衆概念は誤解を招くものである。犯罪に剥奪、仲間の影響、ギャング仲間は必要ではない；それは、生物学的過去について語るものではないし、職業類似のものでもない。犯罪に計画性やスキルは必要ない。犯罪「キャリア」は破滅以外のなにものにもつながらない。ほとんどすべての犯罪は、その瞬間の欲望を満たすために行われる、平凡で、単純で、ありふれた、容易な行為であり、このことから、なぜ、多くの社会的問題や多様な逸脱行動が同一個人に集中してみられるのかを理解することができる。事実、犯罪は、諸学問分野が提供する因果説明、あるい

はメディアや法執行機関のプロパガンダでおなじみの因果説明とはほとんど無関係のものである。

　こうした理由で、古典学派と実証学派の犯罪学を結び付けることは予想以上に困難であることが判明した。諸学問分野の実証的主張を見れば見るほど、我々にはその妥当性が疑わしくなった。3章、4章において我々は犯罪に関するそれらの主張、つまり、犯罪は一定程度遺伝子を通して伝承されるとする近年注目の考え方から、犯罪は攻撃性と呼ばれる心理学的特性によって説明されるとするより古いがより定着した考え方まで、それらの真偽を詳細に吟味する。これらの章ではまた、犯罪を職業とみなす経済学的概念と、通常の学習された行動あるいは満たされない願望の表現であるとする社会学的概念も吟味する。すべてのケースにおいて、我々はこれらの概念が犯罪の本質とは合致しないものであり、非常に興味深いことだが、それらの学問分野自身が生み出してきたデータとも合致しないと結論付ける。これらの理論が存在し続けるのは、犯罪行動を説明する上で有益であるからというよりも、その学問分野にとって好都合であるからであろうと我々は結論する。

　5章では、犯罪の本質から犯罪者の概念を導き出す。この犯罪者は、警察やメディアが描くような極悪人でもなければ、実証学派が描くアメリカン・ドリームを追求する野心家でもない。反対に、この犯罪者は欲望を自制することができない人たちである。こうした欲望が長期的利害と葛藤を起こした時、自己統制に欠けた人たちはその瞬間の欲望の方を選択するが、強い自己統制力をもつ人たちは、家族や友人を不快にさせ、法律に反するような行為の結果を考えて、自制心を働かせる。5章では、こうした自己統制の性質と起源を探求し、それを主として家族の育児法の中に位置付け、犯罪の一般理論の基盤として使用する。

　6〜10章において、我々はこの理論と文献の批判的検討から明らかになった事実を犯罪学の頑固な諸問題に適用する。男性、青少年、マイノリティたちは、なぜ、そうではない人たちよりも犯罪行為を行うのか？　非行の発生における学校の役割は何か？　やりがいのある仕事を提供することによって、犯罪をどれくらい減らすことができるのか？　子供たちは友人によってどれくらい非行に引き込まれるのか？　なぜ、ある社会では他の社会と比べて犯罪率が極めて少ないのか？　ホワイト・カラー犯罪は独自の理論を必要とするのか？　組織犯罪というものは実在するのか？　これらすべてのケースにおいて、我々の理論が提示する答えは、研究者や刑事司法実務家たちの定説とは反するものである。

　最後の二つの章では、我々の理論が犯罪研究と犯罪統制にどのような示唆を与え得るかについて考察する。現代の犯罪学は、犯罪はどのように研究されるべきか、犯罪率を減少させるためにどのような政策がとられるべきかになどついて相矛盾するアド

バイスを生み出してきた。ここでも我々の結論は、アカデミア内外に存在する支配的見解とは反するものである。我々は、刑事司法システムを変えることによって犯罪を顕著に減らすことができるという期待はもっていない。我々が政策に強く期待することは、国家の役割を縮小し、犯罪統制に対する一般市民の責任を再興させることである。

I部　犯罪

Part I Crime

1章　犯罪の古典学派理論と犯罪概念

2章　犯罪の本質

1章

犯罪の古典学派理論と犯罪概念

Classical Theory and the Idea of Crime

　犯罪学者たちは、しばしば、従属変数を自分たちで決定できないこと、つまり、犯罪の定義が学術的手続きではなく政治的・法的措置によって決定されていることを嘆く。犯罪とは何か、その定義を決定するのは学者ではなく国家である。こうした不満を口にしながら、現代の犯罪学者たちは、犯罪を「法に違反する行動」と定義し、他の人によって定義された現象を研究するという仕事に取り組まざるを得なかった。本書は、この鬱屈せる不満の伝統を断ち切り、犯罪の定義をその現象自体と一致するように、また犯罪行動の優れて有用な諸理論と整合するようにつくり上げようと試みるものである。この作業において、本書では、犯罪行為つまり犯罪に焦点を当てる古典学派と、行為者つまり犯罪者の特徴に焦点を当てる実証学派、両派の基本的主張にまず耳を傾けようと思う（Matza 1964；Gottredson & Hirschi 1987a, 第 1 章参照）。

　古典学派は、人間行動の一般理論からスタートしたが、すぐに、政府による犯罪統制政策に焦点を絞った。焦点を「犯罪」に絞ることによって、古典学派は、結局、社会的反応という点から犯罪に類似し、因果性の観点から犯罪と同一の多くの行動形態を無視してしまった。実証学派は、一般的研究方法からスタートしたが、従属変数を定義できる行動の理論をもたなかったために、最初は、古典学派の視点を受け入れた。研究を進展させる中で実証学派は、最終的には、「逸脱」という用語のもとに、古典学派が取り残した多くの行動形態を取り込むこととなった。しかし、古典学派のような行動の理論をもたなかったことから、実証学派は、逸脱と犯罪を構成する多くの行動間の関連性を扱うことができなかった。その結果、実証学派は個別の行動理論を発展させ、逸脱と犯罪の関連性を、両者ともに単一原因の多様な現れであるとみるのではなく、原因と結果として扱う傾向があった。本書の一つの目的は、逸脱と犯罪を行動の一般理論のもとに再統合することである。

　このためには、古典学派の流れを解釈し直し、その説明力を再認識する必要がある。本章および次章は、この見直しを試みるものである。後に明らかになるが、我々は古典学派に対して今日与えられている解釈、取り分け、それが政府によって定義され裁定された行動だけを問題にしたという、経済学において顕著に見られる解釈を否定す

る。本書で新たに提起する理論では、古典学派、実証学派という今日の区分も否定する。適切に概念化し直された古典学派理論は、現代の実証学派の仮説や研究知見と十分に整合するものである。

■ 犯罪の古典学派概念の現代的解釈

人間社会で起こるすべてのことに威力と偽計はつきものである。この事実を無視すると、政策の指針となるべき犯罪理論を誤った方向に向かわせる。これを認識することから、研究によって支持され、健全な公共政策に必要とされる犯罪理論が生まれる。そこから、犯罪はどのように概念化されるか、どのように測定されるか、罪を犯しやすいのはどのような人たちか、それを統制するにはどのような制度が必要か、これを研究する最も有益な方法は何かなど、こうした疑問に対する示唆が得られる。本書の目的の一つは、このような犯罪理論を詳細に論じることである。

人々は、威力と偽計を使う傾向（犯罪性）において異なる。この事実から、犯罪をどのように測定するか、どのような種類の犯罪が起こるか、事故や疾患などの社会的問題と犯罪の関係をどう理解するか、どのような研究デザインが適切か、有益な公共政策をどのように構想すべきかなどに対する示唆が得られる。本書の第2の目的は、個人の犯罪傾向を犯罪行為の遂行とは明確に区別して考察することである。

犯罪と犯罪性に関するこうした視点は、アカデミックな犯罪学の長い歴史の中で何度も浮き沈みを繰り返してきた。今日、この分野の支配的潮流は、「犯罪」を異常な行動とみなし、「犯罪性」を原始的思考型の負の遺産とするものであるが、本書の視点はそれとは異なるものである。それが浮沈を繰り返してきた理由は、それがこれまで十二分にかつ体系的に分析され、論じられたことがなかったからであろう。こうした体系的な分析と議論の第一段階として、我々は犯罪と犯罪性に関する諸概念の学術史をたどってみることにしたい。

本章は犯罪の概念を扱う。この概念のルーツは古典学派に見られるが、それは、現代の犯罪学的論考ではまったく無視されているものである。

犯罪概念は人間の本性概念を前提としている。トマス・ホッブズ（Thomas Hobbes）、ジェレミー・ベンサム（Jeremy Bentham）、チェーザレ・ベッカリーア（Cesare Beccaria）などに代表される古典学派では、人間の本性は次のように簡明に記述される：「自然は人間を**苦痛と快楽**という二つの絶対者の支配下に置いてきた」（Bantham 1970 [1789]: 11）。この見地からすると、すべての人間行動は、快楽を追及するか苦痛を回避するという自益的なものである。それ故、犯罪もまた、当然ながら、これらの基本的傾向の一定配合を充足させるために企図された行為である。犯罪行為

が人間の基本的傾向の現れであるという考え方は明快で、かつ意味深いものである。それは、犯罪とは、それによって充足を目指す動機や欲望という点において特別なものではないことを意味している。それは、犯罪が特殊な技能や能力を前提とするものではないこと、すなわち、専門的学習を必要とせず、誰もが手の届くところにあるものであることを意味している。それは、犯罪がすべて、日常的で普遍的な欲望を充足させるものであるという点において類似していることを意味している。それは、犯罪を行うときも行わないときも、人々は合理的に行動していることを意味している。それは、人々が行動経路を、合法であれ非合法であれ、自由意志によって選択するものであることを意味している。そしてそれは、人々が何よりも自分自身のために考え行動していること、つまり、その本性において、自分の利害よりも他者の利害を優先するようにつくられてはいないことを意味している。

制裁システム

　犯罪が行われるのは、それによってもたらされる快楽が苦痛を上回るときであるから、*結果*がもたらす快楽と苦痛の組み合わせを変えることによって、犯罪を生起させたり予防することができると推論される[*1]。まさしく著名な理論の中で、ベンサムは、快楽と苦痛の発生源、つまり制裁システムの 4 種類の一般的発生源を論じた：それは物理的、政治的、道徳的、宗教的である。上で示したように、快楽と苦痛の発生源はまた犯罪の発生源でもある。このようにしてベンサムは、1789 年、4 種類の制裁要素からなる一般的犯罪理論を導いたのである。

▶**物理的制裁**　彼の時代の学問的伝統に従って、ベンサムは人間行動の原因を、意志の働きから生じるものと、人間や神の関与なく、自然的に生じるものに分けた［訳注1］。物理的制裁とは、行動から自然的に生じる結果で、他者による意志的介入を必要としないものである。多くの犯罪行動や逸脱行動は十分にリスキーなもの、あるいは本来的に困難なものなので、ある程度もともと制約のあるものである。犯罪行動の多くは、その「行為者」側に長期にわたる苦悩を生じさせる可能性をそれ自体もっている。こうした行為の結果が、人々に当該行為の遂行を思いとどまらせるのである。例えば、静脈内薬物使用は大きな快楽をもたらすように思えるかもしれないが、それ

---

*1　ベンサムは「制裁（sanction）」という語の起源がラテン語の sanctio であることを明らかにした。それは「拘束行為（the act of binding）を意味するものだが、よく見られる文法的変遷を経て、人を縛るのに役立つすべてのものを意味するようにも用いられた」(1970: 34)。現代では、制裁とは、国家あるいは他の公式に承認された権威によって与えられる報酬と罰、特に後者を意味するようになった。この変遷によって、古典学派理論は、行動の一般理論から国の刑罰が犯罪率に与える効果に関する特殊な理論へと移行してきた。

訳注1　人間の行動は、行為者自身（あるいは超越者）の願望や動機によって制御される場合と、それが必然的に引き起こすと予想される事態によって制御される場合がある

は、事故、感染、永続的な生理的損傷、死といったリスクを大きく高める。放縦な性行動は大きな快楽をもたらすように思われるかもしれないが、それもまた、病気、意図せぬ妊娠、そして死などのリスクを高める。身体的暴力（鈍器で人を脅すなど）を使えば思い通りの結果を得ることができるであろうが、しかしそれはまた、身体傷害、さらに死のリスクすら高める（他者に対する強制を含むすべての犯罪は被害者からの報復や防衛反応に遭遇するリスクを伴う。非合法要求は身体的威力に遭遇するリスクを伴う。行為者はこうしたリスクを十分に察知しているように思われる。なぜなら、彼らは武器を所持するとか、被害者を数で上回ることによって、こうしたリスクを最小にしようとする傾向があるからである）。

ありきたりの財産犯罪ですら、ある程度、自然的「制裁」によってコントロールされる：冷蔵庫よりも小さな電化製品の方が窃盗に遭いやすい；ヘリコプターや飛行機が、操縦の仕方を知らない人たちによって盗まれることは稀である；若者の活動範囲外の住宅地で彼らに襲われることはほとんどない。

この古典的見解によると、犯罪は、一定程度、自然的に抑制される。犯罪に対する自然的統制は、他の快楽志向的活動に対して働く統制と原理的に異ならないが、それは、非犯罪行動と比べて、特に被害者の反応が当然予想されるときには、より強くまたより頻度が高いように思われる。事実、この非対称性が社会契約の背後にある動機である：威力と偽計に伴う物理的制裁は、当然ながら、人生を不快に、非人間的なものに、また短期的なものにする。合法的行動に伴う物理的制裁の方は、社会生活において、通常、賢明な人にとって受容可能なものである。

とはいえ、物理的および生理的統制は、非犯罪的快楽の追求であっても、最終的にはこれを制約する。食べ物、飲み物はあるところまでは快楽である；これを超えると、これらの消費は自動的に統制される。合法、非合法を問わず、すべての活動について同様である。反復の苦痛や休息・回復への身体的要求に陥ることなく、制限なく追及されるものなどない（こうした自然的制約の働きを知ることは犯罪理論の良い出発点となるように思われる：［他の］制約が課されないとしたら、どれほど多くの犯罪が存在することになるであろうか？）。

▶ **宗教的制裁**　18世紀の著述家として、ベンサムは、人間行動は、一定程度、宗教的信念や良心によって規制されると仮定した。他の制裁と比較して、これがどの程度のものかは論じられなかったし、ベンサムが宗教的制裁にどれほどの影響力を置いたかを知るのは困難である。（「こうした苦痛と快楽がどういった性質のものかを我々はまったく知ることはできない」［1970: 36-37］）。それでも、宗教的制裁は現世でも来世でも起こり得るので、それは行動に対して潜在的には強力な影響力をもつと論じるのが、古典学派の伝統ではあった[2]。

6　　I部　犯　罪

▶**道徳的制裁**　ベンサムの時代、社会的制裁と法的制裁は明確には区別されていなかった。このため彼は、「大衆的制裁（popular sanction）」が報酬あるいは罰として行動に与えるパワーに言及している。『道徳および立法の諸原理序説』におけるベンサムの主目的は政治的制裁の基盤を概説することだったので、他のタイプに関する詳細な議論はしていない。それでも、ベンサムは明らかに、隣人やコミュニティの行為が個人にとって快楽と苦痛の最も重要な源泉であるとみていた（1970: 141）。古典学派と直接的な結び付きの強い現代の犯罪学者、特に経済学者たち（Becker 1974）は、道徳的制裁を無視するかその重要性を最小化する傾向がある（Wilson 1975 も参照）。社会学における統制理論と社会解体論の系譜は、反対に、犯罪に対する効果において道徳的制裁を政治的制裁よりも上位に置く傾向がある（Hirschi 1969；Kornhauser 1978）[3]。

▶**政治的制裁**　上で述べたように、ベンサムの『序説』は刑法改革の論拠として書かれたものである。ベンサムは、功利性（人間行動の快楽・苦痛理論）の原理を使って個人の行動に対する国家の制裁を正当化し、こうした制裁がどのようにしたら最適の効果をもつかを論じようとした。こうしてみると、ベンサムのアプローチは、行動の一般理論を犯罪理論として、そして犯罪抑止政策の指針として利用しようとする古典学派の傾向を代表するものといえる。この傾向からすると、政治的制裁は、犯罪を扱う諸理論において中心的役割を果たすものである（Hobbes 1957 ［1651］；Beccaria 1963 ［1764］；Becker 1974）。

　ベンサムは、行動変容力に関連する制裁の諸次元を論じている。彼が論じた次元のいくつかは今日まで継承されており、最近の研究の多くが、犯罪抑止における刑罰の**確実性**（certainty）、**強度**（severity）（つまり、期間と重さ）、**迅速性**（celerity）の効果測定を巡って行われている。ベンサムが導入した他の次元（例えば、多産性と純粋性）は社会政策や犯罪理論にとってあまり有益でないことが証明されており、取り上げられることはない。これらの次元は、ベンサム自身が論じたように、物理的、政治的、道徳的、宗教的のいずれの制裁にも当てはまる。非常に興味深いことだが、それらはまた、今日、犯罪行動の一般的学習理論において要因であることが見出されてい

---

[2]　前科学的あるいは古典学派の思想から科学的犯罪学を区別しようとするあまり、実証学派は行動に対する宗教の影響を無視してきた。宗教が行動に対して与える少なくとも一定の潜在的効果を認める古典学派の傾向は、実証的潮流の中で最近まで失われていた。

[3]　後に示すように、古典学派理論はベンサムが「制裁」と呼んだ特定タイプに依拠しているわけではない。それは、人々の快楽と苦痛については、事前判断ではなく観察事項としている。ある快楽と苦痛が他のものより重要であると仮定する立場もある。これは、特定の快楽（すなわち、金銭）を犯罪行動の目標として選択する傾向がある社会学理論に特に当てはまる。別の理論では、国家にとっては特定の行為だけが可能あるいは適切であるとするどこか漠とした、しかし強い信念に基づいて制裁を事前判断する。その選択基準は社会学者が用いるものと比べると説得力に欠けるが。

る（例えば、Burgess & Akers 1966; Sutherland & Cressey 1978 を参照）（忘れてはならないが、制裁とは、その源が何であれ、快楽と苦痛の組合せである。現代の理論では、しばしば、行動のコントロールにおいて快楽［報酬］が苦痛［罰］よりも効果的であると考えられ、このため、多くの理論は、通常、報酬使用を支持している。この結論が、これら二つの特性混合に焦点を当てた理論によって、また、後に見るように、実証研究によって正当化されるかどうかは不明である）。

　最終的に、ベンサムはもっぱら政治的制裁にのみ焦点を絞ったが、現代の我々から見ると、彼の理論は、古典学派全体がそうであるように、結局は、行動科学というよりも政治学に、また、犯罪の原因論というよりも統治論に帰着するものであった[*4]。ベンサムと古典学派を、主として政治的制裁だけを扱ったものと限定的に扱うことは、犯罪学にとって不幸な成り行きであった。

犯罪、逸脱、罪業、無謀

　ベンサムの理論全体を眺めるなら、論点を特定の制裁タイプに限定した犯罪理論ではないことがわかるであろう。もっとも一般的水準で見ると、ベンサム理論は「犯罪」行為と「非犯罪」行為を区別しない。行動は、犯罪であろうとなかろうと、快楽と苦痛によって支配されている。この水準で見ると、彼の理論では、宗教上の罪業と犯罪が、非道徳と事故が、悪い行為と悪い判断が区別されない。行為の種別は、特定の制裁システムを導入することによって自動的に生じる。制裁主体が政治的であるなら、犯罪と非犯罪が区別される。それが社会的システムであるなら、同調と逸脱が区別される。制裁主体が宗教的なら、罪業と清廉が区別される。そして、制裁が物理的なら、慎重な行動と軽率な行動、あるいは思慮深い行動と無謀な行動が区別される。

　制裁システムの違いは、当該行動の特徴記述に関連してのみ重要である。行動を生み出すと考えられる因果メカニズムの観点からは、その違いは重要ではない。宗教的罪業理論は、犯罪、非道徳、事故の理論でもある。言い換えると、ある行動が犯罪か非犯罪か、道徳的か非道徳的かを決定するのは制裁システムだが、これは単に、行動の特徴をどう記述するか、あるいはどのシステムを参照するかの問題であり、因果論の問題ではない[*5]。もしもシステムがある行動を犯罪、非道徳、罪業と定義するなら、この制裁システムのもとでは、それが人間のコントロール下にある限り、その行動の

[*4] 古典学派をこのように扱うことが正当であることは、ベッカリアーナの『**犯罪と刑罰**』（1963 [1764]）を見ると、多分、一目瞭然である。同書では、功利主義の視点から、行為の原因を論究するのではなく、もっぱら国家権力に対する制約が論じられている。

[*5] 実際は、さまざまの制裁システムが同じ方向に働く傾向があるであろう——すなわち、それらは同じ種類の行動に報酬を与え、同じ種類の行動を罰する傾向があるであろう。特に、威力と偽計の使用に対してはすべてのシステムが阻止しようとする傾向があるであろう。

8   I部　犯　罪

コストは行為者自身の不快を強めるように（あるいは、その頻度を受容可能な水準にまで低減させるに十分なように）増加する傾向がある（この傾向の強さは、制裁システムによって当該行動に付与される重大さあるいは価値の測度である。重大か些細かといったこともまた、明らかに、制裁システムによる価値付けを表すものであり、必ずしも行動の因果プロセスを示唆するものではない）。ある行動が制裁主体によって非犯罪、道徳、正善と定義されるなら、通常、その行動を持続させるために、余分な働きかけは必要ないと推論される。行動が存在すること自体、利益がコストを上回っていることの明らかな証拠なので、この推論は理論と合致している。善はそれ自体が報酬である（この非対称性は、犯罪罰を受けて失う資源と善に対する報酬として得る資源の比較でしばしば言及される不均衡を説明する。刑務所の１年で失うものとハーバード大学の１年で得るものが同じ価値だという意見には、賛同できないであろう）[*6]。

　従って、この理論の最も一般的水準では、犯罪は他とは異なる別個の行動タイプではない。犯罪は、非犯罪同様、普遍的な人間の欲望を満たすものである。犯罪が他の行動形態と区別されるようになるのは、政治的制裁概念を導入するときである：そのとき、国家が快楽と苦痛を決定する。初期の古典学派は、国家による制裁を導入し、これに焦点を当てることによってはじめて、犯罪学研究の対象となるべき行動が同定されるとしたのである。

　逸脱行動は、集団制裁、つまり社会的統制を導入することによって、他の行動形態から区別される：このとき、世論が快楽と苦痛を決定する。初期の古典学派は、集団制裁を導入することによってはじめて、社会学研究の対象となるべき行動を同定したのである。

　罪業行動は、宗教的制裁概念を導入することによって他の行動形態から区別される：このとき、超自然的力が快楽と苦痛を決定する。超自然的なるものは、その定義からして、実証学派の思考内には存在しないので、罪業行動は彼らの研究対象とはならなかった。

　軽率あるいは無謀な行動は、自然的厄害あるいは物理的制裁の概念を導入することによって他の行動形態から区別される。現代のどの学問分野においても、この行動群全体が体系的に論じられてはいないが、部分的には、さまざまの分野の問題志向的研究者によって扱われている。例えば、事故、傷害、疾患などの原因、食物、薬物、行動パターンの身体的影響などに関する研究が、これらの現象に含まれる共通要素を認識することなく、多様な分野の研究者によって行われている。

───────────────

[*6]　行動主義心理学者たちは、望ましい行動に対して正の強化をする治療プログラムの効果を見出すのに苦労してきたが、その理由の一部はこの非対称性によるものである。

我々の立場からすると、犯罪、逸脱行動、罪業、事故の間の共通要素を認識することはきわめて重要なことであり、それらを異なる原因による異なる現象として扱う傾向は、実証学派の思考がもつ重大な知的誤謬であり、学術的課題を学問分野に細分化することから生じる重大な弊害と言わざるを得ない。我々は次章以降で、この共通要素が何かを明らかにするつもりである。

　主要諸学の中で、古典学派を継承する最も好位置にあるのは社会学である。ベンサムによる論理構成に従うなら、社会学は政治的制裁よりも道徳的制裁に焦点を当てた現代の学問である。もしも社会学が古典学派に忠実であり続けたなら、それは、「快楽計算（hedonic calculus）」という一般原理を使い、個人が所属する社会集団を主要な制裁主体とする、**逸脱行動**の広範な諸理論（犯罪、罪業、無謀さなどを含む諸理論）を発展させてきたであろう。言い換えると、古典学派を継承するなら、社会学は、犯罪と他の形態の逸脱行動との違いは、集団レベルで働く制裁に国家による制裁が追加されるかどうかだけであるとする社会的統制理論となっていたであろう。しかし、社会学は、快楽計算を拒否し、人は本来的に社会的であり、それ故、自分ではコントロールできない力によって逸脱行動や犯罪行動に駆り立てられるとする実証学派の立場をとる傾向があった。このように、社会学は古典学派を利用する上で本来恵まれた立場にあったにもかかわらず、行動を支配する制裁の起源に関心を向けることなく、これを活用することはなかった。

　こうした偏りは社会学特有のものではない：それは実証学派の枠組みに内在するものである。実証学派の思考では、現象の定義はその因果説明や原因によって異なる。犯罪行動を行う人の動機や願望は、非道徳的で他者の身体に危害を加える行為を行う人の動機や願望とは異なるであろう。このため、実証学派の思考において、さまざまの行動に共通するものがあるとすれば、それは、それらが同一原因の結果であるということだけである。

　古典学派においては、行為の性質はそれ自体の因果性の中に含意されている。つまり、楽しく、やり甲斐があって、愉快で、容易な行為がある一方で、辛く、退屈で、困難な行為がある。因果性の古典学派理論は、行為の説明を行為の性質概念と結び付ける。ある理論が説明しようとする行為群には、その説明よりも多くの共通性があるし、理論それ自体は、それらの間を細分化する手段をもたないであろう。

　因果関係の観点から行為を意味付けようとしない理論では、結局は、そもそも、なぜいくつかの行為がひとまとめにされるのかには注意が払われないであろうし、それらが異なるものと見られるなら、きわめて当然ながら、それぞれに対して異なる説明が生み出されることになるであろう。犯罪をその原因と無関係に定義したことによって、実証学派は、種々の犯罪行為の間に、法に違反しているということ以上に類似性

を認識するすべをもたなかった。概念構成のこの弱点によって、最終的には、犯罪タイプによって異なる原因タイプを見出そうと試みる徹底した実証学派が生み出された。徹底的な実証学派では、等質な犯罪クラスター、犯罪事象間の連鎖の意味、「重大な」犯罪と「軽度の」犯罪の間に因果的に重要な違いがあることなどを仮定しようとする。直前に述べた古典学派の立場からすると、こうした課題のどれも注目には値しないものである。

　古典学派の視点は、犯罪の重要な本質概念を含んでいるので、我々は犯罪の因果説明の観点から犯罪行為の特徴に直接進むことができる。古典学派理論では、犯罪が何よりも快楽であることが重要である。この理論では、犯罪が生じるために、行為者の選択肢が制限されていたとか、行動過程に妨害があったことなどを仮定する必要はない。結局のところ、この理論によれば、非犯罪もまた快楽である。しかし、古典学派理論においては、行為者が犯罪と非犯罪の間で行為選択をするとされている点も重要である。何に基づいてこの選択は行われるのだろうか？　明らかに、行為者は、犯罪と非犯罪がもたらす快楽に基づいて選択を行う。続けてこの理論は、ある行為は別のものよりも快であること、そして快楽をもたらす行為とはどのような特徴のものかを論じるのである。

　快楽をもたらす行為の一般的次元は、確実性、強度、迅速性など、以前に、効果的な法的制裁の特徴として紹介されたものである。これらの特徴は、すべての制裁に対して、その起源が何であれ当てはまる。

　こうしたことからすると、他の条件が等しければ、即座に成果をもたらす行為は、それが遅延される行為よりも快となる傾向があるであろう。例えば、放課後にマリファナを吸うことは、即座に利益をもたらし、それは、利益が遅延される宿題よりも快である。同様に、精神的、身体的に容易な行為は、精神的、身体的に努力を要する行為よりも快である。例えば、鍵の掛かっていない家に入って箪笥から小銭を取ることは、新聞を売って同額を稼ぐよりも快である。医療費の過剰請求をして政府機関をだますことは、やっかいな患者を治療して同額を稼ぐよりも快である。そして最後に、冒険的、刺激的行為は、決まりきった退屈な行為よりも快である。スピードを出すことは制限速度内の運転よりも快である。

　重要な点は、犯罪行為のすべての特徴が犯罪でない行為にも見出されることである：非犯罪行為の中にも犯罪「**類似**（proximity）」のものがあり、その類似度はさまざまである。例えば、自動車よりもバイクの運転の方が刺激的である；喫煙から得られる利益は宿題から得られる利益に比べて直接的である；性行為は禁欲よりも快である；上司の悪口は、ただ我慢するよりも愉快である。加えて、目標を達成するために威力や偽計を用いることは、他の手段よりもしばしば、容易で、単純で、即座で、刺

激的で、確実である。この意味で、威力や偽計（犯罪）は自己利益追求という快楽をもたらす。

これらの特徴から犯罪行為の性質が完全に予測される：犯罪行為は、総じて、予見、計画、努力をほとんど必要としないであろう。思考と行為の間に時間的間隔がない。この点からすると、注意深く立案され、遂行される犯罪というのは非常に稀であろう。犯罪が現在という時点付近で発生する傾向があることから、犯罪者の所在地付近で犯罪が起こりやすいことが示唆される。犯罪行為の時空的境界はきわめて狭いと思われる。複雑さよりも単純さを好むことは、被害の受けやすさをもとに標的が選ばれることを示唆している。同様の推論から、便益の遅延ではなく、それを即座にもたらす標的が選択されるとの結論が導かれる。さらに、利益追求の過程において何も起こらないことが犯罪行為を発生させやすいであろう。発覚や抵抗のリスクが大きな標的よりも小さな標的が選択されるであろう[7]。

上にあげた選択肢はすべて、短期的結果と長期的結果の両方をもっている。すでに述べたように、犯罪行為は一次的には短期的快楽によって支配されるが、二次的規定因としては――いつでもではないが――唯一、将来の苦痛を威嚇に使うというものがある。快楽と苦痛がこうした計算において時間減衰的であるという事実は、制裁システム、特に手続き的公正が考慮されたシステムの場合、その効果に対してとりわけ重要である。個人が置かれている現在の状況によって快楽と苦痛が異なって減衰されるという事実は、犯罪の原因論にとってとりわけ重要である。

古典学派の立場からすると、国家は制裁の確実性、強度、迅速性を自由に調整することによって犯罪を統制することができるとされる。実証学派の視点からすると、犯罪者の行動は制裁システムとは独立に働く諸力によって**左右**されるので、刑罰はほとんど効果をもたないと考えられる。我々の立場から見ると、古典学派理論は、リベラルな民主社会（その特質の多くは、古典学派の政治哲学を受容したことに帰するものだが）の価値観とは相容れない過酷な刑罰が使用可能であることを前提としており、そ

---

[7]　こうした犯罪行動の特徴は、上で概述してきた古典学派理論から導かれると我々は信じている。別の前提から類似の結論に至った研究者もいる。例えば、マイケル・ヒンデラング、マイケル・ゴットフレッドソン、ジェームズ・ガロファロー（Michael Hindelang, Michael Gottfredson, & James Garofalo）は次のように述べている：「人への危害が生じるには、いくつかの条件が満たされなければならない。第1に、主要人物――犯罪者と被害者――が時空的に交差しなければならない。第2に、これら人物間に何らかの葛藤あるいは要求の原因となるものが存在し、被害者が犯罪者によって適当な危害標的と知覚されなければならない。第3に、犯罪者が、目的を達成するために威嚇や威力（あるいは盗み）を行使しようとし、またそれができなければならない。第4に、その状況が、犯罪者から見て、目的達成のために威力や威嚇（あるいは盗む）を行うのに都合が良いというものでなければならない」（1978: 250）。同様の考えは、ローレンス・コーエンとマーカス・フェルソン（Lawrence Cohen & Marcus Felson 1979）によっても示されている。

れは高い犯罪可能性をもつ人の本質について誤った認識をしている。結果として、国家が使用可能な刑罰は、過去の学習と社会的制裁によってすでに抑制を受けた潜在的犯罪者に対して主として科せられるという意味で、大部分は余分なものである。

我々の立場から見ると、実証学派の制裁論は、法的制裁に強い効果があることを証明できないことをもって、制裁一般が犯罪行動の規制に役立たないとみなすという誤った認識を含んでいる。後に詳しく論じるように、犯罪的、逸脱的、罪業的、あるいは無謀な行動は、ネガティブな結果を伴わなかったり、社会的統制が欠如しているときに頻発する。

犯罪行為の特徴に関するこうした予測が研究によって確認されていることを示すのは難しいことではない。この作業は2章で行うが、そこでは多様な種類の犯罪行為がこの観点から論じられる。

■ 結　論

犯罪学は、かつては、犯罪概念をもっていたが、科学的志向が強まるにつれてそれは失われてきた。犯罪概念は、人間が苦痛を避け、快楽を求めることによって自己利益を追求するという人間行動に関する古典学派理論から導かれたものである。この概念化においては、犯罪もまた自己利益を満たす事象である。犯罪事象は、他の人間行動を説明する原理を使って説明される。さらに、犯罪の古典学派概念は、犯罪行為の特徴を非犯罪行為と対立するものとして規定した。犯罪行為は、近視眼的、即座、容易、単純、刺激的という傾向がある。後の章において、犯罪行為の特徴は、それを実行する人の特徴と密接に結び付いていること——すなわち、犯罪の特徴記述は犯罪者の特徴記述から切り離すことができないことが明らかになるであろう。

現代の犯罪学では、犯罪概念は一つの事象、犯罪者の特徴を推定するために用いられる一群の行為としてのみ残っている。行為や行為の組合せが異なれば、異なる特徴が示唆されると考えられている。犯罪行為の一般的性質や類似の非犯罪行為との関連性、あるいは犯罪に巻き込まれる標的の性質などには、ほとんど注意が払われていない[8]。むしろ、注意はもっぱら犯罪者に当てられており、皮肉なことに、古典学派から派生した学問分野においてすらそうである。次章において、我々は、犯罪の本質に特に注意を向けることによって、この不均衡を正そうと思う。

---

[8] この一般的傾向の重要な例外は、種々の犯罪機会論に見られる（Mayhew et al. 1976; Sparks, Genn, & Dodd 1977; Clarke 1983; Cornish & Clark 1986）。デービット・マッツア（David Matza 1964）もまた、犯罪を無視して犯罪者に焦点を当てることを優先する実証学派犯罪学の潮流に注意を喚起した。

2 章

犯罪の本質

The Nature of Crime

　我々は犯罪を、威力や偽計を用いて自己利益を追求する行為と定義した。どんな定義であれ、それが構築されれば、自動的に、これと不一致な理論は脇に追いやられるので、理論家は一般に、自分の犯罪理論から導かれる定義を強調し、それ以前の定義を無視しようとする。現代犯罪学の標準的アプローチは、犯罪者の背景や動機に注目し、それが彼らの犯罪行為にどのような影響を与えたかを探求するものである。このような場合、犯罪の本質は、犯罪者の特徴から推論されるか、あるいは犯罪の原因から推論されることになる。

　どんな学問的取組みにも出発点が必要である。我々は、原理的には、因果説明と定義のどちらを出発点に据えることもできる。しかし、事実との整合性や研究・政策上の意義といった点から出発点を考え直すことも必要なのに、理論のこうした再考や修正はほとんど見られない。犯罪理論は、一般に、学問的前提からスタートし、そして実際には、その前提との整合性によって検証されることが多く、それが説明しようとする現象に基づいて検証されることはほとんどない。言い換えると、現代の犯罪学は、犯罪の本質にはほとんど注意を払っておらず、対象とする現象の観察や分析の結果に基づいて修正されることはほとんどない。

　我々はこの傾向を転換したいと思う；我々は犯罪の本質を理解し、それを正しく認識したいと思う。この仕事は容易ではない[*1]。犯罪について抱く我々の多くの疑問は、この因果説明と理論へと我々を導くであろう。我々の究極の目的は、理論や政策を重視した犯罪の特徴記述なので、犯罪の本質に関するこうした疑問は一時棚上げにし、当面は以下のような具体的課題に取り組まなければならない。犯罪の形式的特徴は何か？　それが生起するために必要な条件は何か？　人々が威力や偽計によって自己利益を追求しようと試みると、何が起こるのか？　犯罪によって達成される快楽と

[*1]　このトピックに関する近年の思慮に富む著作においても、犯罪に焦点が当てられなかった点に注目しよう：「犯罪は、それを禁じ、その遂行に対する刑罰を合法化する法に反して行われたすべての行為である。我々が**高頻度で重大犯罪を犯す人々**にのみ焦点を当てるなら、「重大」とは何を意味するかを明らかにしなければならない。本書において展開する議論と引用する証拠は、主として、攻撃的、暴力的行動、あるいは窃盗に関するものである」（Wilson & Herrnstein 1985: 22；斜体部分は強調するためである）

14 I 部 犯罪

満足とは何か？ 犯罪の適切な概念化とは何か——すなわち、犯罪は犯罪者に関する何を我々に教えるのか？ 犯罪に区別をもうけなければならないとしたら、それは何か？

▌通常犯罪の特徴

米国社会では、犯罪の本質に関して、誤った認識に陥りやすい。誰もがしなければならないことは新聞を読むことだが、新聞には、異常で、奇怪で、何とも形容しようのない犯罪が連日報道されている。犯罪行為の大部分は、得るものも失うものも小さく、軽微で、ありふれたものであるというのが現実である。時間的、空間的分布が高度に予測可能なこうした事象は、ほとんど準備を必要とせず、永続的な被害を残すことも少なく、そしてしばしば、犯罪者が意図した成果をもたらすこともない。我々は、まず、一般的な犯罪の空間的、時間的特徴を簡潔に述べることから始めよう。

犯罪の空間的、時間的特徴

警察記録と被害者調査データによると、レイプ、暴力、強盗などの対人暴力犯罪は、深夜と早朝（すなわち、午前1時と2時の間）に集中して発生する。自動車盗も夜中に起こるが、単純窃盗（personal larceny：威力や威嚇を使わず財産を奪う）は日中に起こる傾向がある。侵入盗は日中に半分、夜間に半分発生する（Hindelang 1976; Hindelang, Gottfredson, & Garofalo 1978; Rand, Klaus, & Taylor 1983）。

暴力犯罪は、一般に、自宅外で発生する。被害者データによると、強盗の70％、暴行の50％は街頭など公共の場で起こる。強盗、暴行、レイプの公的データも、これらの大部分が自宅から離れた場所、特に路上で起こることを示している（Hindelang, Gottfredson, & Garofalo 1978）。

公的データと被害者調査データのどちらにおいても、最も暴力的な犯罪（殺人を除く）は見知らぬ他人によって行われ、親族によるものはきわめて稀である（殺人以外の暴力犯罪の7％が親族によって行われている）。被害者調査データによると、対人犯罪全体の80％は見知らぬ他人によるものである。窃盗（theft）の場合、その割合はさらに高い（Hindelang 1976）。

対人犯罪の被害者は、男性、若年、マイノリティ、低収入の者に圧倒的に多い。このことから、被害者と加害者は、社会的、個人的特徴のすべてあるいはほとんどを共有していることが明らかである。実際、犯罪の自己報告と被害の自己報告の間には、社会科学の基準から見て非常に高い相関がある。

犯罪のこうした特徴は、原因論的探求にとって重要である。その特徴は、犯罪パター

ンが若者の娯楽パターンと同じで、成人の就労パターンとは異なることを示している；犯罪遂行において努力は嫌われる；接近可能であることが潜在的被害者のリスクを高める；発覚を避けることが犯罪者のたくらみに含まれている、ことなどである。

犯罪行為の要件

　入手可能なデータは、通常の犯罪が、努力、計画、準備、技能に関して多くを要しないものであるという見方と一致する。実際、多くの犯罪は加害者の居住地近辺で起こっている（Suttles 1968; Turner 1969; Reiss 1976）：窃盗犯は、たいてい、歩いて行ける範囲内で犯行を行う；強盗犯は路上で恰好の標的を見つける；横領犯は彼自身の現金レジスターから金を盗む；自動車窃盗犯は、イグニッションに残された鍵を使って車を奪う。

　例えば、窃盗においてあらかじめ計画されることといえば、犯行時の発覚可能性と犯罪を完遂するために必要な努力を最小にすることであろう。窃盗犯は、人が不在の平屋で、鍵の掛かっていないドアや開いた窓を探す。家に入ったら、彼は、自分に興味のある持ち運びの容易な物品に注目するが、大市場でそれがもつ潜在的価値などは考慮しない。

　強盗犯は、被害者との直接の対決を避けたがり、それが避けられないときは、抵抗できない標的を選ぶか、抵抗できないようにしようとする。武器がしばしば使用されることは、抵抗可能性を最小にするためである。店員が標的に選ばれやすいのは、主として、接近が容易であるからである。「コンビニエンス」ストアやガソリン・スタンドが標的になったり、主要幹線沿いや高速道路の出入り口付近にある会社や商店が彼らを引き付けるのは偶然ではない。

　犯罪の遂行に必要とされるスキルは一般に小さい。対人暴力、暴行、レイプ、殺人などの犯罪を考えてみよう。こうした犯罪の遂行にとって最も重要なことは、力の優位を示す外見か武器による支配である。多くの場合、銃、ゴルフ・クラブ、ナイフで十分である。財産犯罪にとって必要なのは、体力と機敏さだが、多くの場合、日常活動において必要とされる以上のものではない。

犯罪が犯罪者にもたらす利益

　多くの犯罪において、行為者が意図した結果が得られることはない。失敗の確率が高い一つの理由は、犯罪が、その定義からして、被害者となる相手から抵抗を受けるからである。潜在的被害者は、他者の思惑から自分を守ろうとする。つまり、彼らはドアに鍵を掛け、有価物を隠し、見知らぬ他人を警戒し、集団で行動し、武器を携行し、移動は日中に行い、挑発を避け、暴力に抵抗する。実際、被害者調査によると、

多くの犯罪は未遂に終わる（Hindelang, Gottfredson, & Garofalo 1978; Hough 1987）。これら報告された犯罪は、潜在的被害者に認知されたものであることから、我々は、犯罪者自身しか知らない未遂も多く存在すると仮定しなければならない。例えば、侵入盗犯は、無錠のドアを見つける前にたくさんのドアを試すであろう。

　完遂された犯罪においても、平均被害額はきわめて小さい。例えば、被害者報告によると、強盗による被害額のメディアンは 50 ドル以下だが、侵入盗の場合は 100 ドル前後である（McGarrell & Flanagan 1985: 312）。信頼できる数値はないが、万引きされる商品は、たいてい安価なものが多いようで、防犯設備の方が高くつく。詐欺ですら、高額のものは稀で、横領によって犯人が金持ちになることはほとんどない（ファースト・フード・レストランや給油所のレジから金を盗んでも、金持ちになることは難しい）。自動車盗は例外と思われるかもしれないが、盗まれた車はすぐに捨てられるし、実際には未遂の割合が非常に高い。

　もちろん、犯罪の結果は、加害者には金銭と価値物をもたらし、被害者には苦悩と身体的傷害をもたらす。しかし、実際の損害レベルに関しても、大衆向け記事によるミスリードが見られる。全米犯罪調査（National Crime Survey）——代表性のある大規模な成人サンプル——によると、多くの被害者は犯罪事件を、些細な出来事だとか、刑事司法システムの関心事ではないと考え、警察に知らせないことを選ぶ。これは、レイプ、重度暴行、強盗、窃盗と分類される犯罪にも当てはまる。実際、1982 年でみると（ある年の全米犯罪調査結果は、翌年の結果と顕著に類似していた）、重度暴行の 39%、強盗の 42%、レイプの 45%、窃盗の 49% は警察に報告されなかった（McGarrell & Flanagan 1985: 273）。

　ほとんどの暴行は、被害者に身体的傷害をもたらすことがあっても、重大なものではない。多くの暴行や殺人は、知り合い同士の争い事から生じ、挑発や責任という点で被害者と加害者を区別するのは難しい（こうした曖昧な出来事は重大な結果をもたらすことがあるが、こうした行為から加害者が得る利益は、被害の「重大さ」とはほとんど無関係だし、何が利益か多くの場合はっきりしないことも事実である）。

　学術分野からは、時折、こうした一般的傾向には大きな例外があるのでは、といわれることがある。例えば社会学者や経済学者は、特に組織犯罪とホワイト・カラー犯罪が、毎年、全国規模で何十億ドルの被害を生じさせ、市民社会の規範的基盤を揺るがせ、犯罪に関与した者たちに莫大な利益をもたらしているという。この事案に関する信頼できる証拠は、別の面を示唆しているように思われる。例えば、ピーター・ローター（Peter Reuter 1983）によると、不法賭博、闇金融、売春などは利益の少ない地域犯罪であるが、その理由は、それらが事業才覚に乏しく、事業の長期的利益にとって有害な活動に従事しがちな人たちによって行われる不法行為だからである。大衆（法

執行者）の認識が特にずれているものとして薬物取引にも同じことが当てはまる。

犯罪者がときに大儲けをする、盗んだ財布に大金が入っている、窃盗に入った家や事務所に高額の現金、宝石、貴金属がある、会社経営者が高額の使い込みをする、被害者が殺害されることがあるといったことがまったくないわけではない。しかし、こうした出来事は例外的であり、それらは犯罪というものについてまったく誤ったイメージを生み出している。こうした「成功」したように見える犯罪であっても、究極的には、必ずしも犯罪者に大きな利益をもたらすとは限らない。通常の犯罪者は、高価な宝石を身に付けたり、高価な車を使ったりすることはほとんどないし、それらの真の価値を活かす処分方法を知らないことが多い。よく知られているように、殺人の利益を見出すことは困難である（殺人者はしばしば、翌朝、自分を駆り立てたものが何だったか思い出すことすらできない）。

比較的高額の現金を得た犯罪ですら、他の収入源に比べて、行為者にはごく短期の利益しかもたらさない。例えば、「成功した」とみなされる強盗の利益（500 ドル）と、最低賃金の仕事から得られる収入とを比較してみたらよい。強盗は、合理的に見て、成功を期待して、いつでも繰り返し行えるものではないが、最低賃金の仕事は持続的収入源となり得る。この点から見て、きわめて稀な大当たりした犯罪ですら、せいぜい副次的収入源にしかならないから、それは短期的な満足をもたらすに過ぎないと解釈しなければならない。

ホワイト・カラー犯罪もこの問題を免れ得ない。横領と詐欺を、発覚することなく、長期間にわたって続けることは困難である。横領と詐欺の金額が大きくなればなるほど、長期的な成功の可能性は薄くなる。結果として、ホワイト・カラー犯罪もまた、安定した誠実な就労と比較して、それがもたらす利益は小さいか短期的となりやすい。

レイプ、暴行、殺人などの対人暴力は、その性質上、犯罪者に対して短期的充足以上のものを与えることはない。殺人請負業（the homicide-for-hire career）は例外と思われるかもしれない。しかし、これも我々の犯罪観と矛盾するものではなく、実際には、安定した長期の就労に比べると、短期的で利益の限られた活動である。実は、それほど大金を出さなくても殺人者を金で雇うことは可能なのだが、この事実は、この労働分野には多様な犯罪専門職がいるが、みな稼ぎが十分というわけではないことを示唆している。請負殺人者が報酬を得ても実行しないなら、彼の行動は雇用違反ということになる。これで「稼ぐ」ことが 1 度は可能でも、2 度目は難しい。契約義務を果たすのに失敗したという経歴は非常に大きなダメージとなるであろう。

明らかに、長期的・持続的利得をもたらす犯罪はきわめて例外的なものである。結果として、犯罪の大部分は、犯罪行為の本質、それに伴う障害、それに要する努力、それがもたらす利益の少なさなどの点で、大きな制約をもっている。

18   I部 犯 罪

　政治的制裁もまた、犯罪の構成要素である。政治的制裁は、原則として、犯罪行為の最終利得をさらに削減するように働く。これまで議論された犯罪の特徴からみて、我々は政治的制裁にどれくらいの効果を期待できるであろうか？　長期的計画と持続的意志（commitment）を伴う企てに対しては、発覚と刑罰のリスクがこれを効果的に妨害するに違いない。なぜなら、こうした企ては合理的な成功期待を前提としているからである。一方、客観的利得がほとんど見込めず、また計画性や持続的意志が認められないような企てに対して、発覚と刑罰のリスクに効果があると期待することができるであろうか？　明らかに、ほとんど期待できない。どんなにひいき目に見ても、証拠はこの予測を支持している（例えば、Blumstein, Cohen, & Nagin 1978 参照）。刑事司法システムは、犯罪の大部分に対してほとんど効力をもたないのである（12章参照）。

　犯罪を合法的就労に比肩し得る利得の大きなものとしてイメージ化することは、法の執行者にとっては魅力的で有益なのかもしれないが、妥当性のある犯罪理論としては、犯罪をありのままに見つめる必要がある：それは、大部分がしみったれた、一般には不完全な行為で、たいてい、犯罪者自身に持続的あるいは実質的利得をもたらさないものである。

犯罪間の関連性

　古典学派による犯罪の定義が、自己利益を満たす威力や偽計を含む事象であってことを思い出してほしい。この立場では、犯罪間の関連性に対する関心はほとんど生じない。どんな関連性があったとしても、それは定義上あり得ることである。しかし、何らかの意味のある、あるいは効果的なやり方で自己利益を増加させた行為は、繰り返される傾向があることを古典学派は確かに仮定しているように思われる。そして、これはもちろん、現代の犯罪学習理論の基本で、簡潔かつきわめて合理的な仮定である。しかしながら、犯罪は、その成果が何であれ、繰り返される傾向はないことを証拠が示している。すなわち、窃盗は、たとえ「成功した」場合も、*短期間*に繰り返される傾向はない。強盗が繰り返される可能性は、これとは別の短期的快楽、強盗とは別の種類といってよい快楽（レイプ、薬物使用、暴行）が行われる可能性よりも低い。

　この交換可能性のすべてに対する理由は、これらさまざまの事象が、直接性、責任のなさ、努力の不要さなど、類似した性質をもつ利得を提供することであろう（短期間に、こうした事象の多くに関与することはもちろん可能である。高頻度の遂行可能性からすると、犯罪には多くのパターンがあり、どれか一つだけに依存することは非常に危険なことであろう）。

　ある犯罪行為は多くの異なる利得をもたらすが、それは犯罪定義の本質的部分では

ない。このため、あるタイプの利得を追求することから、その後の犯罪行為を予測することはできない。例えば、金銭的利得は犯罪にとって本質ではないし、それ故、その後の行動の性質を予測するのには役立たない（金銭的利益をもたらす窃盗の後、かなりの金銭的損失をもたらす薬物使用が行われることがある）。こうしたことから、金銭的利得と非金銭的利得の混合割合によって犯罪を区別することはほとんど無意味であろう。同じことは、重大な犯罪と軽微な犯罪、道具的犯罪と表出的犯罪、対人犯罪と対物犯罪、衝動犯罪と熟慮犯罪、法定犯と自然犯、地位犯罪と非行、悪徳つまり被害者のない犯罪とある犯罪、等々の区別についても当てはまる。これらの区別のすべては意味がない。実際、こうした区別は啓発的というより、むしろ誤解を生み出し、不必要に分析を困難にし、追及しても時間の無駄であるような疑問（万引が窃盗に発展するのか、など）を招くだけである。その行動と報告からみて、犯罪者自身がこれらの区別のどれも認識していないのは明らかである；彼の行動は、法的種別や犯罪の発達理論には含まれていないような、あるいは、実際、実証学派犯罪学が見出してきた多くの種別のどれにも含まれていないような犯罪の特徴によって支配されている。

▌犯罪行為が生起するための必要条件

　近年、犯罪が生起するための必要条件を明らかにする試みがいくつか見られる。これらは「日常活動アプローチ（routine activity approach）」（Cohen & Felson 1979）、「機会論（opportunity perspective）」（Cornish & Clarke 1986; Mayhew et al. 1976）、「生活スタイル機会論（lifestyle opportunity perspective）」（Hindeling, Gottfredson, & Garofalo 1978）などの名のもとで進められている。すべてのケースにおいて、研究者たちは、犯罪が生起するために最小限必要な要素を明らかにし、状況、標的、被害者など、犯罪者とは独立な犯罪の諸要素に焦点を当てようとしている。

　この「必要条件」アプローチは、一見すると、古典学派思考への回帰を示すように思われる。一方で、それは犯罪に焦点を当て犯罪者を無視しようとするものである；他方で、それは、犯罪者の行動が目の前の事象によって決定されるという見方を否定し、むしろ、合理的で計算高い行為者像を描こうとしているように思われる；さらに、それは、実証学派が好む実証的、帰納的アプローチによって追いやられてしまった合理的、演繹的アプローチの方を強調し、これを取り入れようとしているように思われる。こうした見かけ上の相克を通して、古典学派と実証学派の間に基本なところで存在する相補性が明らかになってきたと我々は考える（Gottfredson & Hirschi 1987a）。子細に検討するなら、これら二つのアプローチは、本来的に矛盾する仮定を含んだものではないことが明らかとなるであろう。事実、犯罪が行為者の犯罪性による産物で

あるという主張と、犯罪が生起するためには環境条件が必要であるという主張は必ずしも矛盾するものではない[*2]。

　機会論の必要条件方略が犯罪性概念と両立し得ると信じるには十分な理由があるが、しかし、両者の関連性は明々白々というわけではなく、両陣営からもまったく無視されてきた。こうしたわけで、我々の最初の主要課題の一つは、機会論と犯罪性概念が相互に対してもつ意味合いを明確に説明することである。我々のアプローチでは、犯罪の機会論モデルに適合しそうな個人——すなわち、このモデルが説明する犯罪に関与しそうな個人——の性質や具体的特徴を詳細に検討することが必要である。この作業が重要であることには、いくつかの理由がある。第1に、犯罪の理論と犯罪性の理論が整合的でなければならないことは自明である。第2に、犯罪概念の徹底した検討なくして、犯罪性の理論は始まらない。第3に、犯罪性の既存諸理論は、ほとんどこの点に注意を向けていないため、犯罪概念との整合性の観点からそれらを検討し直す必要がある。言い換えると、我々のアプローチによって、犯罪性概念と犯罪の機会論の間の整合性を論拠に、犯罪性の諸理論の妥当性を判断することが可能になる[*3]。

　こうしたことから、本章及び次章では犯罪の特徴を論じ、それ以降の章では、これを出発点として、犯罪性の概念に取り組むつもりである。ここでは、必要条件アプローチを通常犯罪に適用するが、それによって犯罪者の必然的特徴が容易に観察可能となるであろう。

　初めに、我々は、機会論において共通に論じられる、犯罪一般にとって必要な条件を取り上げる。例えば、ローレンス・コーエンとマーカス・フェルソン（Lawrence Cohen & Marcus Felson 1979）が発展させた機会論において、犯罪は、動機付けられた犯罪者、能力のある阻止者の不在、適切な標的を必要とするとされる。犯罪定義の

[*2]　この問題についてだが、両者の主張は、その支持者たちが論争の中で歴史的に強調したほど、方法論的仮定においても違いはない。犯罪の必要条件を探求することは、犯罪原因の探求と完全に両立し得る。犯罪原因は、犯罪の必要条件の操作的指標とみなすことができよう（あるいは、犯罪の必要条件は犯罪原因の抽象的［理論的］要約とみなすことができよう）。例えば、ある地域における自動車の数は自動車盗の量を予測させる。このとき、「自動車の数」は犯罪の原因である。同時に、ある地域における自動車の存在は自動車盗の必要条件である。これら二つの事実、一方の実証的事実と他方の論理的事実は、多分、相互に推論可能である。伝統的な実証主義者たちは犯罪の原因あるいは**相関事象**（correlates）を探求してきたが、それらを概念化しようとする——すなわち、それらを必要条件に翻訳しようとする——ことはほとんどなかった。機会論者たちは、犯罪あるいは犯罪被害の関連事象の分析から始めることが時折はあるが（例えば、Hindelang, Gottredson, & Garofalo 1978 参照）、犯罪の必要条件のアプリオリなあるいは演繹的なリストづくりから始め、そのリストに沿って犯罪率や犯罪相関事象の変化を分析するのが通例である（Cohen & Felson 1979）。

[*3]　皮肉なことに、犯罪の機会論的説明ともっとも整合的でない原因論の一つは、リチャード・クロワードとロイド・オーリン（Richard Cloward & Llyod Ohlin 1960）の理論である。この理論は時に「機会」論と呼ばれるので、学者の中にはこれら相反する立場を同じグループに入れてしまう者もいる。例えば、選択理論と機会論の整合性に関する優れた考察として、フィリップ・クック（Philip Cook 1986）を参照。

拡張や修正は、これら3要素のどれかを軸に始められる必要がある。犯罪者に関心を置く理論は、当然、第1の要素に注目すると考えられる。実際、たいていの犯罪性理論は、第2、第3の要素を重要ではないとみなし、犯罪者の動機付けに関する議論を展開している。我々から見ると、実はこれが現代理論の根本的な誤りである。阻止者や標的の役割を理解した上で犯罪者像を構築しようとするなら、それは現代の犯罪性理論が描く像とは異なるものになるであろう。

マイケル・ハフ（Michael Hough 1987）がよい例をあげている。彼は、窃盗犯が、近接性、接近可能性、報酬に基づいて適切性判断をしていることを指摘し、適切な標的という概念を拡張し、これに磨きをかけた。ホフの接近可能性概念は被害に対する防衛の観念を含み、報酬概念は（費やされる努力に対する対価としての）潜在的成果の観念を含むものであった。

もともとは犯罪行為の性質から犯罪者の特徴を推論していたものを、ハフによる拡張された機会論では、犯罪者の特徴観念を犯罪行為の定義に組み入れることによって、厳密さ、つまり予測可能性が高められるとされた。つまり、窃盗犯は、成功期待の高い、容易に接近可能な標的を好むと見られた。この洞察の延長線上でいくつかの犯罪性理論が困難に遭遇する。なぜなら、それらは、標的の査定とは無関係に、犯罪傾向をもつ人々が窃盗を行うと主張するものだからである。

実際に行われた犯罪こそ、犯罪性の本質を見極める絶好のフィールドである。このことを念頭に、通常犯の基本的特徴と一般的パターンを眺めてみよう。ここで取り上げる犯罪のリストは、犯行構造、データの入手可能性、犯罪性問題にとっての重要性を考慮したものである。

▌窃 盗

窃盗は、機会論者たちによって（直接、間接に）最もよく論じられた犯罪である。その理由を見つけるのは難しくない。窃盗において、「標的」は、事実上、物理的対象であり、それは被害を受ける上でなんら積極的な役割を果たさない；窃盗では、犯罪者は、するべきでない場所でするべきでない事柄をしている。このため、彼の行動が犯罪的であるかどうかに関してほとんど疑問の余地はない。窃盗には物理的構造や物理的空間へのアクセスが含まれており、そのすべては、環境を変容させて犯罪をコントロールする能力を示唆している。最後に、窃盗は最も数の多い重犯罪（felony）である。事実、全米犯罪調査（National Crime Survey）によると、米国では全世帯の約7～8％が毎年被害を受けている。同じ調査によると、その約半数が警察に通報される。

22 I部 犯罪

パット・メイヒュー（Pat Mayhew 1987）は、窃盗の約半数は日中、留守宅で起こっていると報告している。マイケル・ヒンデラング（Michael Hindelang 1976: 292）は、人の住んでいる家よりも空き家の方がリスクは大きいことを示した。ローレンス・コーエンとデービット・キャンター（Lawrence Cohen & David Cantor 1981）は、窃盗率と女性の就労の間に相関があることを見出し、間接的に在宅の効果を示した。このことを直接に示した研究もある：スチュワート・ウィンチェスターとヒラリー・ジャクソン（Stuart Winchester & Hilary Jackson, 1982: 16）は、「窃盗の最も顕著な特徴は、たいてい人の住んでいない家で起こることで……80%は、そのとき、家に誰もいない住居において発生した」と報告している。

ハフ（1987）によると、窃盗**既遂**の大半は空き家でのもので、窃盗**未遂**は高い割合で被害者が在宅のところで起こる。物理的接近可能性もまた窃盗リスクの予測因子である。家並の端の家は道路からのアクセスが容易なので、窃盗率が高い。ハフは、イングランドでは、宅地の裏側への物理的接近可能性も重要であることを示している。

警察記録と検挙者の報告によると（Reppetto 1974）、窃盗犯は侵入するために粗野な方法を用いる。ドアや窓に鍵が掛かっているとき、よく使われるのは「押し入る（bread in）」である；警察の報告は、窃盗犯の半数は力ずくで侵入することを示している。しかし、全米犯罪調査（警察を呼ぶかどうかにかかわらず、被害者の報告に基づく）によると、実際に力ずくで侵入したのは窃盗犯の3分の1以下だった。

最も多く盗まれるものは比較的軽い電化製品である。現金も、もちろんあれば取られるが、クレジット・カードや小切手帳は普通無視される（Reppetto 1974）。全米犯罪調査は、1983年、窃盗犯の3分の2がもたらした被害額は250ドル以下であったが、この金額は、ドアや窓などの破損を含むものであった。ハフとメイヒュー（Hough & Mayhew 1985: 28）は、1984年の英国犯罪調査から、英国での窃盗の被害額は、事件の65%において100ポンド以下だったことを報告している。

窃盗犯の正味収入は被害額よりもはるかに小さい。なぜなら、ドアや窓の破損から窃盗犯が金銭的利益を得るわけではないし、盗品を売る際には、もとの所有者にとっての価値よりもはるかに安い値段になるからである[4]。多くの場合、犯罪者はある財物を自分のものにしたいだけだし、娯楽的価値をもつアイテムを盗みたいという若者の動機も同様である。しかし、携帯ラジオやビデオ装置で生計を立てることはできないので、盗品のこうした使い方は、窃盗が就労類似の収入源であるという見方とは一

---

[4] 盗品の換金価値はもとの価値の100%から0%と変動する。警察のおとり捜査官は、1ドルの盗品なら7セントで買えると報告しているが、学者たちの中には、これでもその品の価値以上であるとみなす者もいる（Klockars 1988参照）。1ドル当たり10セントという平均もしばしば報告されている（例えば、Hindelang 1976: 312参照）。

致しない。

　犯罪者へのインタビューによると、最大の抑制因子は「在宅、犬、裏側からの接近困難、近所や通行人からの可視性、逃走ルートの困難さである；彼らによると、一般のセキュリティはほとんど重要でない」（Mayhew 1984: 34）。研究は、また、窃盗犯が犯行のために遠くまで出かけることはないことを示してきた。ポール・ブランティンハムとパトリシア・ブランティンハム（Paul & Patricia Brantingham）は、「窃盗犯は狭い個人的な「活動空間」内で、すなわち、自宅から職場や学校に行くため、あるいは夕方や週末、社交や買い物の場に行くため、日常的に通過する地域で標的を［選択する］」と述べる（1984:79）。言い方を変えると、犯罪者は「主要な活動領域に近く、主要な移動線に沿った地域で」窃盗を行う（同文献）。

　窃盗で検挙された人たちは、男性（約95%）、若者（年齢メディアンは約17歳）で、人口比よりも非白人への偏りが大きい（約3分の1）。若いが、彼らは（さまざまの犯罪の）前歴をもっていることが多い。彼らはまた、今後も高い確率で、やはりさまざまな犯罪で検挙される。

典型的あるいは標準的な窃盗

　標準的な窃盗では、若い男性（あるいは男性グループ：Reiss 1988 参照）が、自分の住まいからそれほど遠くない家のドアをノックする。ドアが開いているなら（しばしばそうであるように）、彼は家の中に入り、自分が直ぐに使えるとか容易にもち去ることができるなど、興味を引くものがあるかどうか見渡す。たいていの場合、こうした十代半ばの少年に魅力的なアイテムは現金、酒、娯楽用品だけである。たいていの場合、窃盗の戦利品は、すぐに消費され、使い切られるか、人にやったり、捨てられる。つまり、こうした犯罪は、即座の、安易な、その場だけの満足を得るものである。それ以上のものではない。もちろん、すべての窃盗がこのパターンというわけではない。警察やメディアは、窃盗を、エキゾチックで、やりがいがあり、困難で、警察に高い捜査能力を求める犯行といったイメージで描く。警察／メディア・イメージに合致しそうな出来事は非常に稀なので、同じ事件が繰り返し利用される；まったく稀であるが故に、それは、窃盗の原因と対策に関して非常に誤った認識を導く。

窃盗の論理的構造

　窃盗が発生するにはいくつかの条件が存在しなければならない。第1に、ビルや住居がなければならない。これらには許可されていない人の侵入が可能でなければならない。第2に、そのビルや住居の内部には、犯罪者にとって魅力的で、持ち出すことが可能なものがなければならない。第3に、そのビルや住居が、窃盗を発見し、その

完遂を妨害できる人によって監視されていてはならない。最後に、窃盗は、これらの条件を利用することが完全には抑制されていない人を必要とする。

こうしたことから、窃盗は、さまざまな理由で妨害を受ける可能性がある。原則として、ビルや住居は、許可されていない人が入れないようにつくられている[*5]。ビルや住居内の物の価値や携帯性が、犯罪者から見た魅力の水準を下回ることがある。ビルは窃盗を妨害できる関係者によって監視されていることがある。そして、窃盗をする上で魅力的な犯罪機会に出会った人に対して十分な抑制が加えられ、このため窃盗が阻止されることがある。

こうした分析は、犯罪の多様な説明と犯罪性の諸概念がもつ相対的メリットを明らかに示唆する。もしも犯罪性が我々の論じるようなものであるなら（5章参照）、上で示した機構のいくつかによって窃盗は十分に予防できる（我々のスキームからすると、他の機構は相対的に効果が小さい）。犯罪が、即座の、安易なその場だけの願望充足を意味することを想起してほしい。この犯罪観が正しければ、犯罪者の進路上に置かれたどんな障害物も、ある住居が窃盗に遭う可能性と、窃盗が完遂される可能性に一定の影響を与えるであろう。例えば、鍵の掛かったドアは窃盗を一定程度予防するであろう。また、近隣の人たちから見えるように思われる住居は見えない住居よりも被害に遭いにくいであろう。

他方、犯罪者の多くが即座の、安易な、その場だけの欲求充足を求めるとするなら、標的の魅力を低下させることによる予防効果はほとんど期待できない。数枚の硬貨と一瓶の酒が魅力的な対象であるとき、金庫やクレジット・カードを使っても窃盗の発生率をコントロールすることはできない（ただし、こうした手段を使うことによって、窃盗の被害額を下げることはできる）。犯罪傾向のある人にとって魅力の閾値を満たす潜在的標的がたくさんある場合には、関係者の監視を意図的に強める努力をしても、窃盗の発生率を顕著に下げることはできないであろう。最後に、窃盗犯が窃盗に興味をもつのが一時的なものであるとか、それが十代半ばの者に特に顕著であること（6章における窃盗の年齢分布を参照）などを考慮すると、窃盗の検挙歴をもつ者よりも、窃盗予備軍に対して制限を課す方がより窃盗の発生率低下をもたらすであろう。最後に、窃盗発生率の長期的低減は、もちろん、母集団の犯罪性水準の低下によってもたらされるものであろう。このアプローチはすべてのタイプの犯罪に効果があるので、12章においてこれをもう少し詳しく扱うことにする。

これらすべての点において、我々のスキームは、標準的な犯罪学理論、あるいは「積

---

*5　この議論は、窃盗の技術的定義に関して行われている。後の章で論じられるように、ビルや住居内で起こる窃盗のかなりの数は、そこに入ることを許された人たちによって行われている。我々の犯罪性概念は、犯罪者が身近な人を被害者にしやすいという可能性を排除するものではない。

極的犯罪者（active offender）」とか「職業的犯罪者（criminal career）」（Blumstein et al. 1986）といった仮定に基づく非理論的政策提言とまったく違って、実証的意義をもつものである。我々のスキームにとって幸いにも、その実証的意義は窃盗に関する研究によって裏付けられているように思われる。

強　盗

　強盗は、FBI によって、威力あるいはその威嚇を用いて人から何かを奪うこと、あるいはそれを試みることと定義される。米国の強盗発生率は、他の国と比較して高く、12 歳以上の人の報告では、年間、1,000 人に 7 人が被害を受けている（全米犯罪調査による）。この発生率は、イングランドとウェールズの 3 倍以上である（Hough & Mayhew 1985: 62）。米国での発生率は、他の地域よりも主要都市においてはるかに高い。事実、ウェスレイ・スコーガン（Wesley Skogan 1979）は、1970 年、米国で報告された強盗の 3 分の 2 は、全人口のわずか 16% が住む 32 都市に集中していた。

　大衆の理解では、強盗は典型的な路上犯罪である。対人強盗 10 件のうち約 7 件は路上で起こっている（Reiss 1967: 22; Conklin 1972: 81; Hindelang 1976: 206）。強盗による被害額は、それほど高額ではない傾向がある。1982 年の全米犯罪調査からの推定では、強盗の 55% の被害額は 50 ドル以下である；80% は 250 ドル以下だった。強盗の約半分で武器が使われ、約 5 分の 1 で銃が使われた（Hindelang 1976: 213）。銃の存在は被害者の傷害可能性を低下させる（Hindelang, Gottfredson, & Garofalo 1978）。Hindelang（1976）は、対人強盗犯罪の約 95% において被害者は一人であることを示している。対照的に、こうした出来事の 60% 以上に共犯者がいる；事実、全強盗の 33% では 3 人以上の共犯者がいる。

　強盗犯は、窃盗犯同様、若年の傾向がある；最近の年齢メディアンは 19 歳である。強盗犯は男性で（95%）、非白人に偏る傾向がある（過半数）。検挙者は前科をもっていることが多いが、専門分化の証拠はない；彼らは、いろいろな犯罪のために、再検挙される可能性が高い。

　強盗で投獄された犯罪者に対するインタビューは、彼らが強盗に専門化しているわけではないことを示している（Petersilia 1980; Feeney 1986）。強盗を報告する人たちが他のすべての犯罪も同様に報告する傾向があることは、データから確認できる（例えば、Hindelang, Hirschi, & Weis 1981 参照）。強盗犯は自分の行為について金銭的動機を主張する傾向があるが、多くの強盗は、他の行動に付随したもののように思われる（Feeney 1986）。強盗犯のかなりの割合が、犯行前あるいはその最中にアルコールと薬物を報告しているが（Petersilia 1980; Feeney 1986）、事前の計画性や発覚への恐れを示す証拠はほとんどない。実際、計画性といっても、単にそのときの都合のよう

に見える。フロイド・フィーニイ（Floyd Feeney）が調べたカリフォルニア州オークランドの強盗犯は標的の選択について次のように説明している；「偶々、そこに居ただけだよ」；「午前2時に開いていただけさ。ここには前にも来たことがある」；「それが一番手っ取り早いと思った。わかるだろう。小さなドーナツ屋だよ」（1986: 62）。フィーニイはこの問題を次のように要約する：

> こうした強盗犯の多くに見られる衝動性、即座性は、二人の成人強盗犯の例によく表れている。彼らは店に車で来たが、強盗など考えてもいなかった、と言う。友人がルート・ビアとたばこを買っているとばかり思っていた一方は、一体何が起こったのか理解できなかった。店員は、彼の友人である強盗犯を追いかけてドアから走り出ると、彼らの車のフロント・グラスに向かってショットガンを放ったのである。（前掲書：60）

　強盗犯の大半が、自分の居住地近くで被害者を襲うことについては堅固な証拠がある。アンドレ・ノーマンデイ（Andre Normandeau 1968）は、フィラデルフィアにおいて、強盗犯の居住地から事件現場までの距離のメディアンは約1マイルだったと報告している（Feeney 1986 も参照）。事実、被害者の年齢・人種・性別プロフィールは、強盗犯のプロフィールと酷似している——このことは、強盗犯が自分たちとよく似た人たちを襲う強い傾向があることを示している。

典型的あるいは標準的な強盗

　通常の強盗では、十代後半の若い男性あるいは十代半ばの若い男性グループが路上で連れのいない人間に近付き、忍び寄るか（引ったくり）あるいは体格や人数による優位性を利用して（しかし、ときには武器を使って）威嚇し、有価物を要求する。物品のやり取りが完了すると、犯人はその場から逃げ、被害者は警察を呼ぶ手段を探し始める。

　通常の店舗強盗も、武器を所持して（あるいは、所持していると主張して）優位な立場を取った一人の若い男性あるいは二人の若者によって行われ、犯人は、コンビニ店やガソリン・スタンドのレジから現金を要求する。金銭のやり取りが行われると、犯人は店から逃げ、店員は警察を呼ぶ。

強盗の論理構造

　強盗の構造は窃盗の構造といくつかの重要な点で異なる。一つには、被害者と犯人との直接的対決がある。もう一つ、強盗では、犯人はその場所にいる「権利」をもっており、彼がそこに居ることを止めることができる物理的機構は存在しない。次に、

強盗の必要要素を見てみよう。第 1 に、強盗犯にとって潜在的魅力をもつ物品（バッグ、財布、弁当、弁当代）を所持する人、あるいは、現金や高価で携行可能な商品（例えば、宝石）を扱う事業所など、魅力的標的が存在しなければならない。第 2 に、強盗犯はパワーあるいは目に見える威力の点で優位に立っていなければならない。そして、第 3 に、強盗犯は、この犯罪機会の優位性を利用することを完全には抑制されていない人でなければならない。

　潜在的強盗犯と潜在的被害者が接触することを妨げることによって、また、潜在的強盗犯の見かけ上のパワーよりも潜在的被害者のそれを大きくすることによって、強盗を予防することができる。また、原理的に、潜在的標的の魅力を低下させることによっても可能である。最後に、当然だが、犯罪傾向をもつ人々に対する抑制を強めることによっても強盗を減らすことができる。

　我々の考えによると、やはり、これら論理的可能性のすべてが強盗の予防において等しく効果的というわけではない。潜在的標的の魅力度を変えることには一定の影響力があるが（「現金を持ち歩かない（we carry no cash）」プログラムの効果を見よ）、犯罪者が追求する満足度はしばしば控え目なので、多くの抑制が役に立たなくなる。パワー・バランスを変えることは効果的だが、犯罪者が微妙な手がかりや抽象的な確率に十分な注意を向けないこともあるので、こうしたパワーは容易に目に見えるものでなければならない。強盗の予防に関する限り、グループで移動することは、武器を隠し持つよりも効果的だし、財布を持ち歩かないことは、催涙スプレーを入れた財布を持ち歩くよりも効果的である。

　強盗の完遂に必要な被害者を物理的にコントロールすれば、それを入手することは不可能になるから、メカニカルな機構は、潜在的被害者を潜在的強盗犯から分離することによって強盗を予防できるであろう。こうした機構の例は、タクシー車内の衝立、酒屋のケージ、自動車ドアのロックなどである。

　犯罪の年齢分布（6 章参照）と強盗の時間的・空間的特徴を考慮に入れるなら、潜在的犯罪者を抑制し、潜在的被害者を除去するためには夜間外出禁止令が非常に効果的であろう；若者の学校の行き帰りをしっかり監視することも同様である。同じ理由で、警察のパトロールをできる限り増やしても、強盗の発生率に影響を与えることはないであろう。

殺　人

　大衆と専門家の意見とは反対に、殺人は最もありふれた犯罪で、我々の見方からすると、最も説明の容易な犯罪である。第 1 に、いくつかの事実がある。1987 年の米国における殺人発生率は、年間、10 万人当たり約 8 だった。1980 年は 10 と高く、

1960 年代前半は 5 と低かった。殺人の 60％ 近くは銃器を使って行われている。毒殺はきわめて稀で、20％ ではナイフが使われている。約 15％ は撲殺である。

被害者と加害者の関係がわかっている殺人の約 20％ は家族内でのものである。見知らぬ者同士もほぼ同じ割合である。残りは知り合い同士で、親密さの程度は知人（バーの顧客同士など）から恋人まで及ぶ。殺人被害者の 75％ は男性である。40％ は黒人である。

家族や知人間の殺人は激情犯罪と思われるかもしれないが、それらは相当程度の予測可能性と規則性をもって起こる。それらは週末、夜、室内、そして人がいる前で起こりやすい。犯行時、被害者か加害者、あるいは両者がアルコールや薬物を使っていることが多い。ジェームズ・ウィルソンとリチャード・ハーンスタイン（James Wilson & Richard Herrnstein）は、「殺人に対するアルコール関与を分析した、少なくとも 28 個の個別研究が実際にあった；そのうち 14 研究は、事件の少なくとも 60％ においてアルコールが関与していたことを、また大部分の研究は、事件の 3 分の 1 以上においてそうであったことを見出した」（1985：356）。しばしば報告されているように、被害者と加害者を区別することが困難な場合が少なくない――すなわち、事件の主たる責任がどちらにあるかを見極めるのは困難なことがある。さらに、被害者、加害者ともに、犯罪や非行の前歴をもつ割合が比較的高い傾向がある。

殺人に見られる二つ目の共通パターンは、窃盗、強盗、レイプなどより軽い犯罪の遂行過程において被害者を殺害する、いわゆる重罪殺人（felony homicide）である。こうした事件は見知らぬ者同士の間で起こり、住居内では生じない傾向がある。実際、こうした特徴は、殺人を引き起こしたより軽い犯罪のパターンと同種のものである。

殺人においても、犯人と被害者は互いに顕著な類似性をもっている。犯人は圧倒的に若者（1983 年の殺人による検挙者の年齢ピーク）、男性（87％）、そして非白人に偏っている（約 51％）。殺人罪の検挙者に関する記録は他の犯罪者と類似している――すなわち、罪種に関して多彩である。殺人罪で検挙された人の再犯記録は、通常犯罪に比べると少ない傾向があるが、それは投獄期間の長さが違うのせいである（殺人者たちは「予後良好（good risks）」といわれることがあるが、そうではない）。

殺人は、犯罪の快楽主義的説明に反対する人たちが取り上げる古典的例である。彼らは、当然、激情による犯罪は理性による犯罪ではないという。その主張によれば、衝動は合理的判断の結果ではないし、コストと利益を考慮して制御されるものでもない。その主張は、犯罪が長期的コストを考慮せず、短期的で即座の利得によって支配されているという考えに基づく理論には適合しない。この理論によると、殺人とは正しく、重大な犯罪が些細な理由で行われるという、高度の犯罪性によって生み出され

るタイプの行動である。事実、多くの殺人は、「快楽」とは無縁で、むしろ「苦痛」の減少と強く関連しているように思われる。犯人が味わう苦痛は通常の基準からすれば大きなものではない；犯人にとって唯一の利益は、自分をそのとき苛立たせたものを排除するとか、窃盗を成功させるなど、目の前にある目的を達成する上で妨害となるものを排除するとかである。言い換えると、殺人の利益は、大きいものでも、意味深いものでも、また重要なものでもない。反対に、それはそのときだけの利益であり、アルコールや薬物使用の効果は、犯人の時間展望を「今・ここ」に縮小する傾向の中に明瞭に見られる。殺人の論理構造の考察がこの点を明らかにしてくれるであろう。

典型的、標準的殺人

　殺人には二つの基本的タイプがある。一方のタイプは、知り合い同士が、些細な事柄で、前からもそうだったように口論するというものである。彼らの口論は、過去において、ときには身体的暴力に発展したことがあったが、それは加害者に対するものであったり、被害者に対するものであったりした。当該の事件では、彼らの一方が、もううんざりだと思ったか、少しだけ強く殴ったか、あるいは致命傷を与えることになる道具を持っていたかである。もちろん、加害者が銃で口論を終わらせようとしただけということも多い。

　他方のタイプは、前に述べたように、通常の強盗が殺人となるもので、それは何らかの理由で（被害者が抵抗したせいということもあれば、明白な理由がまったく見当たらないこともある）、犯人が店員や店主に向かって銃を撃ったというものである。また、窃盗時の見込み違いで、家に人がいたというケースもある。ここでも同様に、被害者が抵抗したとか、あるいは明白な理由なく、犯人は居住者を棒で殴ったり、ナイフで刺したり、銃で撃ったりする。

殺人の論理的構造

　法律で刑事上の殺人とは、ある人が他の人によって、自己防衛その他の免責事由なく、意図的に殺されることである。刑事上の殺人が起こるためには、以下の条件が必要である：相互作用する加害者と被害者が存在する；加害者が他者の生命を奪う手段をもっている；加害者は、この犯行を妨害する抑制を完全には受けていない；被害者は、加害者が示した威嚇から逃れるチャンスがないか、その気がない；被害者には、命を助けてくれる第三者がいない。

　刑事上の殺人は、その動機の深さや強さよりも構造の複雑さにおいて他の犯罪と異なっている。殺人と暴行の違いは、単純に、傍観者の介入、銃の正確さ、飛んで来る皿の重量、救急車の早さ、外傷センターの利用可能性から生じるものであろう。強盗

と重罪殺人の違いは、単純に、店員からの抵抗があったかどうかであろう。窃盗と重罪殺人の違いは、犯行の最中に、住居の住人が帰宅してきたかどうかであろう。

　複雑な犯罪は、必要要素のどれかを妨害するだけで犯行を防げるので、単純な犯罪よりもコントロールが容易である。例えば、被害者と加害者の相互作用をなくする、加害者から致命的武器を取り上げる、傍観者の利用可能性とその介入可能性を高める、より軽い犯罪に対する被害者の抵抗を弱める、アルコールや薬物の使用を減らすなどによって殺人を防ぐことができるであろう。犯罪傾向をもつ人々の数を減らすことによっても殺人を防ぐことができる。

　殺人動機の短慮性、即座性の証拠は、殺人未遂や加重暴行の被害者が、その犯罪の後、警察に保護を求めることがほとんどないという事実に見られる。事実、証拠は、こうした行為の被害者がたいてい、加害者との以前の人間関係や以前の活動パターンを持続させようとすることを示唆している（Sherman & Berk 1984）。

■ 自動車盗

　自動車盗とは、自動車を盗むことあるいはそれを試みることである。1985 年、米国の自動車盗の発生率は、自動車 1,000 台当たり、年間、約 8 から 20 台に及ぶ。自動車盗に遭うリスクはブランド、年式、接近可能性によってかなり変動する。例えば、ステーション・ワゴンはツー・ドア・クーペよりも盗難に遭う可能性が低い。新車は中古車よりもリスクが大きい；公共の駐車場に停められている車、頻繁に運転される車が盗難に遭いやすい。ステアリング・コラム・ロックなどの盗難防止装置の付いた車は盗難に遭う可能性が相対的に低い（Mayhew et al. 1976）。ロックされていない車、イグニッションに鍵が付いたままの車、エンジンがかかったままで放置された車が特に盗難に遭いやすい。

　自動車盗の約 70％ は夜に発生し、盗まれた車の約 80％ は取り戻されている（Hindelang 1976: 302, 308）。自動車盗の目的は部品であると警察は主張するが、カール・クロッカーズ（Carl Klockars 1988）は、中古自動車部品の市場は自動車盗をうながすほど活発ではないとして、これに疑問を呈している。米国の都市周辺にある廃車センターは安価のキャブレターや中古ホイールを大量に提供している。こうしたセンターのオーナーたちは、特定部品の発注を受けてから廃車を解体するので、自動車窃盗犯たちであってもあらかじめ解体するのは無駄だと思うであろう。典型的な自動車窃盗犯の年齢から見ても（検挙者の年齢ピークは 16 歳で、半分以上は 18 歳以下）、この犯罪が組織的なもの（auto-theft-ring）であるという説明に疑問を投げかける。

　記録によると、自動車盗で検挙される人は若者（16〜18 歳）、男性（90％ 以上）、

非白人に偏っている（約33%）。

典型的、標準的な自動車盗

典型的な自動車盗は、公道に施錠しないで置いてある車や一般駐車場にイグニッションにキーを付けたまま、あるいは見えるところにキーを置いたまま停めてある車に、16歳の男性あるいは男性グループが入り込み、ガソリンがなくなるまで、あるいは犯人たちが他のやるべきことに気付くまで車を走らせるというものである。

自動車盗の論理構造

自動車盗は特に複雑な犯罪である。自動車盗が発生するためには、接近可能で、運転可能で、魅力的な自動車がなければならない。また、運転ができて、十分には抑制されていない犯罪者がいなければならない。車を盗んで面白半分に乗り回すだけと違って、自動車盗では、犯人がその車を維持し、保管する手段をもっている必要がある。この最後の条件のために、ただ乗り回すだけの自動車盗は、他の形態の自動車盗よりもはるかによく見られるし、盗まれた車が戻ることが多く、窃盗犯が捕まることも稀である。近年、盗難車の潜在的購入者に対しておとり捜査が行われているが、こうした謀略作戦は、皮肉なことに、自動車盗の発生率をむしろ上昇させてしまった可能性がある（10章、12章参照）。

それ故、自動車の数を減らす、自動車へのアクセスをより困難にする、自動車を運転することをより困難にする、自動車を犯罪者にとって魅力的でないようにするなどの方法によって自動車盗を予防することができる。また、自動車免許の取得可能年齢を18歳まで引き上げるなど、犯罪傾向をもつ人たちに対する抑制を強めることによっても自動車盗を減らすことができる。

▌レイプ

全米犯罪調査によると、レイプおよびレイプ未遂は、年間、12歳以上の女性10万人当たり約140件である。『*統一犯罪報告書*』（*Uniform Crime Reports*: U. S. Department of Justice 1985）によると、1983年、女性10万人当たり約70件のレイプおよびレイプ未遂が警察に通報された。被害者調査と警察データによると、レイプは、夕方あるいは夜間、また週末に偏って起こる（Hindelang, Gottfredson, & Garofalo 1978）。被害者調査データによると、被害者宅で起こるレイプは少なく、武器が使用されるのは20%以下である。被害者調査で報告されたレイプの約60%は見知らぬ他人によるものである（警察に報告されたレイプでは、見知らぬ他人によるものは若干少なくなる）。

32   I部 犯罪

レイプの検挙者は若者で（検挙時の年齢ピークは21歳）、非白人に偏る傾向がある（1983年で約51%）。彼らはさまざまの罪種の前歴をもっていることが多く、再犯記録は、窃盗や強盗で検挙された犯罪者と類似する——すなわち、彼らはジェネラリストで、次回はレイプ以外の犯罪で検挙されることが多い。被害者もまた若く（1982年、被害者の年齢ピークは16〜19歳）、またマイノリティ集団の成員であることが多い。

標準的、典型的なレイプ

強制的レイプほど大衆の側に誤解されている犯罪は少ない。非典型的な事件を好んで描くメディアの影響で、現代の大衆が抱くレイプ・イメージは、次のようなシナリオである。（1）家族や親しい友人が性行為を強要する。被害者がこの暴力と辱めを刑事司法に訴えることはない。このシナリオは、一般向け書籍では「家族間暴力（family violence）」「デート・レイプ（date rape）」など、さまざまに呼ばれている。（2）一人の女性が公共の場で男性グループに襲われ、レイプの上、暴力によって重傷を負わせられる。こうした「ギャング」レイプに対しては警察が乗り出す。

データによると、これらのシナリオのどちらも比較的稀である。家族や親しい友人がレイプをしたり報告することで長期的な人間関係を危うくすることはほとんどないと思われる。レイプの統計では、単独犯が圧倒的多数を占める。

統計的にもっとよくあるシナリオは、夜、公共の場で見知らぬ者同士が出会うところから始まる。女性は一人で、周りに人目はない。単独の犯人が、彼女を待ち伏せするか後をつけ、そして襲う。犯行はその場で行われるか、あるいは被害者を離れた場所に無理やり連れ込んでから行われる。

知合い同士の事件に関して、現代の出版物は被害者と加害者の関係を誇張しがちである。典型的な「知人」レイプは、顔見知り程度の被害者と加害者が、合意のもとで危険な場所、例えば、自動車とかアパートの中に入り、加害者が被害者に従うよう強制するというものである。この状況では、被害者はしばしば警察を呼ばない。

最後のシナリオは、自宅で一人で寝ている女性が、鍵の掛かっていないドアや窓から侵入した単独の犯人によって目を覚まさせられるというものである。犯人が去ってから彼女は警察を呼ぶ。

レイプの論理構造

ほかのどんなタイプの犯罪よりも、レイプの特性について客観的に論じるのは難しい。この犯罪とこれに対する刑事司法システムの反応が非常に感情的性質を帯びているので、これを客観的論じることは、しばしば感受性の欠如を表わしているように見られるからである。とはいえ、現代のレイプ・イメージの多くは間違いだらけで誤解

を招くものなので、この犯罪は、入手可能な良質のデータを注意深く査定し、また、その論理構造を注意深く見つめることによって評価されなければならない。

レイプが発生するためには、いくつかの条件が必要である。第1に、犯人にとって魅力的で、入手可能で、性行為を望んでおらず、犯人の要求に抵抗できない被害者が存在しなければならない。第2に、完全には抑制されていない犯罪者がいなければならない。

ほとんどすべての犯罪について、標的強化という目的に適う良識的な防犯手段を考えることは可能である。例えば、車に鍵を掛けて盗難を防いだり、照明を増やして家を空き巣から守ることができる。こうした予防策は、犯罪の論理構造や潜在的犯罪者にとって魅力的となりやすい標的の特徴を利用したものである。レイプによって、その被害者が被るトラウマによって、また、刑事司法システムの不適切な反応によって喚起される感情のため、同種のアドバイスを行うことは、被害者を責めるものであるという非難を招くことになる。車の所有者に対して、イグニッションに鍵を挿したままにすることは、機会論によると、窃盗犯を惹きつけるものだから気を付けるようにとアドバイスすることは、多くの人が常識的なアドバイスだとみなすであろう；しかし、公共の場、特に、酒場やアルコールが消費される場所の周辺を夜一人で歩き回るのはやめるよう若い女性にアドバイスするなら、多くの人はこれを非常識とみなすであろう。なぜなら、それは女性の自由を制限するものだからである。明らかに、また残念ではあるが、犯罪地域に関する良いアドバイスは、しばしば潜在的被害者の自由を制限するものである。

しかし、犯罪の論理構造は犯罪を生み出す変数を予測するもので、そこから犯罪予防の方針がつくられる。データによると、若い男女がどちらも一人で、公共の場で、特に夜出会うときレイプが生じやすい。こうした犯罪機会を減らすことによって、レイプ事件を減らすことが期待されるであろう。見知らぬ人（偶々、知合いになった人を含め）と危険な場所に行くことに注意を喚起することによってもレイプを防ぐことができる。女性が一人で家にいるとき、ドアや窓に鍵を掛けることによってもレイプを防ぐことができる。女性の側の抵抗力（同行者、目に見える武器、ホイッスル）を高めることも有効である。最後に、もちろん、犯罪傾向のある男性の数を減らすことも重要である。

■ ホワイト・カラー犯罪

ホワイト・カラー犯罪は、研究者や司法職員が十分に注意を向けてこなかった難し

い理論的問題を提起する。しかし、後に明らかになるように、ホワイト・カラー犯罪は本書の中心的概念を解明する上で有益なものである。この点は、ここでは示唆するだけである。本格的な議論は9章に譲る。

ホワイト・カラー犯罪という罪種はないので、その法的定義は存在しない。この名称は社会学者、エドウィン・サザーランド（Edwin Sutherland）がつくったものだが、彼は、地域社会において尊敬される高い地位にある人々によって行われる犯罪を指して用いた。こうした人たちが、彼らに独自の犯罪を行うというとらえ方は、本書を通して用いられている犯罪概念とは真っ向から対立するものである。もしも犯罪が、即座で安易なその場だけの欲求充足であるとすれば、それは、自分の行為の長期的結果に注意を向けるべき高い社会的地位にある人には、そもそも当てはまらないように思われる。以下において、ホワイト・カラー職と結び付いた個々の犯罪について議論するが、ホワイト・カラー犯罪が存在することは、実際には、犯罪行為の本質に関する我々の概念を損なわせるよりも、むしろこれを支持するものであることが明らかになるであろう。

▊ 横　領

横領とは、自分の管理に委ねられた金銭や財産を着服あるいは不正使用することである。横領の検挙率は低い。1983年、米国の横領罪による検挙数は7,600件だったが、これは窃盗の40万件、レイプの3万件、殺人の1万8,000件に比べると少ない。大衆イメージとは反対に、横領の発生率は、若者、男性、マイノリティ集団において最も高い。

標準的な通常の横領

人口統計学的プロフィールが示すように、通常の横領とは、若い男性が雇用主のレジスターから現金を盗んだり、店の商品を盗むというものである。技能はほとんどあるいはまったく必要ないし、その利益は明確で即座であり、その犯罪機会は立場そのものによって与えられる。確かに、信頼される地位にある年長の従業員による高額の横領もあるが、それが稀であることは重要なデータであり、横領の大半がもつ目立たない特徴が曖昧にされるべきではない。

横領の論理的構造

横領に焦点を当てた影響力のある研究の中で、ドナルド・クレッシー（Donald Cressey）は、横領には3条件が必要であると論じている：

1. 自分は深刻な経済的問題を抱えていると感じている。
2. 経理上信頼される立場にあることを利用して、この問題を密かに解決する方法を知っている。
3. 横領行為が世間でどう言われているかを知っているが、そのことと、自分自身を信頼される人間としてイメージすることとは矛盾しない（1986: 199）。

我々の視点から見ると、横領に必要な条件は次のようなものである；(1)犯人にとって魅力的で、入手可能で、しかし正当な所有ではない金銭や商品が存在する；(2)犯人は完全には抑制されていない。

同じ犯罪に関して、我々が提示した横領の論理構造とクレッシーの分化接触理論を比較すると、犯罪の概念からスタートした理論と犯罪者の概念からスタートした理論の違いがわかる。クレッシーは明らかに犯罪者の概念からスタートしており、この概念からすると、横領の利得はある選ばれた一群の人々にとってのみ魅力的で、また、それは遂行が困難で、自己正当化は難しいとされる。我々は犯罪の概念からスタートし、そこでは、この犯罪の利得は誰にとっても魅力で、その犯罪は遂行容易で、特に自己正当化の必要はない。両者とも横領の比較的低い発生率を予測するが（9章参照）、しかし、因果性や効果的予防法に関する考え方はかなり異なる。

クレッシーの理論では、犯罪動機を除去すること、その犯罪機会を削減すること、職業世界の価値観を変えることによって横領を防ぐことができるとされる。我々の理論では、犯罪機会を減らすこと、職業世界の内外で一般に受け入れられている盗みを禁じるという価値観に即して十分に社会化されてきた従業員や管理者を雇用することによって、横領を防ぐことができる。これらの理論の重要な相違点は、ホワイト・カラー犯罪者の性質に関する仮定にある：クレッシー理論は、横領者をホワイト・カラー労働者の代表的サンプルと仮定する；我々の理論は、横領者が他の犯罪にも同様に関与してきたことが明らかになるであろうと仮定する。この問題を完全に解明するためには、5章での低自己統制の議論を待つ必要がある。

▌ 薬物とアルコール

薬物、アルコール、たばこの使用と非行・犯罪行為関与の相関はよく知られている。ロナルド・エーカーズ（Ronald Akers）によると、「慎重な十代と比較して、飲酒、喫煙、薬物使用をする十代は、けんか、窃盗、傷害事件その他の非行に関わる傾向が非常に高い」（1984: 41; Hirschi 1969; Kandel 1978; Johnston, Bachman, & O'Malley 1978; Hindelang, Hirschi, & Weis 1981 も参照）。また、全国的に、薬物使用が他のすべての犯罪と併存することも確認されている。薬物使用は 1980 年前後にピークとなり、そ

の後は同水準にありながらも減少してきたが、これは犯罪率のパターンと同じである。

減少傾向の中で、特定薬物の使用は米国社会に蔓延し続けている。例えば、1983年に卒業した高校3年生のうち、69%が過去30日以内のアルコール使用を報告した；30%は喫煙を、27%はマリファナ使用を、5%はコカイン使用を報告した（Johonston, O'Malley, & Bachman 1984）。

薬物・アルコール使用は、刑事司法システムの活動の多くに関与する。1980年代、毎年、飲酒で100万件以上、飲酒運転で150万件、薬物乱用で50万件、酒類販売業者責任立法違反で100万件の検挙が行われた。この数値には含まれていないが、より重大な犯罪での検挙の中に、犯行前あるいはその最中、犯人が薬物やアルコールを摂取していたというものがある。

薬物・アルコール使用は20世紀初期にピークとなりその後減少している。薬物使用の発生率は女性より男性に高いが、近年、両者は接近しつつあり、薬物使用の性差は（薬物乱用とは違って）大きくはない。

薬物・アルコール使用は、全世界的に法律で禁じられているわけではない。しかし、ある薬物はすべての人に対して禁じられているし、子供など、特定の人に対してはすべての薬物が禁じられている。一般に支持されているように、薬物の禁止はその価格を高め、摂取率を低下させる。禁止に伴う価格高騰によって、薬物販売が犯罪者にとって魅力的な収入源になると一般には考えられているし、それ以外に薬物習慣を維持できない中毒者によって、薬物を収入源とする犯罪が生み出されていると考えられている。つまり、この分野の一般認識は、薬物と犯罪が経済的あるいは金銭的に結び付いているというものである：高額であるが故に、薬物は中毒者による犯罪行為を促し、それ自体が、（非合法な）魅力的収入源として、直接の犯罪原因となる。薬物と犯罪が結び付く別の理由として、現代の犯罪学の中に、どちらも仲間からの圧力や青年期の価値観という共通の原因をもつとの見方がある。

第1の観点からすると、もしも薬物が合法的で、（それ故）安価であるなら、薬物と犯罪の結び付きは消失するであろう。第2の観点からしても、薬物と犯罪の間に固有の結び付きはない；事実、両者の関係はある環境ではポジティブだが、別の環境ではネガティブである——例えば、薬物使用を禁ずる犯罪的下位文化がある（Cloward & Ohlin 1960 と Elliot, Huizinga, & Ageton 1985 を比較せよ）。我々から見ると、これら二つの観点のいずれも誤りである。犯罪と薬物使用が結び付くのは、それらが犯罪性の諸傾向を満たす特徴を共有しているからである。どちらも即座、安易、確実で、その場だけの快楽をもたらす。一時的な怒り反応をコントロールする抑制に対して、アルコールは即座の影響を与えるが、これもまた結び付きを生み出す原因である。

2章　犯罪の本質　　*37*

　我々の主張を支持する証拠は、アルコールやたばこなどの安価な薬物の使用と犯罪の間の相関に見られる（Schoff 1915; Hirschi 1969; Ferri 1897: 117）。犯罪をうながすのに十分なほど気分や行動に影響を与えることのない薬物（たばこなど）が犯罪と結び付いていることも、我々の見解を支持するものである。

典型的な薬物犯罪

　ある典型的な薬物犯罪は、若い男性が友人の家でたくさんのアルコールを摂取し、蛇行運転をして家に帰る途中、停車させられるというものである。彼は飲酒運転で出頭を命じられる。しかし、典型的な薬物*使用*（use）は、これとは別のものである。ある薬物が毎日繰り返し使用される。例えば、たばこを 40 本以上消費するスモーカーは稀ではないし、アルコールやマリファナを毎日消費するというヘビー・ユーザーもいる。麻薬戦争（wars on drugs）の必要性を喚起する*濫用*（abuse）はさらに別の問題である。この場合、薬物問題は、自分の薬物習慣を維持するために盗みをしたり、初心者に薬物を売りつける人々の「ハード」ドラッグ依存（addiction）を巡るものとなる。

薬物使用の論理構造

　薬物使用の必要条件を同定するのは容易である。犯罪者にとって魅力的かつ入手可能な薬物が存在しなければならないし、また、完全には抑制されていない犯罪者が存在しなければならない。特定の薬物使用を防ぐには、経済的コストを高めたり、薬物の質を低下させたり、健康への影響を知らせるなどによって、薬物の魅力を減じることが必要である。別の方法として、薬物の生産、販売、供給を妨害することによってその入手可能性を低下させることもありうる。最後に、犯罪傾向をもつ人の数を減らすことも薬物使用の予防をもたらすであろう。

▮ 理論的に犯罪と等価な事象

　犯罪は、即座、確実、安易な便益を追求することから生じる。犯罪ではない事象の中にも、同じ種類の便益追及から生じるものがあるように思われる。これらの事象は犯罪と相関するので、それらを検討することが犯罪と犯罪性の本質解明に役立つであろう。

　犯罪類似の一つの事象群は事故である。事故は通常、便益をもたらすものとはみなされない。むしろそれは、定義からして、コストを生み出すもので、その長期的コストが大きな負担となることもある。しかし、事故と相関関係にある事象やそれが起こる状況を検討すると、それらが犯罪と多くの共通点をもつことが示唆される。例え

38 Ⅰ部 犯罪

ば、自動車事故は、速度違反、飲酒運転、あおり走行、不注意、無謀運転、不良整備、そして若い男性と関連している。火事は、喫煙、飲酒、多子、設備不良などと関連する傾向がある。

▌ 犯罪の区分

すべての犯罪が同じではないという考え方は、犯罪学の中に最も深く根付いている常識的感覚である。この常識的犯罪学は、軽微な犯罪と重大な犯罪を（例えば、Elliott, Huizinga, & Ageton 1985；Wilson & Herrnstein 1985）、道具的犯罪と表出的犯罪を（Chambliss 1969）、虞犯（status offense）と非行を、被害者のある犯罪とない犯罪を（Morris & Hawkins 1970）、自然犯罪と法定犯罪を区別するし、さらに、最も重要な区分としては、対人犯罪と財産犯罪がある。今後明らかになるが、我々の理論では、こうした区分は、すべて重要でないか、誤解を招くものであるとみなされる。ここでは軽微な犯罪と深刻な犯罪について考察してみよう。

犯罪学者たちは、あたかも軽微な犯罪と重大な犯罪の間には原因において違いがあるかのように議論をするが、以下の引用文が示すように、こうした事象間（あるいは犯罪者間）に線引きするのは容易ではない：

> 主として重大な犯罪に焦点を当てることによって、我々は、消火栓の近くに駐車する人と銀行を襲撃する人を比較するという問題を避けることできる……高頻度で重大犯罪を行う人に焦点を絞ろうというのであれば、「重大な（serious）」の意味を明確にしなければならない……本書では主として、攻撃行為、暴力行為、窃盗を指す；［この議論は］、そのほとんどが、暴力、レイプ、殺人、窃盗、脅迫を行う人についてのものである……しかし、このように略奪的犯罪（predatory crime）を強調することには利点もある。こうした行動は……古くからの伝統、道徳的感情、成文法……によって、すべての社会、すべての歴史的時代において非難されている。普遍的に悪とされる行動の実証研究に依拠することによって……我々は、人によって悪とみなすかどうか不確かな行為についてではなく、確かに犯罪と人間の本質について理論化を進めていると確信をもつことができる。(Wilson & Herrnstein 1985: 21-23)

この論述を吟味すると、いくつかのことが明らかとなる。第1に、それは、銀行強盗犯と駐車違反者を区別して研究することは、さまざまに有益であると主張するが、それは欠陥をもち、実証的にも疑わしい理論的主張である（何といっても、消火栓の前に不法駐車する人たちと銀行強盗をする人たちが、他者の便益に対する関心の欠如

とか自分の行為の結果に対する無頓着さなど、同じ特徴をもっているという可能性については、少なくとも、検討の余地はある）。

第2に、それは、重大な犯罪行為には、何であれ、それに相応しい重大な原因があること、卑劣な行為は、軽微な結果をもたらす行為よりも、人間性に関して（他の理論家からすると、社会の構造に関して）より多くのことを我々に語ると主張する。我々が示してきたように、この仮定には、論理の面でも事実の面でも根拠がない。殺人は、動機付け、熟慮性、成果（犯人にとって）の点で最も弱い犯罪であり得る。万引きは、それらの点で最も強い犯罪であり得る。

第3に、それは、実在しない犯罪の専門分化を主張する。重大犯罪と軽微犯罪という専門分化の考え方は、多分、あらゆる専門分化の理論の中で最も擁護困難なものである。

第4に、それは、既遂犯罪と未遂犯罪の間には何らかの原因論的違いがあると主張する。重大犯罪が未遂に終わる理由には、的を外す（店員を殺そうと狙った銃で）、重曹をコカインと間違える、襲った相手に打ちのめされる、盗んだ金額が51ドルではなく49ドルだったなどがある。

こうした区分は、限界抑止（marginal deterrence）［訳注1］を働かせるために、羊と子羊の間に線引きしなければならない刑法にとっては明らかに重要なものであるが、原因論にとってはそうではない。刑法は、武装強盗を意図する者に、非武装強盗に対する刑罰は軽減されるとして、武器を携行しないよう説得しようとする。しかし、刑法は、武装強盗と非武装強盗に対して同じ理論（抑止理論）が適用可能であると仮定する。言い方を変えると、刑法は、法的重大さが違うからといって、事象について異なる原因を見ようとはしない。この点で、刑法は、偶発的・非本質的属性の観点から犯罪事象を分類しようとする犯罪理論よりもはるかに先を行っている。

振り返ると、上で示された犯罪間の区分のすべては、刑法で認知される個別犯罪について我々が行った議論の中でも取り上げられた。我々は対人犯罪と財産犯罪、**自然犯罪**と**法定犯罪**、被害者のある犯罪とない犯罪、虞犯と非行、道具的犯罪と表出的犯罪を分析してきた。どの場合にも、ある犯罪事象をこうした観点で分類することが理論的に必然であるとか有益であるとは思われなかった。後に明らかになるように、こうした区分は、我々が犯罪ではなく犯罪者に焦点を当てるときに一層不都合なものとなる。

訳注1　犯罪の重大さによって刑罰に差を設け、それによって重大犯罪を抑止しようとする考え方。

II部　犯罪性

Part II　*Criminality*

3 章　生物学的実証主義
4 章　心理学的、経済学的、社会学的実証主義
5 章　犯罪性の本質：低自己統制

3章

生物学的実証主義

Biological Positivism

　自己利益による選択を強調する人間行動の古典学派概念は、最終的に、差異と決定論を強調する人間行動の実証学派概念に取って代わられた。実証主義革命は、大いなる楽観主義と熱狂をもって迎えられ、その方法は、間もなく、犯罪を含むほとんどすべての事象に適用された。本章では、実証主義革命を生物学におけるその起源から生物学的犯罪学の現状までをたどる。この作業を通して、我々は、実証学派概念を犯罪と犯罪性の研究に厳密に適用することがもたらす困難のいくつかを示すつもりである。

■ 生物学的実証主義の起源

　チャールズ・ダーウィン（Charles Darwin）の 1859 年に出版された『*種の起源（The Origin of Species）*』および 1871 年に初版刊行された『*人間の由来（The Descent of Man）*』は、1 章で論じられた人間行動の原因に関する「前科学的」（古典学派の）思考の終焉を告げるものと広く受け止められている。ダーウィン以前、人間は動物界のほかの種とは異質の種であると信じられていたとされる。人間は自由意志をもち、多様な選択肢がもたらす快楽と苦痛をみずから査定することによって、行為系列を選択することができると信じられていた。ダーウィンの進化論の出現とともに、こうした見方は多くの人たちから、もはや支持できないものとみなされるようになった。進化論的生物学によれば、人間は、他のすべての動物と同様、自然の法則に従う動物である。人間の行動は、動物のすべての特性同様、自由意志や選択ではなく、自然の法則によって支配されている。人間行動に関心をもつ科学者たちに残された仕事は、人間の犯罪行動を生み出す諸要因を分離し、同認することであった。彼らがこうした諸要因を見出そうと目を付けた最初の場所が犯罪者の生物学だったことは意外ではない。

　科学的犯罪学の起源は、通常、イタリアの刑事施設で働いていたチェーザレ・ロンブローゾ（Cesare Lombroso 1835-1909）の研究にさかのぼる。ロンブローゾは、当時の水準の生物学に照らして、自分自身を科学者とみなしていた。彼は、ある強盗犯の頭蓋骨に異常を発見したときから、実質的に、犯罪の科学が始まったと主張するが、

ロンブローゾの犯罪理論とダーウィン進化論の関連性はきわめて明瞭なので、ロンブローゾの理論は、そもそも帰納的というよりも演繹的だったと結論しなければならない——それは一般的な**実体**（*substantive*）原理から導き出されたもので、観察に先行したものであり、その逆ではなかった[*1]。

　しかし、実証主義者としてのロンブローゾは、進化論から導かれたと思われる犯罪者と非犯罪者の違いにのみ焦点を向け続けることができなかった。逆に、実証主義者としての彼は、犯罪に関連するものすべてを追求し、多少なりとも、それらの意味を明らかにしようと試みなければならなかった。ロンブローゾ時代の統計学では、犯罪者と非犯罪者の潜在的差異の相対的重要度を確定することはできなかったし、ロンブローゾは、それらを有効な方法で組織化する犯罪の一般理論をもってはいなかったのである。そこで彼は、物理的世界・社会的世界という伝統的枠組みに従って、犯罪相関事象をクラスターやグループに分類しようとした。これら変数クラスターや変数グループは、不思議なことに、現代の「諸学問分野（disciplines）」に似ている。事実、ロンブローゾの代表作の改定版（1918［1899］）の目次を見ると、犯罪の気象学的、地質学的、人類学的、人口統計学的、教育学的、経済学的、宗教学的、発生学的、政治学的原因などのセクションが並び、それはまるで大学の学科目一覧（university catalog）のようである。

　この事実の重要性と一般性は強調されるべきであろう：自然の中に意味を探求する中で、実証学派は独立変数をクラスター化し、それによって学問分野を創設したのである。しかし、実証学派は、ある問題（従属変数）に対する影響力の大きさに従って、独立変数の「学問分野」クラスターに序列をつける手段をもってはいなかった。それ故、ある問題に取り組む際には、さまざまの学問分野の競合する主張を比較検討し、当該問題にとって有意義な解決策を見出すことができると期待しなければならない。

　言い方を変えると、実証学派は、どんな「学問的」志向をもっていようとも、その方法によって自動的に多要因的結論をもたらす。それ故、これらの方法の違いは、自動的に、自分たちでは解決できない分野間論争をもたらす。その結果が、みずからを

[*1] このことはロンブローゾの功績のすべてを取り上げるという意味ではない。我々から見ると、彼は現代の社会科学者たちから不当なまでに悪意のある扱いを受けている。その大半は、彼の著作をほとんど読んでいないにもかかわらず、である。彼が犯罪学における生物学的決定論の父であることは間違いないことであろうが、より重要な貢献は、多分、実証主義と多様な因果性の原理を提唱した点である。彼の有名な著作『犯罪—その原因と治療（*Crime: Its Causes and Remedies*）』の最初の言葉がこのことを言明している：「すべての犯罪は多元的原因の中で生まれる。それらはしばしば相互に絡み合い、混合しているが、我々はそれらを一つひとつ、思考と表現のルールに忠実に、解明しなければならない。この多元性は人間的現象の一般的原理であり、他を無視してただ一つの原因にそれを帰することは、ほとんどできない」（1981：1）。事実、この本の1918年版は、ホワイト・カラー犯罪から性犯罪に及ぶ、分化的接触理論から貧困理論に及ぶ、因果性に関する12個の章を設けている。

構成する諸分野に「知見」を分配することには熱心だが、本質の理解にはそれほど熱心ではない「科学」である。この点で、ロンブローゾの運命は教訓的である。彼は犯罪の生物学からスタートしたが、すぐに他の学問から変数を取り入れ、最終的には、自分の理論はごく一部の犯罪者を説明するものだと見るに至った。今日、彼は生物学的実証主義の父とみなされ、社会学や心理学のものたちから無視されてきたということは、方法としての実証主義と人間の行動理論としての実証主義とを混同するという現代の学者たちの傾向を証明するものである。いずれにしろ、ロンブローゾは、生物学的実証主義の父であると同じ程度に、社会学的・心理学的実証主義の父でもある。

生物学的実証学派は、行動の一般理論から導かれるような犯罪概念をもってはいなかった。このため、彼らは国家から提供される犯罪者を受け入れるよう強いられるのである：「犯罪者とは、国家が市民間の関係を制御するために制定された法律を破る人間である」（Ferraro 1972 ［1911］: 3）。このとき、犯罪とは単に法に違反した行為であった。生物学的実証学派の課題は十分シンプルのように見える。すべきことは、法律違反をする傾向の差異をもたらす人々の間の差異を突き止めることであった。犯罪者が非犯罪者とは異なるという仮定から出発したが、実証学派は間もなく、犯罪者たちの中にも違いがあるように見えることに気付いた。犯罪者たちがさまざまに異なる種類の犯罪を行ったことは明らかである。さらに、同じ種類の犯罪を行う犯罪者たちも、重要な特徴において等質ではなかった。

ロンブローゾは、このように、生得的起源をもつ身体的異常によって犯罪を行う傾向をもつ者ともたない者が区別されるという理論からスタートした。ほどなく彼は、この理論に合致しない多くのケースに出会った——すなわち、犯罪者が皆似ているわけではないし、彼らが非犯罪者と異なる点も同じではなかった。ロンブローゾが（彼の弟子、エンリコ・フェリ ［Enrico Ferri］ によってうながされて）とった解決策は、犯罪者母集団を、犯罪原因の観点から見て等質で、その次元に関して他のタイプとは異なるように、集団分けすることであった。フェリは次のように書いている：

> ロンブローゾの研究は、二つの誤謬を含んでスタートした：心理学よりも頭蓋学と人体測定学のデータに、少なくとも見かけ上は、過剰な重要性を与えてしまったという誤り；そして第2に、初めの2版において、全犯罪者を唯一のクラスにまとめてしまったこと。その後の版で、ロンブローゾは、私が最初に指摘した犯罪者の人類学的カテゴリーに関する考え方を採用し、それによってこうした欠陥は取り除かれた。（1897: 11、ロンブローゾの『犯罪人論（*L'Uomo delinquent* 1876)』）

このようにして、フェリはロンブローゾの生来性犯罪者に、機会犯罪者（occasional

criminals：ロンブローゾによって「犯罪人（criminal man）とされたタイプを構成する解剖学的、生理学的、心理学的特徴を示さないか、示すとしても弱い人たち」）、疑似犯罪者（pseudo-criminals：不本意の犯罪を犯す一般人で、その犯罪は性格の偏りから生じるものではなく、社会への衝撃もないが、法的には罰せられるべきもの）、政治的犯罪者（political criminals）、てんかん性犯罪者（epileptic criminals）、激情犯罪者（criminals by passion）、矯正不能犯罪者（incorrigible criminals）、同性愛犯罪者（homosexual offenders）などを加えたが、そのいくつかは名前をあげただけである。

　犯罪概念を欠いていたために、実証学派は犯罪者タイプを練り上げていくしかなかった。これらのタイプ分けは、犯罪の頻度、犯罪の重大さ、犯罪の目的、犯罪者の特徴、前の犯罪と後の犯罪の性質、などに基づいているが、その次元が何であれ、それらは単純さよりは複雑さをもたらし、明瞭さよりも混乱を招くものである。この点から見て、ほとんどあるいはまったく進歩はなかった。現代の類型論——社会学的（Clinard & Quinney 1973）あるいは心理学的構成概念（Megargee & Bohn 1979）に基づく類型論、あるいは犯罪歴の経験的クラスター化に基づく類型論（Blumstein et al. 1986；Farrington, Ohlin, & Wilson 1986）、あるいは犯罪数に基づく類型論（National Institute of Mental Health 1982）などだが——はすべて、犯罪概念の欠如に由来する実証学派の制約の中で生み出されたもので、どれも内的多様性の問題を解決できるようには思われない。犯罪概念を欠いているために、実証学派の方法論では、果てしなく類型化を繰り返す以外にないのである。

　ロンブローゾの犯罪人類学は、ただちに、大きな論争の的となった。彼の理論の最初の検証は、当然ながら、犯罪者特有の相貌に関する彼の主張に向けられた。早くも1913 年には、チャールズ・ゴーリング（Charles Goring）がこの主張に対して激しく異議を唱えた。ゴーリングの結論は、犯罪学者たちによって誤って広められた。彼らの多くは、ゴーリングの研究の実際の結果よりも、ロンブローゾに対する彼の批判の論調の方に気を取られたのである。有名な統計学者、カール・ピアソン（Karl Person：ゴーリングの研究の多くにおいて彼を手伝った）は、犯罪者が独特の相貌をもつというロンブローゾの見解に関わる部分のゴーリングの知見を次のように要約している：

　　ゴーリングは、自分の著書の前半の章において、ロンブローゾ学派の混乱しつつも華麗なるその発展を妨げないよう、常に道を開けていたと言っても過言ではない。その後、自分の研究の積極的な面に筆を転じ、厳密にまったく同じ研究方法を使って、英国の犯罪者のあるがままの姿を我々に語っている。彼らは、多くの異常性によって一般集団から完全に峻別されるものではないが、一般集団の中でも概して身体的にも知的にも劣っている部分

集団から抽出されているので、平均的あるいは代表的タイプとは相対的に異なる人たちである。犯罪者は、身体的にも精神的にも、一般母集団からのランダム・サンプルではない。むしろ、彼らはその不健康な半分からのサンプルである。(Pearson, in Goring 1913: xii)

　ゴーリングは、実際には、ロンブローゾの生物学的実証主義の中核的主張——生物学的あるいは遺伝学的特徴から犯罪者は非犯罪者から区別されるという主張——に対して、実質的にこれを支持する実証的知見を得ていたと結論付けるのは容易であろう。犯罪関連の生物学的特徴に関する見解の違いが何であれ、それらは明らかに、犯罪が生物学的欠陥の産物であるという考え方に対する基本的合意の範囲内での違いである。ロンブローゾが身体的異常を中心的と見た点に関しては、ゴーリングは否定的だった：「ロンブローゾとその弟子たちが論じたような身体的犯罪者タイプの存在を証明する証拠は見出されていない……事実、測定に関しても、犯罪者における身体的異常の存在に関しても、我々の統計データは、遵法集団のデータと驚くほどの一致を示している」(Goring 1919: 96-97)。しかし、身長と体格に関して、ゴーリングの報告は異なる：

　法律上の詐欺で逮捕された人たちを除いて、すべての英国の犯罪者は身長と体重において一般母集団と顕著に異なっている：加えて、人に対する暴力で逮捕された犯罪者は、身体的強靭さと健康な体質という点で、平均的には、他の犯罪者や遵法集団のそれをかなり上回る；最後に、窃盗犯 (thieve) と侵入盗犯 (burglar)（これらが全犯罪者の 90% を占めることを留意する必要がある）、それに放火犯は、身長・体重において劣ると同時に、彼らはまた、他の犯罪者や一般母集団と比較して、体質一般に関して虚弱である。(1919: 121)

　ゴーリングはまた、「アルコール中毒、てんかん、性的放蕩」に関しても犯罪者集団と非犯罪者集団の間に違いを見出したが、彼は「犯罪原因論における唯一の心的で強力な生得的要因は知的欠陥である」と結論した（前掲書：184）。
　このように、最終的に、ゴーリングとロンブローゾは犯罪者と非犯罪者の間の重要な生物学的差異に関しては一致しなかったが、こうした差異が存在するという考え方は共有していた。サンプル、測定方法、統計技法が不十分だったことから、ロンブローゾは差異についてのみ考察し、当然ながら、彼は容易に観察可能だった差異の出所と思われるものに焦点を当てた。高度に洗練された統計を使うことによって、ゴーリングの発見は、当然ながら、ロンブローゾのものとは細部において異なるものとなった。しかし、彼らは、生物学的実証主義（広く仮定されているように）というロンブローゾの主張あるいは理論の一般的特徴に関して議論したことはなかった。むし

ろ、ゴーリングの知見は、犯罪者と非犯罪者の間の重要な生物学的差異に関する仮説、多要因アプローチ、厳密な実証的研究、そして、因果分析に必要とされる犯罪者集団の分化などに対する支持を提供した。

ゴーリングは彼が明らかにした犯罪原因間の関連性を考察し、そこに何が共通に含まれているかを自問自答した：

> 要約すると：歪んだ体形、極度のアルコール中毒、てんかん、精神病、性的放蕩、心神耗弱――これらは生得的条件であり、また、この国において犯罪と有意に関連することがこれまで明らかにされてきた唯一の条件である。興味深い疑問は、これらの条件が、実はただ一つの条件の異なる現れであるという可能性がどれくらいあるのかである。犯罪性のアルコール中毒との相関は .39、てんかんとのそれは .26、性的放蕩とは .31、知的障害とは .64 である。最後の係数が高いことから、我々は、もしもただ一つの条件に還元可能であるなら、それは、アルコール中毒、てんかん、精神病、性的放蕩の共通の先行要因であると証明されることがもっとも多い知的欠陥 (mental deficiency) であろうと仮定する。(1919: 183)

ゴーリングの論理は興味深い。彼は、犯罪と相関するさまざまの事柄に共通するものは何かと問うことから始めたが、それは犯罪性概念の探求を意味するものであった。しかし、共通性の探求は犯罪原因に限定されていたが、間もなく、それは、この推定される独立変数が犯罪以外の事象の原因となる可能性にも向けられた。従属変数の概念が欠けていることから、ゴーリングは、独立変数をどう理論化すべきか、その術をもたず、その結果、一つを除いて他をすべて、概念的に犯罪と同等とみなすに至った。すなわち、すべては、犯罪と最大の相関をもつ変数、すなわち、知的欠陥の産物であると。

ゴーリングが、自己の理論的課題に取り組む際、明確さに欠ける実証的解決策に頼ったことは、今日まで続く実証学的犯罪学の別の特徴にも現れている。現代の犯罪学者たちは、何が何の原因かを探求するプラットフォームとして、しばしば「犯罪タイプ」間の相互関連性に注目する。しかし、現代の犯罪学者でも、さまざまの行動タイプ――あるものは犯罪、あるものは非犯罪――が、同一事象として扱うことができるほどに共通性をもっていると仮定することはほとんどない。ゴーリングはこの解決策に薄々気付いていたようだが、抽象化よりも分化による等質性を追求する実証主義の本能はあまりに強いので、これを採用することはなかった。

ゴーリング研究の公刊とともに、生物学的実証主義はそれが本来もつ限界点に達した。犯罪あるいは犯罪性の概念を欠いているために、生物学的実証主義は、現代の政

治的制裁によって犯罪と定義される行動と相関したりしなかったりする生理学的、解剖学的、体質的な変数のリストを際限なく分析することになる（例えば、Herrnstein 1983 参照）。この分野の発展は、サンプリング、測定方法、統計的手続きなどの改善を待たなければならない。犯罪概念を欠いていることから、生物学的実証主義は、他の実証主義の諸派と同様、独立変数に重要性を付与する方法を、それらの間の関連性を理解する方法を、そして究極的には、自分自身の知見の重要性を評価査定する方法をもっていない。さらに、独立変数と従属変数の分け方が恣意的で、これらがしばしば混同されるという結果を招いた。

▍現代の生物学的実証主義

　こうした弱点は、現代の生物学的実証主義にも容易に見て取ることができる。その主要な成果は、双生児研究や養子研究の導入によって研究デザインを改善したことと、皮膚電気抵抗や染色体異常の測度など、以前よりも精緻な測定手続を使用できるようになったことである。

　現代の生物学的実証主義の最も顕著な知見の一つは、サーノフ・メドニック（Sarnoff Mednick）と同僚たちによるオランダの養子コホートを使った大規模研究からの報告で、それはスェーデンと米国アイオワでの研究によって確証されたとされる。メドニックがその状況を要約したように、これらの研究は「ある形態の反社会的行為の発生原因における遺伝的要因の影響を疑問の余地なく支持するものである。我々が遺伝的に伝えることができるのは生物学的属性だけなので、この発生学的証拠は、ある形態の犯罪行動に影響を与える重要な作用因の中に生物学的要因があることを決定的に示すものである」（1987: 6）。養子研究の決定力は、その説得力のあるデザインから生じるもののように思われる：「すべての非実験的デザインの中で、適切に実施された養子研究は、すべての考えられ得る環境要因から遺伝的要因の有意な影響量を分離することができるきわめて強力なデザインである……そのパワーの理由は、それが、実際、統制された実験に近いことである」（Ellis 1982: 52）。

　コペンハーゲンのサンプルを使ったある予備研究において、バリー・ハッチングス（Barry Hutchings）とサーノフ・メドニック（1977）は、養子に出された少年の犯罪性に対する実父と養父の犯罪性の効果を検討した。この最初の研究結果が表1に再現されている。

　ハッチングスとメドニックは、表1の差は統計的有意には達していないが、「しかし、差の方向性からすると、養父の犯罪性よりも実父の犯罪性の効果が大きい」と述べている（1977: 137）。その示唆するところは明瞭で、もしも使用できるケースのサ

3 章　生物学的実証主義　　*49*

表 1　実父と養父に分けたときの、犯罪記録をもつ養男子の割合

		実　父	
		犯罪者	非犯罪者
養　父	犯罪者	36.2%　（58 人中）	11.5%　（52 人中）
	非犯罪者	22%　（219 人中）	10.5%　（333 人中）

（Hutchings & Mednick 1977: 137）

＊表 1～表 4 の読み方：この表で、実父と養父の両方が犯罪歴をもつ 58 人の
養男子のうち、36.2% は彼ら自身もまた犯罪者だった。

ンプル数が増えれば、これら印象的なパーセント差は、慣習的な統計的有意水準に達
するであろうというものである。統計的に有意であるなら、こうした差異は、デン
マーク国によって定義された犯罪に対する強い遺伝的影響の証拠を提供するものであ
ろう。

　こうした証拠を求めて、メドニックと同僚たちは、1924 年と 1947 年の間、デンマー
クにおけるすべての非血縁養子を包含するように研究を拡張した。この研究結果は表
2 に示されている。

表 2　実父と養父に分けたときの、刑法犯によって有罪判決を受けた養男子
　　　の割合

		実　親	
		犯罪者	非犯罪者
養　親	犯罪者	24.5%　（143 人中）	14.7%　（204 人中）
	非犯罪者	20.0%　（1,226 人中）	13.5%　（2,492 人中）

（Wilson & Herrnstein 1985: 96）

＊ Mednick, Gabrielli, & Hutchings 1984: 892, 1987: 79 参照

　この表 2 は表 1 の結果をはるかに大きなサンプルで再現しているように思われる。
メドニック、ガブリエル、ハッチングスによると：

　要するに、養子母集団の中で、実親の犯罪検挙と養子に出された彼らの子供たちの犯罪検
　挙の間にはある関係が存在する……多くの交絡変数を考慮に入れたが、どの変数も、この
　遺伝的関係を十分には説明できなかった。我々は、犯罪的親から遺伝されたある因子に
　よって、その子供が犯罪行動に関与する可能性が高められると結論付ける。（1984: 893）

　表 2 は表 1 といくつかの点で異なり、それぞれが、これらの結果の解釈に影響を与
えるように思われる。第 1 に、養子の犯罪性測度は「犯罪記録（registered criminality）」
から「有罪判決（court convictions）」に移行した。第 2 に、予備研究の独立変数であっ

た実**父**と養**父**の犯罪性は、最終研究では実**親**と養**親**の犯罪性に変えられた。第 3 に、最終研究の人数は予備研究よりもはるかに多く、養子数は後者が 662 人だったのに対し、前者は 4,065 人だった。第 4 に、最終研究は「北部ヨーロッパの小国」の全国母集団に基づいているのに対して、予備研究は「コペンハーゲンの市と郡」に限定されていた（Hutchings & Mednick 1977: 128）。第 5 に、養子全体の犯罪率は、予備研究の 16.6％から最終研究の 15.9％に低下した。最後に、実親が犯罪者である場合とそうでない場合に養子の犯罪性の差は、予備研究よりも最終研究において縮小した。最終研究において、養親が犯罪者であるときの差は 9.8％、非犯罪者のときは 6.5％点だった。予備研究では、これらの％差は 24.7 と 11.5 だった。言い換えると、生物学的効果仮説にとって重要な差は、予備研究から最終研究にかけて 40％及び 56％に低下した。

　これまで述べてきたように、最初の養子研究（1977）は予備研究とされていた。それに続く研究（1984 年、『サイエンス』誌に報告された）は、通常であれば、予備研究の結果が再確認されるどうかを調べる試みとして、追試研究とされるであろう。伝統的には、こうした追試は独立に行われる――つまり、同じ母集団からとった別のサンプルに対して同じ手続きを施行する。サンプルの独立性は追試研究を意味付ける上で必須である。

　1984 年の最終サンプルは最初の予備研究から独立なのか？　それとも、最初の研究で使われたケースは最終サンプルにも含まれているのか？　犯罪への遺伝効果に関して引き出される結論は、この疑問に対する答えに完全に依存する[2]。

　表 3 は予備研究のケースが最終研究に含まれており、二つの研究間の他の差異は無視しても構わないという仮定の下で作成したものである。この仮定のもと、我々は表 2 のケースから表 1 のケースを除外し、追試用サンプルの各セルに含まれる犯罪者養子のパーセントを計算した。

　明らかに、表 3 は、実父の犯罪性が養男子の犯罪性に対して何の効果ももたないことを示している。その差は遺伝仮説が示唆する方向ではあるが、それは実質的な差とはいえない。表 3 に基づけば、我々は遺伝仮説を棄却せざるを得ないであろうし、ここでは、最初の予備研究で報告された知見を再確認することはできなかったと結論せざるを得ないであろう。しかし、この結論に達するためには、先に紹介した二つの研

＊2　メドニックと同僚たちは、明らかに、この問題について我々と関心を共有してはいない。彼らは最初の予備研究を「［この］養子コホートの部分サンプル」（Mednick, Gabrielli, & Hutchings 1983: 21）あるいは「この母集団の大きな部分サンプル」（Mednick et al. 1987: 89）とみなし、最終研究の方を原研究の「拡張」とみなしている。彼らは、これら二つの研究結果の類似点については何度か触れているが（Mednick et al. 1983: 21；Mednick et al. 1984: 893）、両者の間の相違点を論じた箇所をこれまでのところ我々は見出すことができない。

3 章 生物学的実証主義 *51*

表3 1924～47 年のデンマーク（コペンハーゲンを除く）における、実父と養父の犯罪性が養男子の犯罪性に与える共同効果

		実 親	
		犯罪者	非犯罪者
養 親	犯罪者	16.5%　（85 人中）	15.8%　（152 人中）
	非犯罪者	19.6%　（1,007 人中）	13.9%　（2,159 人中）

（Wilson & Herrnstein 1985: 96）

* Mednick, Gabrielli, & Hutchings 1984: 892, 1987: 79 参照

究の違いのいくつかを体系的に考察しなければならない。

　第1に、犯罪性の基準の変化が我々の結論を否定するのではないか？　『サイエンス』誌の第2研究の報告において、メドニックと同僚たちは彼らの二つの研究を直接に比較してはいない。しかし、第2研究は、犯罪の基準が「有罪判決」であることを強調しているが（Wilson & Herrnstem 1985 参照）、予備研究は「犯罪記録」や「登録された犯罪性」という用語を使っている。後の二つは次のように定義されている：「刑事事件（statsadvokatsager）として扱われる犯罪について、これまで有罪判決を受けたことがある人すべてに対して個々の犯罪記録（Personalia Blad）が保存されている。これは、英国司法における起訴犯罪（indictable offense）と非常に密接に対応し、略式起訴犯罪（politisager: summary offenses）とは対比されるべきものである……この違いは、大まかには、米国における重犯罪（felony）と軽犯罪（misdemeanor）に対応する」（Hutchings & Mednick 1977: 129）。従って、予備研究と最終研究の両方で有罪基準が使われていることは明らかである（ある研究と次の研究において、実際に従属変数の測度が替えられたとしても、予備研究のケースは追試分析から除く必要があるであろう。そうでなければ、最終研究における差異は予備研究における差異によるものであり、問題となっている差異ではない可能性がある）。

　第2に、メドニックと同僚たちは、独立変数の測度を父親の犯罪性から親の犯罪性に変更している。彼らは、「我々が行った分析のすべてにおいて、実母の有罪判決と養子の有罪判決の間の関連性は、実父と養子の有罪判決間の関係よりも有意に強い（1984: 893）。言い換えると、母親の追加によって独立変数の測度を変えたことは、予備研究で見られた遺伝効果をより強めるものだったはずである（その結果、追試の失敗をより一層際立たせることになった）。それは、人数の少ないセルにケースを追加し、犯罪的実親をもつ養子グループに「犯罪者」を追加するものであった（我々の推定では、最終サンプルにおいて、母親は犯罪的実親カテゴリーに約 200 ケースを追加した。メドニックたちは、この調整が予備研究ケースに対して行われたものかどうか、もしそうなら、それはこのサンプルに対する結論にどのような影響を与えたのか

などを明らかにしていない)。

予備研究の最大の問題点は、ケース数が不足していて(犯罪的実父カテゴリー)、信頼できる結論が得られなかったことであったことを想起してほしい。「追試」研究では 3,403 の追加ケースを得ることができたが、肝心のカテゴリーでは、数の増加は 58 から 85 であり、この中には犯罪的実**母**の子供たちが含まれていた。追試研究において親の犯罪性と息子の犯罪性の関連性を実質的に見出すことができなかったことから、ケース数の増加は、予備研究の知見に対する信頼を高めるどころか、むしろ低下させるものであった。

サンプルをコペンハーゲンの市および郡からデンマークの全郡に移したことが、追試研究と予備研究の間の決定的な違いである。コペンハーゲン市とデンマークの他の地域では有罪判決の記録保存に違いがあり、コペンハーゲン市における記録の不十分さによって遺伝効果が水増しされた、あるいは他の地域の記録の不十分さによってそれが薄められたといった結果がもたらされた可能性がある。こうした状況で、二つの地域のサンプルを結合するのは勧められない。コペンハーゲンの市・郡とデンマークの他の地域の間では遺伝効果が異なるという別の可能性もある。これら二つの仮説のどちらであっても、我々の判断では、知見の価値は低い。

予備研究のサンプルと最終研究のサンプルでは全体の犯罪率が変化しているが(16.6% から 15.9% に低下)、それが、これら二つの研究間で遺伝効果が低下した理由とは思われない。犯罪率のこの小さな低下は、都市部サンプルに、一般に犯罪率の低い地域である非都市部サンプルを加えるときに予測されるものである。

こうしてみると、メドニックたちの「交叉養子(cross-fostering)」研究では、彼らの第二の大規模研究が予備研究で見出された遺伝効果の追試に失敗したと解釈するのが適当であろう。当初の知見が当該研究分野で通常見られるものとは一致しない顕著な効果を示唆する場合は特に、こうした追試の失敗は行動科学研究ではよく見られることである。犯罪行動の発生における遺伝効果は、**無効果とメドニック、ガブリエリ、ハッチングスが最終的に報告した結果の間のどこか**にあるとみなすのが妥当と思われる。つまり、その効果はきわめて小さいと思われる。

メドニックたちの結果は、他の研究と一致するものであることがしばしば報告されてきた。ウィルソンとハーンスタイン(Wilson & Herrnstein 1985: 99)は「大規模なスウェーデン研究はデンマーク研究の知見を再確認し、大いに拡張してきた」と述べている。そこで、このスウェーデン研究の男子に関する交叉養子データを表 4 に再掲する。これらのケースはストックホルム養子研究からロバート・クロニンジャーとアービング・ゴッテスマン(Robert Cloniger & Irving Gottesman 1987)が収集したものである。彼らによると、この分析で「生得的(congenial)」とは実親に関する変数

3 章　生物学的実証主義　　*53*

表 4　男子養子に関するスウェーデン研究の交差養子データ：生物学的傾向
　　　による「軽犯罪」関与の割合

		生得的傾向	
		低	高
出生後	低	2.9%　（666 人中）	12.1%　（66 人中）
傾　向	高	6.7%　（120 人中）	40.0%　（10 人中）

(Cloninger & Gottesman 1987: 105)

を、「出生後（postnatal）」とは養子先に関する変数を表す。表 4 のいくつかの点は説明が必要である。第 1 に、軽犯罪（petty crime）記録をもつ対象者の総数は比較的小さい（39）。この研究プロジェクトは、有罪判決を受けた 108 名の犯罪者でスタートしている。第 2 に、実親の犯罪性と比較して養親のそれが高いことは、通常の交差養子データ（表 1～3 参照）とは一致しない「知見」である。このデータは、スウェーデン研究の手続きでは、養子の 15% が軽犯罪傾向の「高い」環境に置かれ、一方、遺伝素質面で高リスク条件に置かれた養子が 9% に過ぎないことを示唆している。第 3 に、この「大規模スウェーデン研究」の中で最も関心のあるセルは 10 ケースからなり、そのうち 4 ケースが「軽犯罪者」と分類されている。第 4 に、「軽犯罪傾向」の分類方法について考えてみよう。クロニンジャーとゴッテスマンによると、この分類方法は「背景変数が、犯罪・アルコール濫用のない養子（低いと分類）よりも軽犯罪だけをもつ養子（高いと分類される）の平均的特徴と似ているかどうかによる」ものである（1987: 105）。

　言い換えると、クロニンジャーとゴッテスマンは、彼らのサンプルの中で軽犯罪性を予測することが知られており、*かつ*、実親（生得的）と養親（出生後）の*環境*条件を反映するとされる変数に基づいて「交叉養子」表を作成したのである。結果として、彼らの研究は、この点で遺伝性の問題に答えるものとはなっていない。この結果の人工的側面を無視することができたとしても、その*遡及的*側面を無視することはできない。これらの結果がデンマーク研究の知見を支持するものだとどうして解釈できるのか、まったく不明確である。実際には、これらの結果は、デンマークの交叉養子分析に関する我々の再解釈を支持するものであるように思われる。クロニンジャーとゴッテスマンによる以下の論述も、我々の見方と一致している：「同じスウェーデン母集団について調べたボーマン（Bohman 1972）は、犯罪性のある実親から養子に出された子供たちにおいて、12 歳以前には、非行が多いわけではないことを見出した」（1987: 104）。

　デンマーク養子研究を支持する第 3 の研究は、米国アイオワで 31 年間に生まれた

52 人の養子を対象にしたものである（Crowe 1975）。レイモンド・クロウ（Raymond Crowe）は、刑務所の女性犯罪者の中から子供を養子に出した者たちを見つけ出した（複数の子供たちが研究サンプルとなった母親も含まれている）。これらの養子たちと年齢、性別、人種をマッチさせた第 2 の養子サンプルが設けられた。その後の犯罪記録を比較したところ、受刑者の子供 37 人中逮捕者は 7 人だったが、統制群の養子 37 人では逮捕者は 2 人だった。この差をクロウは .076 水準で有意と報告した（1975: 98）。

　この信頼水準に難癖をつける必要はない。クロウの研究は、科学的妥当性の最低基準に達しておらず、論評する価値もあまりない。第 1 に、統制群の実親に関して情報収集がまったくなされていない。彼らは、刑務所から養子に出された者たちの実親と比べて、犯罪性が低かったもしれないし、同等だったかもしれないし、あるいは高かったかもしれなかった。第 2 に、他の関連する比較集団の逮捕記録についてまったく情報が提供されていない。クロウの研究は、せいぜい「単発の事例研究」であり（統制群は、あらゆる意味において仮説的である）、それ故、アイオワにおいて犯罪が遺伝されると結論付けるための根拠は提供されていない。

　本節は、養子研究こそ犯罪行動の遺伝性に関する推論のための最も強力な論拠を提供するという主旨のリー・エリス（Lee Ellis 1982）の言明から始まった。養子デザインの強力さに関しては反論の余地がない：「反社会的行動に対する遺伝的影響の最も説得力のある証拠は、誕生時に犯罪的実親から引き離され、養子に出された子供たちの研究から得られる」（Rowe & Osgood 984: 535）。我々は、これらの研究が説得力のあるものであることには賛同する。それらは、犯罪性の生得性は**きわめて小さい**という強力な証拠を提供している。それ故我々は、同じ実証的データ群を根拠に次のように結論付けたウィルソンとハーンスタインには賛同できない：「この小さなサンプルは、デンマークやスウェーデンのはるかに大きなサンプル同様、人々に法的問題を起こしやすくさせるある特性あるいは特性群において、親と養子に出された子供の間には強い生物学的類似性があることを示唆している」（1985: 100）。反対に我々は、養子研究によって「遺伝効果」の大きさはゼロに近いことが示されたと結論する。

　この結果は驚くべきことではないし、また、生物学が犯罪とは何の関係ももたないことが示されたと解釈されるべきでもない。我々の考えによると、遺伝効果の大きさに関する最も良い推論は以下の通りである：

　父親の生物学（すなわち、遺伝的性質）と彼自身の犯罪行動の間の相関を取り上げ、それと、彼の生物学とその子供の生物学の間の相関を掛け合わせる。その結果と、子供の生物学と子供の犯罪行動の間の相関を掛け合わせる（このパス図が図 1 に示されている）。

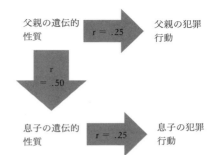

図1 父親と息子の犯罪行動間に観察される相関 .03 を生み出すために必要な諸相関

　最大限可能な強い遺伝性があるとして、両世代とも生物学と犯罪の間で観察される相関は .25、父親の生物学とその息子の生物学の間の相関は .5 と仮定する。これらの相関は、父親と息子の犯罪の間に .031 の相関をもたらすであろうが、それは統計的有意性に達するには非常に大きなサンプルを必要とする相関であり、また、たとえ統計的に有意であったとしても、実質的には取るに足らない相関である[*3]。

■ 結　論

　生物学的実証主義は、犯罪とは法律違反、犯罪者とはある犯罪について逮捕され、有罪判決を受け、刑罰を受けた者という国の定義を受け入れた。これによって、「犯罪者」と「非犯罪者」を比較すること、「犯罪者」母集団を罪種（財産犯など）によって下位分類すること、犯罪の遺伝的「先有傾向（predisposition）」の可能性について議論することなどが可能となった。先有傾向の概念は、犯罪に関する理論あるいは説明を含意している。これは、犯罪が犯罪者の統制を超えた要因から起こるという実証主義の考え方から直接に派生する。因果性という概念は科学の中立性を具現化するものだが、それは裏付けのある確固たる犯罪理論をもたらした。それは、犯罪行為を行う人々は、先行する諸要因によって、そうするよう求められるあるいは強いられるという理論である。

　生物学的実証主義は国家的犯罪定義と科学が措定する因果性概念を受け入れ、学術的作業分担によってこれに実証的諸変数を配置したが、その結果、犯罪概念に至ることはなかった。反対に、それらの変数は研究者たちを**国家的に定義された犯罪の生物**

[*3] これらの相関係数を「遺伝係数」に変換すると .177 となり、それは、我々が仮定した父親の犯罪性と息子の犯罪性の相関の理論的上限に当たると思われる。我々は、この結果を生物学が犯罪に無関連である証拠であると主張するつもりはない。しかし、それは、生物学と犯罪の関連性に関心をもつ人たちが概念的問題に対してもっと注目する必要があることを示していると主張したい。

*学的原因*の探求に向かわせた。それは、一見、実証的取組みに見えるが、実はアプリオリな原理によって著しく制限されていた。結果として、生物学的実証主義は、有意義で解釈可能な研究を進めるという観点からすると、何ものももたらさなかった。むしろ、それがもたらした一連の「知見」（相貌学、知的障害、XYY 染色体異常、犯罪の遺伝）は、我々が見てきたように、追試あるいは直接的な批判的分析の対象になっている間だけしか生き永らえることはできないような類のものであった。

統計、測定、サンプリングの技術は発展してきたが、それによって、生物学的実証主義に内在する問題が克服されるとは思われない。ロンブローゾがこの路線の研究を始めて以来 100 年以上が経つが、生物学的研究の重要な貢献といえば、生物学的変数が犯罪と相関する*可能性*があることを示唆するデータであろう。不幸にも、この証拠がしばしば疑わしいために、生物学的因果関係の概念に好意的な学者たちですら、この学問分野から「受容可能な」事実を犯罪学に提供することがなぜこのように困難であるのかという疑問に囚われて続けてきた。

生物学からの影響が見られない理由を見出すのは、我々の考えでは、難しいことではない。この学問領域は犯罪の概念も犯罪性の概念ももつことなく進められてきた。メドニックたちの研究もまた、犯罪学に対する貢献において例外ではない。我々はこの点を詳細に論じたが、それは、これが生物学的実証主義の一般的問題を例証するものだったからである。XYY 染色体の研究史も類似の道筋をたどる：探求者自身も半信半疑なままに、ある小さな効果の存在可能性を証明するために膨大な努力が費やされたのである。

この研究分野には別の動向もあり、それは生物学的実証主義の貢献を理解する上でより大きな意味合いをもつものである。この伝統に従う研究者たちは、一連の研究というかたちで、従属変数を一つずつ取り上げる。その一つひとつは、それ自身の意味において重要なのだが（メドニックたちが「犯罪記録」から「有罪判決」に移行したことを見よ）、それらの間に概念的重なりがあるかどうかには注意が払われていない。例えば、メドニックと同僚たちが「犯罪」研究のために使用したサンプルは、もともとは、精神疾患の遺伝的継承の研究のために集められたものであった。このサンプルはアルコール中毒の遺伝的継承の研究にも利用されてきたし、他の多くの行動形態（喫煙、肥満、怠学、事故など）の遺伝的継承の研究にも利用可能であった（実際には利用されなかったが）。生物学的実証学派の認識外にあったのは、こうしたサンプルが、婚外出産（illegitimate parenthood）、不安定な就労、離婚、不適切な育児、遅刻などの「遺伝的継承」の証左でもあった可能性である。これらの行動が相互に無関連に見えるなら、具体的な行動あるいは行動細目の研究は科学的だが、抽象的概念の研究はそうではないという考え方を、行動諸科学が生物学的実証主義と共有している

からである。実証主義の中核的思想は、行動が原因をもつという信念である。行動が原因をもつという考え方は、研究文献を通して、目に余るほどに、個別の行動は個別の原因をもつという考え方に翻訳される。生物学的実証主義に関していえば、それは個別行動における変動を説明する遺伝的要素の探求をうながした（そしてそれは、当然のことながら、「重要な」あるいは「重大な」行為に焦点を当てることをうながした）。このあと見るように、これらの問題は実証主義の生物学部門に固有のものではない。

4 章

心理学的、経済学的、社会学的実証主義

Psycological, Economic, and Sociological Postivism

現代の犯罪学は生物学的実証主義の貢献にはきわめて懐疑的である。この懐疑は、学問分野間の競争や利害関係に由来する。社会学者、心理学者、経済学者たちは、その性質上、生物学は説明すべき何物も自分たちには残さないのではないかという懸念をもっている。しかし、生物学への懸念は、学問分野間の競争を超えて、遺伝や生物学的欠陥という観念に基づいて社会政策が進められることへの懸念に発展する。事実、この政策的懸念は非常に声高に叫ばれることから、社会科学や行動科学にも生物学的実証主義と同類のものがあるにもかかわらず、それらはしばしば覆い隠されてしまう。本章において我々は、実証主義の方略と前提が、生物学的立場との見かけ上の距離の大小にかかわらず、すべての学問領域において犯罪と犯罪者の概念に制約を課していることを示す。我々は、犯罪研究において生物学に最も近いところから始める。

▍ 心理学的実証主義

心理学は、犯罪の政治的定義に内在する問題を回避することができるはずだった。心理学者は自分たちの課題を行動の研究と定義し、現代の心理学的実証学派は、犯罪と犯罪性の研究を、国の力を借りることなく同定可能な行動次元である「攻撃性」「精神病理」「暴力」「性」などに限定している。現代の心理学的実証学派はまた、行動の大部分は強化の随伴性によって形成されると仮定するが、これはベンサムの行動理論ときわめて相性の良い立場である。

事実、攻撃性と暴力の研究者は広範な犯罪行動と非犯罪行動に関心をもっており、精神病理学者は、一般に、精神病理の行動的現れに関心をもつが、それが当人を法との軋轢に向かわせるかどうかにはかかわらない。実際、心理学的実証主義は、明らかに、犯罪行為に関わる人々の比較的安定した特徴とされる「先有傾向」「特性」「パーソナリティ」などの概念に注目している。現在最も魅力的な心理学的学習理論はどの時代でも最も人気があった犯罪理論だが（Bandura 1973; Akers 1973; Wilson & Herrnstein 1985）、それはこうした事情から見て当然のことと思われる。それ故、あらゆる

点から見て、心理学的実証主義は、説明対象としての特定行為に依存するという問題を回避し、犯罪概念に適合し得る理論的枠組みをもっているように思われるであろう。生物学と違って心理学は、犯罪について考察し、これに関する有意義な研究を生み出すために必要な概念的ツールをもっているように思われる。それにもかかわらず、犯罪学の中で心理学的実証主義の影響力がないことは一種の謎である——攻撃性など、主要概念を心理学がどう扱っているかを考察するときに、その理由が判明するであろう[*1]。

攻撃性概念の理論的導入

実証主義の視点からみて、攻撃性概念はいくつかの好都合な特性をもっている。第1に、それは、大まかにいえば、人間とは能動的動物、つまり、行動への内的動因あるいは動機をもつ動物であると主張する。第2に、攻撃性は、遊び場から役員会議室まで、広範囲な場面での行動に当てはまるし、また鳥類から人類に及ぶ広範囲の種にも当てはまるように思われる。さらに、攻撃性は、社会学者にとっての欲求不満、生物学者にとってのテストストロン、心理学者にとっての模倣など、あらゆる学問分野の概念的スキーマと適合し得るように思われる。最後に、攻撃性は、私的利益追求のために威力を行使する傾向の個人差の源であるという意味で、犯罪の説明と独自の関連性をもっているように思われる。

しかしながら、あいにく、攻撃性概念は犯罪概念とは一致しない。この点が吟味されることがなかったことは、明らかに不適切で研究を誤った方向に導くもので、それ故、犯罪研究を主導してきた実証学派の前提と学問的関心の偏りを示す証左でもある。

攻撃性と犯罪は、一見、同じ行動で、呼び方が違うだけのように見えるかもしれないが、両者が異なるものであることを示す証拠を見つけるのは難しくない。攻撃性の操作的定義は、一般に、叩く、痛めつける、押す、突く、傷つける、イライラさせる（Eron 1987）、挑発されていない身体的攻撃（喧嘩を始める）、些細な挑発に対する言語的攻撃（教師に口答えする）（Olweus 1979）などである。こうした行動は高い信頼性をもって測定可能なように思われる（Huesmann et al. 1984；Eron 1987）。また、攻撃性における個人差は時間が経っても高度に安定しているように思われる（Olweus 1979；Huesmann et al. 1984）。これまでのところは、非常に良い。犯罪類似の行動項目が、刑事司法システムの業務に言及することなく、信頼おける測定が可能だからで

[*1] 攻撃性に関する我々の議論は、心理学的実証主義の概念的問題点を例証することを目指すものである。精神病理など他の概念も同様であり得る。事実、我々が精神病理を取り上げない理由の一つは、それがすでに非常に広範に批判されてきたことである。

ある。

　攻撃性の測度は、国が定義する犯罪行動を予測することができるだろうか？　明らかにそれは可能である。事実、長期に渡って攻撃性の安定性を研究したものを見ると、研究者たちはしばしば標準的な犯罪指標（例えば、「有罪回数」「犯罪行為の凶悪度」「飲酒運転」）を成人期における攻撃性の測度にしようしている（Farrington 1978；Huesmann et al. 1984: 1124）。こうした長期的予測可能性があることからすると、短期的予測可能性は非常に高いことが期待される。事実、シェルドンとエレノア・グリュック（Sheldon & Eleanor Glueck 1950: 149-153）は、不服従、杜撰、頑固、反抗、無分別、粗野、喧嘩好き、冷酷、いじめ、器物破損といった「攻撃行動の特徴」は、学校場面において、非行者がそうでない者よりも有意に多いことを報告した。

　概念の妥当性は、認知内容とその測度間の実証的関係によって決まることが一般に認められている。この基準に従えば、攻撃性の測度と犯罪性の測度の相関（あるいはその同一視）は、攻撃性概念の妥当性を、少なくとも暫定的には証明しているように思われる。しかし、そのように結論付けるには、まず概念内容を吟味する必要がある。もしも攻撃性という概念に意味があるならば、高い攻撃性をもつ人は、回避する（withdrawing）よりは攻撃し、盗むよりは威力を用い、消極的よりは積極的で、臆病よりは大胆であろう。しかし、犯罪性という概念は、消極性、詐欺、欺瞞よりも積極性、威力使用、暴力を意味するというものではない。それは同時に、これらすべてであり得る。つまり、犯罪性は「攻撃性」を含み得るが、「犯罪を行う傾向」と同義の攻撃性概念は実際的には無意味である。攻撃性と通常の犯罪測度が強い相関をもつことは、攻撃性概念にとってむしろ難題なのである。

　非行少年たちが一般少年たちよりも**攻撃**行動を示しやすかったというグリュックたちの知見を思い返してみよう。我々の結論と一致して、同じサンプルの非行少年は一般少年よりも**回避**行動（好奇心欠如、注意散漫、根気のなさ、不幸感、抑うつ、非社交性）も示していた！

　グリュックたちは、非行少年たちが攻撃的でもあり、**また**非攻撃的でもあるという事実に直面した。彼らがたどり着いた解決策は、標準的な実証主義であった：攻撃的少年と回避的少年という2タイプの非行少年がいる。これら2タイプが同じ人々の中に見られることが事態を複雑にしたが、こうした条件は本来的に不安定なものと考えられた：「一般に、ある個人が社会的要請を無視しようとするとき、どちらの部分が強く表現されるかによって、一方の反応形態が他方よりも優勢になる」（1950: 153）[2]。

　事実、攻撃性と犯罪の違いについて、伝統的には、消極性と積極性、強攻（attack）と回避という違いを導入することによって「説明」してきた。この方略に基づいて、

ロバート・マートン（Robert Merton 1938）は、革新者（犯罪者）と逃避者（薬物使用者）を区別した：同様に、タルコット・パーソンズ（Talcott Parsons 1957）は、いくつかの「逸脱志向の方向性」を二重にした；そして、もちろん、アイザック・エーリッヒ（Issac Ehrlich 1974）などの経済学者は、リスク志向者とリスク回避者の存在を仮定して、同様の区別を用いている。これらの解決策はある共通の問題をもっている：それは、証拠と一致しないことである。犯罪者は専門分化されてはいないし、攻撃的犯罪者あるいは非攻撃的犯罪者（逃避者）などに分かれる傾向はない。事実、彼らは特定タイプの犯罪に特殊化される傾向はない。

　グリュック夫婦その他の分類主義者は、少なくとも、自分たちがある概念的問題を抱えていることを知っている。攻撃性研究者たちは、一般に、攻撃性と犯罪性を同一視する悪影響についてさらに無自覚である。攻撃性が犯罪性を予測することを発見するや、通常、彼らは攻撃性の定義を、犯罪を含むように拡張してしまう。例えば、攻撃性の安定性に関して多分最もよく知られている研究において、L. ローウェル・ヒューズマンたち（L. Rowell Huesmann et al. 1984）は、攻撃性を次のように定義している：

> 他の人を傷つけたり不快にさせる行為。この定義は自傷を排除する……が、偶発的攻撃と意図的攻撃、また、社会的に受容される攻撃と受容されない攻撃を区別できない。この仮定は、多くの状況で、他の人を傷付けたり不快にさせる結果をもたらすさまざまな行動を包含し得る、攻撃性という一つの反応群が存在するというものである。つまり、このカテゴリーは、被害者や標的人物からの苦痛サインによって強化されるかどうかにかかわらず、殴打行動と危害行動の両方を含むものである。このカテゴリーはまた、*傷と財産盗* をも含むものである。(Eron 1987: 435；強調は加筆)

　こうした定義は、犯罪と非行の一般的定義に含まれる何物も排除しない。これは（控えめに言っても）不可解なことで、なぜなら、攻撃性研究における「従属変数」が、しばしば、裁判において犯罪行為で有罪判決を受けたことを測度とする通常犯罪のある形態とされているからである。

　以上のように、心理学的実証主義は、研究者たちが、新たなあるいは明快な概念とみなすものをつくり出したが、それは、この学問分野自体の主要な前提となるもの（安定した個人的特性あるいは先有傾向）である。心理学的実証主義は、同じ概念が、社会学など他の学問分野にも存在するという事実を考慮することなく、その概念を測

＊2　グリュックたちは E. K. ウィックマン（Wickman）の『*児童の行動と教師の態度*（*Children's Behavior and Teachers' Attitudes*）』（New York: Norton, 1937）を引いている。明らかにウィックマンもまた、攻撃行動と回避行動が同じ子供たちに一緒に見られる傾向があることに気付いていた。

定し、説明する試みに進んだ。この試みによって何が得られたのかを示すのは難しい。しかし、それによって何が失われたのかを示すのは容易である：攻撃性の研究者たちは、犯罪と非行に関する研究文献に注意を払うことはなかった。もしも彼らがそうしていたなら、彼らの知見が以前から繰り返し見出されてきたものであったことを発見したであろう（例えば、子供に対する親の行動に関するアーロン（Eron 1987）の知見とグリュック夫妻（Glueck & Glueck 1950）およびマッコードとマッコード（McCord & McCord 1959）が論じた育児行動を比較してみよ）。彼らはまた、彼らの概念的・理論的産物が、犯罪と非行に関する複数の成熟した理論によって何度も予測されていたものであったことに気付いたであろう。そして彼らは、「攻撃性」と呼ばれるこの世界に、公共的あるいは学問的注目を特別に惹くだけの何ものかがあると信じる理由がもはやないことを認めざるを得ないであろう。

不必要な用語がどのような問題を生み出すかを示す例として、テレビ暴力が攻撃を生み出すかどうかに関する論争を考察してみよう。この論争において両陣営は、攻撃反応が、原理的に、他の形態の逸脱行動とは独立に学習されると仮定している。8歳時のテレビ視聴頻度と22年後の有罪の間の相関についてレオナルド・アーロン（Leonard Eron）は次のようにコメントした：

> 重要なことは、多分、これらの番組や類似の番組を持続的に視聴することによって、態度と行動の規範が植え付けられることであった。この点から見て、持続的なテレビ暴力視聴は攻撃系列のリハーサルとみなすことができる。つまり、テレビで攻撃系列を多く視聴した者は、類似のあるいは関連する手がかりが与えられるとより攻撃的に反応すると考えられる。情報処理の見地からすると、放送メディアにおいて持続的表現によって強化される社会文化的規範は、子供が自分自身の行動と他者の行動を比較して、それらが適切かどうかを判断するための標準や価値基準を提供するという重要な役割を果たす。（1987: 44）

8歳時のテレビ視聴が（この研究で用いられた攻撃性の操作的定義によれば）窃盗、自動車事故、非暴力的軽罪、薬物使用、不安定就労など、20年以上前にテレビで見た銃撃や殴り合いの回数には帰属できない行動をも同様に予測していることを想起するなら、この説明は異なる様相を呈する。事実、アーロンは我々に対して「8歳時の攻撃性は、22年後の社会的失敗、精神病理、攻撃性、低い教育的・職業的成功を予測した」と述べる（前掲書）。換言すると、もしも研究者たちが攻撃性を、事故、窃盗、社会的逃避、意欲欠如、薬物使用を含む一般的概念として扱っているのなら、彼らはこれを、身体的暴力を中核とする特殊な概念として扱うことはできない。攻撃性が一般的傾向として働くのなら、8歳時のテレビ視聴習慣が同時期のこの傾向と独立で

あったとは考えにくい。それ故、8歳時に視聴されたテレビ番組の特定の内容が、その後の「攻撃性」の水準に対して独立に影響を与えるとは考えられないであろう。

心理学は明らかに犯罪に関連深いトピックに関して印象深い研究を生み出してきたにもかかわらず、犯罪研究に対する影響力があまり強くないことは、実証主義が全体としてもつ基本的弱さを例証するものである。実証主義はあらゆる相関現象、あらゆる学問分野を**無前提に**対等のものとする多因子方法論からスタートするために、学問分野間の論争を解決する手段をもたない。社会学もまた、草創期には、自分自身の犯罪概念、自分自身の犯罪学をもつべきだと主張していた。同じことが心理学を、研究対象に関する専門的魅力の欠如した学問、すなわち、中身のない学問（interloper）に留めてきた。

ゴーリングの時代、心理学には強いインパクトがあった。心的能力の標準化検査を組織的に開発し始め、これを使った研究者たちは、犯罪者たちが非犯罪者たちよりも成績が悪いことを見出していた。実際、ゴーリング（1919）やゴッダート（Goddard 1914）からアイゼンク（Eysenck 1977）、ハーンスタイン（Herrnstein 1983）に至るまで、犯罪者と非犯罪者のIQ差仮説は心理学的実証主義の要石であった。心理学のこの仮説——犯罪者は非犯罪者と違いがあるという仮説——は、他の多くの個人レベルの特徴にも拡張されてきた[*3]。

ほぼ同じ時期、しかし、犯罪学は犯罪における重要な変動のすべては集団レベル（例えば、階層、民族、近隣社会、地域共同体）に存在し、個人レベルの相関現象は人為的なものであると仮定してきた。なぜ、このようなことになったのだろうか？

実証学派の諸学問分野は古典学派思想の根底にあるものとは正反対の仮定に基づいている。ベンサムは「犯罪」を、自己利益を追求しながらも、社会的、政治的、宗教的に制裁を受ける（すなわち、罰を受ける）という際立った特徴をもつ行動とみなしていたが、社会学は、人間行動は本性において社会的であると主張して、自己利益が人間行動の基盤であるという考え方を拒絶した。それ故、犯罪もまた社会的、あるいは集団的基盤をもたなければならない。犯罪が社会的行動であるなら、それは心理的というよりも社会的原因をもたなければならない：「犯罪と犯罪性は、本質的に、社

---

*3 犯罪学者の立場からすると、犯罪の個人レベルの頑健な相関現象を見出すことはきわめて重要である（こうした知見の大半はやがて消えていくからである）。心理学者の立場からすると、IQの個人レベルの頑健な相関現象を見出すことは特に重要ではない。なぜなら、こうした相関現象は実際には無数にあるように思われるからである。このため、IQ関連性を犯罪学者一般が、特に社会学者がこれを否定したとき、心理学者の側にはほとんど抵抗がなかったのである。同じパターンが、他の個人レベルの犯罪相関現象にも見られるであろう。社会学によって主導されてきた犯罪学は、最終的には、個人レベルの相関現象が「真に社会的な」理論形成の必須条件とはなり得ないことを確認したし、犯罪研究に身を捧げてきた心理学者の誰も、みずからの学問的関心事をあえて擁護しようとはしなかったのである。

会的現象だが、人々は何世紀もの間、それは非社会的原因の産物であるという考え方に馴染んできた」（Sutherland & Cressey 1978: 118）[*4]。

　換言すると、社会学は、間接的にせよ犯罪に関心をもつ他のすべての学問分野の主張を明確に否定する概念図式をもっていた。ロンブローゾの犯罪学は開かれた多要因犯罪学だったが、その後は、社会学以外の学問分野からの貢献がまったく期待できない閉じられた場になってしまった。心理学的実証学派は犯罪学の従属変数に対しては特別な関心をもっていなかったので、この面での論争には積極的ではなかった。心理学者たちは、自分自身の立場を積極的に主張したり、防御することがなかったので、事実上、犯罪学の主流をなす諸課題に直接関与することから距離を置いてきた。

　しかし、皮肉なことに、心理学的学習理論は犯罪の説明に対してかなりの影響を与えてきた。事実、犯罪学内でも（Sutherland 1939；Burgess & Akers 1966；Akers 1973）、一般心理学においても（Skinner 1953；Bandura 1986）、犯罪の学習理論は、過去半世紀の間、優勢を誇ってきた。そして、これらの理論はその後もかなりの人気を維持し続けている（例えば、Elliot, Huizinga, & Ageton 1985；Wilson & Herrnstein 1985）。

　上で示したように、犯罪の学習理論の本質的特徴は古典学派モデルと整合性がある。どちらも、行動はその結果によって支配されると仮定している。報われた行動は反復可能性が高まり、罰せられた行動はそれが低下する。この基本的二重性は、二つの異なる両立可能な犯罪学習理論を構築することが可能であることを示唆している。一方では、理論家は犯罪行動の報酬を強調し、犯罪可能性を高める要因を探求する（犯罪理論でよく取り上げられるこうした報酬の源は、行為者が所属する集団による評価と一般社会において広く価値付けられている財物である）。他方では、理論家は犯罪行動の苦痛を強調し、犯罪可能性を低下させる要因を探求する（こうした苦痛の源の多くは、重要な他者からの非難、刑事罰、良心の呵責である）。どちらの理論も、形式あるいは論理は古典学派思想と一致するが、**内容**が一致するのは一方だけである。古典学派の人間観によれば、犯罪の正の学習理論は冗長あるいは不必要である。なぜなら、それは自明なこと——すなわち、犯罪の利益——を説明しようとしているからである。

　犯罪の心理学的学習理論が、もっぱら正の報酬型学習理論であるのは偶然ではない。この事情は実証主義思想の論理に内在する。古典学派に対する反発から、実証学派は、行動の科学的説明は、それ自体「ポジティブ（実証的、積極的）である」という考え方を強調した：それは、行動が直接観察可能な要因によって生み出されたり規

[*4]　社会学者は、制裁システムこそ制裁されるべきものが何かを決めるというベンサムの所見を重視する。しかし、ベンサムが、どの社会も自己の生存を確保するために特定行動に制裁を加えると仮定したのに対して、社会学者は、制裁されるべき行動の選択は恣意的であり、大きく変動し得ると仮定する傾向がある。

定されているという仮定に基づいて、当該行動を（可能にするとか抑制する要因では
なく）実際に生み出す原因の探求を導くという考え方である[*5]。

　このようにして、実証学派はみずからの独自の前提と一貫性のある犯罪学の一学派
を構築した。この犯罪学は心理学的学習理論の一分派を受け入れるが、犯罪原因とし
ての個人差概念を拒否し、犯罪行動に対する安定した影響要因としてのパーソナリ
ティ概念を拒否する。

■ 経済的実証主義

　リチャード・ポスナー（Richard Posner）によると、「人間の欲望に関連する資源が
制限されている世界における人間の選択の科学である経済学は、人間とは、人生にお
ける目標、すなわち満足——我々が「自己利益」と呼ぶもの——を合理的に最大化す
る存在であると仮定し、そこから示唆される事柄を探求し、検証するものである」
（1977: 3）。あるいは、ゲリー・ベッカー（Gary Becker）次のように表現する：「犯罪
行動の有益な理論にとって、アノミー、心的不全、特性遺伝などに関する諸理論は不
要で、経済学者が普通に行う選択分析を適用するだけでよい」（1974: 2）。

　一見、犯罪に対する現代の経済学的アプローチは、ベンサムとベッカリーアの古典
学派モデルと同一であるように思われる。経済学モデルと古典学派モデルは、すべて
の行動（犯罪、非犯罪を問わず）が自己利益の合理的追求として理解し得るとして、
人間の本性に関して同じ考え方をする。古典学派と同様、一般理論を追求する現代の
経済学者は、（我々は、それを適切なものとみなすが）犯罪タイプ間の違いを軽視し
（例えば、その理論はホワイト・カラー犯罪にも侵入盗にも適用される）、犯罪者タイ
プ間の違いをも軽視する（すべての犯罪者は快楽主義と自己利益の原理に従って行動
すると仮定される）。経済学的実証学派は、自分たちの立場の強さに微塵の疑いも感
じていない：

[*5]　学習理論家は時折「負の強化」に言及するが、この事実が、現代の学習理論の傾向に関する我々の主
　張と矛盾するわけではない。例えば、ロナルド・エーカーズ（Ronald Akers）は、自分の社会的学習理論
　と古典的あるいは社会的統制理論の違いを次のように説明する：「絆の弱い、あるいは崩壊した人は、集
　団による報酬や罰の影響を受けにくい。私が指摘してきたように、統制理論は通常ここで、すなわち、統
　制の失敗が逸脱の段階を準備するというところで終わる。社会的学習機構は、このプロセスのさらに先を
　描くことができる。慣習的社会的統制の失敗は、それ自体、逸脱行動の十分条件である、しかし：'その
　人が他の集団に惹かれたり、統制が逸脱行動に正の強化を与えるような状況に遭遇することもある。例え
　ば、遵法的絆の崩壊した人がいたとしても、単に、逸脱の可能性があるというだけに留まることもある；
　彼が逸脱者になるかどうかは、社会的あるいは他の報酬がさらに与えられるかどうかに依存する。その人
　の行動が逸脱的下位文化あるいは他の集団による裁定の影響下にある時には、その統制の方向が、彼が絆
　を失った慣習的集団の標準から逸脱しているだけで、社会的統制自体は機能している'。」（1987, Akers
　1973: 292）。

66   II部　犯罪性

欠点がないわけではないが、経済学的法理論は、現存する実証主義的法理論の中で最も有望なものであるように思われる。人類学者、社会学者、心理学者、政治学者、その他の社会科学者たちも、経済学者とともに、法システムの実証的分析を行うが、彼らの研究はこれまでのところ、理論的・実証的内容において、経済学者と真剣に渡りあえるほど十分に生産的であるとはいえない。(Posner 1977: 21；また Becker 1974；Ehrlich 1974: 68-69 を参照)[6]

　その多くがベッカリーアやベンサムを読んできた犯罪学者たちにとって、この新しい経済学的実証主義の理論的貢献は、経済学者たちが思うほど印象的ではない。対照的に、我々を含め多くの犯罪学者から見ると、この新しい経済学的実証主義はベッカリーアとベンサムの主張を単に反復しているだけで（特に後者を）、この基本的立場の有益さを再確認するとともに、法的（ベンサムの用語では、政治的）制裁を過剰に強調するという誤謬をも引き継いでいる。

　ベンサム、取りわけベッカリーアなどの古典学派が政治的制裁に注目したのにはもっともな理由がある。彼らは、野蛮で非合理とみなした法システムの改革と国家権力に正当性を与えることに関心があった。ベンサムは非政治的制裁の重要性を否定したわけではない；むしろ、彼はこうした制裁は、実際には、国家によって統制される制裁よりも重要であるとみていた。ベンサムは、道徳的および社会的制裁が犯罪に対して与える影響力を立証した経験的犯罪学研究の知見（例えば、Glueck & Glueck 1950；Hirschi 1969）を利用することなく、この正しい結論に至った。現代の経済学者について言えることは何もない。彼らについて言えることは、彼らが実証主義のもつ重大な誤謬に冒されていることである：それは、見かけ上の政策関連性を最大化することに研究課題を限定する傾向と、みずからの学問分野の関心事を科学的説明の関心事と混同する傾向である。

　有名な論文集『犯罪と罰：経済学的アプローチ』においてベッカー（Becker）は次のように述べる：

　私は、不法行為と闘うために最適の公的・私的政策を開発するために経済学的分析を、使う。政策決定変数とは、犯罪を発見し、犯罪者を捉えて有罪にする確率 (p) を規定するのに役立つ警察、裁判所、その他の費用、有罪判決を受けた者に対する刑罰の大きさ (f)、それに刑罰の形態である：投獄、執行猶予、罰金、その他。……「最適の」決定とは、犯

———————————
*6　ポスナーはさらに続ける：「読者は、この押し付けがましく、おおざっぱで、多分知識の裏付けのない判断を否定する証拠をあげたくなるであろう」(1977: 21)。本文では、この挑発に対して控えめな反応と思われる文が続く。

罪による歳入の社会的ロスを最小にする決定を意味すると解釈される。このロスとは、被害の総計、逮捕と判決のコスト、科せられた刑罰を遂行するためのコストである。(p. 43)

法執行行為の抑止効果に関する研究は、政策目的のための経済学的分析にはほとんど価値がないことを示しているし（例えば、Blumstein, Cohen, & Nagin 1978）、こうした分析はそのデザインからして犯罪原因の理解には無関係である。さらに、**犯罪**概念を無視することによって、経済学者は犯罪行動の本質とは一貫して矛盾する経験的予測に導かれる。例えば、ベッカーは、談合機会が非合法の企て、特に、麻薬使用、博打、売春などの「シンジケート」による支配を強め、その利益を増やすものと見る（1974: 43）。経験的研究は、この予測を疑問視し、犯罪の本質が談合や組織化とは相容れないことを示唆している（Reuter 1983）。なぜなら、犯罪は迅速な利益と即座の機会を求めるものだからであり、犯罪の本質は安定した長期的関係には不利に働くものだからである。

しかし、多分経済学的分析の最も本質的な誤りは、犯罪を非合法な労働市場参加とするなど、吟味することなくそれを「職業」とみなしたことである。犯罪に関するこの根本的な誤認は、犯罪の意思決定が、他の収益を生む職業に就くことと同じ性質の意思決定であるという見方、犯罪が持続的収益をもたらす現実的手段であり得るという見方、そして、その従事者たちが犯罪統制官僚のもたらすリスク変動に反応するという見方をもたらす。例えば、エーリッヒ（Ehrlich）は、彼自身の言葉によれば、「ベッカーおよびその他の先行成果を超える」分析において（1974: 69）、リスク態度による犯罪者類型論を論じた：

リスク中和的（risk-neutral）犯罪者は、リスク回避者（risk avoider）と比べて、非合法活動により多くの時間を費やすであろうが、リスク選好者（risk preferrer）は両者よりも多くの時間を費やすであろう。さらに、リスク選好の犯罪者は［一定の条件下で］非合法活動において必然的に専門化するであろう……対照的に、リスク回避の犯罪者は、フル・タイムの非合法活動に伴う相対的に大きなリスクに備えて、自分の非合法活動と比較的安全な合法的活動を組み合わせるであろう。つまり、犯罪者が非合法活動に専門化するかどうかは、彼らのリスクに対する態度、それに合法的活動と非合法活動の組合せの機会があるかどうかから派生するものである。(1974: 76)

財産犯に関するデータは、経済学的研究モデルから引き出される犯罪観とは相容れない。侵入盗犯の最頻年齢は 17 歳前後であり、侵入盗発生率は年齢とともに急速に低下する（Hirschi & Gottfredson 1983）。侵入盗の最も一般的な「金銭的」成果は「**ゼ**

68 II部　犯罪性

ロ」であり、彼の次の犯罪は侵入盗以外のものである可能性が高い。万引きされやすい物のリストで上位に来るのは、万引き犯が必要としていないものや使用できないものであるし、合法的・非合法的キャリアを終わらせることになる犯罪——レイプ、暴力、殺人——**もまた**、おそらく金銭的益を伴わないものである。彼が合法的に雇用されているというありそうもない事態で最も被害者になりやすいのは彼の雇用主であろうし、それは長期的効用の最大化とは相容れ難い行為であり、合法的な仕事とリスク回避を同じものとはみなせない。研究は、犯罪者たちが何でも屋であることを示しているので（Wolfgang, Figlio, & Sellin 1972；Hindelang, Hirschi, & Weis 1981；Klein 1984）、侵入盗犯に関する我々の特性描写は、ホワイト・カラー犯罪者、組織犯罪者、麻薬取引犯、暴行犯にも同様によく当てはまる；彼らは、結局、**同じ**人たちなのである。

　経済学的実証主義は、当初から、犯罪の古典学派概念と基本的整合性をもっていた。不幸にして、それは、政治的制裁を強調する古典学派に追従することによって、より強力な犯罪原因を見逃している。不幸にして、それはまた、犯罪がそれを研究する学問分野の主要概念を反映すると仮定するという、よく見られるもう一つの学問的誤謬をおかしている。つまり、社会学者にとって、犯罪は**社会的**行動である（実際には、その反対なのだが）；心理学者にとって、犯罪は**学習された**行動である（実際には、学習は必要ないのだが）；生物学者にとって、犯罪は**生得的**行動である（実際には、犯罪は、事故同様、遺伝し得ないのだが）；最後に、経済学者にとって、犯罪は**経済的**行動あるいは労働市場参加である（実際には、犯罪は、労働力の外部にある非経済的行動であるのだが）。

　経済学者たちは、自分たちの理論がこのように性格付けられることに対して、自分たちのモデルは非金銭的（精神的）損益と「リスク嗜好」を組み込んでいると主張して、反論するであろう。しかし、（批判を逸らすために、「公式の中に」もともとあったかのように）それらの要因を導入したほぼその瞬間に、それらの価値は割り引かれ、経済学理論の検証は、国家による制裁のもっぱら金銭的損益に焦点を当てて行われる。いずれにしろ、もしも経済学的実証主義が我々の示してきたようなものでないなら、それが、通常の心理学的あるいは社会学的実証主義をどう乗り越え、それらとの違いを示すことができるのか、確かめるのは困難であろう。

▌社会学的実証主義

　今日、米国の大学では、犯罪学は主として社会学科の提供科目として教えられている。この学問分野は、20世紀の大半、犯罪学を自分たちの下位分野であると主張し

てきた。もともと、社会学的犯罪学は、初期の実証主義の多因子犯罪学と区別できないものだったし（例えば、Parmelee 1918；Sutherland 1924 参照）、この学問分野の一部門（社会解体理論）は、古典学派理論との結び付きを維持していた。しかし、社会学者たちは一般に、自己の中心的仮定と一致しないという理由で、社会解体論と多因子アプローチを拒否してきた。これは二つのかたちをとった。一方は、自己利益行動の古典学派仮定を、人は常に自分が所属する集団の利益に従って行動するという仮定（文化逸脱理論）と置き換えることであった。他方は、自己利益が自然で、普遍的で、説明不要のものであるという仮定を、犯罪の説明には動機付けの社会的起源が必要であるという仮定（緊張理論）によって置き換えることであった。

文化逸脱理論

文化逸脱理論（cultural deviance theory）は、犯罪とは常に、それを犯罪と定義する集団規範と相対的なものである——従って、それは社会的定義の産物である——というソーステン・セリン（Thorsten Sellin 1938）の結論に基づいて構築された。ルース・コーンハウザー（Ruth Kornhauser 1978: 29）はこれを次のように説明した：

> 文化逸脱モデルでは、言葉の通常の意味での逸脱というものは存在しない。もしも、自己の文化規範に従うことが同調であり、これに反することが逸脱であるなら、人間という存在は、明らかに逸脱の可能性をもっていない。自分が何をしているか理解できない愚かであるか正気を失った人たちを除いて、人間の普遍的経験は、自分がその中で社会化され、忠誠心を抱いている集団の規範に対する同調である。人々は決して*彼ら自身の*集団の規範を破ることはない。破るとすれば、他集団の規範である。逸脱と見えるものは、単に、自分自身の下位文化において支持される同調行動に対して、外集団が与えるラベルに過ぎない。

我々の関心から見ると、社会学的相対主義の二つの特徴は、犯罪学の発展に対して重要な意味をもっている。一方は、社会化が常に完全である、つまり、人々は所属集団の規範を破ることはないという仮定である。他方は、原理的にも実際にも、集団規範が無限に変動可能であるという仮定である。

古典学派は、個人の社会化は決して「完全」ではないので、犯罪の可能性は無視できないと仮定した。社会学的実証主義の文化逸脱バージョンは、社会化が常に完全なので、「集団」規範に反した行動をする可能性は無視できると仮定する。もしも、古典学派に内在する人間の本性概念が犯罪概念を許容するものであるなら、文化逸脱理論に内在する人間の本性概念は犯罪概念とは相容れないものである。人間の行動がすべて集団規範に同調するものであるなら、人々は常に集団利益に沿うように行動しな

70 II部 犯罪性

ければならない。自己利益が集団利益と矛盾するなら、自己利益が犯罪の原因となることはあり得ない。それ故、最も根本的レベルにおいて、古典学派と文化逸脱モデルは相容れないものである（文化逸脱理論の葛藤バージョンにおいては、「犯罪」が実際に存在することは、犯罪を定義する国家が、それを構成する集団すべての規範を共有してはいないことの証拠とされる。犯罪は文字通り国家によってつくられ、その告発は国家による差別と偏見の証拠である）。

　文化逸脱概念は、多分、分化的接触理論（Sutherland 1939）、ラベリング理論（Tannenbaum 1938；Lemert 1951；Becker 1963）、葛藤理論（Turk 1969；Vold 1979）、下位文化理論（Cohen 1955；Wolfgang & Ferracuti 1967）、社会的学習理論（Cohen 1955；Elliott, Huizinga, & Agenton 1985）など、20世紀において最も影響力のある犯罪諸理論の知的基盤である。これらの理論のどれにおいても、犯罪行為傾向の個人差に対する関心は見られない。もしも、これらの理論家たちが個人レベルでの犯罪相関事象に取り組むなら、それは犯罪そのものではなく、集団成員性に対する個人差の効果を通して生じるものであることを示すだけである。例えば、これらの理論家たちは、若者が犯罪行為を犯しやすいのは、犯罪関与に正の報酬を与える仲間集団と接触する可能性が高いからに過ぎないと主張するであろう。学校をドロップアウトする者たちが学校に留まる者たちよりも犯罪に従事しやすいのは、彼らが犯罪促進的価値観と接触することが多いからに過ぎない。犯罪者の子供が犯罪者になりやすいのは、大社会文化が犯罪的とみなす行動を助長する文化の中で生きているからに過ぎない。集団の規範構造とは独立に、彼らが犯罪傾向をもっているからではない。

　皮肉なことに、文化逸脱理論における犯罪者の犯罪行動は、外的、社会的サポート（強化）を受けるので持続する傾向が高い。こうして、「犯罪性」の概念を否定するよう構築された理論は、最終的には、犯罪を生活スタイルとして維持する動物をつくり上げることになったのである（例えば、Sutherland 1937；Cressey 1969 参照）。

　犯罪は他の形態の行動から区別することができないという考えにこだわる文化逸脱理論は、犯罪行動間の類似性を認識する手段をもっていない[7]。こうして、それは直

＊7　大半の理論は一般性を追求し、それを主張する。しかし、一般性を達成するために用いる手段はさまざまである。我々の理論は、多様な行動に共通する特徴（即座の安易な快など）を見出し、こうした行動に従事する自由さにおいて個人間に差異があると仮定するによって一般性を追求する。つまり、我々の理論は非常に多くの個別行動を同定し、そうした行動に従事する可能性の観点から実際に個人をランク付けする。他の諸理論は、多様な行動に含まれる共通の因果プロセス（緊張低減、集団サポート、ラベリングなど）を見出すことによって一般性を追求する。こうした諸理論は、順次、多くの犯罪行為や非犯罪行為に適用されるであろうが、焦点は、互いに矛盾なく存在し得る特定行為や人物の個別特徴に向けられる。従って、こうした諸理論は簡潔さを犠牲にして一般性に到達するのである。それらは、また、経験的正確さを犠牲にして一般性に到達する。なぜなら、少なくともここにリストアップされた諸理論は、最後には特定犯罪行為への専門化を予測することとなるが、それは事実に反する予測だからである（5章も参照）。

接的に犯罪者と犯罪の類型論を導き、また、犯罪あるいは「犯罪者」の各タイプに独自の集団サポートがある組織犯罪（Cressey 1969）、ホワイト・カラー犯罪（Sutherland 1940）、非行ギャング（Cohen 1955；Cloward & Ohlin 1960）、薬物使用者（Becker 1963）、暴力犯罪者（Wolfgang & Ferracuti 1967）へと対する関心を拡大する。

　ここでは、社会学的実証主義の文化逸脱学派が、すべての論点に関して古典学派の基本主張とは正反対であることを述べる必要がある。それは犯罪の概念も犯罪性の概念もあまり重視しない。同時に社会学的実証主義の文化逸脱学派は、多因子的、学際的な犯罪原因論を支持する犯罪学的実証主義の基本的主張とも相対するものである。

緊張理論の系譜

　1938 年、ロバート・マートン（Robert Merton）は、社会学分野の主要仮定に明白に立脚して、ある犯罪理論を発展させた。マートンは犯罪学には何の関心もなく、犯罪の本性やその関連事象にもほとんど関心をもっていなかった。彼は、この分野の先行研究にはまったく目もくれず、自分の理論に最も重要な関連性をもつ実証的知見（社会階級と犯罪の相関）の集約にエネルギーを割くこともなかった。むしろ、マートンの論文『*社会構造*と「*アノミー*」』は、非常に多様な行動に適用され得る社会学的一般原理を解明しようとしたものだった。古典学派理論は自己利益概念の中に、犯罪および他の形態の逸脱行動に妥当性の高い一般的動機を見出した。社会学的実証主義の仮定に立てば、この古典学派の動機付け理論は決して妥当なものではない。もしも人間が、その本性において社会的であるなら、自己利益は彼らの犯罪行動の一般的動機とはみなされ得ない。この犯罪動機は、特別な状況によって生み出されるものでなければならない。社会学の見地からすると、人間は本来的に同調するものなので、この動機は、社会の中の何らかの「矛盾（contradiction）」「分断（disjunction）」、あるいはその他の「異常（abnormality）」によって生み出されたものでなければならない。

　マートンの緊張理論では、犯罪の動機付けは、米国社会における物質的豊かさへの普遍的願望と、その願望を実現するチャンスがすべての人に平等に与えられてはいないという米国の階層システムによって課せられた制約との間に生ずる分断から引き出される。自分の「文化的に誘導された目標」を達成することができないことは、強いストレイン（緊張）や欲求不満の源である。この文化的に誘導され、構造的に満たされることのない欲望の圧力下に置かれた人々は、この苦しみから逃れるために何かをしなければならない。この圧力から逃れる一つのやり方、つまり「適応（adaptation）」は、物質的成功を手に入れる別の手段として*犯罪に向かうこと*である。

　マートンの見解では、こうしたストレスに対していくつかの適応様式があるが、誰にとってもそのすべてが同じように利用可能というわけではなく、また、そのうち一

つだけが犯罪である。特にある適用様式は、ある人たちにとっては価値観や社会化と相容れないので、採用される可能性がない。例えば、中流階級の人たちは、法を守るよう社会化されてきたので、犯罪には強い抵抗感がある。そのように社会化されてこなかった下層階級の人たちにとっては、他に目標達成の機会がないとき、犯罪は相対的に容易で、わかりやすいルートに見える（十分に社会化されていない下層階級の人たちが、ストレインがないときにはなぜ犯罪に向かわないのかについては、マートンは何も説明していない）。

　マートンの緊張理論とそこから派生した諸理論は、社会学的実証主義の中で最も広く研究され、支持される理論の一つとなった。この理論について、ここでは、犯罪学に対する社会学的実証主義のアプローチに広くに見られる二つの特徴を述べるに留める。第1に、この理論は、ある学問分野の中核となる「独立変数」が犯罪の主要原因であるというアプリオリな立場をとっている。マートンにとって、また彼に追随した多くの社会学者にとって、この変数とは社会階層である。社会階層とは社会学にとって、生物学にとっての遺伝性のようなもので、社会階層の影響を探求する社会学的研究（Tittle, Villemez, & Smith 1978；Braithwaite 1981 参照）と、犯罪の遺伝子伝承の証拠を探求する生物学的研究の間には顕著な相似性がある。第2の特徴は、犯罪あるいは逸脱行動内の専門分化パターンを見出し、これを説明しようとしている点で、その背景として、この理論が一般的先有傾向としての犯罪性概念を、それ故、バーサテリティ（versatility）[訳注1] の概念を明瞭に否定していることがあげられる。社会学的実証主義の緊張理論系譜がもつこれら二つの特徴についてはさらに議論の必要がある。

社会階層

　社会階層と犯罪の関係に関する論争は、1950年代以来、社会学研究を支配してきた。この論争のきっかけとなったのはマートンの理論ではなく、社会階層と犯罪の間には関係がないという自己報告研究の知見だった。社会学分野の中核的命題の一つを巡る30年に及ぶこの未解決の実証的論争は、社会学のマートン理論の真偽を問う問題とはならなかったが（ある体系的レビューは［Kornhauser 1978: 253］「妥当性はない」と結論付けたが）、その代わりに、社会学研究分野自体の意義を問うものとなった。実証主義の学問分野は行動の諸理論と同じ構造をもち、それらは行動の諸理論を守ることが、自分自身の研究関心を守ることとみている。このため、何の理論的根拠もないのに、社会学的学術雑誌は、階層と犯罪に関する研究論文の熱心な要約で満たされている。それは、階層や犯罪の測定には欠陥があったとしてこれを修正しようと

訳注1　犯罪性の高い人は状況次第でどんな種類の犯罪にも手を染めるという犯罪の専門分化とは正反対の考え方。

するもの、階層関係を「明らかにする」ものとして階層とジェンダーや階層と年齢の間の高次交互作用を報告するもの、データ中に有意な関係を見ることができない人々のイデオロギー無視を非難するものなどである[*8]。

実際には、社会階層の概念ははるかに複雑で曖昧なものなので、「経験的」関係は、仮に存在するにしても、理論的考察を行う出発点となるに過ぎないであろう。社会学的実証主義の緊張理論学派がもつ主要な存在意義は、犯罪理論の内容に対してこの学問的関心が影響をもち続けていることを証明するためだけのものである。

適応様式

生物学的実証主義に関する議論の中で、我々は、犯罪概念の欠如が必然的に、犯罪領域の細分化、犯罪者と犯罪の類型づくりを導く様を述べてきた。生物学的実証主義ではこれらの類型は帰納的につくられ、各類型はそれぞれ異なる原因論を必要としていた（例えば、生まれつきの犯罪者や常習的犯罪者）。社会学的実証主義の緊張理論学派では、類型論は一般的原因論から演繹的に引き出される。ストレインのもとでの行為者の反応は、型にはまったもので、限定されている。事実、マートンはストレインに対する5個の可能な「適応」を演繹し（他の研究者たちは、マートンの議論からさらに多くの可能な類型を演繹してきたが）、その内、我々の議論に関連があるのは二つだけである。一つは「革新者（innovator）」で、それは経済的成功という文化的目標を追求し続け、そのために合法的手段を放棄する人たちである。革新者は犯罪者である。もう一つは「逃避者（retreatist）」で、それは、経済的成功という文化的目標とそのための合法的手段の両方を放棄する人たちである。逃避者は薬物使用者、アルコール中毒者、精神疾患者などである（これらの類型は、『*非行と機会*（*Delinquency and Opportunity*）』［1960］という著作の中で提示されたリチャード・クロワードとロイド・オーリン（Richard Cloward & Llyod Ohlin）流の緊張理論において再浮上した。クロワードとオーリン理論では、非行ギャングは犯罪か薬物に専門分化するとされる）。

犯罪に従事する人たちが薬物使用者でもあるという事実は、マートンの（そして、クロワードとオーリンの）理論とは相容れないし、あらゆる形態の逸脱間には一般的関連性があるということも同様である。社会学的実証主義に基づく緊張理論のロジックに従うと、明らかに事実とは矛盾する結果がもたらされる。

[*8] 社会階層と犯罪の論争に「決着をつける」ためによく用いられる方法は、論客たちに、スラム地域に車を停めるか、町の下層階級地区を歩くことと富裕層地区を歩くことを比較してみるよう勧めるものである。この指摘は、レトリックとしては効果的だが、必ずしも正確なものではないし（墓地も不気味だが、それは、そこにいる人たちが特に危険であるためといえるかどうかは疑問である）、さらに、「生活のために働く」人々の子供たちが、コミュニティの他のメンバーの子供たちと比べて、より犯罪的でも、その反対でもないという主張とどう関連するのかも明らかではない。

社会的解体理論の系譜

犯罪に対する米国のもともとの社会学的立場は古典学派と多くの共通性をもっている。社会的・個人的解体という考え方は、20 世紀における社会問題の研究において支配的だったが、これは犯罪及び犯罪性の概念とも完全に調和するものである（例えば、Thomas 1923；Beeley 1954 参照）。犯罪に関するこれらの概念は、犯罪の空間分布に関する実証主義研究から引き出されたものと思われる。

生態学派の主要仮定は、犯罪あるいは「犯罪性」は個人の属性ではなく、個人が所属する集団の属性であるというものである。この仮定の基盤は、19 世紀初期の統計学者たちによって築かれた。例えば、フランスの統計学者、アドルフ・ケトレー（Adolphe Quetelet）は、犯罪発生率の地域的、人口統計学的差異が長期間にわたって安定していることを示し、これらの事実から彼は、犯罪発生率の変動は地域あるいは集団の何らかの特徴によるものであると結論付けた。こうしたデータと解釈が犯罪の社会学理論の基礎となったのである。100 年後、こうした差異は、シカゴのクリフォード・ショーとヘンリィ・マッケイ（Clifford Shaw & Henry McKay）によって再確認され、犯罪の社会的原因論の証拠と解釈された。

一連の研究において、ショーとマッケイは、犯罪と非行、怠学、乳幼児死亡率、精神障害、肺結核などを含む種々の地域問題の発生率に関して、シカゴ市内で顕著な地域差を見出した。ショーとマッケイは、こうした問題の発生率が高い地域はまた、低い教育達成率、福祉援助家庭の高率、資産の賃貸価格の低さ、低職業地位就労者の高率、地域コミュニティの低組織化などの特徴をもつことを示すことができた。彼らは、地域での支配的集団が何であるかにかかわらず、これらの地域特性が一定の通時的安定性をもつと主張した：「それ故、以下のことは間違いないと思われる：シカゴにおける各人種集団、出生集団、国籍集団は大きく異なる非行発生率を示している；特に、移民集団のそれは大きな歴史的変動を示している；［そして］異なる人種集団、出生集団、国籍集団は、類似の社会的地域において比較的類似した非行率をもっている」（Shaw & McKay, 1942: 162）。

この知見が文化逸脱理論の重要な根拠であり、それはこの連続性を、世代間の価値伝承と解釈した。それは生態学的犯罪学の根拠であり、この理論は、地域コミュニティの物理的構造が住民の日常活動を左右し、それが犯罪可能性を規定するとみなしている。この知見はまた、緊張理論とも整合的である。この理論は、安定した地域差が貧困あるいは機会欠如の安定的差異を反映すると仮定する。最後に、市内地域間の犯罪発生率の差異は社会解体の差異——すなわち、コミュニティの諸制度が住民の行動を統制する力の差異——を反映すると考えられる。

犯罪発生率の差異に関する社会解体論の解釈は、人々を取り巻く「社会」が彼らを止めることができないとき、犯罪行為を行うと仮定する。社会は、第1に、人々を訓練し、社会化し、彼らが法律を遵守し続けるよう彼らの行動を監視し続けなければならないと仮定する。こうした仮定は、明らかに古典学派のものであるが、このことは、古典学派の仮定が、それ故、集団間における犯罪発生率の（安定的及び非安定的）差異と整合的であること、また、それらが、社会学的実証主義の「知見」のすべてとも実際に整合的であることを意味する。

このように、もともと、社会学的研究と理論は、犯罪と犯罪性に関する古典学派の概念と整合的で、むしろ同一だった。社会学は、現在、この整合性を否定する傾向があるが、だからといって、社会学的研究が犯罪の古典学的枠組みの中で容易に解釈可能であるという事実を覆い隠すことはできない。社会学的視点と古典学的視点の統合を妨げるものは、研究知見から見て、事実上存在しない。異なる理論の統合は、実証主義犯罪学の標準的目標なので、古典学派と社会学の系譜を統合するプロセスが進まないことは、謎の一つである。

▍結　論

実証主義的社会科学は、一般的概念スキームや一般理論に対して抵抗する。結果として、それは、識別性や重要性を考慮することなく、概念を増殖させる。これは、行動カテゴリーを無限に細分化し、ユニットとその特性間の無限の置換えと組合せに関心を向け続ける（例えば、採取経済 [extractive economies] に貢献した多国籍企業の内部労働市場；男性ギャングにおける薬物と自動車走行中の発砲との関連性；1930年代の南部労働者のイデオロギーと投票パターン）。こうしたカオスに *見かけ上* 秩序をもたらす一つの方法は、学問分野を「ディシプリン」に分割し、その領域内において特定変数に優先性を与えることである。しかし、学問研究の分野体制ではこの問題を解決することはできない。このやり方は、分野ごとに概念の占有権を認める傾向があることから、むしろ、知識の発展と共有を制約する狭量な嫉妬心と縄張り論争を生み出す。

カオスに秩序をもたらす別の方法は、ある特定の行為群や行動群に焦点を当て、それらが共通にもつものが何かを追求することである。もしも共通性が認められるなら、そこから因果メカニズムについて結論を導くことができるであろうが、それは、個々の行動がこれを占有的に探究する学問分野内で発見される独自の原因をもつとの考え方に固執することから生み出されるものとは異なるものとなるであろう。我々の目から見ると、犯罪・逸脱としてまとめられる行為群を分析するなら、それらが共通

の構造をもっており、それ故、共通の因果関係の可能性をあることが明らかにされるであろう。すべてのケースにおいて、行動は、即座で、短期的な快楽と利益を行為者にもたらす；すべてのケースにおいて、その行動は長期的コストを伴う傾向がある。ベンサム（1970）が指摘したように、これらのコストは身体的、政治的、宗教的、社会的なものであり得るが、しかし、それにもかかわらず、それらはコストではない。こうした行動を追求する人たちはそれら以上に目の前の利益を重視するからである。こうした行動を追求する人々には、それ故、何か共通するものがあるように思われるが、それは、彼らに長期的コストを無視して短期的利益を選択させる何かであろう。

　自分自身を科学者とみなす多くの社会科学者たちは、自由選択が人間行動の原因であるという考え方を**アプリオリ**に拒否する。おそらくそれは、「自由選択」が、決定論という学問的思想と相容れないか、あるいはこれと対立するものとみなされるからであろう。心理学においては、オペラント条件付けの原理（これによると、行動はその結果によって規定される）によって、原因は結果に先行しなければならないという実証主義学問の立場と矛盾する結論に至るが、その中にもこの決定論が含まれている。生物学では、進化の原理（これによると、形質選択はその生存価値によって影響される）によって、原因が結果に先行しなければならないという実証主義学問の立場と矛盾する結論が導かれるが、そこにもこの立場を見ることができる。社会学では、反自由選択思潮の中で、完全に社会的であるためには、その理論は個人の意志決定特性に頼ることなく行動を説明しなければならないという主張が好まれる。

　犯罪の因果メカニズムがすべての学問分野にとってフェアーな競技の場であることは明らかであり、特定分野の占有事項だという主張は合理的なものではない。例えば、家族による社会化によって、短期的快楽主義的行動のコストに対する関心の変動が生み出されるであろう（Hirschi 1969）。体の大きさの生物学的差異がこうした行動のコストを下げ、行為者がその行動を選択する可能性を高めることがあり得る。強調すべき重要な事柄は、因果説明のためのスキームにとって学問分野に由来する原因論は不要であり、このスキームでは、選択理論と学問分野固有の因果分析に依存する理論を区別しないということである。実際、実証主義の方法はこうした諸理論に完全に適用可能である。それによって、学問は人間行動に関する特定の独自理論を優遇するという誤った考え方、特定の原因はある学問分野固有のものという、やはり誤った考え方を脱することができる。

5 章

犯罪性の本質：低自己統制

The Natuer of Criminality: Low Self-Control

犯罪理論は、当然ながら、犯罪行為を行う個人の属性へと関心を喚起する。これらの属性はしばしば「犯罪性（criminality）」と呼ばれる。純粋の古典学派理論では、犯罪を行う人々に特別な属性はないとされる。彼らは単に、自分の快楽を増やそうとする普遍的傾向に従っただけである。彼らが非犯罪者と異なるとすれば、関連する制裁システムにおける立ち位置の違いか、あるいはそれに対する懸念の違いであった。例えば、コミュニティから切り離されている人は、犯罪によって生じる排斥を、他の人たちほどには悩まないであろう；犯罪行動のもたらす自然的あるいは法的結果に気付かない人は、それに気付いているほどには、その結果によって影響されないであろう；無神論者は、死後の罰を信じる人と比べて、それを心配しないであろう。従って、古典学派理論は、全体としてみると、個人にとって苦痛な結果を通して犯罪予防が可能であることを強調する点で、今日の**統制**理論にあたるといえる。

　古典学派は政治的目的のために法的帰結を強調したが、彼らが道徳的制裁の結果をも重視したことは明らかなので、彼らの理論は未発達な**社会的統制**理論と呼ぶのに相応しい。事実、ベンサムの主要抑制動機——有害行為を抑制するように働く動機——のリストは、善意、評判への関心、友好的関係への願望で始まる（1970: 134-36）。さらに彼は、発覚が「評判、および友好的関係への願望」（前掲書：138）にもたらす結果のために、多くの場合、それに対する恐れが犯罪を抑制すると述べる。言い換えると、ベンサムの理論では、法的制裁の抑止力は、大部分、社会的制裁との結び付きから生じる。

　もしも犯罪が社会的動機の弱さの証拠なら、犯罪者は非犯罪者よりも非社会的であり、彼らの非社会性の程度は、彼らの犯罪の質と量によって規定されるであろう。ある個人の悪質さ（mischievousness）の程度を計算することは複雑な作業だが、一般的には、犯罪が悪質で下劣で、回数が多ければ、それだけ犯罪者は悪質で下劣である（Bentham 1970: 134-42）（このように、古典学派には、犯罪の重大さに関心をもつ理由があった。現代の犯罪理論にとって、重大さの意味は明確ではない）。

　古典学派理論あるいは統制理論は、犯罪者が社会的動機によって抑制されることは

ないと推論するので、犯罪者について考察する際、非社会的人間性を強調するのが常である。実際には、こうした理論では、行為が必要とするときにのみ、人は非社会的になるとみなされる。純粋のあるいは徹底した統制理論では、犯罪行為の中に見出される以上の犯罪性（すなわち、「攻撃性」や「外向性」などのパーソナリティ概念やパーソナリティ属性）を個人に付加することはない。結果として、統制理論は、犯罪それ自体に含まれるもの以上の犯罪動機をもつと考えられる反社会的犯罪者、精神病質犯罪者、あるいは職業犯罪者（career offender）といった人物像には懐疑的である。実際、統制理論は、同調には全体的統制構造のバランスが重要という考え方をもっており、犯罪者においても同様である：

> すべての人間において、その性癖が、非常に邪悪であるとしても、社会的動機こそ……その人の生活の一般的調子を規制し且つ決定するところのものに他ならない。……それ故、各人の性質のもっている一般的また恒常的な性癖は、社会的動機の力が彼をそれにしばりつけるように決定するところのそういう面に向かうものである。以上のごときがこの場合の状況であるが故に、社会的動機の力はたえず反社会的動機のそれを終息せしめようとしているのである。丁度、自然的物体において、摩擦の力が衝撃によって生み出された力を終息せしめようとしているのと同じように。そこで、反社会的動機の力をすりへらしていくところの時間は、社会的動機の力に加えられることになる。（Bentham 1970: 141 ［堀秀彦訳 1955: 143］）

　実証主義は、犯罪者がもっと根本的に非犯罪者とは異なるという考え方、すなわち、犯罪者は積極的に犯罪を行う特別な特性をもっているという考え方をもたらした。3章、4章において、我々は、こうした特性を明らかにしようとした主要な研究分野の試みを検討してきた。我々は、優れた研究によって、「犯罪性」を説明する上で有益であることが信頼性をもって明らかにされた個人特性——攻撃性、体格、活動水準、知能などの特性——のリストが与えられるであろうと期待した。我々はまた、これら個人レベルの犯罪相関事象と犯罪の古典学派概念とを結び付けることができるであろうとも期待した。しかし、検討が進むにつれて我々は、「犯罪者」と「非犯罪者」の間には、犯罪行為を行う傾向以上に重要な差異があることを確立したという実証主義の成果を過大評価していたと結論せざるを得なくなった。犯罪行為を行う傾向に安定した個人差があることは明らかだが、犯罪者と非犯罪者の間の多くの、あるいはほとんどといってもよい、他の差異は、研究文献を読んだときに我々が期待したほど明確でも顕著でもなかった[*1]。

　犯罪行為を行う傾向の個人差（加齢とともに全体としての犯罪傾向は低下する）を、

古典学派理論なら、人々の社会的立場と、世間がどう反応するかに関する彼らの懸念を考慮に入れることによって理解可能であるとするであろうが、これらの個人差が、**人々の社会的立場が変わっても、また、制裁システムの反応に対する知識に違いあっても十分に安定的に存続し続ける** という実証主義の知見（3章と4章において指摘されたように、ほとんどの実証学派理論によって否定されたものだが）は、古典学派理論によっては説明できないであろう。これこそが自己統制、すなわち、置かれた状況がどうであれ、犯罪行為を回避しようとする傾向の個人差である。

■ 自己統制とその代替概念

　我々が犯罪行動の安定した個人差を自己統制に帰することを決めたのは、我々自身（Hirschi & Gottfredson 1986）が以前に取り上げたことがあるものも含め、（犯罪性を構成する可能性のある）いくつかの他の選択肢を検討した結果であった。特に検討を加えたのは、犯罪の古典学派概念と我々の犯罪者概念の一致の度合いだった。犯罪の選択理論と犯罪者に関する決定論的イメージを統合することは、特にそれが不必要と思われるときには、賢明なやり方とは思われない。事実、古典学派の犯罪観と、人々が自己統制において異なるという考え方の整合性は、我々から見ると顕著である。すでに見たように、古典学派理論は、犯罪のコストが個人の現在の立場や社会との絆に依存するとする社会的あるいは外的統制の理論である。古典学派理論に欠けているのは、自己統制の明確なアイデア、すなわち、目の前の誘惑に対して脆弱である程度において人々が異なるというアイデアである。これらを結び付けることは、行動に対する社会的抑制と個人的抑制が同時に働くことを認めることである。

　一つの明白な別の代替概念は犯罪性である。しかし、この概念には多くの欠点がある。第1に、それは因果性あるいは決定論を含むが、この犯罪に向かう積極的傾向という考え方は、古典学派モデルに反するし、我々から見ると、事実にも反する。自己統制は、人々が犯罪行動を抑制する程度の個人差を示すものだが、犯罪性とは人々が犯罪に駆り立てられる程度の個人差である。例えば、自己統制概念は、犯罪者が犯罪を求めているわけでも、犯罪を必要としているわけでもないという観察結果と一致するが、犯罪性概念はそうではない。同様に、自己統制概念は、犯罪行為には何の能力も欲求も動機付けも必要ではないという観察結果と一致する；この意味で、犯罪行為

---

*1　犯罪者と非犯罪者の間に安定した個人差が存在しないというつもりではない。重要な点は、個人差を示す証拠が、我々には、他の人たちにとってほど明瞭とは思えないことである。知能に関する証拠は例外である。これに関しては、非犯罪者に高いという差異は数多く報告されてきた（例えば、Wilson & Herrnstein 1985）。

は誰にでも可能である。反対に、特別な傾向としての犯罪性概念は、犯罪行為が生起するには、それを遂行でき、かつ、それを楽しむことができる特別な人が必要であることを示唆する。最後に、抑制の欠如、つまり低自己統制は、ほとんどすべての逸脱行動、犯罪行動、刺激的行動、危険行動を可能にする；一方、犯罪性概念は、人々によって遂行される多様な行動形態の中で、我々が今議論している次元の一方の極にあたる一部をカバーできるに過ぎない。

　良心概念は犯罪性よりも自己統制に近く、区別はより難しい。この概念は、（同調への）強迫の意味合いがあるが、それは、厳密にいうと、選択モデルと（あるいは良心の働きとも）整合しない。それは、社会的、道徳的制裁よりも自然的制裁によって統制されると思われる犯罪類似の行動をカバーするようには思えないし、最終的には、それは、一般に人々が自分の行為についてどう感じるかを指すものであって、その行為を遂行するかしないか、その可能性を表すものではない。例えば、事故や就労不安定は、通常、良心の失敗によるとはみられず、良心についての論者は、一般に、道徳的行動と慎重な行動を結び付けようとはしない。最後に、良心は負の強化による学習の産物と総括されることが多く、また、こうした主張を好む人たちですら、これについてそれ以上の何かを知っているわけではない（例えば、Eysenck 1977；Wilson & Herrnstein 1985）。

　そろそろ、犯罪行為の遂行に関連の深い個人特性である自己統制の本質について述べるときである。この特性の本質は、犯罪行為の本質から直接に推論可能である。つまり、犯罪の本質から見て、論理的に犯罪が可能となる年齢に達する以前に、これを控えるのはどんな人たちかを推論することができる。このとき我々は、この抑制を生み出す要となるもの、つまり自己統制の原因にさかのぼることになる。我々は、自己統制の欠如が必ず犯罪をもたらすとは思わない。状況的諸条件や個人の他の諸特性によって犯罪が抑制されることがあるからである。同時に我々は、高自己統制は犯罪可能性を効果的に減少させる――すなわち、この特性をもつ人たちは、人生のどの段階でも、犯罪行為に従事する傾向は明らかに低いであろう――と主張する。

▋ 自己統制の要素

　犯罪行為は、欲望に対して*即座の*満足をもたらす。低自己統制の人の主要特性は、目の前の環境にある有形の刺激に反応する傾向、つまり、具体的で、「今、ここで」の志向性をもつことである。高自己統制の人は、反対に、満足を遅延する傾向がある。

　犯罪行為は、欲望に対して**容易で単純な**満足をもたらす。労働なしで金銭を、求愛なしでセックスを、時間の掛かる裁判なしで報復をもたらす。自己統制に欠ける人

は、行動に際して、勤勉、忍耐、根気にも欠ける傾向がある。

犯罪行為は、**刺激、リスク、スリル**である。それらは、秘密、危険、スピード、機敏、偽計、威力を伴う。自己統制に欠ける人は、それ故、大胆、積極的、身体的傾向がある。自己統制の水準が高い人は、慎重、熟慮的、言語的である。

犯罪は、**長期的利益をほとんど、あるいはわずかしか**もたらさない。それは仕事や職業と等価ではない。反対に犯罪は、仕事、結婚、家庭、友人との長期的関わりなどを妨害する。つまり、低自己統制の人は、不安定な結婚、不安定な交友関係、不安定な職歴の傾向をもつ。彼らは、長期的な職業従事にはほとんど関心をもたないか、その心構えができていない。

犯罪は、**スキル**や**計画性**を必要としない。大半の犯罪において必要とされる認知的条件は最低限度のものである。つまり、自己統制に欠ける人は、認知スキルや学業スキルを必要としないし、重視しもない。手先のスキルは、大半の犯罪においてほとんど必要ない。このことは、自己統制に欠ける人が、訓練や見習い期間を必要とするような高度の手指スキルを身に着けようとはしないことを意味している。

犯罪は、しばしば、被害者に**苦痛や不快**をもたらす。財産が失われる、身体が傷つけられる、プライバシーが侵害される、信頼が破壊される。このことは、低自己統制の人が、自己中心的で、他者の苦しみや欲求に無関心であるか鈍感であることを意味する。しかし、低自己統制の人が常に薄情で反社会的というわけではない。お愛想したり、気前よくすることが即座の容易な報酬をもたらすことに彼らが気付くこともある。

犯罪が即座の快楽を追求するものであることを想起して欲しい。このことは、自己統制に欠けた人には、犯罪的**ではない**別のタイプの即座の快楽を追求する傾向もあることを意味する：彼らは、喫煙、飲酒、薬物使用、婚外子出産、非合法セックスなどの傾向があるであろう。

犯罪には、犯罪者と他の人の、あるいはその財産との相互作用が必要である。だからといって、自己統制に欠ける人が社交的あるいは社会的な傾向があるということにはならない。ただし、他の条件が同じなら、社交的、社会的な人の方が犯罪行為に関与しやすいとはいえるであろう。

多くの犯罪の主な利益は、快楽ではなく、一時的不快からの解放である。泣く子供にイライラすることが、しばしば身体的虐待の刺激となる。バーで見知らぬ人から嘲笑されたことが、しばしば加重暴行（aggravated assault）の刺激となる。このことは、低自己統制の人が、欲求不満耐性が低く、葛藤に対して身体的ではなく言語的手段で反応する能力が低いことを意味する。

犯罪では、犯罪者の側にも、暴力と身体的傷害、苦痛と災厄のリスクがある。この

ことは、低自己統制の人が、身体的苦痛に対して耐性があるとか、身体的不快に対して無関心であるということではない。ただ、自己統制の水準がどうであれ、身体的苦痛に耐性があるとか、身体的不快に無関心である人が犯罪行為に従事しやすいとはいえよう。

ある犯罪行為は刑罰リスクが小さいが、これは部分的には犯罪状況に依存する。例えば、十代の少年たちが盗んだ車を乗り回しても、すべて等しく逮捕されるとは限らない。ショッピング・センターの駐車場から車を盗んで、適当な場所に乗り捨てる場合と比べて、近所の家の車を盗んで持ち主が気付く前に返しておくなら、公的機関の認知するところとはなりにくい。親の酒を盗んで家のガレージで飲むことは、コンサート・ホールの駐車場で飲酒することと比べて、公的認知を受けにくい。このことから、犯罪には自己統制の測度としての妥当性に違いがある：公的認知リスクが大きい犯罪は、リスクが小さい犯罪よりも自己統制の良い測度である。

要するに、自己統制を欠く人は衝動的、非共感的、身体的（精神的の反対として）、近視眼的、非言語的などの傾向があり、それ故、犯罪および類似の行動に従事する傾向が高いであろう。これらの特性は、犯罪の責任年齢以前にすでに見られ、また、これらの特性は同じ人たちに集中する傾向があるので、これらの特性は生涯を通して持続する傾向がある。それ故、これらは、犯罪理論において安定した概念を構成するとみなすことができる。

▍低自己統制の多様な現れ

我々の「犯罪者」イメージからすると、犯罪は低自己統制の自動的あるいは必然的な結果ではない。犯罪類似の多くの非犯罪行為（事故、喫煙、飲酒など）もまた低自己統制の現れである。我々の犯罪者概念によると、自己統制の欠如を表す特定の行為、特定の犯罪タイプ、特定の逸脱様態があるわけではない。

犯罪および類似行動の両者ともに低自己統制から生じるので（すなわち、どちらも低自己統制の現れなので）、それらは低自己統制の人によって、相対的に高い割合で行われるであろう。犯罪領域でみると、犯罪者の中には、さまざまの犯罪行為に手を染める何でも屋（バーサテリティ）が多く見られるであろう。

逸脱行動におけるバーサテリティの研究は、この予測を最も強く支持するものである。低自己統制の現れはきわめて多様である。専門分化（speialization）仮説によって動機付けられ、何年にもわたって精力的な研究が行われたにもかかわらず、これを証明する信頼できる証拠は報告されていない。事実、犯罪のバーサテリティに関する証拠が圧倒的に多い（Hirschi 1969；Hidelang 1971；Wofgang, Figlio, & Sellin 1972；

Petersilia 1980；Hindelang, Hirschi, & Weis 1981；Rojek & Erickson 1982；Klein 1984）。

　バーサテリティによって我々が意味するのは、犯罪者というものは、非常に多様な犯罪行為を行うもので、他には見向きもせず、特定の犯罪行為あるいは特定パターンの犯罪行為を追求するといったこだわりをもつものではないということである。多くの理論は、犯罪者が専門分化する傾向があり、強盗犯、窃盗犯、ドラッグ売人、レイピスト、殺人者などの用語は予測的、記述的意味をもつと主張する。例えば、クロワードとオーリン（Cloward & Ohlin 1960）は、特定形態の犯罪行動を中核にした非行下位文化を仮定し、窃盗、暴力、薬物に専門分化する下位文化をあげた。同様の考え方で、ホワイト・カラー犯罪について多くの本が書かれ、あたかもその犯罪は独自の説明を必要とする明らかに特別な専門性をもつかのように論じられた。薬物使用、バンダリズム、十代の妊娠の研究のために（あたかも、非行の研究はどれも、薬物使用、バンダリズム、十代の性行動の研究ではないかのように）研究プロジェクトが遂行されている。犯罪学のすべての学派が、犯罪あるいは犯罪者の経歴におけるパターン化、連鎖、発展、エスカレーション、初発、継続、離脱を追求する中で誕生したものである。これらの試みのほとんどは今も続けられているが、それは、支持者たちが、明確な反証があるにもかかわらず、それを認識し、考慮に入れることができないためである。こうした考え方が生き残っている他の理由は、犯罪キャリアあるいは「職業犯罪者」の中に政策を見出そうとする政治家や法執行コミュニティの成員たちの関心の中に見出される（例えば、Blumstein et al. 1986 参照）。

　特定犯罪者による非行行為の反復が日常よく見られるように、専門分化が時折報告されることは我々の見解と矛盾するように思われる。同じ犯罪者が、数年間、同じ店で窃盗を繰り返すとか、一定の（短い）期間に一人の犯罪者が複数のレイプを行うことがある。こうした犯罪者は「窃盗犯」とか「レイピスト」と呼ばれるであろう。しかし、こうしたラベルは予測的というよりも回顧的であること、同じ犯罪者が行う仮定された専門分化とは一致しない多くの非行行動や犯罪行動が一般に無視されていることは述べておかなければならない。例えば、「レイピスト」はまた、レイプ以外にも、薬物を使用し、（レイプの際に）強盗や窃盗を行い、暴力犯歴をもつ傾向がある。多分、観察者の側に（そして、公的説明においても）一連の事象の中で最も重大な犯罪に焦点を当てるという自然の傾向があるが、この傾向と、特定罪種に専門分化する犯罪者側の傾向を混同すべきではない。

　犯罪を規定する一つの特徴が、単純で安易ということを想起してほしい。この点からすると、見かけ上の専門分化のいくつかは、容易な犯行機会それ自体が繰り返し起こるためであろう。商業地域に歩いて行ける近隣に住む犯罪者は、引ったくりの機会を繰り返しもつであろうが、このことが彼の逮捕歴に反映されるであろう。しかし、

ここでもその「犯罪キャリア」自体が独り歩きし始めるが、実は、次の犯罪もまた、その内容と性質が、同じように、利便性と犯罪機会によって規定されるのである（この理由で、ある人物が次に何をするかに関して、ある形態の窃盗は常に最も確率の高い予測である）。

犯罪者たちが、心理的にも理論的にも犯罪と等価な非犯罪行為に従事する傾向があるという証拠をあげることは、これら「非犯罪行為」の発生率が比較的高いことからも、より容易である。盗みをする者はしない者と比べて、喫煙、飲酒、怠学をする割合がかなり高い。犯罪者は非犯罪者と比べて、自宅での失火、衝突事故、望まない妊娠などを含め、ほとんどのタイプの事故に巻き込まれる傾向がかなり高い。彼らはまた、早い年齢で死亡する傾向もかなり高い（例えば、Robins 1966；Eysenck 1977；Gottfredson 1984）。

薬物使用と濫用に関する優れた研究は、非行の相関事象と薬物使用の相関事象が同じであることを繰り返し明らかにしている。エイカーズ（Akers 1984）が述べたように、「飲酒、喫煙、薬物使用をする十代は、それをしない十代と比較して、喧嘩、盗み、人への傷害、その他の非行に関与する傾向がはるかに高い」。エイカーズはさらに、「しかし、それらを手にする順番の違いに注目しても、その原因論を提起する根拠にはならない」と言う。我々の見解では、薬物使用と非行の関係は因果的なものではない。両者ともに同じものの相関事象である。なぜなら、薬物使用と非行は、どちらも、短期的で即座の快楽を追求する基本的傾向の現れだからである。この基本的傾向（すなわち、自己統制の欠如）は、ハリソン・ゴーフ（Harrison Gough 1948）が数えあげたように、多様な現れ方をする：

> それが個人的満足を妨害すると認知したときは、他者の権利や利害を平気で無視する：衝動的行動、あるいは刺激強度と行動反応強度の明らかな不一致；他の人たちに対する深く持続的な愛着や対人関係を形成する能力の欠如；明確な目標を達成するための計画性や判断力の乏しさ；社会的不適応に対する不安や悩みの明らかな欠如と、不適応を不適応とみなす能力あるいは意思の欠如；責任を他者に転嫁する傾向と、失敗に対して責任を取らない傾向；些細なことについて、発覚するような嘘をしばしば意味なく言う；当てにならない……責任を引き受けようとしない；最後に、情緒的乏しさ。（前掲書：362）。

この特徴の組合せは、リー・ロビンズ（Lee Robins）による有名な研究において、対象者の生活史の中に見出された。ロビンズは、逸脱の多様性と、彼女が「反社会性パーソナリティ」と呼んだ人たちの生活の中にそれらが共存することに焦点を当てた数少ない研究者の一人である。彼女の言葉によれば、「我々が論じているのは、誰と

も親密な個人的関係を維持することができない人、仕事がきちんとできない人、外からの援助なしに自分自身と扶養家族の生活を維持できない人、突然計画を変更したり、他の人には些細に見える欲求不満に対して癇癪を起しがちな人たちである」(1978: 255)。

ロビンズは、ミズーリ州、セントルイスのガイダンス・クリニックに照会された524名の児童を30年間追跡し、IQ、年齢、性別、居住地域でマッチングした統制群と比較した。統制群との比較から、彼女は、早い年齢で照会された人ほど、成人してから（広範囲の犯罪によって）逮捕されることが多く、結婚することが少なく、離婚することが多く、行動問題のある配偶者と結婚することが多く、子供をもつことが少なく（ただし、子供の有る者は、より多くの子供をもった）、行動問題のある子供をもつことが多く、非就労であることが多く、転職がかなり頻繁で、福祉援助を受けることが多く、親族との付合いが少なく、友人が少なく、教会に通うことは非常に少なく、軍務に就くことが少なく、軍務に就いた場合には不名誉除隊されることが多く、過度のアルコール摂取を示す身体的指標が高く、精神医学的問題で入院することが多かった（1966: 42-73）。

これらの知見は、我々の低自己統制概念に含まれる一般的4要素と一致する：長期に渡る個人差の基本的安定性；犯罪行為の種類における大きな多様性；犯罪行為と非犯罪行為の概念的、因果的等価性；犯罪、非犯罪かにかかわらず、特定の逸脱タイプの予測不能性。我々の理論では、一定の行動結果によって定義される反社会的パーソナリティの概念は、犯罪者がその特徴をもつ特定の行動をしなければならないと仮定する点で、あまりに実証学派的あるいは決定論的である。つまり、我々が言いたいことは、ただ、当該の対象者たちは（このデータが示すように）犯罪行為を*行いやすい*ということであって、犯罪行為は低自己統制の人の定義の一部ではない。

これが事実であるように、ロビンズの回顧的（retrospective）研究は、反社会的パーソナリティ概念から引き出された予測が、前向き（prospective）の縦断的研究や横断的研究の結果ときわめてよく一致することを示している：犯罪者たちは専門分化しない；彼らは一般母集団よりも事故、疾患、死亡に高い割合で遭遇しやすい；職務特徴にかかわらず、仕事の継続に困難がある（どんな仕事も、良い仕事にはならないであろう）；友人を獲得し、維持するのが難しい；長期的な経済的義務（住宅ローンや自動車代金）や親の義務を果たすことが難しい。

この点から見ると、低自己統制が個人に課す「コスト」は、彼の犯罪行為のコストをはるかに上回るであろう。事実、自己統制を欠く人たちの生活の質から見ると、犯罪は、しばしば、自己統制の欠如がもたらす結果の中では、最も深刻でない方に含まれる。

■ 自己統制の起源

　自己統制の欠陥が何をもたらすかに比べて、それが何に由来するものかはよく知られていない。しかし、一つのことは明らかである：低自己統制は、訓練、指導、社会化によってつくられるものではない。事実、低自己統制と関連する特徴のすべては、養育、規律、訓練の不在の中にあることが示唆されている。人間行動の原因に関する古典学派の見地からすると、この事実の意味するところは明白である：低自己統制の起源は、積極的というよりは消極的である；自己統制は、意図的であろうと非意図的であろうと、それを生み出そうとする努力がないところには生じにくい（この仮定は、無意識のうちに、犯罪者を、能動的なさまざまの力、学習、特別な圧力、特殊な欠陥などの産物と見る現代のほとんどの犯罪理論から我々の理論を区別するものである。この比較に関しては、我々の理論を十分に展開した後で、また改めて議論しよう）。

　この段階で見れば、潜在的犯罪者は、その特徴のためにおのずから犯罪行為に向うという犯罪原因論を構築することが自然な筋道と思われるかもしれない。この段階で見れば、我々の課題は、単に、衝動性、知性、リスク・テーキング、その他の原因を見つけることだと思われるかもしれない。しかし、それは、過去において非常に非生産的であることが証明された筋道、つまり、犯罪者が場面や状況の特徴とは無関係に犯罪を行うという議論の筋道をたどることになるであろう。

　我々は、犯罪行為の意思決定に内在する諸要素を想起することによって、この陥穽（かんせい）を避けることができる。犯罪の目的は明らかに快楽であり、普遍的にそうである。しかし、その行為に従事することは、社会的、法的、あるいは自然的制裁などのリスクを伴う。その行為によって得られる快楽は直接的、自明、即座であるが、それがもたらすおそれのある苦痛は自明でも直接的でもなく、いずれにしろ、快楽よりは遠いところにある。そこから、犯罪の快楽を見る能力において人々の間に変動は小さいが、潜在的苦痛を計算する能力にはかなり大きな変動があると考えることができる。しかし、この点はさらなる議論が必要である：犯罪の快楽が母集団において均等に分布していると推論するのは合理的だが、同じことが苦痛には当てはまらない。誰もが金銭の価値を認める；しかし、金銭が盗まれたことを知ったときの親の怒りや失望を誰もが恐れるとは限らない。

　我々の考えでは、それ故、自分の行為の帰結に関する推量に影響を与える要因が自己統制の諸要素である。衝動的あるいは近視眼的な人は、自分の行為のネガティブなあるいは苦痛な帰結を考慮することができない；鈍感な人にとって、考慮すべきネガティブな帰結は少ない；知的に低い人にも、考慮すべきネガティブな帰結（失うもの）

は少ない。

犯罪的であろうと非犯罪的であろうと、成員の自己統制を積極的あるいは意図的に低めようと試みる社会集団があるとは聞いたことがない。低自己統制とその結果によって社会生活の質が高められることはない。逆に、これらの傾向が現れると、調和的集団関係と集団目標の達成能力が損なわれる。これらの事実は、犯罪傾向が社会化、文化、その他の積極的学習の産物であることを明瞭に否定するものである。

低自己統制を構成する諸特性はまた、個人の長期的目標達成に役立つものではない。反対に、それらは教育的・職業的達成を妨害し、対人関係を破壊し、身体的健康と経済的安寧を害する。こうした事実は、犯罪性を、合法的経路によって達成可能な目標に対する別のルートとみなす考え方を否定する。こうしたことから、自分が保護する人たちの対人スキル、教育的・職業的達成、身体的・経済的安寧を気に掛ける人々は、彼らからこうした特性を取り除こうとするであろうと推論できる。

この図式において、二つの一般的変動因が直ちに明らかとなる。第1は、こうした特性を、初めに子供の側が示す変動である。第2は、低自己統制とそれがもたらす結果を認識する程度、およびそれを修正する意欲と能力における養育者の変動である。それ故、この議論の入口段階ですでに、低自己統制の起源は明らかに複雑である。

将来の犯罪関与を予測させる特性のいくつかは、信頼性をもって測定可能な範囲内で、早期に現れることを示す多くの証拠があるが、それは低知能、高い活動水準、身体的強靭さ、冒険好きなどである（Glueck & Glueck 1950；West & Farrington 1973）。その証拠は、これらの特性と犯罪行為の結び付きが弱から中程度であることを示している。言うまでもなく、我々は、ある人たちが生まれながらの犯罪者であるとか、犯罪性の遺伝子あるいはその種の何かをもつと主張するものではない。実際、我々はこうした考え方を明瞭に否定している（3章参照）。我々が主張したいのは、効果的社会化の長期的影響に関しては個人差があるということである。しかし、個人特性の布置がどうであれ、効果的社会化は常に可能である。

犯罪に影響を与える他の特性はもっと遅くに現れ、それらは主に非効果的あるいは不完全な社会化の産物と思われる。例えば、衝動性や非感受性の個人差は、それらがすべての子供の共通特徴ではなくなる児童期後半に顕著になる。より大きな目的のために即座の満足を遅延する能力と意志は、それ故、訓練の成果と仮定することができよう。実際、親の行為の多くは、衝動的行動の抑制と、子供が行為の長期的結果を考えるよううながすことに向けられている。他者の欲求と感情に対する一貫した感受性もまた、訓練の成果であると仮定されよう。実際、親の行動の多くは、子供に他者の権利と感情について教えること、これらの権利と感情に従って自分の行動をどのように抑制すべきかを教えることに向けられている。

▌育児と自己統制：家族

　従って、低自己統制の主な「原因」は非効果的な育児と思われる。ポジティブな視点から見るなら、社会化された子供をつくるにはいくつかの条件が必要であろう。これらの条件が見出されるのは、多分、家庭要因と非行の関係に関する研究文献である。こうした研究は（例えば、Glueck & Glueck 1950；McCord & McCord 1959）、多くの家庭要因と非行の結び付きを検討してきた。それらは、非行者の家庭には、しつけ、監督、愛情が欠ける傾向があること、親の行動はしばしば「不十分」であることを示している（例えば、過度の飲酒と不十分な監督［Glueck & Glueck 1950: 110-111]）；非行者の親は、一般に、彼ら自身犯罪歴をもつ傾向がある。例えば、マイケル・ルターとヘンリー・ギラー（Michael Rutter & Henri Giller）によると、「非行と関連する親の特徴の中では犯罪性が最も顕著で、またもっとも一貫して見出されている」（1984: 182）。

　こうした情報は、家族を無視する多くの犯罪理論の根拠を突き崩すものであるが、現在の研究水準では、家庭における「欠陥のある育児」あるいは「ネグレクト」が犯罪の主要原因であるという、一般大衆の（そして、刑事司法システムの中で犯罪者を扱う人たちの）信念以上に、大きな前進を示すものではない。

　こうした研究知見を眺めてみると、十分な育児が行われるために必要な条件は次のように定められると思われる。最低条件は次のようなものである：子供に自己統制を教えるために、誰かが（1）子供の行動を監視する；（2）逸脱行動が起こったとき、これを認識する；（3）こうした行動を罰する。このシステムを活性化するために必要なことは、畢竟、愛情**あるいは**子供への投資（investment）である。養育する人が子供の行動を監視し、すべきでないことをしていることを知り、それを修正する。その結果、子供は満足の遅延、他者の関心や欲求に対する感受性、自立、行動に対する抑制の受容ができるようになり、また、自分の目的を達成するために威力や暴力を使わないようになる。

　低自己統制の原因を調べる中で、我々は、どのようなとき、このシステムが働かないようになるかを検討した。上で述べたような意味で、子供が反社会化されるのを親たちが好まないのは明らかである。それ故、我々は、（文化的逸脱あるいは下位文化的逸脱の諸理論が主張するように）反社会化された行動を積極的に社会化するという可能性をあらかじめ排除しておくことができる。それでも、このシステムは四つの条件下で働かなくなる可能性がある。第1に、親が子供の世話をしないことがある（この場合、他の条件はどれも不要である）；第2に、世話をするとしても、親が子供の

行動を監視する時間やエネルギーがないことがある；第3に、世話をし、**かつ**監視したとしても、親は子供の行動に不良なものを見ないことがある；最後に、他のすべてが働いていたとしても、親が子供を罰しようとしないか、その手段をもたないことがある。つまり、一見、問題ではないように見えるものが実は問題であることがある。多くのことが問題となる可能性がある。犯罪と非行に関する多くの研究によれば、問題をもつ児童の家庭には多くの問題がある：「盗みをする子供の親は子供を捕まえない（［彼ら］は盗みを……「逸脱」とは解釈しない）」；彼らは罰しない；彼らは世話をしない」（Patterson 1980；また、Glueck & Glueck 1950；McCord & McCord 1959；West & Farrington 1977 参照）。

　この図式を、子供の社会化と犯罪の結び付きに関する事実のいくつかに適用してみよう。初めは、育児モデルのいくつかの要素に対してである。

子供に対する親の愛着

　我々のモデルは、適切な育児の必須条件とは、親が子供の福祉と行動に対して関心をもつことであると主張する。親はすべて、子供に対して愛情をもっているということが強調されすぎるが、この点に関する直接的証拠はそれほど明瞭でも広範でもない。しかし、既存の資料は明らかに我々のモデルと一致している。グリュック夫妻（Glueck & Glueck 1950: 125-28）は、非行少年の父親と比べて、一般少年の父親は、息子に対して2倍暖かく接し、敵意のある接し方は5分の1であった。同じサンプルにおいて、非行少年の母親の28％は子供に対して「無関心あるいは敵意がある」とされたが、一般少年の母親ではそれは4％だった。義理の親は義理の子供たちに対して愛情をもつことが特に少ないことを示す証拠があるが（Burgess 1980）、現代社会では、好意的関心をもたない人々によって子供たちが「育てられる」可能性が高まっている。

親の監督

　社会的統制と自己統制の結び付きは、子供に対する親の監視の中に最も直接的に存在する。こうした監督はおそらく犯罪とその類似行為を防止し、同時に、子供が自分自身でそれらを回避できるよう訓練する。この仮定と一致して、どのような測定方法を用いた場合にも、監視は非行の主要予測因となる傾向がある（Glueck & Glueck 1950；Hirschi 1950；West & Farrington 1977；Riley & Shaw 1985）。

　我々の一般理論は、原則としてだが、外的統制としての監督と内的統制としての監督を区別する一つの方法を提供する。一方において、犯罪は監督によって予防される程度において違いがある；ある年齢の子供たちは別の年齢の子供たちよりもはるかに注意深く監督される；少女は少年よりもはるかに注意深く監督される。ある状況は

監督が当たり前で、ほとんど常態である；他の状況では、ある犯罪に対する監督が事実上存在しない。しかし、この文脈での我々の関心事は監督と自己統制の関連性にあり、それは、若い頃に十分監督されなかった人は大人になって犯罪を行う傾向が強いという、確認済みの結び付きである。

逸脱行動の認知

監督が自己統制に影響を与えるためには、逸脱行動が起こったとき、監督者がこれを知覚できなければならない。驚くべきことに、すべての親が、自己統制の欠如を認識するのに長けているわけではない。子供が望むことなら、規制せず何でも許すという親もいる。宿題を済ますよう命じたり、喫煙を禁じたり、身体的威力の使用を制限したり、子供が実際に学校に行っているかどうかを確認しないとか、最近の例では、過度のテレビ視聴があげられる（指摘されているように、2年生の怠学は、子供の問題行動を親が気付いているかどうかを反映する）。研究知見は十分ではないが、非行者の家庭に「不適切な行動基準」があるという証拠は広く見られる。

逸脱行動に対する罰

統制諸理論は、犯罪行動の予防に制裁が必要であることを明確に認めている。それらはまた、主要な制裁とは、法的や身体的なものではないと主張する。反対に、我々が以前見たように、それらの理論は、自分にとって重要な人たちからの不承認が最も強力な制裁であると主張する。親や主な養育者による効果的な罰は、通常、望ましくない行動に対する最も明確な不承認を伴うものである。統制理論が罰の過酷さばかり論じているという批判は、見当違いか、あるいは無知によるものである（例えばCurrie 1985 参照）。

すべての養育者が効果的に罰することができるわけではない。実際、厳しすぎる者もいれば、甘すぎる者もいる（Glueck & Glueck 1950；McCord & McCord 1959；West & Farrington 1977；一般論としては Loeber & Stouthamer-Loeber 1986 参照）。しかし、我々のモデルによれば、良い行動に報酬を与えても、逸脱行動を修正する代わりにはならない（逸脱行動はそれ自体報酬を伴うこと示した我々のレビューを想起して欲しい［2章参照］）。

育児モデルが我々の一般理論及び研究知見と一致することから、それは、犯罪その他の逸脱行動に関するそれ以外の家庭相関事象をも説明できるであろう。

親の犯罪性

我々の理論は親の自己統制と、その結果としての子供の自己統制の結び付きに焦点

を当てる。自己統制を欠く人は子供を十分には社会化できないと予測するには十分な根拠があり、またデータもこれを確認している。ドナルド・ウェストとデービット・ファーリントン（Donald West & David Farrington）によれば、「非行が世代間伝承されるという事実は議論の余地がない」（1977 : 109；また Robins 1966 参照）。もちろん、我々の理論は、遺伝その他による犯罪性の伝承を認めるものではない。しかし、他の人たちよりも子供の社会化ができない人たちがおり、それは彼ら自身の不十分な社会化の結果であろうという予測は、我々の理論からも成り立ち得る。親子間での社会化の関連性の程度は、ウェストとファーリントンの研究において、対象家族の 5％以下が全対象者の有罪歴のほぼ半数を説明するという事実に示されている（我々の考えでは、この知見は、犯罪理論と公共政策理論にとって、犯罪者個人の 6％ほどが、全犯罪行為の約半数を説明するというウォルフギャング（Wolfgang）たち［1972］のはるかによく知られた知見よりも重要である）。犯罪がこのように少数の家族に集中するには、犯罪者の親と兄弟姉妹も犯罪を行うということがなければならない[*2]。

　犯罪者の子供は、通常、なぜ犯罪に対して抵抗力が弱いのであろうか？　我々の理論において、犯罪性とは親がつくり出そうと努めるものではないとされていることを想起して欲しい；反対に、それは親が避けようと努力するものだと仮定されている。この仮定どおり、犯罪歴をもつ親たちも子供に犯罪を勧める**わけ**ではないし、犯罪関与歴をもたない親たちと同様、彼らもそれを承認しようとはしないのである（West and Farrington 1977）。もちろん、子供の犯罪行動を望まず、それが起こると動転するからといって、犯罪を予防するために一生懸命努力するとは限らない。犯罪行動が短期的報酬を目指すものであり、育児は長期的報酬に向けられているものなら、自己統制に欠ける親たちが、自分の子供に自己統制を注入するのがあまり得意ではないと予測することは可能である。

　この予測と一致して、研究では、親が犯罪歴をもつ家庭では、非行者の監督が「緩い」「不適切」「不十分」であることが一貫して見出されている。こうした家庭における罰は安易で、場当たり的で、感受性に欠ける——すなわち、怒鳴ったり、叫んだり、ひっぱたいたり、殴ったり、あるいはその場だけの脅しだったりする。

　しかし、こうした事実から、ある家族になぜ犯罪性が集中するかを完全に説明できるわけではない。その理由は、育児の最も敏感な要素がこれらの分析には含まれていないからである。それは、逸脱行動の**認知**という要素である。ジェラルド・パター

[*2] 遵法的家族の子供たちが深刻な非行者となることもよく観察される（一貫してはいないが）。この知見は犯罪の家庭環境論あるいは育児論に反する証拠として取り上げられる（もしもその親が大半の子供は適切に育てたというなら、非行をした子供に対してのみその育児方法が誤っていたといえるだろうか？）。こうした知見は、本文中で述べられた家族内一貫性という強い傾向に疑念を差し挟むものではない。それらは、家庭における育児方法が犯罪の唯一の原因ではないことを示唆しているのである。

ソン（Gerald Patterson 1980）によると、多くの親たちは子供の*犯罪*行動を認識すら
しておらず、軽微な逸脱に対して、効果的な育児に必要とされる罰を与えず、それを
見逃してしまう。例えば、子供が家の外で盗みをしたとき、ある親たちは、容疑が証
明されていないのだから罰を与えるほどのものではないとして、その報告を軽視す
る。同様の理由で、子供が学校で非行行為の疑いかけられたとき、ある親たちは子供
の側に付き、教師の偏見による不当な扱いだとして、その告発を非難する。当然のこ
とだが、子供の非行行動を認めることができない親たちは、たとえその気があったと
しても、非行行動を矯正することはできないであろう。

　逸脱行為の認知が育児モデルに必須の要素とすると、親が子供の犯罪性を予防する
ために、何を逸脱行動として認知し、何は見逃してよいかを明らかにする研究が必要
である。我々の理論が正しいなら、親は低自己統制を反映する行動について知る必要
がある。現在、多くの親がこうした行動に対して注意を払っていないことは、驚くべ
きことではない。犯罪行動は剥奪あるいは積極的学習の産物であるという考え方が現
代理論において優勢である。結果として、犯罪と非行に関する最も影響力のある社会
科学の諸理論は、口答えする、大声で叫ぶ、押したり突いたりする、わがままを通す、
学校でトラブルを起こす、学業成績が悪いなどと犯罪が関連していることを無視する
か否定している。それ故、親たちの中に、こうした行為の重要性を認識しない人がい
ることは、不思議なことでない。研究から明らかなように、こうした行動に対する反
応において親たちの間には違いがあり、それを矯正しようとする親がいる反面、それ
を無視し、擁護さえしようとする親たちもいる（Patterson 1980）。児童発達と犯罪学
の研究が体系的に統合されていないのは、社会科学一般において、こうした行為と犯
罪の間の関連性が認められていないからである。さらに、世間一般の通念の中にも、
子供のしつけと犯罪の関連性に疑いをもつ向きがあり、公共政策もこれに焦点を当て
てはこなかった。我々は、初期の問題行動が犯罪の原因であると主張するものではな
い。そうではないが、我々は、こうした行動が個人レベルにおける犯罪の重要な原因
の存在を示すものであること、その初期の現れを罰することによって、原則としてだ
が、それらは撃退可能だと主張するものである。また、我々は、低自己統制の初期指
標から自動的に犯罪行為が生じると主張するものでもない。犯罪には低自己統制以外
の条件も必要なので、幸運な親の場合、子供が低自己統制だったとしても、刑事司法
システムの注意を惹くような行為をうまく避けることができる場合もある。しかし、
こうした子供たちが低自己統制を示す行動をまったく避けることができるとは思われ
ない（実際、無理である）。別の言い方をすると、低自己統制は将来の低自己統制を
良く予測するが、犯罪など、その具体的な表れを予測する力はこれよりは低い。

家族規模

　非行研究における最も一貫した知見の一つは、子供の数が多い家庭ほど、彼らが非行者となる可能性が高いことである。これもまた、育児モデルから完全に説明可能である。個々の子供に対する愛情は人数によって影響されないし、大家族の親たちも、他の親たちと同じ程度に逸脱行動を認知することはできるかもしれない。しかし、家庭内の子供の数が多くなると、監督や罰はおそらく難しくなる。数が多いことは親の時間とエネルギーの資源に負担を与える。この理由で、大家族の子供は、親よりも他の子供たちと過ごす時間が長くなりがちである。子供は親ほどには効果的な訓練者ではない。結果に対する責任を感じないし、逸脱行動に対して寛容だし、指示を強制する力もない。

　もしも親の犯罪性と家庭規模の分析が、我々の育児理論の妥当性を十分に確証するものであるなら、我々は、次に、家族と犯罪の関連性におけるもっと重大な問題のいくつかにこれを適用してみよう。

一人親家庭

　地域コミュニティにおける離婚人口のパーセント、女性世帯主のパーセント、結婚していない人のパーセントといった家庭測度は、犯罪発生率の最も強い予測因子に含まれる（Sampson 1987）。これらの知見と一致して、実の両親と暮らす子供たちと「壊れた」あるいは再編成された家庭の子供たちを直接比較した研究の多くにおいて、損なわれていない家庭の子供たちの方が犯罪発生率は低い。

　一人親家庭と二人親家庭の差異が十分に確認されたとしても、それが生じるメカニズムは十分には解明されていない。非行文献では、かつて、離婚によって壊れた家庭と死亡によって壊れた家庭の違いがよく論じられた。この違いは、離婚による人数の変化による効果と離婚自体の効果を分離する困難さを再認識させる。実際、不本意に壊された家庭は、親がその意思決定に関与している家庭と比べて、非行促進が少ないことは広く見出されている。

　生物学的親が失われても、それは、ある段階で、養親によって置き換えられる。家の中に「無関係の」大人がいることは、子供にとって良いことなのだろうか、それとも悪いことなのだろうか？

　我々のモデルは、**他のすべてが等しければ**、一人親で十分であると主張する。育児能力が失われさえしなければ、「母親」か「父親」を「親たち」と代えても構わない。価値観、態度、スキルなど、いろいろな目的で一つのセットとして扱われるこれらの事柄に関して、夫と妻は十分に似ている傾向がある。実際のところ、我々の理論から

すれば、子供のしつけに関わる大人は、生物学的親はおろか、保護者である必要すらない。両親揃った家庭に限る必要はなく、それ以外でも適切なしつけは可能である。

　しかし、他のすべてが等しいことは稀である。二人親の場合、家庭を支え維持するための活動はある程度分担されるが、一人親（通常、女性）では、それに専念しなければならない。さらに、心理的・社会的サポートなくそれをしなければならないことが多い。結果として、彼女は子供を監督し罰する時間が取れず、子供との間でネガティブな、虐待的な接触に巻き込まれることが多くなる。

　再婚は、決してこうした問題の完全な解決策にはならない。実の親と比較して、義理の親は、義理の子供たちに対して「親としての感情」をもたないと報告される傾向があり、児童虐待事件に関わることも非常に多い（Burgess 1980）。硬貨の裏側は、子供の親に対する愛情である。こうした愛情は、それ自体、非行に抑制的に働くが、明らかに育児行為を容易にする。理由を述べるまでもなく、愛情は、無傷の持続的家庭にいる生物学的親よりも、再編された家庭の新しい親に対して弱くなるであろう。

家庭外で働く母親

　労働市場における女性の増加は犯罪発生率に対していくつかの影響を与えている。この増加が結婚の不安定さをもたらすなら、それは上で議論したように、犯罪に対して影響を与えるであろう。しかし、伝統的に、主たる懸念は、家庭外で働く母親が子供を監督したり効果的に育児することができないだろうということだった。シェルドン・グリュックとエレノア・グリュック（Sheldon & Eleanor Glueck 1950）は、働く女性の子供たち、特に「時折」あるいは「散発的に」働く女性の子供たちがより非行化しやすいことを見出した。彼らはまた、母親の就労が非行に与える影響は、母親による監督の質によって**完全**に説明されることを示した（ある要因の効果が他の要因によって完全に説明されるというのは、社会科学ではきわめて稀である）。母親が子供に対する監督をきちんとできるときには、就労は非行可能性に何の影響も与えない。事実、この研究において、定期就労している母親の子供たちは、監督が分析に組み込まれたとき、最も非行化することが少なかった。しかし、このことは、母親の就労が何の影響もないということを意味するわけではない。それは、少なくとも比較的恵まれない境遇にある子供たちに対しては影響がある：その場合、働いている女性の子供たちはより非行化しやすかったのである。

　研究報告の多くでは、母親の就労の効果は説明が難しいほど小さなものである。監督、母親、家族、子供の特徴などが考慮されたときには、働いていない母親は働いている母親よりも育児において有利である。説明力が低い一つの理由は、就労効果が子供に与える影響が、非行以外に測定されていないことであろう。この問題に取り組む

5 章　犯罪性の本質：低自己統制　　95

一つの方法は、母親の就労効果を、犯罪行為の遂行の他に、不十分な自己統制の測度
——事故や学業失敗など——について検討することであろう。もしも、社会化効果で
はなく社会的統制効果を扱うことができれば、母親の就労によって特に影響を受けや
すい逸脱行動群が見出されるかもしれない。我々の理論スキームでは、子供の「統制」
の一時的効果から子供の「養育」の持続的効果を**アプリオリ**に分離することはでき
ないが、それは、自己統制と監督が親のある特定の行動の結果であるという事実に
我々の注意を向けさせるものである。

　女性の労働市場参加の別の結果は、一日の大部分、家を無防備で空けていることで
ある。無人の家は、家族の青少年メンバーには好ましいことではないが、家財にのみ
関心がある他の青少年には魅力的である。すでに示したように、家に管理者が不在で
あることは、住居侵入盗の強い予測因子であるからである。

▌育児と自己統制：学校

　大半の人々は、家族という制度によって、犯罪行為への関与を避けるよう十分に社
会化されている。家族によって十分に社会化されていない人たちも、やがては、他の
制裁システムや制度の働きを通して自己統制を学習するであろう。現代社会において
この課題に対する主たる責任を与えられている制度は学校である。家族と比較して、
学校は社会化制度としていくつかの長所をもっている。第 1 に、一人の教師が多くの
子供たちをいちどきに監視できるなど、家族よりも効果的な行動監視が可能である。
第 2 に、大半の親と違って教師は一般に、逸脱行動や問題行動を容易に認知すること
ができる。第 3 に、家族と比較して、学校は秩序維持としつけに明確な関心をもって
おり、問題行動を統制することが期待される。最後に、家族同様、学校は、理論上、
自己統制の失敗を罰する権威と手段をもっている。

　他の条件が等しければ、学校は効果的な社会化の担い手であり得る。しかし、現代
の米国社会では、学校は自己統制を教える余裕がないことが示されている。現代の学
校がこの点で成功していない主な理由は、すでに社会化の課題に失敗している家族か
らの協力やサポートがないことである。学校で子供が自分のすべきことをするように
家庭で指導されていないのであれば、学校での子供の問題はしばしば親に直接起因す
ることになる。例えば、ロビンズ（Robins 1966）によると、怠学は第 1、第 2 学年に
始まる（そして、ある人たちが主張するように、それは青少年期だけの問題ではな
い）。第 1、第 2 学年の怠惰や欠席は、子供だけに原因を帰することはできない。こ
うした怠学の理由が何であれ、それは、後の人生における低自己統制を強く予測させ
るものである。

96   II部　犯罪性

　次の疑問は、家庭における不十分な社会化も、チャンスが与えられれば——すなわち、家族が協力的であれば——学校で矯正が可能かどうかである。ロビンズが行った反社会的パーソナリティの安定性分析は、決して楽観的なものではなかったが、彼女は、学校が青年期前期（9～12歳）にある低自己統制の子供たちの居場所となり、家族が失敗したことを効果的に行うことができるかもしれないと述べている：「怠学と学業不良は早期社会病質者（pre-sociopath）にほとんど普遍的に存在するので、彼らの学校記録を通して治療を要する子供たちを見つけることが可能であろう……家庭によるしつけの全般的欠如が長期的な問題性を予測させるという事実があるので、怠学と学業の失敗を予防するため、欠けていた親によるしつけの代わりになるプログラムを学校が試行することは必要であろう」（1966: 306-7）[*3]。

　親によるサポートがない場合でも、我々の考えによれば、学校本来の効果には期待がもてる。学校経験の結果として、ある生徒たちは、自己統制が利益と機会をもたらすことをよく学習し、このため、彼らは家庭内経験とは無関係に効果的に社会化される。学校での主要な犯罪相関事象の一つは、常に、毎日の宿題であった。これに取り組む生徒たちは、当然、明日を考えている。それをしない生徒たちは短期的枠組みで生きている。社会化の一つの指標は、今日の活動が明日もたらす結果を考えることである。宿題は、それ故、社会化の指標であり、多分これに貢献するものである。

　犯罪の別の主要な予測因子は学校嫌いである。この関連性は非常に強いので、「非行者は学校嫌い」という言説は、ほとんど無条件に当てはまる（Glueck & Glueck 1950: 144）。この関連性は、学校が社会化制度であることをよく表現している。社会化制度は制約を課する；それは、無制限の自己利益追求を許さない；それは達成を要求する。自己統制の欠如は外的統制を活性化するが、それはすべての人に適用されるものではなく、すべての人に感じられるものでもないことから、その結果、学校に対する態度に個人差が生まれる。

　学業成績はまた非行や犯罪行動への関与を強く予測する。学校の成績が良い生徒は、法的トラブルに巻き込まれることが少ない。このことはまた、学校が自己統制の発達にとって優れた訓練の場となり得るという見方を支持するものである。学校が好きで、成績の良い生徒たちは、将来の成功を知覚する傾向が高く、学校の制裁に対して敏感である（Stinchcombe 1964）。

＊3　この後の章において我々は、自己統制が欠けているとき、その後の人生において諸制度の力を借りてこれを創生することには限界があることを強調する。しかし、我々は、すでに所有している人の自己統制を削減したり破壊することよりも、もたない人の自己統制を開発することの方が容易であるという立場を明確に取りたい。この立場を支持するものとして、青年期以前に問題行動をもたない子供たちが成人後に重大な問題を起こすことはほとんどないことがデータによって繰り返し示されている（例えば Robins 1966; Glueck & Glueck 1968 参照）。

犯罪‐低自己統制の理論は、非行研究の最も重要な知見の一つ、学校生活と犯罪の関連性に関する多くの事実を統合し、また説明することができる。我々は後の章、特に6章において、学校と犯罪についてさらに突っ込んだ議論をするつもりである。ここでは、自己統制の個人差は主として、家庭での社会化訓練に由来するように思われると述べるに留める。その後の制度がその欠陥を補うことは難しいが、社会化は、ひとたび成功裏に達成されれば、ほとんど逆戻りしないものと思われる。

問題の安定性

信頼できる研究は、犯罪の最適の予測因子が過去の犯罪行動であることを繰り返し示している。言い換えると、犯罪行為を行う可能性における個人差は時間的持続性をもっていることが研究によって示されている[*4]。この事実は、我々の犯罪性概念にとって重要である。次章において我々は、これまで遵法的であった市民から犯罪者をつくり出す社会制度に多くの犯罪理論が依拠している点に疑問を向けようと思う。ここでは、安定性の概念と脱社会化が稀であるという考え方が整合的であることを簡潔に示すに留める。

高自己統制から低自己統制への移動はほとんどないかまったくないということと、社会化が生涯を通して持続的に働くという事実を結び付けることによって、潜在的犯罪者プールの割合は同世代コホートが年を取るにつれて低下するであろうとの結論が導かれる。この結論は研究知見とも一致する。最もアクティブな犯罪者ですら時間とともに燃え尽きるし、また、「遅れてやってきた」犯罪者、あるいは「良い子が悪くなった」ケースの記録は明らかに少ないので、それらの大部分は、誤認か測定ミスによるものである可能性が示唆される（この結果は、すべての制裁システムは、犯罪が長期の経歴となる可能性に対抗するように働くというベンサム理論とも一致する）。言い方を変えると、低自己統制集団は、時間が経っても低自己統制を示し続ける。しかし、その水準は緩和される。

こうした安定性は実践的犯罪学の要となるものである。教育機関が、過去の学業成績に基づいて生徒をクラス分けしたり、指導者を選んだりするのとまったく同じやり方で——すなわち、その変数の意味を深く考えることなく——刑事司法システムもこの事実を利用している（実践的対処の一つは、職業犯罪者を区別して分類を精緻にしようとするものだが、その場合でも、犯罪関与水準の長期的個人差をもたらすものが何であるかについては、通常、何も語られない［Blumstein et al. 1986]）。

伝統的な理論の反応は、安定性を否定し、「個人レベル」の変数を扱わない理論を

[*4] J・ベンタム（堀秀彦訳）「道徳および立法の原理序論（抄）」『世界大思想全集 社会・宗教・科学思想篇 7』河出書房、1955年。

構築することである。これらの理論は、自動的に、犯罪「発生」の原因は犯罪「持続」の原因とは異なると主張することになる。それらはまた、犯罪からの「離脱」には固有の原因があると主張する。しかし調べてみると、大半の犯罪学理論は、発生については論じているが、持続性や離脱問題については、触れないか沈黙を続けているように思われる。

こうしてみると、現在の著名な犯罪学理論の中で、生涯にわたる犯罪の安定した個人差に目を向けているものはない。我々はパラドックス状況に置かれている：犯罪学研究の主要知見が、犯罪学理論によって、通常、無視され否定されている。1世紀にわたって研究が行われてきたのに、犯罪理論は、犯罪を行う可能性において人々の間に差があるという事実、これらの差が初期に現れ、その後、人生の大半にわたって持続し続けるという事実から目をそらしてきた。低自己統制の安定性を無視する主な理由は、多分、他にも安定した個人的特性があり、犯罪行動の明らかに安定した個人差はそれらによって説明できると仮定していることである。それらは、いわゆる、犯罪のパーソナリティ理論である。

■ パーソナリティと犯罪性

社会学的犯罪学は、非犯罪者と比較して、犯罪者をより特徴付けるとするパーソナリティ特性など存在しないという立場を取る（Sutherland & Cressey 1978：8章）。心理学的犯罪学は、非犯罪者と比較して、犯罪者をより特徴付ける多くのパーソナリティ特性が見出されてきたという立場を取る（Wilson & Herrnstein 1985：7章）。我々の立場は、どちらの考えも間違いであるというものである。自己統制あるいは犯罪性の水準は、犯罪者と非犯罪者を区別するものであり、その存否の程度は、犯罪行為が行われる前（そして後も）にすでに決められている。この持続的傾向は、「パーソナリティ特性」という意味で理解されるもので、それ故、これは社会学的立場とは対立するものである。心理学的立場とも違って、犯罪者と非犯罪者のパーソナリティ差異の証拠は、自己統制以外は、どう見ても顕著とはいえない。パーソナリティ特性に関する証拠の多くは、犯罪者と非犯罪者の犯罪発生率の差にパーソナリティのラベルを張り付けただけである――つまり、一つの違いを多くに振り分けたものである。

例えば、ウィルソンとハーンスタイン（Wilson & Herrnstein 1985：7章）は、非行者がそうでない者よりも以下のようなパーソナリティ次元において高得点であったと報告している（Herrnstein 1983 参照）：

1. ポーテウス迷路検査の「Q」得点	8. 精神病質
2. 自己主張	9. 統合失調症
3. 恐怖心のなさ	10. 軽躁
4. 攻撃性	11. 多動
5. 非慣習性	12. 条件付けの困難さ
6. 外向性	13. 衝動性
7. 不十分な社会化	14. 左利き

　これらの「パーソナリティ特性」は、犯罪者と非犯罪者は犯罪傾向において違うに過ぎないとする結論を超えるものではない。パーソナリティ研究を歴史的に悩ませてきた一つの問題は、研究者たちが測定ツールの内容を報告できないことである。一つの理由は心理テストが商業的価値をもつことであるが、科学的には、同一事項の二つの測度は互いに相関するという知見、つまり、まさしく「経験的トートロジー」とみなされるものを報告していることになりかねない。この場合、独立に測定されたパーソナリティ特性で犯罪と間違いなく相関するものは見出されていないというのが妥当であろう。例えば、ミネソタ多面的人格目録は非行者とそうでない者を識別するとする三つの下位尺度をもっている。最大の識別因子は精神病質的偏倚下位尺度である。ウィルソンとハーンスタインが指摘するように、この下位尺度は「回答者の過去の犯罪行動に対する質問」を含んでいる（1985: 187）。しかし、もしそうなら、この尺度得点は、犯罪行為を行う傾向とは独立なパーソナリティ特性の存在を示すものとしては使えないであろう。

　カリフォルニア人格検査の社会化下位尺度についても事情は同じである。この下位尺度は、標準的な非行の自己報告項目と区別できない項目を含んでいる。それが非行の他の測度と相関するということは、非行の測度同士は互いに相関する傾向があるという、ありきたりの結論を支持するものである。同じ理由で、ポーテウス迷路検査のQ尺度で高得点であることは、「紙から鉛筆を離す、角をカットする、鉛筆がふらついて迷路をはみ出すなど、規則を守らない」被験者であることを示すものである（Wilson & Herrnstein 1985: 174）。この測度は、ヒュー・ハーツホーンとマーク・メイ（Hugh Hartshorne & Mark May 1928）が開発した欺瞞測度を想起させる。嘘をついたり、人をだましたり、盗みをする人に欺瞞傾向があるということは、特に有益な情報とは思われない。

　犯罪者が非常に攻撃的という重要な特徴があるという主張は誤解を招くものであるということを前に示した。攻撃性測度は多くの犯罪行為を含んでいるので、攻撃性を犯罪性から識別するのは不可能である（3章参照）。上記のリスト全体がそうである。

パーソナリティ測度は犯罪の直接の指標であるか、あるいは概念的に低自己統制と識別不能である。もちろん、信頼性のある研究によって簡単には支持されないものもある（左利きのように）。こうしたことが続くなら、心理学的実証主義の信頼性が低下し始めるに違いない。

　パーソナリティに依拠した犯罪理論の寿命が限られていることは、ハンス・アイゼンク（Hans Eysenck）の研究に例示されている。彼は、「強い反社会的傾向をもつ人は高 P、高 E、高 N 得点をもつ［に違いない］」と結論付けたが、P は精神病質、E は外向性、N は神経症傾向である（1964: 58）。アイゼンクは、外向性と精神病質において高得点の人を詳細に説明した。例えば、外向的な人は「社交的、パーティ好きで、友人が多く、人とおしゃべりするのが好きだが、読書や一人で勉強するのは嫌う。……彼は絶えず動き回り、何かをしているのが好きで、攻撃的で短気な傾向がある；感情が強く制御されてはおらず、いつでも頼りになるわけではない」（p50-51）。対照的に、P 因子で高得点の人は、「(1) 孤独を好み、人嫌い；(2) 面倒で、人とうまく付き合えない；(3) 冷淡、不人情；(4) 感情欠如、鈍感；(5) 共感の欠如；(6) センセーション・シーキング、強い感性的刺激を求める；(7) 人に対して敵対的、攻撃的；(8) 奇妙で風変りなことを好む；(9) 危険を軽視する、向こう見ず；(10) 他の人を馬鹿にして、人を怒らせる」（p. 58）。

　アイゼンクは、研究知見がこれらの次元の存在を支持していること、犯罪者はこれらにおいて高得点の傾向があることに満足しているが（Eysenck 1989）、多くの研究者たちはアイゼンクのパーソナリティ・スキームの有用性について納得してはいない（例えば、Rutter & Giller 1984）（ウィルソンとハーンスタインは、彼らが上げた多くのパーソナリティ特性にアイゼンクの次元を含めてはいない）。この観点からすると、この図式はパーソナリティ研究を犯罪行動に応用した場合の問題点を端的に示している。アイゼンクのケースでは、パーソナリティ次元間の明らかな概念的重複と、それらが生み出すとされている行為とは独立にそれらを測定することができない点にこれらの問題点が表われている。

　犯罪行動を生み出す主要な個人特性である低自己統制とは対照的に、犯罪者に共通するパーソナリティ特性の研究はこのように何ものも生み出さなかった。強い自己統制を形成した人は、他のパーソナリティ特性の如何にかかわらず、一生を通して犯罪行動を行う傾向は低い。この意味で、自己統制は犯罪（および関連）行動を予測させる唯一の持続性のあるパーソナリティ特性である。低自己統制の人も、長ずるに連れて犯罪傾向は弱まる；この減少は、多分、すべてが自己統制の増加に起因するものではなく、加齢にも理由がある（6 章参照）。

　犯罪の個人差に関する事実は我々の理論と一致しているが、これを説明することを

目指して構築された他の諸理論とも一致点はある。これらの諸理論と我々の理論の違いは、それ故、個別に議論する必要がある。

犯罪性の他の理論

犯罪性に関しては多様な理論があると一般にいわれる。しかし、他と異なる独自の理論は、実際には少数である。数が限られる一つの理由は、諸理論の根底にある仮定自体は限られており、論理的には統合可能性が高いからである。ある理論は、人間が本来的に遵法的あるいは社会的であると仮定する；他は、人間が本来的に犯罪行動あるいは反社会的行動に向かう傾向があると仮定する；さらに別の理論は、これらの仮定のどちらも取らない。ある理論は、犯罪への動機付けが合法的活動の動機付けとは異なると仮定する；他の理論はこうした仮定は設けない。ある理論は、人間行動が現在の状況や環境に含まれる諸力によって支配されていると仮定する；他の理論は、安定したパーソナリティ特性が行動を支配すると仮定する。ある理論は、行動の各項目には固有の規定因があると仮定する；他の理論は、行動の多くの項目には共通の原因があると仮定する。実証的知見と政策争点に占める位置から見ても、我々の理論は、多くの点において他の諸理論とは異なることが後続する章において示されるであろう。ここで我々は、さらなる発展の機会を体系的に探索する手段として、この理論の方法論的次元上での位置付けを試みたい。

犯罪の諸理論を比較する一つの方法は、人間性と社会に関するそれらの仮定に注目することである。別の方法は、それらが意図する範囲、つまり、それらが包含する逸脱行為の範囲を検討することである。さらに別の方法は、それらから引き出される実証的仮説を比較することである。最後の方法は、特定の犯罪行動に至る時間経過のどこにそれらの諸理論が位置付けられるかを調べることでもある。最後のものを最初に取り上げるが、それは、諸理論が説明しようと試みる実際の行動に対する因果的諸要因の近接性からそれらを論じることが比較的容易だからである。

犯罪に対する犯罪性の時間的位置

ある理論は、犯罪が行われる直接の状況下での意思決定に焦点を当てる（例えば、Wilson & Herrnstein 1985；Cornish & Clark 1986）。他の理論は、中間的距離にあるもので、犯罪者を生み出す青年期の諸要因——すなわち、ある人々は、最終的には犯罪行動に至るような人生行路に船出する——に焦点を当てる（例えば、Merton 1938；Cloward & Ohlin 1960）。さらに、他の理論は、誕生前に存在する遺伝的あるいは社会階層要因に焦点を当てるが（例えば、Mednick 1977；Colvin & Pauly 1983）、それらの

要因は、みずからが引き起こす事象から遠く離れたところで作用するものである。

　要因が犯罪行動から遠ざかれば遠ざかるほど、それだけ説得力のある理論を構築するのは難しいと考えられてきた。その結果、「遠隔」理論は犯罪者と非犯罪者の違いを誇張し、最終的に犯罪行動を **招く** ことになる要因を主張する傾向がある。こうした理論の典型がロンブローゾの生来性犯罪者説、すなわち、受胎時から犯罪行為を行うよう運命付けられた人々がいるという説である。これよりも多少、決定論的ではないものとして、生物学者や心理学者の先有傾向理論があげられる。これらの理論もまた、こうした特性を発達させた人々にとって、犯罪行動は既定の帰結であると主張する。

　時間的中間理論ですら、人々を 2 カテゴリーに峻別し、潜在的犯罪者カテゴリーの人々は、ゆくゆくは彼らに割り当てられた犯罪行為を行うようになると主張する。例えば、ストレインへの適応において、合法的な資産形成手段を放棄した下層階級の少年たちは、必然的に犯罪行為を起こすようになる；違法に対する好意的定義を過剰に学習した人たちでは、犯罪行動という結果が避けられない（ラベリング理論は、ラベルは必ずしも「罰（stick）」ではないと但し書きを設けることによってこの問題を免れている。しかし、それが罰になると非行は不可避である）。

　直接的意思決定状況に焦点を当てる諸理論は、それ故、犯罪者と非犯罪者の差異にもっとも関心が低い。事実、それらは分化した犯罪傾向を必要としないので、こうした差異は取るに足らないかあるいは存在しないと主張する傾向がある。遠隔要因と近接要因を組み合わせる理論は、我々のもののように、相対立する傾向を組み合わせるもので、非整合性というリスクを負う。

　原理的には、遠隔理論と近接理論は整合的でなければならない。しかし、子細に検討すると、それらはしばしば整合しない。遠隔理論において犯罪を引き起こすとされる顕著な個人差要因は、状況に応じて、意思決定が、瞬間瞬間、自由に行われるという考え方とは相容れない。　例えば、ウィルソンとハーンスタインは、犯罪者は、それぞれの行動系列がもたらすコストと利益に基づいて犯罪と非犯罪の間で選択を行うという理論を提起している：

　犯罪のもたらす利益（物質的および非物質的）に対して非犯罪のもたらす利益（物質およ
　び非物質的）の比が大きくなればなるほど、犯罪を行う傾向は弱くなる。良心の痛み、仲
　間からの承認、不公正の感覚などが犯罪の全体的価値を上下させる；家族、友人、雇用主
　などの意見は、刑事司法システムによって科せられる罰を避けたいという願望とともに、
　非犯罪の重要な利益である；どの利益強度も時間とともに弱まるが、将来利益の割引率に
　は個人差がある。ある報酬の強度はまた強化者の全供給量によっても影響される。(1985：
　61)

5 章　犯罪性の本質：低自己統制　　*103*

　ウィルソンとハーンスタインが論じる犯罪者とは、良心をもたず、友人の承認に関心をもち、自分が不公正に扱われてきたという強い感覚をもつ人たちである。犯罪学理論に精通した人なら、犯罪者のこうした特徴と、統制理論、文化的逸脱理論、緊張理論などによって論じられた特徴の間に類似性を見出すであろう——そして、これらの理論が描く犯罪者像が食い違うことに困惑するであろう（Kornhauser 1978）。ここでは、文化逸脱理論と緊張理論が、友人の承認や不公正の感覚を現場での意思決定の基準としては使っていないことを問題点として上げておく。反対に、これらの理論は、こうしたことを考えるなら、合法的就労への関心、家族や友人の意見、刑罰を避けたいという願望が働かなくなると主張する。もしもそうであるなら、犯罪行為の意思決定はまったく意思決定ではないことになる。

　ウィルソンとハーンスタインは、非行者がそうでない者よりも、将来の成果を大きく割り引くと主張する。これは緊張理論とは一致しない。マートンやクロワードとオーリンの緊張理論では、潜在的非行者も将来を見つめ、見込みのなさに暗澹とする。言い換えると、緊張理論では、非行者はそうでない者よりも未来志向が強い。（ウィルソンとハーンスタインの理論で、［犯罪］意思決定の部分は正しいと我々は信じている）。犯罪者が公正さに関心があるという考え方もまた、彼らにおいて時間的割引が大きいという考え方とは矛盾する：ウィルソンとハーンスタインが論じているように、公正関心は、個人が自分の努力と報酬の比を他者のそれと比較することを命ずる。こうした計算は、明らかに、社会秩序に関するかなり広い視野を必要とするが、我々の立場から見て重要なのは、自分が不公正に扱われていると感じている人々は、その感情（あるいは、妬み）を正当化するために努力しているに違いないという点である。しかし、将来を割り引く人々は不確実な将来の利益のために努力したりはしないし、不公正知覚に基づく犯罪概念は、犯罪性という点からみた犯罪者像と相容れない。

　ウィルソンとハーンスタインが直面した諸問題は、犯罪と犯罪性を同時に説明しようという理論である社会的学習理論に特有のものである。社会的学習理論は、人々が犯罪行為を学習するのは、それが（犯罪行為自体から得られる利益とは別に）中性的あるいは否定的に価値付けられた集団からのコストを上回る利益を肯定的に価値付けられた集団から引き出すからであると主張する。これがそうであるなら、犯罪者は時間的割引、攻撃性、衝動性などにおいて非犯罪者と異なるという考え方を支持するのは難しい。むしろ、こうした理論は、犯罪者と非犯罪者の間に違いがあるなら、それらは犯罪性の諸理論が通常主張するものとは異なるものである。選択理論と犯罪性理論の主張の間にあるこうした非整合は無視できない。両方の理論を支持するデータが豊富に得られているので、これらを無視することは一層難しい。我々から見ると、それらは、みずからが貢献すると思われる学問的関心のためにのみ存続し続けるのである。

我々の理論は、部分的には、犯罪概念と犯罪性概念の間を行き来しながら構築されてきた。犯罪は即座の利益と長期的コストの組合せが多いので、我々は、長期的目標を追求する犯罪者像は意図的に避けている。犯罪は、待たず、容易にできるものが多いので、深い恨みや長期的な社会的目標によって動かされる犯罪者像は意図的に避けている。犯罪は、類似した特徴をもつ被害者と加害者から成る傾向があるので、我々は、階級の敵や民族の敵に打撃を**加えようとする**犯罪者像は意図的に避けている。

　　自己統制の欠如は、行動における勤勉さ、遅延された満足、忍耐には結び付かないので、我々は、長期的視点に立った、あるいは困難で長期間にわたる努力を要する犯罪像は意図的に避けている。自己統制の欠如は、行動における予測不能性あるいは非信頼性と結び付くので、我々は、よく準備された活動という犯罪像は意図的に避けている。そして、自己統制の欠如は、それ自体、犯罪行為とともに、多くの非犯罪行為にも表れるので、我々は、もっぱら非合法な行動としての逸脱像は意図的に避けている。

　　我々の理論は、人生のどの段階にも適用可能で、また、意思決定の時点、およびそこからさかのぼって、自己統制の個人差の起源にも適用可能である。これは社会化と社会的統制の理論でもあるが、それらは幼児期と青年期前における多様な逸脱行為——反抗、退学、学業不良——を説明するものであり、また、将来、犯罪行為を行う可能性が低い人々をつくり上げる仕組みである。青年期と成人期初期では社会化成分は減少し、この理論は主として社会的統制に焦点を当てるが、それはさらに多様な逸脱行動と犯罪行動を説明するものである：それは、退学、ドロップアウト、薬物使用、盗み、暴力、事故、妊娠などである。成人期が進むにつれて、自然的（生物学的及び身体的）統制が徐々に大きな役割を果たすようになり、逸脱行動の発生率は低下する。発生率低下の結果として、個人によって行われる犯罪の多様性は減少する傾向があるが、それ以前につくられた個人差は持続しており、自己統制［訳注 1］の低さを示す他の現象を含め、犯罪全体を説明する。

理論の射程

　　理論家は、原則として、漠然と定義された広範な種類の行為に対して大まかに適用可能な一般理論（broad theory）か、明細かつ厳密に定義された行為に直接適用可能な限定理論（narrow theory）かを選択しなければならない。これはしばしば、広い‐狭い、重要‐些細、誤った‐正しいなどの対比とみなされる。実証学派は歴史的に後者の立場を取ってきた。理論の正しさはその限定性を補うものであるという実証学派の仮定は、不幸なことに、その研究知見がしばしばみずからの説明の正しさを否定する

訳注 1　原著では souàl control とあるが、self-control の誤記と思われる。

5 章　犯罪性の本質：低自己統制　　*105*

ものであったことから、疑念が向けられている。

　意思決定に焦点を当てる理論は伝統的にすべての行動を単一の原理で説明しようとしてきた。この原理は、直接的環境の属性を超える個人差というものに直面した瞬間、見分けがつかないほど複雑化しがちである。

　この問題解決を目指した努力も成功したわけではない。ウィルソンとハーンスタインは、限定的に定義された行為セットを説明するために一般理論を使うという新しいアプローチを取っている：

> 「犯罪」という語は、有意味な分析カテゴリーかどうか明瞭でない多様な行動に適用される。漫画本を盗むこと、友人を殴ること、納税申告をごまかすこと、妻を殺すこと、銀行に押し入ること、政治家に賄賂すること、飛行機をハイジャックすること——これら、その他無数の行為がすべて犯罪である。犯罪は疾患のように広範なカテゴリーであり、多分、役に立たないものである。(1985: 21)

　こうした考察の結果、ウィルソンとハーンスタインは「高頻度で重大犯罪（serious crime）を行う」人たちに焦点を当てる。こうすることによって彼らは、「消火栓の近くに駐車する人と銀行に押し入る人を比較するという問題を避ける」ことができると主張する (1985: 21)。ウィルソンとハーンスタインの「重大犯罪」とは「略奪的な街頭犯罪」を意味するが、これは「文字社会であろうと非文字社会であろうと、すべての社会で悪事とみなされる行為で、これら**『普遍的犯罪』**は殺人、窃盗、強盗、近親相姦である」（前掲書：22）。

　ここで浮かぶ一つの疑問は、ウィルソンとハーンスタインが、従属変数の範囲を、そうする必要があるという明確な証拠もないのに、なぜ制限しようとしたのかである。犯罪領域を重大な街頭犯罪とその他に分割することを正当化するために、彼らはどのような根拠を用いたのだろうか？　第1に、彼らは、一般理論が超文化的に犯罪を説明できる、あるいは、ある文化内でのあらゆる種類の犯罪を説明できるという考え方に疑問を抱いている。理論はその境界を狭く設定すべきであるという**アプリオリな**結論は、必ずしも、その境界が適正に示されているという意味でないことは明らかである。ある理論の境界は理論的正当化を必要とする。それが欠けていると、境界の主張は非理論的基準によるものにならざるを得ないであろう。

　犯罪の重大さは、我々の目から見ると、非理論的基準に当たる。理論家たちが自分たちの関心を「重大」事に限定したがるのは、もちろん偶然ではない——現象の重要性が、何か理論の重要性を意味するかのように思うのは誤った信念である。実際は、現象の重要性あるいは重大さを評価する自体、しばしば困難である。個人にとっては

重大犯罪が深刻な傷害や喪失を生み出すことが多いが、集団としてみると、非重大犯罪がもたらす傷害や喪失よりはるかに小さいこともある。ヘロインのようなハード・ドラッグは、集合的には、たばこやアルコールなどの薬物よりも被害は小さいであろう。喫煙率を低下させることは、多分、薬物嗜癖率を低下させることよりも、重大問題の解決に貢献するであろう。

いずれにしろ、我々は、犯罪の一般理論の可能性に対するウィルソンとハーンスタインの懐疑に同調はできない。射程を論じる人たちが、自分たちが限定する領域外では意味がないとする証拠を提供する場合は別であるが、理論の射程制限を重大に考えるべきではない（言い換えると、謙虚さは、本質的に、理論の長所ではない）。

一般性あるいは射程の検証は、我々の考えでは、難しいことではない。犯罪学ではしばしば、女性犯罪と男性犯罪、ある特定文化における犯罪、街頭犯罪とは対照的な職業過程でおかされる犯罪、成人による犯罪とは対照的な子供の犯罪、等々、これらを説明するためにはそれぞれ個別理論が必要であると主張される。この後の章で示すように、我々は、我々の理論をこれらすべての犯罪に、またそれ以外のものにも適用するつもりである。それは、すべての時代のすべての犯罪を説明することを目指し、それ故に、国家による制裁を受けない多くの形態の行動をも説明しようとするものである。

■ 人間の本性と社会

犯罪の有益な理論は人間の本性に関する仮定を含むものであろう。そうした仮定には限りがある。我々の理論のように、人々は本来的に自己利益を追求し、反対方向に社会化されているのでない限り、彼らはこうした目的のために利用可能な手段を何であれ利用すると仮定することができる。この立場からすると、人々は本来的に「善」でもなければ本来的に「悪」でもない。しかし、彼らは予測可能な仕方で行動することが期待される。典型的な社会契約説の仮定は、この点で有益な面をもっているが、それは本書を通して論じられるものである。

対照的に、ほとんどすべての社会学的理論のように、人々は本来的に集団利益を追求し、反対方向に強制されない限り、彼らはそれを続けるであろうと——すなわち、人々は本来的に善良であり、社会的であると——仮定することもできる。こうした理論もまた有益な面をもっている。それらは、犯罪の原因や相関事象に関する具体的な予測を可能にするが、それは、人間の本性に関する仮定を共有しない他の理論の予測とは対立する傾向がある。本書を通して我々は、この事実を利用して、これら異なる立場から引き出された諸仮説の適切さを比較する。

ある理論家たちは、これらさまざまの立場を、矛盾や曖昧さを恐れず有効に組み合わせることができると明示的に（Elliott, Huzinga, & Ageton 1985）あるいは暗示的に（Wilson & Herrnstein 1985）主張する。しかし、実際には、すぐにわかるように、これら異なる見解の「統合」を主張する理論家たちはたいてい、一方の仮定群だけを採用して他の仮定群を放棄するか、あるいは仮定に含めることを拒否して、その結果、彼らがもち得たであろう理論の必須部分を弱めてしまう。第1に、たいていの社会学的統合主義者は、単純に自分たちの学問分野に有利な仮定が正しいとすることを根拠に、犯罪に関する「社会的行動」仮定を採用し、「個人的利益」仮定を拒否する（Johnson 1079；Elliott, Huizinga, & Ageton 1985；また Hirschi 1979 参照）。第2に、一部の心理学者は、仮定論争には仮定をもたない心理学的学習理論で対処するのがよいと考えている。残念なことに、すべての立場（緊張、文化逸脱、社会的統制、合理的選択）が一つの学習理論のもとに包摂されるという考え方は、犯罪原因について理論化を試みるという理論家の責任を放棄するものである。例えば、ウィルソンとハーンスタインは、選択状況において人々は彼らが好む結果を選択するという命題を提案する（1985: 43）。バイアスを選好に導入することによって、あるいは、傾向はすでに為された選択に基づいていると主張あるいは信じることによって、この命題から一つの理論をつくり上げることが可能である；例えば、他の条件が等しければ、人々は自分たちの富と幸福を減少させる結果を選好するであろうと予測することは可能である（信じがたいことだが、少なくとも検証可能ではある）。こうしたバイアスがなければ、すべての選好が可能で、この理論は何も主張していないことになる。矛盾するさまざまの仮定や予測を説明するために、緊張、文化的逸脱、社会的統制などの諸理論を包摂するという言い方がなされるという事実からも、それが何も主張していないことは明らかである（4章において、我々は、ウィルソンとハーンスタイン理論における緊張成分と文化的逸脱成分は相容れないことを示した；Kornhauser 1978 も参照）。

▌ 犯罪理論と犯罪性理論の実証的検証

我々の安定性仮定は、高自己統制の人々が、生涯を通じて、あらゆる状況下で、犯罪を行う可能性は低いと主張する。他の諸理論は、以前達成していた社会化の成果を制度の力によって回復させることができるという仮定を自分たちの立場の中心に置くが、我々の安定性仮定はこれを否定する。

同様に、我々のバーサテリティ概念は、低自己統制の人を同認する一つの有力な方法がその非犯罪的表出に注目することであると主張する。他の諸理論は、逸脱の多様な形態間に無相関あるいは負の相関を予測する。我々のバーサテリティ概念はまた、

こうした結果によって惑わされることなく、低自己統制の他の非犯罪的表出を研究することによっても犯罪研究は可能であると主張する。

我々の犯罪概念は、複雑で難しい犯罪は非常に稀なので、それは理論や政策の根拠としては不十分であると主張する。他の理論的立場は、風変わりな犯罪が、単に起こり得るというだけの理由で、ありきたりの犯罪同様、理論的に有益であると主張する。我々の犯罪概念は、犯罪のほとんど大多数は、単純さ、犯罪者と標的の近さ、目標物の獲得失敗によって特徴付けられるであろうと予測する。他の諸理論は、犯罪が強い衝動や願望を満たし、それ故自己強化的であると仮定するので、失敗という要素は入る余地がない。我々の理論は、犯罪が人生初期段階での低自己統制の証拠から予測可能であると主張する。こうした予測を生み出し得る社会学的、経済学的理論は存在しない。我々の理論はまた、人生初期段階での犯罪から低自己統制が予測可能であると主張する；こうした予測を生み出し得る社会学的理論はほとんど存在しない。

我々の理論は、伝統的に言われてきた犯罪の多くの原因が実際には低自己統制の産物である――すなわち、低自己統制の人は、**結果として**犯罪と相関するさまざまの状況にみずから陥り、また誘導される――と主張する。我々の理論は、逸脱行動の一つの形態を止めることが行動の補償形態を導くというのではなく、当該母集団によって行われる逸脱行動の全体量を減少させると予測する。置換えを仮定する他の理論は、恒常的に「その傾向のある」母集団における逸脱水準は変わらないと予測する。この後我々は、我々の理論とライバルとなる諸理論の間の、これらを含めさまざまの差異について論ずる。

■ 結　論

犯罪行為における個人差の通時的安定性を取り入れることなく、またこれを説明できない諸理論は、信頼できる証拠とは適合しない。特定形態の犯罪や逸脱行動への専門分化を仮定する諸理論は、信頼できる証拠と重大な点で一致しない。犯罪キャリアの指標（初発、持続、離脱など）あるいは職業犯罪者の検討を提案する諸理論は、犯罪の本質をとらえることはできない。犯罪行為を長期的目標や利他的目標の手段であると仮定する諸理論は事実と一致しない。

我々の理論は、安定性やバーサテリティの知見に正面から取り組むものである。我々は、それらを自己統制概念によって説明する：その一方の極には遅延された満足、他方の極には即座の満足、また一方の極には慎重さ、他方の極にはリスク・テーキングがある。こうした個人差を生み出す機構は育児法の違いとして論じられてきたが、その一方の極には子供の行動への細心の注意、他方の極には子供の行動への無関心が

ある。

　この理論では、犯罪あるいは自己統制に影響を与える限りで、個人的特性を取り入れる。これらの諸特性はこの後のいくつかの章で明らかにされるが、そこで我々は、このモデルを犯罪と逸脱行動に関する諸々の事実に適用する。ここでは、この理論が犯罪概念の分析から生まれた直截な産物であり、実証学派の諸理論の欠陥に対する我々の分析から生まれた直截な産物であることを述べておく。この理論は、行動の説明において選択の果たす役割に関する古典学派の見解と、因果性が果たす役割に関する実証学派の見解を包摂するものである。それは、それが生み出すと仮定される現象とは独立に測定可能で、それ故、直接に検証可能な一般的説明概念を提供する。

　次に我々は方向を転じて、犯罪の因果関係、研究方法、公共政策に関するさまざまのトピックにこの理論を適用してみることにしよう。

III 部　理論の応用

Part III　*Applications of the Theory*

6 章　犯罪事象と個人特性：年齢、性別、人種

7 章　低自己統制の社会的帰結

8 章　文化と犯罪

9 章　ホワイト・カラー犯罪

10 章　組織と犯罪

6 章

犯罪事象と個人特性：年齢、性別、人種

Criminal Events and Individual Propensities: Age, Gender, and Race

　犯罪学の主流が生物学的実証主義から社会学的実証主義に取って代わられると、都市化、階級、文化などの社会学的変数が偏好されるようになり、犯罪の個人的相関事象は一般的に無視されるこことなった。理論家たちは、都市に住む、下層階級のギャング少年たちの非行を、彼らが人種や IQ など個人的属性をもたない者として説明しようとし始めた。つまり、社会学は、性別、人種、年齢、IQ、体格などを扱うとき、それらのカテゴリー間にある犯罪率の違いを無視し、それらが等しいと仮定したのである。

　生物学と心理学を無視したこうした理論がひとたび出来上がると、社会学者は、最初、自分たちが無視した差異にこれらを適用し始めた。例えば、分化的接触理論は黒人と白人の犯罪の違いにも適用されたが、その結果、黒人文化は白人文化よりも暴力を価値付けるという単純な（誤った）主張を行うに至った（Woflgang & Ferracuti 1967；Curtis 1974）。多分もっと一般的にみられたのは、民族差を非白人種の地位が社会学諸理論によって確認されている下層階級の成員性に相当するものであるとする説明である。この仕組みは、青年期を下層階級あるいは恵まれない地位に相当するものと解釈することによって、年齢差にも同じように適用された（Greenberg 1979）。性差は、女性的「スクリプト」が男性に提供されるものとは異なるという、あるタイプのラベリング理論を応用することによって説明された（Harris 1977）。知能や体格など伝統的な個人レベルの変数は無視されたり否定され、それに代わって、ストレイン概念や、もっと頻繁には、ラベリング概念による説明が行われた。

　社会学諸理論は、当初、それらが説明しようと企図した変数を説明できなかったことから（Kornhauser 1978）、大きな犯罪相関事象——年齢、性別、人種——の説明において、その有用性はもはや期待できない。実際、証拠からすると、現代のどの犯罪理論も、多分最大の犯罪相関事象とされるものを包摂することはできない。

　本章においては我々は、年齢、性別、人種に関する証拠をレビューし、犯罪自己統制理論が犯罪率におけるそれらの差異を解釈する上でいかに有益化を示すつもりである。現代の諸理論が不十分であることに我々が最初に気付き、それ故、新しい視点が

必要であると思ったのは、年齢と犯罪の関係に関する研究文献を調べたときである。この文献調査から我々は、年齢効果が、どこでも、どの時代でも同じであるという暫定的結論に至った。この不変性仮定は、広範囲に及ぶ示唆を含み、それ故、詳細な議論に値するものである。

年齢効果の不変性

年齢効果を論ずる理論書や教科書は、通常、この効果が時代、地域、デモグラフィック集団、犯罪タイプによって異なると仮定する（Empey 1982；Glaser 1978；Wilson & Herrnstein 1985: 126-47；Farrington 1986a）。米国における現在の犯罪年齢分布は**統一犯罪報告書**（*Uniform Crime Reports*：例えば、合衆国司法省 1985）に示されているが、これを見た読者は、この分布は、多くの研究によって明らかにされているこの種の多くの分布の一つに過ぎないという印象をもつであろう。

図2、3、4は、犯罪の3つの年齢分布を示している：イングランドとウェールズの1842～44年（Neison 1857）、イングランドの1908年（Goring 1913）、現代の米国データ（合衆国司法省 1979）である。ゴーリング（Goring）は、犯罪の年齢分布は「自然の法則」に従うと結論付けた。3分布の類似性は、明らかに、ゴーリングが自然の法則を発見して以来、何も変わっていないことを示唆している——実際、この分布の形状あるいは形態は150年間実質的に不変のままである。年齢分布の変動を主張する

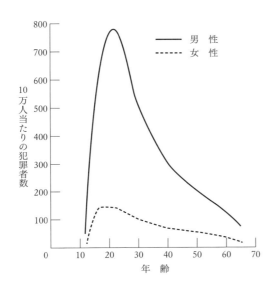

図2 イングランドとウェールズにおける1842～44年の犯罪者の年齢別、性別分布（Neison 1857: 303-04より改変）

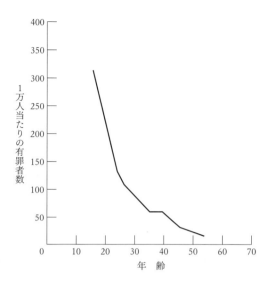

図3 イングランドにおいて、1908年、最初の有罪判決を受けた男性犯罪者の一般人口に対する年齢分布（Goring 1913: 201-02 より改変）

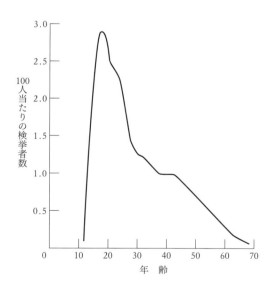

図4 1977年の米国の全検挙者数の一般母集団に対する年齢分布（U. S. Department of Justice 1979: 171 より改変。データは近似値である）

多くで根拠とされる最近のデータも、同じ結論を余儀なくさせるものである：「検挙率の全体水準は時代によって変わってきたが（1965年と1976年ではほとんど2倍）、異なる年齢集団間での相対的水準を見ると、15〜17歳が他のどの年齢集団よりも高いという同一パターンが維持されている」(Blumstein & Cohen 1979: 562)。

我々は、1840年代のイングラントおよびウェールズと1970年代の米国がどう違うか、そのすべてを知っているわけではない。たぶん、さまざまの重要な次元において大きな違いがあるであろう。しかし、1960年代のアルゼンチンの非行の年齢分布(DeFleur 1970: 131)が米国の年齢分布と見分けがつかず、また後者が、同時期のイングラントおよびウェールズの非行の年齢分布（McClintock & Avison 1968）と区別がつかないということを我々は知っている。

デモグラフィック集団

理論的には、年齢分布はデモグラフィック下位集団間において重要な違いがあると仮定される。教科書ではしばしば、ある犯罪における少年と少女の犯罪の増加率を比較し、性別によって年齢分布にはかなりの変動性があることを示唆する。「初発年齢」研究は、例えば、黒人犯罪者は白人犯罪者よりも「早期にスタートする」；こうした主張は、犯罪の年齢分布が民族集団間、人種集団間で異なるという印象を与える(Wolfgang, Figlio, & Sellin 1972: 131 参照)。図5と図6（性別による非行率と人種による非行率）は、こうした示唆が基本的で持続的な事実を不明瞭にすることを示してい

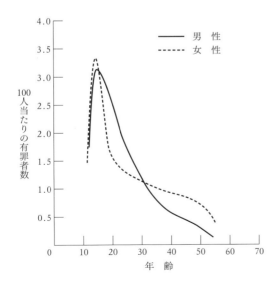

図5　1965年のイングラントとウェールズにおける、犯罪で起訴され有罪となった男性と女性の全人口に対する年齢分布（McClintock & Avison 1968：170 より改変）

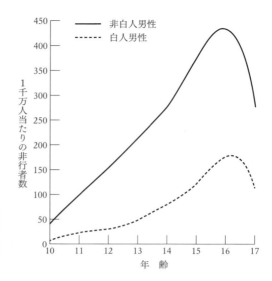

図6 フィラデルフィアにおける1945年生まれの男性の人種別、年齢別非行率（Wolfgang, Figlio, & Sellin 1972: 109 より改変）

る：入手可能なデータは、年齢—犯罪関係は男女間、人種間で不変である。

犯罪タイプ

　すでに述べたように、実証学派研究は犯罪タイプ間の因果的差異を仮定するのが常である。実際、犯罪学の主要データである**統一犯罪報告書**が提供する「公式」統計は犯罪を数十に分け、犯罪行為をその「重大さ（seriousness）」によって「第Ⅰ部」と「第Ⅱ部」にカテゴリー化し、各カテゴリーにおける「変動性」を年齢、ジェンダー、人種などに従って報告している。実証学派の犯罪学者は、この変動性に直面すると、考えるまでもなく、それらがそれぞれ異なる説明を必要とするとみなす。我々が示したように、個々の犯罪には、犯罪者の特性とは別の原因がある；それぞれは、被害者、機会、薬物、その他を必要とする。これらの犯罪特性によって、個々の犯罪に見られる時代別、地域別変動が明瞭に説明されるであろう。しかし、こうした犯罪特性を、より容易に入手可能で容易に測定される（年齢のような）犯罪者特性から分離することは難しい。どの時代でも、さまざまの犯罪の年齢分布の変動を表すデータが入手可能であったことは驚くべきことではない。例えば、対人犯罪と財産犯罪の年齢分布に一貫した変動があることは、少なくとも公式データ上では、十分に確認済みである。こうしたデータでは、対人犯罪のピークは財産犯罪よりも遅く、加齢に伴う発生率の減少はより緩やかである。しかし、この事実が犯罪学理論に対してもつ意義には問題がある。我々には、こうした変動性が犯罪者の特性に起因するとは仮定できないが、ほと

んどすべての実証学派はそう仮定してきた。犯罪者は年齢にかかわらずどの犯罪も行うし、犯罪の「重大さ」が加齢に伴って増加するわけではないので、犯罪の年齢分布における変動が、犯罪者の犯罪性が年齢によって変化するためであるとすることに対しては、これを疑う十分な理由がある。加えて、自己報告データは、対人犯罪と財産犯罪の年齢差を支持してはいない；それらはむしろ、どちらのタイプの犯罪も同じ時期にピークがあり（例えば Elliott, Ageton, & Huizinga 1978 参照）、加齢とともに同じ割合で減少する（Title 1980）。この主張と合致するが、公式データにおける対人犯罪の緩慢な減少は、単に、こうした犯罪の大部分が一次集団（すなわち、直接の家族間）葛藤である事実を反映しているに過ぎない。一次集団葛藤は、年代を超えて比較的恒常的であり、その能力を有する年齢期間にわたって（すなわち、非常に幼いか非常に年老いてはいない人々の間で）相対的に安定した数の暴力犯罪を生み出すと仮定することができるであろう。こうした犯罪を対人犯罪の総数から減ずるなら、対人犯罪の曲線の形は財産犯罪にかなり近付くであろう。こうした解釈は、犯罪者の年齢の長期的効果に関して対人犯罪と財産犯罪の間に差はないという自己報告データの知見に合致している（Tittle 1980: 92）。

　年齢効果は社会的、文化的条件を通じて不変というのが我々の命題なので、対人犯罪と財産犯罪の見かけ上の差異を説明するためには、この命題を修正する必要がある。実際には、ある条件下では、年齢効果は失われる。例えば、年齢が上がると、人々は一次集団に戻るので、この文脈で起こる比較的稀な犯罪事象は継続して起こるであろう。一次集団外の文脈になると、対人犯罪に関する年齢効果はより明瞭に姿を現す。年齢が通常よりも効果が強くならない条件を見出すことはできるであろうが、こうした条件を分離できたとしても、それによって年齢効果が説明できると判断することはできない。むしろ、あるケースでは、年齢効果が拮抗する犯罪要因によってある程度不明瞭にされるという結果になるであろう。

人工的諸条件と犯罪類似行動

　第5章で示したように、我々の理論は、犯罪と等価と定義される非犯罪事象を使っても検証可能である。我々は、必要なら、幼なすぎるために当局の注意を引かない子供たちの犯罪性を研究することもできるし、必要なら、国家によって資格を剥奪されたために犯罪ができない人たちの犯罪性を研究することもできる。さらに我々は、どこでも犯罪とはみなされない行動（事故など）を分析して犯罪性を研究することすらできる。これによって我々は、競合する説明を排除した上で、年齢の（あるいはその他のどのような変数についても、その）効果を検討することができる。

　年齢効果の説明では、通常、成人と若者の社会的立場に焦点を当て、もしも彼らの

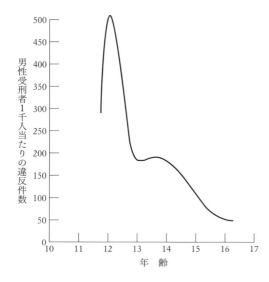

図7 1975年のニューヨーク州の男性受刑者1,000人当たりの刑務所内違反件数（Flanagan 1979 および New York State 1976 より素データ分析）

置かれた状況が同じなら、犯罪発生率の差異は消失すると仮定する。こうした理論を検証する一つの方法は、年齢関連事象を生み出すとされる諸要因を一定に保ったまま、年齢が異なる環境を構築することであろう。例えば、もしも労働市場参加の違いが年齢効果を説明すると仮定するなら、労働市場に参加していない環境をつくることによって、年齢効果を検証することができるであろう。こうした環境に近似したものは刑務所に見られる。受刑者集団は犯罪に関して比較的等質なので、彼らは多くの犯罪原因変数に関しても比較的等質であるという利点がある。図7は刑務所内違反を年齢別に示したものであるが、「実質的にすべてのこと」が比較的一定に保たれたときも、年齢効果は自由世界での年齢効果に非常に似ている（Zink 1958；Wolfgang 1961；Ellis, Grasmick, & Gilman 1974；Flanagan 1979, 1981；Mabli et al. 1979）。

年齢効果と他の原因変数との交絡問題にアプローチする別のやり方は、自動車事故などの犯罪類似行動を取り上げることである。図8は、ニューヨーク州の運転免許保有者を母集団に自動車事故の発生率を年齢別に示したものである。図から明らかなように、このデータは犯罪データときわめて相似している。通常の犯罪理論ではこの類似性が説明できないのは明らかである。実際、それらの大半はこれによって立ち行かなくなるであろう（事故の下位文化があるとでもいうのか？）。

犯罪性諸理論の試金石としての年齢

現代の犯罪理論の多くは、犯罪率が最高レベルに達するかそれに近い青年期と十代

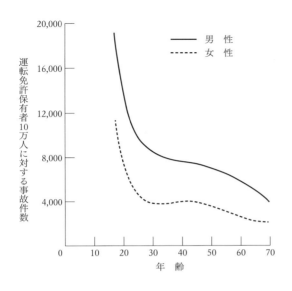

図8　1977年のニューヨーク州の年齢別、性別の自動車事故数（New York State 1979 より改変）

後半に焦点を当てている。一般的な研究方略は、高率群と低率群を同定したり構成すること、つまり非行群と一般群の区分である。どのようにこの区分が行われようと——ラベリング、非行に好意的な定義への接触、合法的機会の欠如、初期の非行行動の強化、社会的規制の欠如のどれによって分化が行われようと——その結果、犯罪行為を著しく行いやすい集団を見つけ出すことは可能である。

こうした理論の検証に使われる標準的研究手続きは、見出された集団間で実際の犯罪率を比較することである。実際には、曖昧さや非一貫性のため、これらの理論を検証することは困難なのだが、その検証がどう行われるべきかに関しても合意があるわけではない。分化的機会が非行を理解する鍵であるなら、機会を操作的に定義し、それを多くもつ人ともたない人の犯罪率を比較すればよい。実際に検証を始めてみるまでは、こうした理論が必然的に実証的欠陥をもっているとは思われないであろう。それらはまた、少なくとも原理的には検証可能なので、それらが必然的な論理的欠陥をもっているとも思われないであろう。

容赦ない事実こそ、犯罪を行う人たちの年齢分布である。犯罪集団が構成されるまさにその時点から、犯罪は減少し始めるのである。「成熟による矯正」、あるいは、それに相当する説明不能なプロセスがその後に続く。これらの理論は犯罪の開始を説明することはできるが、犯罪からの離脱を説明することはできない。「離脱」は「開始」と同等の理論的重要性をもつので、これが説明できないことは、犯罪開始の説明もまた疑惑の対象とされるに十分な弱点とみなされる：「非行者の大半が成人犯罪者とな

るわけではないので、彼らの社会的絆が最終的には何がしか強化されると仮定することができるのか？　これはどのように可能なのか？　統制理論はこうした疑問に十分に答えることができない」（Siegel & Senna 1981: 139）。また「社会的プロセス理論は非行における「卒業（aging out）を説明できない。これはまた……社会構造アプローチの弱点でもある」（同掲書、p. 147）。

　従来の批判はこの観点から理解されなければならない：つまり、ある理論的主張は、論理的であるとともに経験的主張でもなければならない。加齢に伴う犯罪の減少という経験的事実は議論の余地がない。事実を説明するものが理論であることについてもまた議論の余地はない。しかし、犯罪者と非犯罪者の違いを十分に説明できる理論が年齢効果をも説明するとは限らない。その議論が理論的であるためには、ある年齢時点において犯罪率の差異を説明できる変数によって犯罪の年齢分布も説明される必要がある。これは、完全な犯罪理論が用いる変数から犯罪の年齢効果が独立なものであってはならないことを意味する。しかし、すべての年齢レベルにおいて、低発生率集団が高発生率集団に対して一定の割合のままであるとする理論もあり得る。図9はこの可能性を例示している。この図は、「成熟による矯正」によって影響されない真の理論を示している。この理論は、人生のどの段階でも犯罪者と非犯罪者は異なるとする。この理論が犯罪の「卒業」要因を説明できないとしても、それがこの理論の「欠陥」とはみなされない。なぜなら、両集団において卒業効果が同じように生じているからである。このもっともらしい仮説に対する反証が確認されない限り、現代のどの

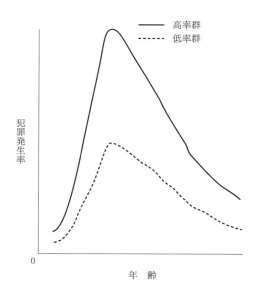

図9　年齢によって影響されない真の理論

犯罪理論に対しても、年齢を、これを批判する武器として使うことができないのは明らかである。

この点は、図8に示された自動車事故に対して、年齢を根拠に社会学的犯罪理論を批判するというロジックにもあてはまるであろう。運転者訓練は事故の運転者間変動を説明するものだが、それが年齢効果を説明できないからといって、訓練の事故に対する効果が不十分だと主張する者はいないであろう。実際、運転訓練を受けた人に対して特別な保険料割引を実施している保険会社は年齢変数を無視している。より一般的に見て、年齢が、運転者の社会的特徴とは無関係に自動車事故の発生可能性に影響を与えていることに疑問の余地はない。事故の身体的コストは、通常、社会的コストや法的刑罰よりもはるかに大きい。それ故、事故の年齢分布形状が社会的統制によって説明できると信じる理由はない。

それ故、もしも図9に描かれた可能性が現実の状況であるなら、理論を年齢分布に適合させようと努力したり、年齢効果を理論に統合できるよう努力することは、理論家を事実に反する主張に導くことになるであろう。例えば、エドウィン・サザーランドとドナルド・クレッシー（Edwin Sutherland & Donald Cressey 1978: 130）は、分化的接触理論は年齢の明白な効果を説明できると主張する。このことは、多分、法違反に好意的な定義のあるパターンとの接触と年齢が相関すること、定義において変化のない集団においては、生涯を通じて犯罪の発生可能性に変化がないことを意味するのであろう。しかし、研究結果は、我々の仮定と一致して、「犯罪的影響との接触が同等でも、犯罪傾向は年長になるにつれて減少する傾向がある」（Rowe & Tittle 1977: 229）ことを示している。

この事実も、やはり、分化的接触理論の妥当性を否定するものではない。反対に、我々が期待する理論は、まさに、年齢分布を説明でき、**かつ**年齢から独立であるものである。図9は仮説的なものではあるが、以前に報告された実際の下位集団間差異に非常に近いものであることに気付かれるであろう。それ故、（1）犯罪の諸理論は年齢を考慮に入れなければならないという主張自体が犯罪の理論である、（2）この主張の根拠となる理論は事実に反するものである、と述べるのが無難なところであろう。

年齢に関するこれらの仮説に問題が多いことは明らかとなっている（Greenberg 1985；Farrington 1986a；Blumstein, Cohen, & Farrington1988a, 1988b；Tittle 1988）。我々の不変仮定に対する経験的批判は、犯罪の年齢分布の中にモード、レベル、歪度などに関連した統計的変動を探求した研究に要約される（Steffensmeier et al. 1989）。しばしば（例えば、Farrington 1986a）この探求は理論的目的なしに行われる。その結果、犯罪の年齢分布には非体系的で説明不能な変動があることが不変仮定にとって打撃であるといった誤った結論が導かれる傾向がある。上で示したように、それが犯罪レベ

ルの（1965 年と 1980 年の間のような）通時代的変化可能性を否定するものであるとか、特定「罪種」における最頻年齢のわずかな変化すら容認しないものであるという批判は我々の主張を曲解したものである。

　とはいえ、多くの研究者が類似性と差異性について我々と認識を共有していないことは確かである。実証学派は、我々が類似性を見るところに差異性を見る傾向がある。我々は、我々の立場が知見によって正当化されると信じている。例えば、犯罪の年齢分布が実質的に不変であるとの結論は、犯罪に関するいくつかの仮説を直接に導き、それは、以下で議論するように、それ自体の妥当性を示すものである（Hirschi & Gottfredson 1983, 1986, 1987）。標準的な結論はこれとは逆で、犯罪の年齢分布は時代によって、地域によって、罪種によって、集団によって異なるというものである（Sutherland & Cressey 1978：第 6 章；Wilson & Hernstein 1985：第 5 章）。理論的関心をもたずに統計的変動をこのように観察することは実証学派の根本的欠点で、実際そうであるように、それは観察をより細部の無意味な差異へと導く。科学が求めているのは、明らかに、分布間の些細な差異の方が基本的類似性よりも有意義であるという結論ではない。

　4 分の 3 世紀前、ゴーリング（Goring 1913）は年齢分布における統計的に有意な差を見出したが、こうした差異は学術的には重要でないと結論した。ファーリントン（1986a）はゴーリングの発見を再確認したが、正反対の結論に達した。我々は、ゴーリングとルイス・ガットマン（Louis Guttman）の次の見解に賛同する。「統計的有意差検定は学術的重要性のテストではない……有意差検定に基づいて構築され、磨き上げられ、効果的に確立された社会科学の科学的法則を公にした研究者はこれまでにいない。物理学の基本法則もこのやり方で発展してきたわけではない。科学の発展にとっては有意性よりも推定と近似の方が生産的である。ただし、追試を決して忘れてはならない」（1977: 92）。

　我々の目には、犯罪学は、グラスの 97％が満たされているか、それとも 3％が空かであるかを問題にしているように見える——すなわち、顕著に頑健な年齢効果の重要な意味を追求するか、それとも非理論的研究が生み出す統計的ノイズに熱中し続けるかである。従来の犯罪学理論と年齢–犯罪関係の間に明瞭な非整合性があるとするなら、この理論的隘路に対する一つの解決策として、我々は、犯罪と犯罪性の区別に着目しようと思う。

犯罪と犯罪性の区別と年齢

　『*漂流する少年— 現代の少年非行論*（*Delinquency and Drift*）』（1964）においてデービット・マッツァ（David Matza）は、犯罪の実証学派の説明がもつ基本的欠陥は、

6章　犯罪事象と個人特性：年齢、性別、人種　　*123*

それが成熟矯正、すなわち、非行傾向が十代半ばのピークから減少する傾向を説明できないことであると主張した。マッツアによると、実証学派の理論は、決定論法則に従ってそれを行う（すなわち、犯罪行為を行う）よう強いられる犯罪者を生み出す。こうした理論にとって悲しむべきことに、そうした犯罪者が完璧に創造された瞬間、彼が完全である瞬間、彼はますますしそうにないことをし始めるし、彼を生み出した理論は、設計された通りのことを彼が決してしないのはなぜかを説明できない。この問題に対するマッツアの解決策は、非行を行おうという「意志」の概念を復活させることであった。それは決定論的制約から完全に自由ではないとしても、少なくとも実証学派理論が通例描くものよりは自分自身の行動について自由である。マッツアの独創的解決策を今日目にすることは少ないが、理論は犯罪者行動の時間的変化を扱うことが出来なければならないという考えは犯罪学的常識の一部となってきたし、マッツアが直面した問題に対して現在提案されている解決策もマッツアの指摘を強く反映している。

　非行研究文献の中でもっと注目すべきマッツアの発言は、「生物学的制約の強制力が、心的あるいは社会的制約以上に、文字通りの意味をもつとされるのであれば、生物学的理論は成熟矯正によってもっとも打撃を受ける」というものである（1964: 22）。成熟矯正とは、言い換えると、もちろん行動の時間的変化、加齢に伴う行動の変化である。加齢に伴う行動変化から、行動変化に対して年齢が何らかのかたちで影響を与えていると推測するのは自然のことである（行動変化が加齢に影響することはあり得ない）。しかし、年齢は生物学を示唆するし、犯罪学において生物学は固定、不変性、あるいは宿命すら含意する。このことから、マッツアは、犯罪の明瞭な相関事象の一つが、生物学的視点からの犯罪性の説明力に対して直接の脅威となると述べることができたのである。

　このロジックはマッツアにのみ見られるものではない。数年前に書かれた思索に富む論文において、ゴードン・トレイスラー（Gordon Trasler）が犯罪の良心理論に対して「自発的離脱」が提起する問題点を論じている：

　　我々は［自発的離脱］の重要性を見落としていた、あるいはむしろ誤解していたが、その理由は、我々が、犯罪性とは主として、ある異常性や発達的欠陥に根差し、それ故、治療によって改善されたり抑止策によって規制されない限り持続するような個人の特性、不誠実や暴力の傾向であるとの信念に凝り固まっていたからである……［自発的離脱］は、良心こそ法に反する行動を取らないよう人々を規制する中核的機構であるとみなしてきた……また、犯罪性を主として良心機能の不全さから説明してきた（アイゼンク、メドニック、そして私自身のような）研究者に対して問題を提起する。というのは、良心の本質的特徴は、それ

がほとんどあるいは完全に状況独立的だからある。(1980: 10, 12；また Trasler 1987 参照)

トレイスラーの疑問はマッツアのものと同じである：行動変化は、個人特性——ひとたび形成されると比較的固定的である特性——からどう説明されるのか？　この疑問に対するトレイスラーの解決策もマッツアのものと非常に近い：

> 青少年犯罪からの自発的離脱の最も単純で（私から見て）最も満足できる説明は、非行行動の満足感——スキナー（Skinner）ならこう言うであろうが、青少年期にはこうした行動を維持させるが、大人になるとそれがなくなる強化因子——に注目するものである。以前、私は十代の犯罪の多くは娯楽であると述べた……しかし、年長になるにつれて、多くの若者は、達成感や社会的満足感をもたらす他の活動や対象——仕事、ガールフレンド、妻、家庭、最終的には子供たち——にアクセス可能となり、そうすることで、彼らは次第に仲間集団のサポートに依存しなくなる。もっと重要な点は、これら新しい人生のパートナーが非行動とは相容れないことである。(Trasler 1980: 11-12)

トレイスラーは、いわゆる自発的離脱は若者の状況の変化によってもたらされる——言い換えると、離脱は状況依存である——と結論した。ここからトレイスラーは、マッツアと同じ教訓を引き出す：もしも犯罪の変化が状況依存であるなら、犯罪性もまた状況依存である。これが事実なら、良心（これは畢竟、「内面化された価値や禁止のシステム」である）のような状況独立的概念は犯罪性を説明するものとして再考されなければならない。マッツアとトレイスラーは成熟矯正あるいは自発的離脱の問題にまったく異なる背景と視点からアプローチしている。しかし、両者とも同じ経路をたどり本質的に同じ結論に至る。犯罪は加齢に伴って減少する；この現象は、個人が置かれている社会的状況の変化によって説明できるであろう；個人の社会的状況が加齢に伴う犯罪減少を説明できるなら、それはどの年齢における差異も説明できるであろう；個人の特性に焦点を当てた犯罪理論は、それが生物学的であろうと、心理学的であろうと、あるいはさらに、社会学的であろうと、（良くて）疑わしいし、（最悪の場合は）誤りである。

成熟矯正あるいは自発的離脱の別の解釈は、犯罪が加齢に伴って減少するというものである（Hirschi & Gottfredson 1983）。この説明は、成熟矯正はまさしく成熟に伴う行動変化であるというものである；これは、自発的離脱が説明できない行動変化であり、他がどうであれ起こる変化であると主張する。我々は、この解釈が証拠と合致すると信じるものである。非行や犯罪などの行動項目については、この点からのより注意深い検討が必要であろう。

6章　犯罪事象と個人特性：年齢、性別、人種　　*125*

　成熟矯正に関する研究は、通常、発生率の高い者（「非行者」）の犯罪減少に焦点を当て、発生率の低い者（「一般人」）の間でも多分類似の犯罪減少が見られることは見落としている。その結果、非行者は時間が経つと非行者でなくなる——すなわち、両グループは、位置を交換することは実際にはないにしても、少なくとも最終的には重なり合うようになる——という主張が行われる。このことから、我々がすでにみたように、非行は時間的に不安定なもので、それ故、時間的に安定した特性によっては説明できないという結論を導く。しかし、これもすでにみたように、実際には非行は時間的には相対的に安定しているし、犯罪率が減少する年代にあっても適度に安定している。例えば、ライル・シャノン（Lyle Shannon）は、警察との接触回数が 18 歳時とそれ以降の間で 0.52 の相関があることを報告している（1978：表4）。より正確には、シャノンのデータは、18 歳時には警察との接触がなかった人の 5% が 32 歳までに 5 回以上の接触をもつことがある一方で、18 歳時に 5 回以上接触した人の 64% は、それ以降 32 歳までの間に 5 回以上の接触をもつことを示している（1978：表2）。

　もしも犯罪が減少し、その一方で、非行性が安定し続けるのなら、明らかに、この事実を説明するためには一つ以上の概念が必要である。我々が述べてきた理論は、実際、ある面ではこの必要性に立脚している。それは、これら、すなわち、「犯罪」と「犯罪性」（自己統制）に関する一見矛盾した知見を解決するために必要な二つの概念を提供するものである。これらを定義した際に述べたように、犯罪は短期的で、必要な諸条件（例えば、行為、機会、阻止者の不在、被害者、財物）が揃ったときにのみ発生する制限付きの事象である。対照的に、自己統制は、犯罪（あるいは、それと等価な）行為を遂行する傾向の比較的安定した個人差を表す。従って、自己統制は犯罪行為をもたらす因果構造の一要素に過ぎないし、犯罪行為の方は、自己統制のせいぜい不完全な測度に過ぎない。そして、個人が犯罪事象に関与する頻度は、自己統制の変化に言及するまでもなく、時間と場所によって異なる。最後に、低自己統制は犯罪なくして存在し得る（それは犯罪の発生前から存在し、犯罪が終わった後も存在する）。このような違いから見ると、成熟矯正にこだわる人たちは、犯罪における変化（減少）と犯罪行為傾向における変化（まったく変化しない）を混同しているように思われる。その理由の一部は、両方の概念に対して同一の指標が用いられるからであろう。例えば、犯罪行為の総数を、犯罪の測度としてだけでなく、犯罪性の測度として使おうとすることがある。この総数というものは、通常我々が認識している以上に実際は複雑なところがあるようだし、犯罪性はその変動を説明するいくつかの要因の一つに過ぎない。このことを考慮するなら、犯罪の年齢分布に関する事実を理解するには、犯罪と犯罪性が根本的に異なることから始める必要があるであろう。

　犯罪概念と低自己統制概念を用いて、我々は、同じ現象に関する従来の「離脱」理

論と「年齢」理論を区別することができる。離脱理論は、行為者の犯罪性を減少させたり変化させる年齢関連の要因によって犯罪が加齢とともに減少すると主張する。年齢理論は、犯罪が、犯罪性とは独立に、加齢とともに減少すると主張する。我々の目には、証拠は明らかに年齢理論に有利に見える。

成熟矯正の状況理論と年齢理論

トレイスラーは、十代後半に始まる犯罪減少は、若者が置かれた社会的状況の変化によって説明できると主張する。

トレイスラーの理論はきわめて明瞭である：彼は犯罪減少の原因として「達成と社会的満足をもたらすもの」をあげている。それは「仕事、ガールフレンド、妻、家庭、最終的には子供」などである（1980：11-12）。トレイスラーが述べているように、状況理論は制度へのインボルブメントを予測するが、こうしたインボルブメントの影響を具体的に予測する際、個人特性にはまったく触れない。それによって、この理論は、非行者であろうとそうでない者であろうと、誰でも結局は社会の合法的制度に組み込まれ、それによって影響されると仮定することになる。我々の理論は、反対に、この制度へのインボルブメントとその影響には、明らかに、ある安定した個人特性——自己統制——が関与していると仮定する。合法的制度は、当然ながら行動を規制するので、自己統制の低い人たちがそれに魅力を感じたり、それによって影響されることを好むことは少ないであろう。従って、我々の理論は、こうした制度によって人々が状況理論の示唆する方向に変化するという考えには懐疑的である。以下、就労、ガールフレンド、妻、子供に関する証拠を見てみよう。

▶**就労** 犯罪率が加齢に伴って減少することと関連して、ほとんど常に言及される一つの理由は、犯罪行為のピーク年齢において若者が労働市場に参入し始めることである。就労は、それによる時間の拘束、行動の制約、報酬などと相まって、青年の腰を落ち着かせ、それまで満たされなかった願望を充足させる。もしも仕事が酒飲みにとって忌むべきことなら、それは他の非慣習的・非合法的快楽に身を委ねる人たちすべてにとっても同じであろう。このような言い方は、犯罪文献において無数に繰り返されてきた。就労理論は、言うのは簡単だが検証は容易ではない。それらの理論は、少なくとも犯罪の個人志向理論を批判する文脈においては、就労は何らかの意味で人の一部となり、その行動を変えるようになると主張する。そうであれば、仕事をもつ人ともたない人を単純に比較して、後者の方がより非行をしやすいと予測することができるであろう。自然な条件の下でこうした消極的な観察を試みると、少なくとも、就労が増え非行が減少する十代後半においては、その人にふさわしい仕事をもつ人の方が非行する傾向は、より弱くではなく、むしろより強いことが見出される（Hirschi

1969: 1988；West & Farrington 1977）。

　この知見は、就労理論は根本的に修正の必要があることを意味している。そのためには、就労の概念及び仕事と人間の関係、あるいはそれらの組合せについて再検討する必要がある。「有意義な」仕事とは何か、また、仕事を求め、これを維持させる個人特性が何かについて語り始めるなら、年齢問題がもはや意味をもたないような複雑なモデルをつくることになる。一つはっきりしていることがある：ある状況変数が個人特性と混じり合っているのであれば、その効果をもって、犯罪の個人志向理論を否定する論拠にはならない。仕事は真空状態で存在するわけではないことを認めた上で就労理論を修正するなら、それは多分、他の要因が等しいなら、仕事をもつ人たちはもたない人たちよりも非行を行うことは少ないと述べるものになるであろう。この理論を検証するためには、ある人たちには仕事を与え、他の人たちには与えないという操作が必要である。これが可能であるなら、結果として、「就労理論」とは異なる予測を立てることが可能であろう。犯罪率の差は小さい、存在しない、あるいは逆転するなどの予測が可能である（Berk, Lenihan, & Rossi 1980）。反対に、第 2 次世界大戦のときに行われたように、過去の非行歴の有無を問わず、すべての人を同じ仕事に就けたら、非行の差は持続し、加齢に伴う犯罪の漸減が続くであろう（Glueck & Glueck 1968）。それ故我々は、就労は加齢に伴う犯罪減少を説明しないし、その助けにもならない、また、犯罪者と非犯罪者を区別する理論にとって重要なものではないと結論する。

▶**ガールフレンド**　ガールフレンドや妻の存在が加齢に伴う犯罪減少の原因としてもっともらしく見えるのにはいくつかの理由がある。フランクリン・ジムリング（Franklin Zimring）が述べているように、「青少年は、彼らの生活自体がそうであるように、集団で犯罪を行う」（1981: 867）。この主張を支持するためにジムリングが上げる証拠は圧倒的なものである。これに一つ条件を加えると、年齢問題に対するその意味するところが明白になる：「青少年は、彼らの生活自体がそうであるように、同性集団で犯罪を行う」。これが事実なら、同性集団からの離脱は、現実であれ見かけ上であれ、犯罪減少をもたらすであろう。ウィルソンとハーンスタイン（1985: 147）も共有していたこの見地からすると、ガールフレンドはボーイフレンドを仲間から引き離し、ギャング生活の誘惑から彼を守る機能を果たしている。仕事同様、ガールフレンドも少年たちが大人になるにつれて現れる傾向があるので、それは、少年たちが大人になるにつれて生じる犯罪減少を説明できるかもしれない。この点でも、証拠は悲惨なことに反対方向を示している：ガールフレンドのいる少年はいない少年よりも非行に関わることが多いように思われる。事実、この傾向は非常に強いので、非行との結び付きにおいて、デートは喫煙や飲酒と同等であり得る。この同等性

は、非行文献においてしばしば出会うものである（Hirschi 1969: 163-70；Wiatrowski, Griswold, & Roberts 1981）。仕事同様、ガールフレンドは、少年に降ってくるというものではないであろう。むしろ、この処遇条件にはある種の自己選択が働いている。もしもこの「処遇（treatment）」が反非行に働くものであるなら、我々はここでも、非行者が非行行動とは相容れない状況に特に惹かれるという奇妙な結論に導かれる。非行者は非行行動に相応しい状況あるいは相応しい活動に惹かれると仮定する方が合理的だし、我々が自己選択について知っている事柄と間違いなくより整合的である。

　こうした活動が何かはすでに述べたので、ここでは、当面の問題についてそれらがどのような意味をもつかを検討するのが重要であろう。アルコール、たばこ、薬物の使用は青年期を通して増加する。言い換えると、この傾向は非行行動の他の形態とは反対方向である。このよく知られたパターンは、アルコールが非行の他の形態の代理の役割を果たす、すなわち、その快楽は他の快楽のいくつかを不必要にする可能性があることを示唆している。この論理（これはもちろん、加齢に伴う犯罪減少の状況論的説明と同じもの）に基づくなら、我々は、アルコール摂取者は犯罪行為を行うことが少なくなるであろうと予測することができるであろう。しかし、我々はこれが真実でないことを知っている；反対に、アルコールと非行は連動する傾向がある。それらが連動する理由は、両者が個人のある特性を反映しているからである：それは低自己統制、すなわち、短期的で即座の快楽を追求する傾向である。明らかに、こうした快楽は排斥し合うものではない。そしてまた、明らかに、それらの一つを追求する頻度が変化することは、必ずしも、他を追求する頻度が変化することを意味するものではない；それらの一つを追求する頻度が変化することは、必ずしも、こうした快楽全体を追求する個人の一般的傾向が変化することを意味するわけでもない。

　関連して、グリュックたちによる縦断的非行研究では、他の犯罪カテゴリーでの逮捕が減少すると、これを補うように飲酒による逮捕が増加することが一貫して示されている。マッコード（McCord）のフォローアップ・データは同じ方向に働く強い傾向を示している（Cline 1980: 658-61 参照）。この筋の議論は、結論として、ガールフレンドが、少なくとも十代では、非行を抑制するというよりも少年の短期的視野の生き方を反映し、それを促進しさえするということに至る。この結論はデータ、並びに、ある種の快楽追及が加齢とともに減少する現象と整合的な非行の一般概念とも一致するという長所がある。

妻、家庭、子供

　妻と家庭は仕事やガールフレンドと同じ問題を提起する。それらは好ましいもので、本来、犯罪とは相容れないものであるが、それらが不都合であまりに制約が多い

6章　犯罪事象と個人特性：年齢、性別、人種　　129

ことが明らかになるなら、やはり放棄されなければならないであろう。結論として
は、それらも犯罪の発生可能性には影響をもたないように思われる。さらには、それ
らは加齢に伴う犯罪減少も説明はできない（Farrington 1979；Tittle 1980）。子供はよ
り興味深いケースである。犯罪記録をもつ人たちも自分の子供たちの非行化は望まな
いということが一般に報告されている。子供は親の行動に対して抑制効果をもつと思
われる：自分の子供たちに関心がある親は彼らにとって良いモデルになろうと努め、
子供たちの訓練のために膨大な時間とエネルギーを費やすであろう。しかし、第5章
において述べたように、多くの親がそのようには行動しない。子供の訓練には、自制、
長期的で不確かな利益のために即座の快楽を犠牲にするなど、犯罪者にそもそも欠け
ている特性が必要である。犯罪者の子供たちが平均以上に犯罪者になりやすいという
事実は、犯罪者たちが子供仮説の示唆する方向に自分たちの行動を変化させることは
ないという結論と一致するものである；むしろ、彼らは、親としても、子供たちの短
期的志向性を養うのである。

　要するに、加齢に伴う犯罪減少を説明しようとするライフ・コース理論あるいは状
況理論は、長ずるにつれて人は犯罪とは相容れない充足源を手に入れるようになると
主張する。充足のセットが別のセットと相容れないのであれば、セットを切り替えた
人は、その人自身が変化したことになる：彼あるいは彼女はあることを諦め、それと
はかなり異なる別のものを受け入れたのである。あからさまな言い方をすれば、無責
任で、思慮不足の犯罪者が、責任感が強く、思慮深い遵法的市民になったのである。
しかし、データはこの構図には合わない。犯罪者を制約すると考えられる状況は期待
された結果を生み出すことはない。逆に、犯罪者はこれらの状況を、自分の過去の犯
罪行動と同種の充足源に変換する傾向がある。結果として、犯罪発生可能性の個人差
は生涯を通じて持続する傾向がある；予測できない状況的出来事に基づいて、犯罪母
集団と非犯罪母集団の間で抜本的に入れ替えが行われるということはない。

　しかし、加齢に伴う犯罪減少は存在する。この減少は、人の変化あるいは非犯罪的
状況への曝露によっては説明されないので、我々に残された結論は、それが生体の厳
然たる加齢によるものであるというものである。もう一つの結論は、加齢による犯罪
変化が、よく言われるように、個人レベルの諸理論にとっては問題ではないというも
のである：反対に、変化によって脅威を受けると思われる理論は、それをうまく説明
することができない諸理論、つまり、合法的諸制度への参加がもたらす統制的影響あ
るいは抑制効果に焦点を当てる諸理論である。

犯罪の社会的諸理論と年齢効果

　これまで我々は、「緩和（remission）」を問題関心とし、加齢に伴う犯罪減少に焦

点を当ててきた。この点では、我々は単に従来の問題関心をなぞったに過ぎない。年齢曲線の他の側面も、少なくとも同等の理論的関心事である。それはなぜ一般に無視されてきたのか？　一つの理由は、無視されているわけではないというものである。従来の理論は、十代半ばまで犯罪が加齢とともに増加することを扱っており、それ故、減少が始まるまでは犯罪行動の**変化**の説明に何ら困難を感じないということではないかと思われる。しかし非行の主要理論を精査したところ、実際には、それらは年齢分布のどちらの面にも注意を払っていないか、あるいは、一方だけに注目し、他方は無視していることがわかった。緩和に焦点を当てたマッツアの議論は、初発年齢や類似の概念にはまったく触れていない。事実、マッツアの理論は非行がそのピークを迎えたときから始まる。その際、マッツアは非行を所与のものとみなす：彼は、非行者の行動を説明するという思いに終始しており、非行者がそもそも、どのように、いつ非行者となるに至ったかについては何も語っていない。

　クロフォードとオーリンは、非行下位文化の中に年齢水準を統合するために、著書の中でいくつかの短いセクションを費やしているが、彼らが論じる新加入と訓練のシステムが犯罪の年齢分布とどう整合するのかは明らかではない。なぜなら、我々が検討した限り、彼らは、自分たちが論じている人々の誰についても具体的な年齢を上げていないからである。しかし、クロワードとオーリンが論じているのは、かつてそうでなかった人々が非行者に変化するプロセスであり、このプロセスが社会の合法的制度──特に、もちろん学校──への参加を含んでいることを述べるのがフェアーであろう。この時、クロワードとオーリン理論が、結局は、どこがスタートかは不明だが、十代半ばにピークを迎えるという犯罪の年齢分布概念から生まれていると信じる十分な理由がある。また、この理論が正しいものとは思われないに足る十分な理由もある。なぜなら、それは犯罪の年齢分布を犯罪性の年齢分布と誤っているからで、このため、我々は犯罪性もまたどこに由来するのか不明なままに置かれ、良い少年が良い制度によって悪い少年に変化するよう信じるよう求められるが、このプロセスは、離脱理論に関する経験から、我々は疑わしいものであることを知っている。

　アルバート・コーエン（Albert Cohen 1955）もまた、議論の対象とする事象が生じると仮定される年齢時期については触れていないが、それは間違いなく発達過程のどこかに位置付けられる。例えば、コーエンは、家庭から学校に委ねられるとき、少年たちにどのような変化が起こるのかについて十分な時間を費やして論じている。これがいつ起こるのか正確にはわからないが、それは公的に認知された非行が始まる前であることは確かである。コーエンは、学校に入った二人の極端なタイプの少年をある程度詳しく記述している：次のような規範あるいは価値を受け入れた少年とこれを拒否した少年である：

（1）志は徳である：それがないことは欠陥である……志とは高い要求水準、達成困難な目標を目指すことである。それはまた、長期的な目標と長期延長された報酬を志向することである。（2）個人的責任 ［が称賛される］……（3）学業達成および**潜在的に**経済的・職業的価値をもつスキルの獲得に特別な力点が置かれる。長期的目標達成のために、即座の満足と放縦を遅延し、その誘惑を抑え込むレディネスと能力に大きな価値を ［置く］……（5）将来思考、意識的プランニング、時間配分の実行といった意味で、合理性に高い価値を置く……（6）マナー、礼儀正しさ、人間性 ［に価値が置かれる］……（7）身体的攻撃や暴力をコントロールする倫理が強調される……（8）娯楽は健全なものであるべきである……（9）最後に、これらの価値観は、所有者が所有物を望み通りに使う**権利**……を含め「財産の尊重」……を強調する。（1955：88-91；最初の強調は追加）

　コーエンによる中産階級の価値観の記述を詳しく引用したのは、それが自己統制によって我々が意味するものを詳細に概念化しているからである。事実、犯罪とは即座の快楽を追求する傾向の副産物であるとの我々の主張同様、コーエンは、快楽遅延の訓練ができていない人たちはまた、窃盗や暴力を避ける訓練もできていないと主張する。もしもそうなら、コーエンの理論における犯罪性の顕著な個人差は、家族が子供を学校に引き渡すときに生まれるというのが適当であろう。

　もしも**犯罪性**の個人差が人生初期に現れるのであれば、犯罪が青年期まで現れないという事実に対処するには二つの方法がある。一つはそのギャップを時間経過によって埋めるもので、どの年代で形成されるものであれ、犯罪ポテンシャルの個人差は、一定の時間経過によって犯罪が可能になるときに姿を現すであろうと仮定するものである。コーエンが取った方法は、経過期間を理論によって埋めるものである；彼は、快楽遅延、暴力回避、人の財産を尊重するなどの訓練ができていない少年達に一つの反非行的特性を付与する：中流階級の人々の意見に対する関心である。コーエンは、この特性を剥奪するには時間と、そしてある制度的な経験が必要であるとする。ここでも、個人を、このケースでは過敏な子供だが、これを凶悪な犯罪者に変えるためには制度が必要とされる。この変容を可能にするには、驚異的な理論的努力が必要である。コーエンはこの議論を、放っておけばいずれ問題を起こすことがほぼ確実な子供の例で始めているが、とはいえ、彼の理論の中で最も頻繁に引用され検証されるこの部分は、この変容問題に取り組んだものであった。コーエンの理論もまた、学問分野がもつ先入観と、クロワードとオーリン同様、非行が青年期初期に突然現れるという犯罪の年齢分布観によって影響されていると結論せざるを得ない。つまり、これらの非行理論は、年齢分布の下降側に見られる非行離脱説明の鏡映像なのである：この下降側では、非行者は合法的制度に参加して非非行者へと変化する；上昇側では、非

132　Ⅲ部　理論の応用

非行者が合法的制度に参加して非行者へと変化する。どちらの理論においても、その結果は当該個人が当初もっていた性質のいくつかとは相容れない。上昇側理論では、その結果は、当該個人のもともとの性質とも、また、彼が参加する制度の働きとも相容れない。もしも年齢によって犯罪の時間的変化を説明できるのなら、変容理論がもつ問題の多くは回避できるであろう。

　犯罪と自己統制の違いは、犯罪学の重要な経験的ジレンマの一つを解決する手がかりを与えてくれる：それは、どこでも犯罪は加齢とともに減少するが、「犯罪」傾向の個人差は生涯を通して比較的安定しているという事実である。個人傾向と事象の違いをひとたび認識すると、それなしで主張を展開する犯罪理論に舞い戻ることは難しい。第3章、4章で見たように、この違いを認識できない理論には、実証学派の多様な分派が含まれる。実証学派は犯罪概念をもっていないために、彼らの理論は犯罪者に焦点を当てる。同時に、それは、犯罪行動に関わる個人の安定した特性概念——すなわち、犯罪性——を認めようとはしない。結果として、実証学派の犯罪学は、その主要な従属変数について明確な概念をもっていない；それは、人々の特性に関する知見と状況の特性に関する知見を統合する手段をもっていない；またそれは、ある一つの行為の中に選択の自由と因果性が共存することを許容できない。

　これらの考え方を、他の理論図式では扱いがきわめて困難な別の二つの犯罪相関事象に適用してみよう：それは、ジェンダーと人種である。

■ ジェンダーと犯罪

　ジェンダーが犯罪の重要かつ一貫した相関事象であることにほとんどの学者は同意する：

> これらの研究の中で、男性が女性よりも多くの犯罪を行い、また男性犯罪者が女性犯罪者よりも一般により凶悪であるという不変の知見に異論を唱えるものはない。(Warren 1981: 8)

> こうした性差は実際顕著である：性別は文化の違いを通して他のどの変数よりも犯罪の分散をより多く説明するように思われる。これは、公的に知られた犯罪発生率であろうと、知られていない（「真の」）犯罪発生率であろうと同様であるように思われる。(Harris 1977: 4)

> 歴史的記録に関するギブン (Given) による1977年の注意深い分析は、13世紀のイングランドにおける殺人は「圧倒的に男性の現象」であることを強調しており、また、世界中の

6章　犯罪事象と個人特性：年齢、性別、人種　　　*133*

調査研究は同種の知見を確認している。(Nettler 1982: 16；Netter の引用が欠けている)

> ジェンダーと犯罪の関係は強くまた持続的である。女性は伝統的に男性よりもはるかに犯
> 罪を行うことが少なく、そのパターンは今日も続いている……財産犯への女性の関与は相
> 対的に有意に増加するが、これらの犯罪への女性の関与自体は、やはり男性よりもはるか
> に少ない。(Nagel & Hagan 1983: 91)

　近年の研究文献ではジェンダーと犯罪が広範囲に扱われているので、ここでのレ
ビューは簡潔に済まそう。威力と偽計を伴う犯罪において、男性であることは逮捕者
の 60〜99％を説明する。この偏りは、米国の FBI が 1930 年代に統計を取り始めて以
来のすべての公的記録に見られる特徴である。同じ性差はイングランド（Douglas et
al. 1966；Wadsworth 1979；Farrington 1986a）、スウェーデン（Jonsson 1967）、デンマー
ク（Christiansen & Jensen 1972）、並びに他の多くの国々の記録に見られる（Adler
1981 参照）。
　非公式の統計も、公的記録の特徴をなぞるものである。少年と少女の大きな差異は
自己報告データの一貫した特徴である。例えば、表5 は、多くの自己報告研究の男女
差が一貫して凶悪犯罪に大きな偏りをもたらしていることを示しており、これらの性

表5　共通に用いられた自己報告項目における男性の対女性比、この性比の
　　　メディアンによる順位

項　目	性比の範囲	中央性比	標本数
家　出	.35〜2.31	1.00	13
親の暴力	.79〜1.09	1.00	4
親への反抗	.67〜1.20	1.02	5
マリファナ吸引	.68〜4.40	1.08	9
飲　酒	.85〜1.75	1.28	20
怠　学	1.06〜1.91	1.28	12
無免許運転	1.08〜3.32	1.50	8
2 ドル以下の窃盗	1.16〜2.02	1.75	12
2〜50 ドルの窃盗	1.48〜5.03	2.70	12
性的関係	1.51〜83.86	2.86	8
強　盗	1.00〜8.00	2.87	10
器物損壊	1.17〜5.15	2.92	14
ギャング抗争	2.50〜4.60	3.28	11
車両窃盗	1.48〜13.26	3.37	15
襲　撃	1.17〜6.50	3.61	10
50 ドル以上の窃盗	1.75〜6.60	3.68	11

（Hindelang, Hirschi, & Weise 1981: 140）より作成。資料は 13 の研究から成る標本よ
り得られた）

差はすべてのケースにおいて公的データと一致する。米国科学アカデミーによると：「ジェンダーに関するもっとも一貫したパターンは、データ・ソース、罪種、関与の度合い、その測度にかかわらず、凶悪犯罪への関与において男性がどの年代でも女性を大きく上回ることである」（Blumstein et al. 1986）。

ジェンダー効果の安定性

年齢同様、ジェンダー差は時間と空間を通じて不変であるように思われる。男性は、常に、またどこでも、女性より多くの犯罪を行う。また年齢同様、この事実は、類似性を強調する「近年の」傾向や最終的な類似性を予測する理論によってしばしば不明瞭にされている。例えば、男女間の地位の平等が進むにつれて犯罪率にも平等性が強まるであろうということが、当たり前のように長い間仮定されてきた（Simon 1975；Nettler 1984）。しかし、米国で女性の労働市場参加が増加した期間においても犯罪には大きな性差が、階級間、民族集団間において一貫して見られたことは、平等性仮定や役割理論が間違っていることを示唆している。

しかし、ジェンダー効果の普遍性に疑問を向ける効果的な方法は、性差の大きさが条件によって異なることを例証することである。性差が消滅する条件が存在し得ると主張することも可能である。しかし、実際にはこうした条件は実証研究において発見されてこなかった（Jensen & Eve 1976）。例えば、米国のホワイト・カラー犯罪において男女の逮捕率が類似していることは、男性が女性よりも犯罪を行いやすいという考え方を否定するものである。しかし、それは、こうした犯罪が可能な職務（例えば、銀行窓口や事務職員など、多くのホワイト・カラー職業において女性が男性を数において上回っている）に女性が多いという事実を反映しているに過ぎない。犯罪機会を統制すると、詐欺における男性の伝統的高率が再び見出される（Hirschi & Gott-fredson 1987）。

犯罪におけるジェンダーの役割あるいは犯罪機会に基づく理論が、財産犯罪の性差とその見かけ上の類似性を説明できるとしても、暴力犯罪に応用したときは信憑性がなくなる。暴行や殺人をおかす機会は女性と男性とで同等である。事実、女性は子供と監視されないで交流する時間を男性よりもはるかに多くもつし、他の人と一緒に過ごす時間量は男性と同様か、より多いと思われる。

ジェンダー差に関する社会学に見られる別の一般的理論はラベリング理論で、これによると、女性はより逸脱的ではないと定義され、それ故、逸脱行動をすることが少ないとされる。しかし、ルターとギラー（Rutter & Giller 1984: 121）が指摘するように、少女は少年よりも刑事司法システムにおいてより厳しく扱われてきたことを示す明らかな証拠がある。彼らは、成人なら保護の対象とはならないような違反について

も保護されることが多い。実際、最近のいくつかの研究レビューは、犯罪における大きなジェンダー差を生み出す不適切なバイアスの存在を示唆している――公式の報告と自己報告の比較を前に取り上げたが、それと一致した研究結果が見られる（Hindelang 1981；Warren 1981；Empey 1982；Nagel & Hagan 1983）。

　犯罪類似の行動におけるジェンダー差は、犯罪について見出されたものに似ており、それは、役割差が行動差を説明するという考え方に疑問を投げ掛けるものである。例えば、図8（119頁）は、年齢にかかわらず、自動車の事故率において男女の間には一貫して大きな差があることを明らかにしている。同じ程度の差が、水難、やけど、墜落を含むほとんどの事故に関して報告されている。アルコール摂取や薬物使用もまた女性よりも男性において一般的である（Miller 1982）。

　犯罪と犯罪性を区別するなら、犯罪におけるジェンダー差はどのように説明されるのだろうか？　第1に、犯罪全タイプのジェンダー差は人生初期につくられ、生涯を通じて持続することが示される。この事実は、両性間に自己統制の顕著な差があることを示唆している。第2に、レイプや売春などの犯罪には明らかな性差があり、また、婚前妊娠が少年と少女において異なる結果をもたらすように、逸脱行動に対する制裁においても、同様に、明瞭な差が*彼ら*の間にあることが示される。この事実は、ジェンダー差が犯罪性よりもむしろ犯罪の差に由来することを、また、犯罪率の性差の多くが機会の差によって説明可能であることを示唆するものである。文献においては後者の方がよく見られる。我々が提案する理論は、ジェンダー差が犯罪あるいは犯罪性とどの程度関連しているのか、この疑問を解決する手段を提供するものである。この論争に対して我々の理論がどのように有効であるかについては、以下、簡潔に説明しよう。

　一見、ジェンダー差は主として機会変数あるいは監視の結果であるように見える。歴史的に見ても、少女は少年よりも、女性は男性よりも注意深く監視されてきた。親は息子よりも娘を注意深く監視する傾向があるが、この傾向は今日でも、多少弱まってはいるが続いている（Felson & Gottfredson 1984）。学校や他のコミュニティ機関は親のしつけを引き継ぎ、保護下にある女性をより注意深くコントロールしようとするが、この傾向もまたおそらく今日でも続いている。より大きなコントロールの理由は、少女が少年よりも犯罪傾向があると仮定されているからではない；そうではなく、多くの形態の非行が男性よりも女性にとってコストが大きいという事実からである。極端な場合、性的過ちは妊娠という結果をもたらし、好ましい結婚の機会を減少させる。一般に、良い行動と人生のチャンスの結び付きは男性よりも女性においてはるかに強く、このため、男性の場合は人生のチャンスを損ねることがないような不良行為も、女性の場合には大きなダメージとなることがある。非行の大半は親の直接的監視

136　III 部　理論の応用

表6　親の監視の程度とジェンダーによる自己報告された非行割合（%）

自己報告の回数	監視、女子			監視、男子		
	低	中	高	低	中	高
0	31	51	65	16	27	38
1	28	33	25	20	32	29
2	23	10	8	23	21	17
3+	18	6	2	41	21	16
合計	100	100	100	100	101	100
(N)	(65)	(134)	(394)	(334)	(337)	(663)

（Richmond youth Project；Hirshi 1969 より作成）
監視は「母親（父親）はあなたが家の外にいるときも、どこにいるか知っていますか？」「母親（父親）は、あなたが家の外にいるとき、誰といるか知っていますか？」の4項目で測定された。この表での高とは、これら4項目すべてで「たいてい」と回答した者の割合である。

がないところで起こるので、少女に対するより厳しい監視は、それ自体が非行発生率の低下につながり得る。

　直接監視仮説は、完璧な理論としては、そもそもの出発点から困難に陥る。男女差は、親による監視が両性間で同等である青年期にも持続する（表6）。両性が同じ程度に監視される学校でも、少年たちの問題行動の割合が高い。威力と偽計の使用における男女差は、機会差が可能となるはるか以前の人生初期に現れ、社会的統制機関による監視の差がほとんどなくなる成人期にまで持続する。

　これらすべては、社会的統制と自己統制が犯罪行為の発生可能性に対して独立の効果をもっていること——監視と社会化は同義ではないこと——を示唆している。実際、親たちは、子供の監視が社会化にとって必要あるいは十分な手段であるとは思っていないように思われる。むしろ彼らは、子供たちが、直接的統制のないときに誘惑に抵抗できるほど十分には社会化されていないかのように行動する。つまり彼らは、とりわけ娘に対して、犯罪の機会を最小にするように努める。しかし、監視は社会化ではないので、息子と娘で監視の程度を変える親たちも、実際、彼らの社会化という面では類似しているであろう。少年たちの間で犯罪性の個人差に関連する変数は少女たちについても同じであるという一貫した知見は、このことは支持するものである（Glueck & Glueck 1934, 1950；Hindelang 1973；Jensen & Eve 1976；Warren 1981）。例えば、親への愛着の欠如は少年でも少女でも非行と関連している。同様に、学習意欲、学業成績、犯罪は良くないという信念は両性において非行を抑制する。子供によって監視の程度が変わっても、親が彼らの中に同じ反非行的態度と行動を育もうとすることは明らかであろう。

　このことから、犯罪に対するジェンダーの効果は、主として、直接の外的統制に

よってもたらされたものではない犯罪の差異および自己統制の差異の結果であると我々には思われる。自己統制の原因に関する我々の考察に基づくなら、このことは決して驚くべき結論ではない。直接監視は自己統制を生み出すために必要な要因の一つに過ぎない。他の要因としては、逸脱行動の認知とその修正に必要な努力を拡大しようとする意志などがある。これらを凌ぐものとして、個人の社会化可能性がある。犯罪のジェンダー差に関わる要因のすべてを取り上げることは本書の枠（および、入手可能な実証的データ・セットの範囲）を超える。しかし、犯罪と犯罪性などの問題を概念的に明確化することによって、入手可能なデータを新たな光のもとで吟味することができるであろう。

▋ 人種、民族性、犯罪

ジェンダー差同様、犯罪と非行に関して広く認められているものは、人種間、民族間に大きな、比較的安定した差があることである。実際、ジョン・ラウブ（John Laub 1983）は、米国の犯罪率に対する見かけ上の都市化効果の大半が犯罪の人種差によって説明されることを見出した。こうした差は米国社会に固有のものではない：

> ほとんどの社会において、人種集団間、民族集団間には犯罪率において何らかの差が存在する。中国系と日系のアメリカ人は他のアメリカ人よりも有意に犯罪率が低い……刑事司法システムに差別が存在することを認めたとしても、黒人アメリカ人の間で犯罪率が高いことは否定できない……公的データを使ったすべての犯罪研究は、街頭犯罪によって検挙され、有罪を宣告され、刑務所に収容される人々において黒人が大きな比率を占めることを示している。黒人はこうした人々の約 8 分の 1 を占めるが、1980 年には、殺人、レイプ、強盗で逮捕された人の約半分を、また、侵入盗、窃盗、自動車盗、加重暴行では 4 分の 1 から 3 分の 1 を占めた。（Wilson & Herrnstein 1985: 459-61）

米国科学アカデミーによると、「自動車関連を除き、広く定義された犯罪への関与を調べたいくつかの研究をまとめると、黒人：白人比率は平均 1.8：1 である；指標犯罪に関するその平均比率は 3.1：1 である」（Blumstein et al. 1986: 41）［訳注 1］。

ジョン・コンクリン（John Conklin）はこの問題に関するデータを以下のように要約している：

訳注 1　指標犯罪（index offenses）とは殺人、強姦、強盗、傷害、侵入盗（不法行為目的侵入）、窃盗、自動車盗、放火の 8 罪種を指す。

ユダヤ人、日系アメリカ人、中国系アメリカ人の犯罪率は全国犯罪率よりも低いし、……
黒人とメキシコ系アメリカ人の犯罪率は全国犯罪率よりも高い……1983年、黒人は合衆
国人口の12%を構成していたが、指標犯罪による逮捕者では35.7%を占めた。黒人は暴
力犯罪の逮捕者の47.5%、財産犯罪では32.7%を占めた。(1986: 123)

　公的データから描かれる犯罪率の明瞭な人種・民族差は、しばしば、人種マイノリ
ティに対する制度的バイアスのせいとされるが、これは、被害者が加害者の特徴を報
告した被害者データによって否定されている。これらの被害者調査は、犯罪に関し
て、公的データが明らかにしたものとほぼ同一の差異を示している (Hindelang 1978,
1981；Wilbanks 1986)。自己報告法は、公的データや被害者データほどには大きな差
を示さないが、これは人種によってこの方法の妥当性が異なるせいと思われる
(Hindelang, Hirschi, & Weis 1981)。
　英国においてルターとギラー (Rutter & Giller) は、「これら種々の研究結果はきわ
めて明瞭である。第1に、いつ研究がなされたものであっても、アジア人の非行率は
白人集団と同等か低い。第2に、1950年代と60年代の状況とはきわめて対照的に、
黒人の逮捕率は、特に暴力犯罪に関し、今や白人を明らかに上回っている」と報告し
ている (1984: 160-61)。
　犯罪における人種間変動の最も一般的な説明は、黒人アメリカ人と白人アメリカ人
の犯罪率の差に注目するもので、「暴力の下位文化」を引き合いに出すものである。
暴力下位文化説によると、黒人の恵まれない環境が、対人葛藤における暴力の使用を
大目に見る、あるいは正当化する価値観の形成をうながす。一度形成されると、これ
らの価値観は、その形成を刺激した当初の恵まれない環境がなくなっても、世代から
世代への伝承される (Wolfgang & Ferracuti 1967；Curtis 1974)。
　我々が犯罪性と呼ぶものを文化的モデル化する試みは、きわめて一般的に見られ
る：人種集団あるいは民族集団にある文化が割り当てられ、それが、犯罪傾向の形成
を許容あるいは禁止する程度において異なるなら、人種集団や民族集団間に観察され
た犯罪率の差は人種文化における違いによって「説明される」であろう。
　犯罪性の文化理論にとって不幸なことは、その仮定は実証的証拠によってほとんど
支持されないことである。社会科学者たちは、暴力使用に関する態度や価値観におけ
る集団間の差異を調べようと無駄な努力を払ってきた。第1に、すべての集団は、人
種や民族の構成割合がどうであろうと、人付き合いにおいて威力と偽計を用いること
を悪として非難する（一般論だが、Short & Strodtbeck 1965；Suttles 1968；Rossi et al.
1974；Newman 1976；Kornhauser 1978；Nettler 1984を参照）。第2に、すべての集団
は、人種や民族の構成割合がどうであれ、犯罪とは対立する価値、すなわち、長期的

6 章　犯罪事象と個人特性：年齢、性別、人種　　*139*

計画性、非自己中心性、フェア・プレーなどの価値を支持する。第 3 に、犯罪者自身、その人種的・民族的所属がどうであれ、彼ら自身の行為を含め、犯罪行為を支持しない（Matza 1964）。第 4 に、犯罪者の特徴は、どんな文化圏であれ、完全な社会化の必要条件である親密な集団参加に必要な特徴とは正反対のものである。つまり、犯罪者の特徴が、彼らの集団の文化的価値を反映するということはむしろ少ないのである（第 5 章参照）。第 5 に、犯罪「組織」の構造は、文化的議論の諸仮定とは相容れない。犯罪傾向のある人々から構成された組織は、高度に組織化され、安定していて、文化伝承が可能な単位というよりは、短命で非機能的なものになりやすい（Yablonsky 1962；Suttles 1968；Reuter 1983；また第 10 章参照）。第 6 に、多分最も重要なことだが、文化理論は犯罪行為の本質を見誤っている。犯罪は、価値観が伝承されたり、他の人たちからサポートを受ける必要があるというものではない。犯罪は、他の人たちからスキル、技術、知識を伝達される必要があるというものではない。反対に、犯罪の本質には、偶々その場で、ほとんど誰でも思い付けるようなもので、その報酬自体が行為の理由であるなどの特徴がある。

　人種差と民族差の別の説明は緊張理論によるものである。この説明は、剥奪あるいは貧困に焦点を当て、ある人種集団のメンバーが客観的にも剥奪を受けていると主張するものである。こうした剥奪理論は犯罪学研究ではほとんど支持されていない。ジャクソン・トビー（Jackson Toby）が指摘するように、「都市化された産業社会にいる窃盗犯のうち、飢えや寒さのために窃盗するものは 1,000 分の 1 である；食料や毛布よりもカラー・テレビや自動車の方がよく盗まれる」（1979b: 516）。

　緊張理論は、ほとんどの場合、絶対的剥奪よりも相対的剥奪に焦点を当てる（最近また注目されている文献として、Blau & Blau 1982 を参照）。例えば、犯罪における黒人と白人の差は、黒人と白人の収入の**不平等**によって説明できるとされる。リード・ゴールデンとスティーブン・メスナー（Reid Golden & Steven Messner）がブラウ仮説（the Blau thesis）を次のように要約している：「人種間不平等は、それに帰せられる性質によって非合法とされるし、それは広範な葛藤の原因となる。さらに、恵まれない人たちには、効果的な政治的行為を行う機会が大きく制限されているために、人種間不平等によって生み出される「広範な葛藤」は、暴力犯罪などさまざまの攻撃として表現されるであろう」（1987：525）。

　不平等仮説には十分な証拠がない。事実、ジュディス・ブラウとピーター・ブラウ（Judith & Peter Blau 1982）は人種、貧困、暴力犯罪率の間の生態学的相関を提供しているが、それはきわめて多様な解釈の余地があるもので、研究結果はこの不平等仮説を支持してはいない（Sampson 1985；Golden & Messner 1987；また Kornhauser 1978: 253 参照、この著者は「緊張理論は妥当ではない」と結論している）。

犯罪と犯罪性を我々は区別したが、これは緊張モデルとは相容れないし、犯罪行動の人種差の説明として、このモデルには論理的欠陥があることを明らかにするものである。第1に、緊張理論は、犯罪行動の本質を見誤っており、それがもっていない性質を付与しようとする。緊張理論は、強い社会的、心理的目的が犯罪行為の遂行を決定すると主張する：実際には、犯罪行為は、報酬の近さ、容易さ、手軽さによって決定される。緊張理論では、犯罪者が階級の敵あるいは自分たちよりも幸運な人たちに向かって打撃を加えようとすると主張する；実際には、犯罪者は、（個人であれ組織であれ）自分と同じ不運な境遇にいる人たちに害を加える傾向がある。要するに、犯罪が富の再配分あるいは抑圧者に対する報復行使のメカニズムであるという考えは的はずれのものであり、どんな人種集団も民族集団もそんなことは考えていない。コーンハウザー（Kornhauser 1978）が指摘するように、不平等の痛みが、類似の状況に置かれた他者に対する暴力、強盗、窃盗によって和らげられると信じたり、主張することに根拠があるようには思われない。

$$\text{7 章}$$

低自己統制の社会的帰結

The Sosial Consequences of Low Self- Control

　ある理論を検証するには、まず、それが犯罪と逸脱行動に関する事実を体系化し、説明する力があるかどうかを見なければならない。今日の犯罪学において、犯罪の多くの相関現象が示す方向性と相対的強度に関しては広範な合意がある。前章において我々は、犯罪の個人レベルの相関現象について考察した。本章では、社会的レベルの相関現象について考察する：それは、仲間集団、学校、就労、結婚と家族である。第8章では、我々は文化的変数に注目するつもりである。

▌仲間集団

　ある研究対象者の非行と友人の非行の間の相関はこの分野で最も顕著なものの一つである。1950 年、グリュック夫妻は、彼らの対象者である 500 人の非行者の 98% がかなり非行性の強い友人をもつのに対して、500 人の非行のない者たちでは、それが 8% 以下だったと報告している（1950: 163-64）。自己報告された非行研究のほぼすべてで、回答者たちは「友人の誰か、警察に捕まった人がいるか？」と聞かれている。この項目に対する反応は非行行動の自己報告と強く相関する（Hirschi 1969；Gold 1970；Hindelang 1971；Elliott & Voss 1974）。マイケル・ヒンデラング、トラビス・ハーシ、ジョセフ・ワイス（Michael Hindelang, Travis Hirschi, & Joseph Weis1981: 205-6）は、「逮捕された友人」変数が、黒人でも白人でも、男性でも女性でも、自己報告された非行のさまざまの測度と、中から強程度、関連すると報告している。

　関連する一つの事実に、青少年が集団で非行に関与するという従前から確認されている傾向がある。青少年非行は集団現象であるという社会学的犯罪学の中核的主張は、クリフォード・ショーとヘンリー・マッケイ（Clifford Shaw & Henry McKay 1942）、および彼らによるシカゴでの非行分野における古典的研究に始まり、ジェームズ・ショートとフレッド・ストロートベック（James Short & Fred Strodtbeck 1965）やメイナード・エリクソンとゲリー・ジェンセン（Maynard Erickson & Gary Jensen 1977）の研究を通して継続され、最近も、全米青少年調査（Elliott, Huizinga, &

Ageton 1985）から得られたデータで再確認された。

　現代の非行理論の多くにおいて、これら仲間集団の相関事象は因果的、理論的な重要性を与えられている（Cohen 1955；Akers 1973；Sutherland and Cressey 1978；Elliott, Huizinga, and Ageton 1985）。実際、社会学的理論の中核主張は、青少年の犯罪率の差が集団成員性の違いに起因するとするものであると結論付けるのは容易である：

> 若者は緊張のために非行に押しやられるとか、社会的統制の弱さのために非行に向かう自然の衝動に抵抗できないというのではない；むしろ彼らは、集団相互作用の中で、ある非行行動が集団によって推奨され、報酬を与えられること、また、期待される報酬が、一定の状況あるいは場面で、これらの行動に伴う潜在的コストや罰を上回ることを観察し、学習する。たいていの社会集団が慣習的志向性をもち、同調行動に対して社会的強化を与えるが、非行行動を強化する志向性をもつ集団もある（以降、これを非行集団と呼ぶ）……非行学習の主な文脈は青年期の仲間集団である；規範的志向性、非行行動パターン、非行行動の社会的強化などにおける最大の変動がこの社会的文脈で見られる。(Elliott, Huizinga, & Ageton 1985: 34-35)

　犯罪原因に関するこのタイプの考え方は、明らかに、我々のものと遠く隔たったものではない。そこで、「社会的学習」理論と自己統制理論のどちらを取るかに関して、研究知見を吟味してみることにしよう。

　もちろん最初の課題は、逸脱行動における差が生涯を通じて安定したものかどうか——あるいは、言い換えると、青年期以前に観察可能な行動の差から青年期およびそれ以降の非行行動の差を予測できるかどうかである。

　デルバート・エリオット、デービッド・ホイジンガ、スザンヌ・エージトン（Delbert Elliott, David Huizinga, & Suzanne Ageton）（それに、他の多くの文化逸脱理論家）が展開したような社会的状況（social-setting）理論は、人々が置かれている状況の重要な特徴に不変性があると仮定することによって、観察された安定性を説明しようとする。例えば、この理論は、「非行者」が、偶々、非行親和的家族の出身で、非行親和的ギャング集団に入り、非行親和的な妻と仕事を見つけ、非行親和的教育を受け、非行親和的な子供と非行親和的な成人友人を獲得すると仮定する。

　このあり得ないシナリオに取って代わり得る文化逸脱理論家に選択可能な他の方法は、非行が常に状況に規定されるという仮定をある時点で放棄し、ある状況での学習は他の状況に転移されるとか、人生のある時点で強化されて非行者となった人たちは、人生の残りの期間を通して、*社会的状況がどうであれ*、相対的に強い非行傾向をもち続けるという考え方を選択することである。しかし、この代替案が選択されて

も、①非行ギャング集団は、時間的に先行する（そして多分もっと強力な）家族以上に、なぜ社会化の最重要の影響因なのか、あるいは②社会的であれ非社会的であれ、その場の「社会的」強化因子が過去の強化因子よりも重要であると結論付けられるのはなぜか、などは明らかにはならないであろう。

　この代替案は、別の種類の問題ももっている。例えば、それは「犯罪者」、すなわち、犯罪行為をするよう訓練された人をつくり出すが、こうした人は、犯罪行為を持続させ、自分の犯罪的快楽を妨害する可能性のある犯罪以外の行為を避けると仮定される。このため、犯罪の「正の」学習理論はすべて次のような結論に達する。すなわち、犯罪者は特定形態の犯罪行動を反復する傾向がある、彼あるいは彼女はその行為をより上手に、またより頻繁に行うよう学習する、そして、ある犯罪者にとって（直接学習される機会がないという理由で）ある行為は彼らのレパートリーの外にある、という結論に達する。しかし、バーサティリティを示す知見から見るなら、正の学習理論は明らかに誤りである。

　文化逸脱理論の原点に立ち返ってみるなら、そこには、非行が非行集団の中で状況的に生み出されるという信念が存在する。非行が、当てにならない、偶発的で、集団成員を犠牲にするといった反集団的行動を伴わないのであれば、この信念を信じるのはより容易であろう。集団も、また、その行為の結果を甘受しなければならないので、こうした集団は論理的に存在しそうにない。

　「非行仲間集団」は誤った測定の産物であるとか、人は自分に似た他者を仲間に求める傾向があると仮定する方がはるかに容易であろう。誤った測定仮説は、自分の非行と仲間の非行の関連性の因果論的位地を検討するため、エリオットたち（Elliott et al. 1985）が使用した分析手続きによって例証される。コホート・データの2期分を使ってエリオットたちは、最初に、現在の非行を以前の非行に回帰させ、次に、同時期の「仲間の非行」が「非行」と関連するかどうかを検討した。それは関連していた。しかし、解釈の問題は相関パターンだけでは解決されない。例えば、これらの結果の一つの解釈は、単純に、非行が非行と相関するというものである；すなわち、この変数――自己報告された仲間の非行――は、自己報告された非行の別の測度なのであろう。結果に関するこの測定論的解釈は、エリオットたちの「仲間非行」変数の実際の内容と一致するように我々には思われる。

　エリオットたちの仲間非行測度は、二つの質問セットに対する回答から成る。第1のセットは他の人と過ごす時間を測定する。第2のセットでは、前年中、特定の非行行動に関与した親友の割合を回答者に推定させる。友人について報告された非行行動は、以前、回答者が自分自身について報告したものと同じ非行行動である。これら非行の2測度の方法論的重なりはこの上なく大きい。

友人の非行に関する質問に対して、回答者は何を根拠に回答しようとするのだろうか。いくつかの可能性が心に浮かぶ：①回答者自身がその場にいて、その行為に関与していた；②回答者は自分の性質を友人に帰属させている；③回答者は自分に似た人に友情を抱く；④回答者が直接目撃したわけではない非行を友人が話していた；⑤回答者は、友人の非行を目撃したり、人から聞いた。もしも「仲間の非行」が実際には「回答者の非行」であるなら（①〜③）、この研究によって因果系列問題を解決することはできない。もしも「仲間の非行」が実際には風聞や噂であるなら（④と⑤）、この測度の価値は明らかに疑わしい（加えて、回答者自身の特徴も交絡している）。

仲間集団知見への自己統制理論の応用

自己統制の欠けた人たちは、指導や監督など行動が規制される状況を嫌う傾向がある；こうした状況は学校、職場、さらに家族に見られる。そうした理由で、こうした人たちは「街頭」に惹かれ、少なくとも青年期には、同性の仲間集団に惹かれる傾向がある。しかし、低自己統制の人たちは、良い友人関係をもつことはあまりない。彼らは、信頼や信用するに足らず、自己中心的で、思慮に欠ける。しかし、彼らは一緒にいるのは面白い；彼らは、同世代の他の人たちと比べて、無謀で冒険好き、向こう見ずである。つまり、青年期の仲間集団への参加を規定し、こうした集団成員内での人間関係の質を決めるのは自己統制である。仲間集団に多くの時間を費やす子供たちは非行者となる傾向が強いと予測することができる。また、仲間集団内で親密な友人関係の絆をもつ子供たちは非行者にはなりにくいと予測することができる。

別の言い方をすると、友人をつくったり友人関係を維持することができない、冒険好きで向こう見ずな子供たちが互いに仲間となるので、その結果、自己統制に欠けた人同士が集団を構成することになる。こうした集団の人々は、それ故、集団それ自体もそうだが、非行化する傾向がある。

この考え方は、広範囲に報告されてきた「仲間からの圧力」現象、すなわち、自分の志向（あるいは自分の親の願望）と反する方向であっても、青年たちが友人の願望や期待から強く影響されやすいという現象とは真っ向から対立するもののように思われる。実証的証拠もまたこの解釈に真っ向から対立する；例えば、非行行為を行う青年たちは、仲間の期待に応えようとする傾向が強いわけではなく、むしろ弱い。服装、会話、音楽などの好みに関していえば、彼らは一般に時代遅れであるか、あるいは仲間の好みを極端に取り入れ、賞賛よりもむしろ嘲笑の対象になったりする（今の流行がショート・ヘアなら、彼らは頭を剃ろうとするであろう；ロング・ヘアが流行ると、彼らは超ロング・ヘアにするであろう；等々）。従って、これらの点から見て、非行者は、通常、他者の期待や承認を気にするようには思われない。仲間の意見に関心が

向けられると（「仲間からの圧力」）、それは明らかに、同調を促進する；服装、会話、音楽の好みに関して他の青年たちが自分をどう見ているかを気に掛ける青年たちは、非行化しやすいというよりも、むしろそうなりにくい。

非行は集団現象

社会学者たち（例えば、Erickson & Jensen 1977；Zimring 1981；Reiss 1988）は、しばしば、非行が青年たちの間で多いのは、それが集団で行われるからであると主張する。青年たちは、他の人たちと一緒になって非行を行う傾向がある。この事実は、従来、集団サポート仮説とは一致するが、統制理論とは一致しないとみなされてきた。非行者が非行を行うのは、彼がギャング集団にいるからである；ギャング集団を解体させることは、それ故、非行の発生可能性を低減させるであろう。

本書で展開する理論は、犯罪が集団成員性あるいは集団文脈によって促進されるという考えと矛盾はしない。促進とは、言い換えると、難度の低減、つまり、ある行為の遂行が「容易」になることである。青年は、明らかに、一人では困難あるいは危険のある行為（強盗のような）を促進するために集団を利用するが、このことは、彼らがこうした集団内で自己統制の欠如を*学習する* という意味ではない。反対に、こうした集団への参加は、それ自体、自己統制の欠如、すなわち、長期の目標や利益に無関心であることを示すものである。結局のところ、非行集団は、強い友情の絆というよりも、むしろその弱さによって特徴付けられるし、それは（スポーツ集団やホビー集団などのように）組織的責任とか組織としての目標をもっていない。こうした集団は、その存在自体が問題を孕む：それらは、明らかに、従来のギャング理論によって帰属されるような特性をもってはいない。反対に、それらは短命かつ不安定で、成員たちが互いを尊重し合うことがない烏合の衆である（Yablonsky 1962；Short & Strodtbeck 1965；Suttles 1968）[*1]。

▌学　校

一般市民、保護観察官、刑務所カウンセラーに、米国のどの制度が犯罪・非行に対

[*1]　青年期の行動の多くに見られる集団文脈が、おそらく、遂行される非行行為の数と比べて非行者の数を膨らませる。例えば、ある集団の一人の成員が自動車にペンキをスプレーしたり、窓に向かってレンガを投げると、集団の全成員がその行為をしたとみなされ、実際、彼らのすべてが記録に載ることがある。この問題は、若者が実際以上に犯罪を行っているように見せることによって、犯罪の年齢分布の推定に影響を与えると考えられる。これはよくあることだが、しかし、この方法論的「調整（adjustment）」は非常に小さいので、犯罪の年齢分布への影響はほとんどない。犯罪者が犯罪を継続するかどうかも、この調整によって影響は受けない。

してもっとも責任があるかと問うなら、彼らはたいてい「家族」と答えるであろう。一方、同じことを非行の理論家や研究者に尋ねるなら、彼らはたいてい「学校」と答えるであろう。こうした見方は、非行の主要理論とこの分野における従来の主要研究に従ったものである。

　学校に言及した最初の理論（そして現在でも、そこで起こることに最も関心をもち続けている理論）は多分ラベリング理論である。ラベリング理論は、犯罪行動を行う可能性の個人差は、道徳的に中性的な行動に対する社会的反応によってつくられるという仮定からスタートする。非行を全面的にかつ明確にこの立場から論じた最初の理論において、フランク・タンネンバウム（Frank Tannenbaum 1938）は、あるもっともな理由で、学校が好きではない子供に対する親、教師、その他の成人権威者の反応の中に非行の萌芽を見出した。学校を好きでない子供は、そこにうまく適応できないので、その環境に参加することによってさらに罰を受けることになる。これが怠学をもたらすが、それ故、学校は、タンネンバウムから見ると（そして他の多くの人が見ても）「非行の幼稚園（kindergarten of delinquency）」であった——それは、その子供がそこで非行を学習するからではなく、怠学に示される学校嫌いに対して成人権威者が性格欠陥の証拠として反応するからである。次に、この反応が子供によって内面化され、（その後の司法制度システムへとの必然的な接触を通して）自分自身を非行者と定義するようになる。そして、彼の将来の行動は、自己を非行者、犯罪者とするこの定義によって形成される。

　現代のラベリング理論によると、学校は、生徒間にあると推定される学力の差異に基づいて彼らを区別することによって非行の原因となる：「学校は、生徒たちが学力において異なり、成功する者もいれば失敗する者もいると仮定している」。こうした仮定は、「学歴や学校の評判が構造化され、維持され、永続的なものとなるための主要基盤である」（Kelly 1982）。

　ラベリング理論は、最近まで、主として学校の能力別学級編成に注目してきた。教師の低い期待が生徒の学力にもたらす負の効果を示そうとした『**教室のピグマリオン**（*Pygmalion in the Classroom*）』（Rosenthal & Jacobson 1968）以前、米国の多くの学校は生徒を進路分けしていた——すなわち、生徒たちを、大学受験クラス、職業クラス、事務職クラス、技術職クラスなどと呼ばれる同等能力集団に分けていた。今日、こうしたグループ分けは研究者コミュニティから常に批判されるが、それでも学業スキルや学習行動の個人差と向き合わなければならない教師たちは、これを（赤、緑、ブロンズなどの色彩コードといった）婉曲なラベルで隠そうとする。能力によるグループ分けが学校制度の中で実施されている限り、ラベリング理論家がこれを非行説明に利用する可能性が続く。これが放棄されるか、偽装が成功するなら、ラベリング理論家

が提案してきた非行発生メカニズムはもはや働かないであろう。しかし、一部のラベリング理論家は、生徒を成績評価するだけでも、非行的自己像を構築するに十分なラベリング機構となると主張している。

ラベリング理論にとって不都合なことだが、実証的証拠は圧倒的にその仮定や予測と反するものである。ラベリング理論は、学校が行動差の主要原因であると仮定するが、実証的証拠は、ラベリング理論家が指摘するラベルが付与される以前に、重要な行動の差異が明確につくられていることを示している。ラベリング理論は、ラベル付与は行動差とは独立であると仮定するが、実証的証拠は、こうしたラベルが実際の行動差によって強く影響されることを示している（Gove 1980）。

しかし、実際のところ、犯罪・犯罪性のラベリング理論の不十分さを示すためには、実証研究を行うまでもない。この理論によれば、犯罪者はある役割から生じる要請、つまり、他者が彼の行動について抱く期待に応えるために行動する。ラベリング理論家も自分自身を「役割」理論家と定義するが、「犯罪的」という役割が何を求めているかに関して、彼らはほとんど何も述べていない。この沈黙は十分に予想されたことである。なぜなら、社会的に定義された役割の内容が何であれ、それは「犯罪」のどんな定義とも相容れないからである。役割とは、直接のあるいは即座の個人的利益とは無関係に行動することを求める義務あるいは期待から成る。反対に、犯罪においては、長期的関与、過去の行動との一貫性、他者の「期待」などとは無関係に行動が行われる（繰り返すが、犯罪が職業、キャリア、秩序だった生活スタイルに匹敵するものであるという仮定に基づく理論は、おのずから誤謬とならざるを得ない）。

しかし、学校に最大の力点を置く理論的伝統は緊張理論にも見られる。クロワードとオーリン（Cloward & Ohlin 1960）は、都市部に住む下層階級の若い男性に非行率が高いのは、米国の教育制度のせいであるとしている。ある時点、多分、青年期中期の直前、こうした人たちは米国の教育・職業構造における自分の成功期待を評価し、合法的経路を通して成功するチャンスは低いことを悟る。それでも成功を望んで、これら不満を抱えた若い男性は、自分の目標を達成するために非合法な経路に向かう。このプロセスを初めに論じたのはマートン（Merton 1938）だが、成功の手段として教育を最も強調したのはクロワードとオーリン、それにコーエン（Cohen 1955）である。

コーエンの緊張理論によると、下層階級の子供たちは中産階級向けの学校で課せられる要求に応じるだけの下地が十分にできていない。中産階級は、志、個人の責任、自制心、合理性、満足の遅延、勤勉、マナー、攻撃の統制、健全な娯楽、他者の財産権の尊重などに価値を置く。コーエンによると、下層階級はこれらの価値観をもっておらず、それを若い世代に注入しようと努力することはない（もしもコーエンが正し

いなら、我々の理論では、下層階級は犯罪者であるが、我々はコーエンが正しいとは思わない)。秩序だった機能を発揮するために、学校は生徒たちが中産階級的価値を守るよう要求する。自分たちがうまく対応できないこうしたシステムに直面し、また中産階級の教師や子供たちの態度によって傷ついている下層階級の子供たちは、深刻な欲求不満に苦しめられる。この欲求不満（緊張）を解消しようとして、下層階級の子供たちは、同じように不満をもつ者たちを探し出し、集団文脈の中で地位の根拠を再定義して中産階級の価値システムを逆転させようとする。

　緊張理論家は、学業能力には個人差が、教育に対する「アクセス」には階層差があることを認め、これらの差を用いて非行の動機付けを論じようとするが、その際、これらに愛情や達成を求める「普遍的」欲望を結び付ける。下層階級の少年は、同調によっては達成できない地位を望む。このため、彼は切望する地位を達成するために犯罪行為を行うのである。

　犯罪のこの緊張「概念」は古典派概念と大きく異なるものではない。古典派概念によると、犯罪はそれ自体が（即座の）報酬である。長期的満足や間接的満足のために行われるものではない。犯罪の緊張理論にとっては不都合だが、犯罪行為はこの古典派概念に沿って続けられる：犯罪行為は行為者に評判や地位を与えることはなく、その瞬間の報酬以上の物質的価値物や物質的成功をもたらさないし、複雑で根本的な「心理的」葛藤を解決するものではない。

　緊張理論の主張が犯罪の本質とは相容れないことから、それは犯罪者の特徴についても誤った予測をする。緊張理論は、犯罪者が高い長期的野心と低い長期的期待をもつであろうと予測するが、データは一貫してその反対を証明している。長期的野心の測定を試みた非行研究者は、その都度、犯罪行為を行う人が他の人たちよりも低い傾向があることを見出した。また、緊張理論は、将来の成功期待は犯罪者において非常に低いと予測するが、むしろ研究者たちは、犯罪者の間でそれが非現実的に高いことを見出した。要するに、野心と期待の乖離——緊張モデルの核心的原因変数——には、実証的研究からの支持が得られないのである（Hirschi 1969: 162-86；Kornhauser 1978；Elliott, Huizinga, & Agenton 1985）。

　詳細に分析すると、ラベリング理論と緊張理論は両方とも、同じ実証的資料を基に構築されている。犯罪者は学校でうまくやれない。彼らは学校が好きではない。彼らは学業を怠け、早い年代でドロップ・アウトする。結果として、ほとんどすべての「学校」変数は、犯罪や犯罪性と強く相関する。

　我々の理論によると、学校の報酬・規制システムと個人の能力・自己統制水準の兼ね合いから学校相関事象が発生する。学校はいくつかの点で行動を規制する：学校は若者に、一定の場所に一定の時間居るよう求める；学校は若者に、直接監督されない

状態でも一定のことをするよう求める；学校は若者に、静粛、身体的活動抑制、集中力などをしばしば長時間にわたって求める。同時に、学校は時間厳守、宿題の遂行、適切な立ち居振る舞いに報酬を与える；学校はまた、学業能力を発揮することに対して報酬を与え、その見返りとして、教師からの愛情、学校制度内での昇級、最終的には、学歴と職業的成功をもたらす。これらすべての罰と報酬は、これらを認識し、実行できる家族の存在を前提とする；つまり、学校が求めるものに注意を払わない家族の子供に対しては、学校も報酬や罰を与えるのに苦労するであろう。

我々の用語によれば、学校は子供の社会化に組み込まれた一つの制裁システムである。学校が使用可能な制裁はすべての子供たちの行動に等しく影響を与えるものではない。事実、学校でうまく振る舞えない子供たちは、学校が提供する長期的あるいは潜在的報酬によってほとんど影響されないであろうし、自己統制の低い子供たちにとって、この長期的利益の見返りとして、学業や立ち居振る舞いに関する学校の要求を満たすのは困難であろう。その結果、非行者たちは、より規制されない環境を好み、学校を避け、最終的には止めてしまうであろう。

▌ 職　業

犯罪の直接因は失業であり、雇用が犯罪を防止し、妨げるという長い間抱かれてきた考え方は、最近の研究によって疑問視されている（Berk, Lenihan, & Rossi 1980；Orsagh & Witte 1981；Zeisel 1982；Freeman 1983）。しかし、失業と犯罪の結び付きに関する論争は今日も続いており、雇用と犯罪の間には負の相関があるはずだと予測する種々の理論によって活発に議論されている。失業−犯罪の関連性予測はさまざまの根拠から行われている。第1に、仕事は時間とエネルギーを使う。働きながら犯罪行為に関わることはできない。「小人閑居して不全を為す（idle hands are devil's workshop）」とよく言われるが、犯罪と仕事は、時間とエネルギーという資源を互いに奪い合う関係にある。第2に、仕事は金銭を提供し、それ故、犯罪の必要性を低下させる。物質的欲求が合法的に満たされるのなら、盗みをする必要はない。第3に、仕事は地位と自尊心を与えるので、非合法な手段でそれらを達成する必要がなくなる。第4に、犯罪は個人が仕事を維持することを妨害するが、それは失業者にとってはコストとならない。第5に、仕事は個人に時間厳守、責任感、自制心を教え、人格形成をうながす。

結果として、すべての犯罪理論は、犯罪−失業の関連性を予測することに肯定的である。しかし、現代の著名な犯罪行動理論の中で、犯罪の本質と犯罪者人格の両方に注目したものはないという事実から見ると、この予測には疑問なところがある。

我々の理論的立場からすると、犯罪者の人格を脇に置いて、雇用と犯罪の関連性を予測することには根拠がない。第1に、犯罪はフルタイムの仕事ではない。実際、犯罪は、その定義からして、時間やエネルギーをあまり使わないものである（もしもそれが時間とエネルギーを使うものであるなら、犯罪者を惹きつけることにはならないであろう。つまり、計画や努力という点で多くを必要とする犯罪はきわめて稀である）。結果として、仕事と犯罪の両方が同じ一人の個人の特徴であることは十分可能である。第2に、犯罪は、良い安定的収入源ではない。事実、犯罪は、直接の金銭的見返りという点で多くを与えるものではないし、食住、その他の必需品を供給するという意味で仕事の代わりになるものではない（ドラック売人、ギャンブラーなど例外はある。しかし、これらの「職業」分析を見ると、それらは短期的、低収入、リスキーで危険を伴うものであり、実際には、もっと持続性の高い収入源をもつことが前提となっている [Reuter 1983]）。第3に、犯罪は地位と自尊心を支える良い基盤ではない。犯罪はほとんど誰によっても非難されるものであり、しばしば、犯罪者たちによっても非難されることがある（Matza 1964）。

　失業と犯罪の経験的関連性は、理論的意味という点ではあまりに小さい。その関係は確かに存在するが、方向が違っているように思われる。研究者が人々に職業の有無と非行行動を報告するよう求めると、家の外で働いている人たちは、非行行動を少なくというより、むしろ多く報告する（Hirschi 1969；West & Farrington 1977）。一見すると、金銭は人々に、ドラッグ、たばこ、アルコールを購入し、そうでなければ、その場だけの快楽に浸ることを許すものであるように見える。

　雇用–犯罪仮説の最も良い検証の一つは、グリュック夫妻（1968）が報告した自然的実験によって提供されている。第2次世界大戦が勃発したとき、グリュック夫妻はボストンで500人から成る非行群とこれに対応する500人の非行のない対照群を得た。グリュック夫妻は、戦争期間中このサンプルを記録し続け、軍隊という意味での雇用記録を作成した。第2次大戦は、ある意味で、非行者とそうでない者すべてにフルタイムの雇用プログラムを提供したといえる。

　その知見は意義深いものである。対照群と比較して、非行群では「精神医学的問題」や「道徳的不適合」を理由に軍務に就けなかった割合がはるかに多かった（実際は10倍）。軍務に就いたとしてもその期間は短く（非行群の4分の1は1年未満だったが、対照群では、それは12分の1だった）、軍役期間中に「起訴され」たり、許可なく任務を放棄・離脱することが顕著に多かった。最後に、非行群の不名誉除隊の割合は対照群の8倍近かった。

　別の言い方をすると、「フルタイム雇用」が米国の若者すべてに提供されたとき、非行群はより不適格とされ、軍務に留まる期間がより短く、また、理由なく欠勤し、

上司に伝えることなく持ち場を離れ、任務上の不行跡によって解雇されることがより多かった。このことから、自己統制は、ある人が組織経験をもてるかどうかに影響を与え、また、その経験の質にも影響を与えるといえよう。

　我々の考えでは、実際、雇用-犯罪関連性に関する最も重要な事実は、犯罪を行う人たちが不安定な職歴になる——仕事を見付け、それを維持することが難しい——傾向があるということである。合法的労働市場における犯罪者の職歴不安定さは、彼らが人間関係、学校、職場で通常の義務を果たし続けることができないことを表している。低自己統制の人たちは、学校や家族の義務を果たすことができないように、構造化された雇用の義務を果たすことが難しいであろう（さらに、「良い」職業とか「有意義な」仕事もあり得ないであろう。なぜなら、それらも彼らにとって受け入れがたい規制を含んでいるからである）。

■ 結婚と家族

　犯罪に関する世間の見方は、それは慣習的役割への参画とは相容れない、そして犯罪キャリアは持続するという考え方に強く影響されている（グリュック夫妻［1930］のキャリア概念を今日受け継ぐのはブラムシュタインとコーエン［Blumstein & Cohen 1987］である）。夫であり父親であり、同時に犯罪キャリアに従事しているという人物像にはどこか違和感がある。そして、男たちが夫になり父親になると、彼らは犯罪キャリアを放棄するようになると思われ、その結果、結婚と犯罪の間には負の因果関係が、さらに、親であることと犯罪の間にも同様の関係が生まれるのではないだろうか。デービッド・ファーリントン、ロイド・オーリン、ジェームズ・ウィルソン（David Farrington, Lloyd Ohlin, & James Wilson）が、複雑ではあるが、この考え方に合致する知見を報告している：

> ファーリントン（1986 b）の報告によると、子供が 10 歳までの間に親が有罪判決を受けると、それは 14〜16 歳、17〜20 歳の間の子供の犯罪を最もよく予測させるものとなるが、10〜13 歳ではそうではなかった。ウェスト（West 1982）の報告は、非行者が 18〜21 歳の間に結婚しても、それはこの間の犯罪に何の影響も与えないが、21〜24 歳の間の（犯罪者でない女性との）結婚はこの間の犯罪に減少をもたらした。（1986: 27）

　こうした知見は興味深い矛盾を示している。それらは、親の犯罪性が子供に伝承されることを示唆している（親の有罪判決は子供の犯罪性を予測する）。しかし同時に、結婚したり、推測だが、子供をもつことは親の犯罪性を抑える十分な力になる。犯罪

性が抑制されるというなら、次の疑問は、犯罪性はそれを抑制する人たちにどのように伝承されるのかである[*2]。

　概念的問題はさておき、「結婚」や「親になること」が犯罪に与える影響を明らかにすることは容易ではない。ファーリントンたちの「知見」には説得力がない。ロンドンのインナー・シティ［訳注 2］に住む労働者階級の少年達を対象にしたウェスト（West 1982）とファーリントン（Fairrington 1986b）による縦断的研究のどちらを取ってもそうである。親の犯罪性の効果は長い年月の中で浮き沈みを繰り返し、4〜10 年の後に初めてその効果が現れるという解釈は、ファーリントンたちのようには受け入れがたいが、彼らが報告する相関現象はどの年代カテゴリーにおいても同じ方向を向いており、また、他の研究結果とも整合的である（例えば、Glueck & Glueck 1950；McCord & McCord 1959: 93）。事実、ロルフ・レーバーとマグダ・ストートハマー_レーバー（Rolf Loeber & Magda Stouthamer-Loeber 1986: 93）は、親の犯罪性の測度と子供の非行性の関係を示す数多くの研究を報告している（また、当然ながら、5 章で我々が考察した親からの伝承も）。

　対照的に、結婚について報告された効果は疑わしい。ファーリントンたちは、対象者たちが婚姻状態かどうか、妻が非行的かどうかなどに関してランダム配置されたものではないという事実を考慮に入れていない。むしろ、対象者と妻は、類似した関心・行動・生活スタイルに基づいて選択し合ったと解釈する方がはるかにもっともらしい（これを支持する多くの証拠がある）。結果としていえることは、「非行性のない」妻を選ぶ男性は、彼らが実際にもつ非行傾向よりも測定された非行性が上回っていた者たちである；つまり、非行性のない女性と結婚した男性は、その後、非行性が低下すると予想されるが、彼らは、結婚しなかったとしてもそうなっていたであろう。

　当人自身が選択した制度経験（例えば、学校中退、就労、結婚、他の共同体への移動）の直接的効果を示すと思われる研究の数は多いが、それを額面通り解釈できるのは、個人特性が長期間にわたって行動に影響を与えるとする理論図式はあり得ないと仮定する場合だけである。我々が展開している理論では、自己統制をこうした意思決定に影響を与える安定した個人差とみなしているので、こうした意思決定がその後の犯罪行動に影響を与えるかどうかが、我々の理論と実証主義的犯罪学の従来の理論のどちらが正しいかを見極める決定的検証となるであろう。

[*2]　もしも親の犯罪性が子供の犯罪性を予測し、しかし結婚がその顕現を抑制するというなら、ファーリントン、オーリン、ウィルソンの知見を説明できる唯一の伝承機構は遺伝であろう。もちろん、後で示すように、これは、「知見」と称せられる実証研究の複雑な非一貫性から生じるいくつかの問題のうちの一つに過ぎない。

訳注 2　都心部過密地帯

結　論

　犯罪学者たちは、状況的あるいは構造的原因の効果から個人差の効果を分離するという難題と長い間格闘してきた。過去 50 年間は状況的あるいは構造的原因が強調され、個人差は否定される傾向があった。個人差の可能性を受け入れる研究者たちの間でも――それらの重要性を確認する研究を行った研究者（例えば、West & Farrington）の間ですら――状況や構造の影響を評価する際、こうした個人差は考慮されていない。社会的および制度的環境（学校、家族、コミュニティ、職場など）を人々が選択する際、個人差の否定できない影響があるとすれば、「制度的」あるいは「構造的」研究の結果は、それらの効果というよりも、個人差の効果の証拠とみなす方がはるかにわかりやすい。我々が自己統制と呼ぶものの厳密な定義と正確な測度なくしては、制度的あるいは構造的効果を分離する研究は不可能であることが時折示されてきた。唯一の選択肢は、「自然の」制度経験に人々がランダムに配置されるような実験的研究である。こうした研究はあり得そうもない。こうした実験的要件を満たすものに近い研究――例えば、第 2 次世界大戦によって生み出された正規雇用の効果に関するグリュック夫妻の研究（the Glueck & Glueck studies 1968）および仮釈放者の雇用に関するバーク、リニーハン、ロッシの研究（the Berk, Lenihan, & Ross research 1980）――は、こうした自然の経験が人々の行動に影響を与えて来たと結論する前に、人々が自分自身を自然な「処遇条件」にランダムに配置するわけではないという事実を考慮に入れる必要があることを明らかに示している。

　犯罪学のもつこの問題の深刻さを強調する必要はない。なぜなら、低自己統制の人はどんな社会的制度に対しても愛着や関与を避ける傾向――制度経験と非行の間に負の相関をもたらす傾向――があるからである。このことは、すべての制度に対して、犯罪に負の効果があるという栄誉を与えるものであるが、それらが真にその栄誉に相応しいかどうかは別問題である。

　我々の理論的スキームは、犯罪に対する制度的効果を事実に即して測定するための基盤となるものである。例えば、家族、学校、親交パターンの効果は、常に、それらの影響域内の人々の犯罪行動を低減させる方向を指している。家族、学校、親交の規制的影響を最も必要としている人はそれらの影響域外にいる傾向があり、それこそが大きな問題である。我々は最終章で、このトピックに再び戻ろうと思う。

$$——— 8 章 ———$$

文化と犯罪

Culture and Crime

　国際比較犯罪学の問題点をあげるのは容易である：社会が違えば、何を犯罪と定義するかが異なる；ポピュラーな犯罪行動は社会によって異なる；そして、犯罪統制制度は社会によって顕著に異なる形態を取る。さらに、制度的構造の違いがしばしば犯罪の定義や行動レベルと交絡するため、犯罪の差異が因果要因によるものか政治的・文化的要因によるものか区別できないことがある。

　比較文化的犯罪学はそれが説明しようとする現象について明確な概念をもたない学問であり、このため、それは犯罪学全体がもつ諸問題を拡大して映し出すことになる。この学問は、つまり、従属変数と独立変数のタイプ分けを際限なく繰り返し、些細な原因や犯罪関連の相関事象に囚われ、そして、政治的圧力といわゆる親のしつけの必要性に翻弄されるように宿命付けられている。

　こうした問題を解決するためには、我々はまずそれらがどのように生まれたかを理解する必要がある。このために我々は科学的犯罪学の出発点に戻らなければならない。これまでの章で指摘したように、犯罪学の抱える問題は、実証学派が古典学派のモデルを無差別に放棄したことにさかのぼる。ここで、その主張を簡単に振り返ることは有益である。

▌犯罪の実証学派概念

　古典学派は犯罪を自己利益のために威力と偽計を用いることと定義した。明らかに、威力や偽計の自益的遂行はどこでも可能であり、それ故、実証学派が誕生する前から、犯罪と犯罪学は、実際にそうであるように、また自動的に超文化的といえるであろう。

　実証学派はこれらすべてを変えてしまった。彼らは二つのやり方でそれを行った。第1に、犯罪は自益的選択の産物ではなく、行為者の環境に働いている諸力あるいは諸原因の産物であると主張した。もしも犯罪が行為者の中ではなく環境に起源があるのなら、それは時代によってまた場所によって変化する動機の産物となるであろう。

原因と結果がこのように変動するものなら、犯罪はもはや威力や偽計の行使によって普遍的な欲求目標を追求するものとは定義できないであろう。第2に、実証学派は（法律違反という）犯罪および（法律違反する人という）犯罪者の国家による操作的定義を受け入れる。法律は国によって異なるので、犯罪者もまた国によって異なり、比較文化的犯罪学に対する実証学派のアプローチでは、その従属変数のフォーマルで操作的定義は、事実、文化によって異なると仮定せざるを得ないであろう（この典型的な解決策は、やはり、実証学派の論理に内在すると見られる）。

　古典学派の定義を拒絶することによって、実証学派犯罪学は、その学問対象の普遍的概念化をも拒否したのである。「犯罪」という一般的用語を維持しながらも、実証学派は、犯罪がその原因の産物であるが故に、各学問分野は犯罪をその分野に適したように定義することができるはずだし、各犯罪理論は犯罪を自分の目的に合うように定義する自由をもつべきであると仮定した。結果として、犯罪は、原則として、特定の学問分野がそうあって欲しいと思うものになった。例えば、実証学派に属するある心理学者たちは反社会的パーソナリティを研究し（Robins 1966）、他の心理学者たちは攻撃性を研究する（Bandura 1973）。実証学派に属するある社会学者たちは犯罪を文化的に価値付けられた目標の達成に向けられた道具的行動と定義し（Merton 1938）、他の社会学者たちはそれを一定の下位文化に固有の規範に忠実な行動（Wolfgang & Ferracuti 1967）と定義する。経済的実証学派は、あるときは、犯罪をすべての職業への参加と離脱を支配する労働市場に従う行動と定義し、別のときには、単に司法制度の産物とみなす（Becker 1974）。

　もちろん、犯罪の定義を判断する基準はある。実証学派は、理論とは、単純で、明瞭で、検証可能であるべきであり、また、それは広範な適用性、つまり普遍性を目指すべきであると信じている。こうした基準に従えば、犯罪定義が複雑になったり多面的になるはずはないのだが、強い力がそれとは反対の方向に働く（反実証学派は、もちろん、簡潔な説明を目指すことは、社会や文化の本質に反するとして、その妥当性を否定する［例えば、Greenberg 1981；Beirne 1983］）。

　複雑さが生じる一つの理由は、「犯罪とは何か？」ではなく「何が犯罪の原因か？」を探求するというのが実証学派の原理だからである。犯罪の定義を探求する前にその原因を探求するなら、犯罪の定義は、我々がその原因としたものによって規定されるであろう。原因は学問分野に属するので、そのとき、犯罪の定義は学問分野に固有のものとなり、これを研究する者たちの知的ヒストリーと現在の社会的所属機関に依存することとなる。社会学者にとって犯罪は社会的行動である。心理学者にとって犯罪は個人特性である。生物学者にとって犯罪は遺伝形質の発現である。経済学者にとって犯罪は合理的行動である。我々が学問分野を追加し、またその内部に下位領域を見

出すたびにこのリストは拡大し続ける。

　犯罪の定義を個々の研究者の自由裁量に委ねる実証学派犯罪学は、犯罪のどんな定義も、どんな分野も、潜在的には有益で有意義であるという主張には抗えない。例えば、未成年者と成人に対しては別々の犯罪学を、少年と少女に対しては別々の犯罪学を、街頭犯罪とホワイト・カラー犯罪には別々の犯罪学を、殺人と強盗に対しては別々の犯罪学を、シカゴと台北に対しては別々の犯罪学を必要とするといわれたら、実証学派犯罪学はこれを否定するすべを知らない。

　自分の従属変数を制御したり定義できない犯罪学では、当然のことながら、自分の独立変数はいっそう制御できないであろうし、実証学派の犯罪学は、チョコレートを食べ過ぎることから宗教心をもたないことまで、ほとんどすべてが犯罪の原因であるという主張に抵抗するすべをもたないであろう。多くの可能な従属変数に多くの可能な独立変数を掛け合わせるなら、その科学は記述することが困難なほど複雑で、あきれるほどに支離滅裂なものとなるであろう。

　例えば、偶々次のような知見が得られたとしよう：「米国では、失業率の増加が若成人の窃盗増加と老人の暴力減少の原因である」。実証学派である我々は、ともかくも、この「知見」を真剣な科学的研究による正当な成果であるとして受け入れ、これに対処しなければならないと感じるであろう。実際、この分野の事情に鑑みると、この知見は研究によって**生み出された**他のすべての事実に与えられたと同等の地位を与えられなければならないであろう。

▋ 比較犯罪学

　ある文化内で犯罪に関する事実を（統計的有意性と説明可能な分散を超えて）判断する根拠がないなら、それらを他の文化に一般化する根拠はさらにないことになる。実証学派自体は、文化間で事実が異なり、それ故、文化間での一般化は危険であるという見方に親和的である（Beirne 1983: 34；Johnson & Barak-Glantz 1983: 7）。

　カオスに直面したとき、科学志向の学問分野はどう進むのであろうか？　その場合、そのモデルとするもの、つまり科学に回帰し、（そもそも、科学こそが窮地に陥れたものであることを忘れ）何であれ、科学が為すべきというものに従って改善を試みるのは明らかである。この解決策は研究方法に焦点を当てるものだし、比較犯罪学はこの問題に多大の注意を払っているというのが妥当なところであろう（例えば、Johnson & Barak-Glantz 1983；Archer & Gartner 1984；Block 1984；Mayhew 1987 参照）。残念なことに、方法としての科学は、理論としての科学の問題を解決することはできない。サンプル数を増やし、測度を改善し、より良い統計技法を使ったからといって、

比較できないものを比較することに意味があるということにはならない。

　比較犯罪学の問題に関して方法論的解決策には限界があるとするなら、向かう先は、その学問分野の一つ——社会学に、心理学に、生物学に、あるいは経済学に——に助けを求めることだけである。あいにく、我々が先に見たように、各学問分野とも、自己の概念図式は犯罪に対して独自に適用可能であると信じている。さらに悪いことに、それらはどれも最終的に、文化的変動性が犯罪における主要要因であると結論するが、これは、比較文化的犯罪学がまさに乗り越えようとしている結論でもある。

　この問題はコーエン（1955）の研究に例証される。コーエンは次のようなロジックでギャング非行理論を展開した：下層階級の少年たちは、米国社会で地位達成への主たる手段となる学校でうまくやっていくための準備ができていない；学校はすべての少年の行動を評価する際に中産階級の基準を用いるが、下層階級の少年たちにはそれに適うだけの能力をもっていない；結果として、彼らは地位達成のために別の手段に目を向ける；これを探索する過程で、彼らは類似した問題をもつ他の少年たちと出会い、非行ギャング集団という解決策が姿を現す。

　コーエン理論を米国の実状をとらえた非行理論とすることには問題がある。しかし、他の文化への応用可能性はさらに問題である。すべての文化が学業を普遍的に必須なものとしているわけではない；コーエンが米国社会に付与した達成価値をすべての文化が共有しているわけではない；少なくともいくつかの文化では、非行は、それに対してコーエンが帰属した動機を満たすようには思われない（DeFleur 1970）。この理論を異なる文化に適用できるよう修正するためには、少年たちが地位を達成しようとする手段、彼らが追求する目標、あるいは非行そのものの定義を変える必要がある。コーエンのような文化的不均衡理論は、どの文化もそれ自身の非行理論を必要とすることを示唆するもので、これは国際比較犯罪学とは正反対の立場である。これが文化的不均衡理論に当てはまるのなら、それは、非行を、個々の文化およびそれと他のシステムとの関係に固有の能動的な諸要因の産物とみなす理論、いわゆる文化逸脱理論には一層よく当てはまるであろう（Wolfgang & Ferracuti 1967）。

　構造や文化よりも犯罪行動の学習プロセスに焦点を当てる理論の方が一般性は高いが、それらも文化間比較を行おうとすると困難に陥る。例えば、ウィルソンとハーンスタイン（Wilson & Herrnstein 1985）は、一般的心理学的学習理論から導いたある理論を提起している。この理論は衝動性と学習能力の個人差に焦点を当て、「犯罪の報酬（物質的および非物質的）に対する非犯罪の報酬（物質的および非物質的）の比率が高まれば、犯罪を遂行する傾向は弱まる」（p. 61）という原理にこれらの差異を結び付ける。この理論の真実が何であれ、それによって、著者たちが提起する比較文化的課題に取り組むことが可能になるとは思われない：「犯罪に影響を与える個人差を

158　Ⅲ部　犯罪性

生み出しているのは歴史、文化、現在の状況なので、犯罪には国それぞれの、多分地方それぞれの烙印が押されている」（p. 458）。

そして最後に、犯罪学の主要分野は、犯罪学の概念的カオスが多文化社会のもつ本来のカオスを反映していると結論する。つまり、それらは、犯罪学の問題に「解決策」はないし、実際、各文化はそれ自身の犯罪と固有の犯罪原因をもっていると結論するのである。皮肉にも、現代の犯罪学は、すべての文化状況に適用可能な原理を見出す分析や研究の可能性を認めてはいない。ポール・フライディ（Paul Friday）が次のように述べる通りである：「犯罪学者は、「普遍的」と考え得る犯罪理論を発展させるだけの専門性を欠くという病に悩まされてきた」（1973: 152、Johnson & Barak–Glantz 1983: 10 に引用）。

科学は一般に、現象の適切な説明とは、差異およびその相関事象の帰納的吟味から生まれると仮定する。例えば、まず、米国は日本よりも殺人率が高いことを確認する。次に、日本と米国の殺人差を説明する文化的（あるいは、多分、構造的）差異を突きとめる。実証学派の説明は通常二つの方向で進行する。一つの方向は、研究者が独立変数間の配置を複雑にしていくもので、それは、もしも二つの文化がこれらの変数に関して類似しているなら、それらの間で殺人の差はないであろうといえるまで行われる。この本質的に統計的な手続きは、日本における殺人の原因は米国における殺人の原因と同じである——つまり、これらの文化間で殺人率に差があるのは、それらの間で「独立変数」の序列あるいは組合せが異なるからだけである——との結論をもたらすことが**あり得る**。しかし我々は、こうした結論に至ることはなく、むしろ、殺人の原因が異なるのは、その「意味」が文化によって異なるためであるという正反対の結論になることを知っている。我々はまた、窃盗、侵入盗、強盗、強姦、偽造の文化的差異を検討しても、結局は、「犯罪」とその原因は文化によって異なるという考え方、即ち、多文化を論じる理論は証拠によって排除されるという考え方を強調するだけになることを知っている。

実証学派の説明の別の方向は、二つの文化における殺人の相関事象を、それらが同じ「包摂法則（covering laws）」のもとに入るよう概念化を試みることである。つまり、もしも犯罪と失業が両文化において正の相関をするなら、「経済的剥奪」は文化的境界を超える犯罪の原因であるという「法則」を提起することができる。この方法は、統計的モデリング・アプローチ以上に比較文化理論の出現をうながすであろうが、しかしそれはそれ自体の問題を孕んでいる。第1に、この理論は犯罪の実証的な相関事象からスタートするので、その犯罪概念はそれがこれらの相関事象に付与した意味と整合的なものでなければならない。こうした犯罪概念を異なる文化に適用することは容易ではない。例えば、失業の「経済的剥奪」理論を取り上げてみよう。それは、あ

る社会内部での犯罪率の差を説明するようつくられたものなので、文化間の犯罪率に関しては、貧しい社会は豊かな社会よりも犯罪率が高いであろうといった、誤った予測をもたらすであろう。

かなり興味深いことだが、どのような方法を使おうと、通常我々は、さまざまのタイプの犯罪と非行——殺人、強姦、強盗、窃盗、怠学など——が同じ相関事象をもち、同じ一般原理によって説明されるなど、共通点があるように見えることを見出す。しかし、ここでもまた、実証学派はこうした重なりや共通性に対して、たとえそれが自分たちの方法によって生み出されたときであっても、これに対処することはできないように思われる。従って、実証学派は、基本的に、些細な差を強調し、重要な類似性を無視するということを、どの犯罪に対しても同じように繰り返すのである。

■ 犯罪自己統制理論の比較文化への適用

比較文化的犯罪学への伝統的アプローチは成功してこなかったし、成功することは望み得ないので、新しいアプローチが必要である。我々のアプローチでは、それ故、従来の比較犯罪学的思考は取らない。そうではなく、犯罪の因果プロセスにおいて文化は重要ではないこと、我々は犯罪の定義と原因に関しては変動性よりも恒常性を追求すべきであること、犯罪の単一理論は犯罪率における文化差の現実を包含できるものであることなどを仮定する。そこからダイレクトに犯罪の一般理論が可能になる。ここで我々の理論の原理を簡単に振り返ろう。

犯罪理論の中核概念は犯罪そのものでなければならない。そこで我々は、犯罪の本質に関する論述から始める。次に、我々は犯罪の本質からそれに関わりやすい人々の特徴を演繹する。この段階で、我々はこの理論を比較文化的状況に適用する。

犯 罪

もしも文化中立的犯罪理論を目指すなら、我々は「文化」を犯罪の定義に組み込まないよう注意しなければならない。例えば、それが何であれ、犯罪を文化的価値の達成と見るべきではない。もしも文化的価値が犯罪の根底にあるのなら、またこれらの価値が文化によって異なるものであるなら、犯罪の意味は文化によって異なるものとなるであろう。同様に、犯罪を厳密に行動的あるいは法律優先的（legalistic）に定義すべきでもない。ある同じ行為（例えば、殺す、奪う、強制する）が、ある文脈では犯罪となり別の文脈では犯罪ではないということがあるので、下位文化理論家がそうであるように、我々も犯罪の説明においてついこの区別を取り入れてしまいがちである（下位文化理論家たちは、犯罪行動を遂行する人たちが行動の「非犯罪的」定義に

160 Ⅲ部 犯罪性

よって誘導されると主張する）。また、犯罪は、少なくとも、すべての社会において犯罪的と定義される行為の大多数を含むように定義されなければならない。もしもある社会がある行為を犯罪的と定義するなら、我々の定義はその社会の定義の根拠を包含し得るものでなければならない。最後に、我々の犯罪定義は、社会的集団化（社会内においてであろうと社会間においてであろうと）を超えた人間の本性概念から引き出されたものでなければならない。

こうした要件を満たす人間の本性概念は、人間行動が自益的な快の追求と苦の回避によって動機付けられているという古典的仮定の中に見出される。この概念では、自己利益が快の増加であろうと苦の回避であろうと、犯罪とは自己利益を満たすために威力と偽計を用いる行為である[*1]。

我々が強調したように、快を増加させ苦を減少させる行為特徴はその因果機構に含まれており、それは文化を超越するものであるはずである。快を最大化するためには、行為による利益は即座であるべきである；快は達成の迅速さによって増加される。威力と偽計はしばしば他の手段よりも即座の結果をもたらす；それ故、それらは自益追求にとって明らかに有益である。快を最大化するためには、行為による利益は確実であるべきである；威力と偽計はしばしば他の手段よりも確実な利益をもたらすが、特に追求された利益が即座のもので行為の長期的結果に懸念が小さいときにそうである。快を最大化させるには、行為は最小の努力を要するものであるべきである。威力と偽計はしばしば他の手段よりも少ない努力で利益をもたらすが、特にその利益が迅速性や確実性の特徴をもつ場合にそうである。

国際比較研究に対して常に障害となる、犯罪的という定義が国によって異なるという問題は我々の犯罪定義では排除できる。それは、共産主義社会における起業家精神、自由市場経済における談合（big-rigging）、義務教育社会における怠学、家族規模に強制的制限を設ける社会における妊娠などを含むことが可能である。

社会間で犯罪率が大きく異なることは我々の概念の支障とはならないが、かといって、我々はこれらの差異を唯一の生態学的関心の対象とするわけではないし、すべての社会において犯罪率を左右する単一の原因あるいは原因セットが存在するという可能性を否定するものでもない。我々の概念は、威力と偽計による個人の自益追及がすべての社会において問題であると仮定するが、そうした問題は、社会がみずからの価

[*1] ある行為がいつでもどこでも犯罪とみなされるわけではないから、犯罪の一般理論は不可能であるとよくいわれる。典型例は、戦時中の兵士による意図的殺人は犯罪となみなされないというものである。犯罪行為の自己利益的性質に焦点を当てる我々の犯罪概念では、集団的目標追及のために遂行される行動を除外することに何の問題もない（この例は、法律優先的犯罪定義からスタートし、法律優先的基準よりも行動的基準を満たす事例を提示することによって、その価値を論じようとする実証学派の立場をよく表すものである）。

値観を維持しようとするならば是非とも対処しなければならないものである。

　闇市場で取引をするブローカー、通行人を銃で襲う街頭強盗、インサイダー取引に手を染める株式仲買人、浮気する妻、激情に駆られて妻を殺す夫などはみな、長期的利害関心にとらわれることなく個人的利益を追求する人たちである。彼らもまた、法による刑罰をちらつかせて、彼らに長期的利害（そして他の人たちの利害）を想起させようと試みる社会のメンバーでもある。

　我々の概念は、都合よく犯罪を定義することから社会を解放するが、我々の考えでは、この自由が理論に危険を与えるわけではない。「犯罪を定義する」能力を社会に与えると、短期的で個人的利益をもたらさないような行為を犯罪的とすることもあり得るが、しかし、こうした法律は破られることもないし、強制されることもほとんどないであろう。それなら、違法の内容と形態、それらが起こる頻度に関して社会間で見られる変動はどのように説明されるのだろうか。我々の理論によれば、犯罪は個人にとっての利益である以上の要素はほとんどない：例えば、犯罪には財物、サービス、被害者、それに機会が必要だが、それらは時代によって場所によって変動する要素なので、犯罪率における国の差異を非常によく説明するものである。

　短期的利益ですら犯罪遂行を可能にする機会が必要であり、こうした機会提供の度合いにおいて社会間には大きな差異がある。例えば、自動車がほとんどない社会では、盗んだ自動車を使うことも提供することも困難なので、自動車盗は2重に起こり得ないであろう。多くの人が同じ居住区域を共有し、物質的財産をほとんど所有しない社会では、有価物を突然所有すると注意を引きやすいであろう。比較文化的な犯罪率に影響を与える主な要因は、もちろん、窃盗の対象となる財物や被害者となり得る人の絶対的数量である。開発途上国は、国民の気質や志向性とは無関係に、単に、財産犯の発生率を維持するだけの物質的豊かさを欠いているだけかもしれない。

犯罪性

　我々が強調したように、犯罪性の概念（低自己統制）は犯罪概念から導かれる。それは、行為の長期的結果を考慮することなく短期的な充足を追求する個人の傾向である。この傾向をもつ人々は衝動的で向こう見ずである；彼らは他者の利害に対しても、また、その源が何であれ、後からやってくる罰に対しても比較的無関心である。犯罪は国境を超越するので、犯罪性は同一である。

　自己統制における個人差は人生初期（国家による定義がどうであれ、犯罪行動の個人差が可能になる前）に形成され、その後もかなり安定して続く。こうした安定性は、イギリス（West & Farrington 1977）、スカンジナビア（Olweus 1979）、米国（Glueck & Glueck 1968）など、いくつかの地域で報告されてきた。

162　Ⅲ部　犯罪性

　幸いにもと言うべきか、犯罪が遂行されるには個人的傾向以上のものが必要である。それは財物、被害者、身体的能力、即時的罰のおそれがないことなどを必要とする。犯罪に向かう傾向は、それを満たすために犯罪を**必要としている**わけではない。賭博、セックス、飲酒、喫煙、離職など多くの非犯罪的行為が犯罪益と同じものを提供する。こうした行為と犯罪行為が等価であるという証拠は、それらの間の比較的強い正の相関から得られる。これらの正の相関は、異なる種類の「快」同士が代替可能というわけではないが、それらは一塊あるいは一房として、一体として発生する傾向があることを示唆している。そこから我々は、潜在的犯罪者に対して、犯罪と等価な快を提供したり、こうした代替物を断つことによっては、犯罪を防ぐことはできないであろうと推論する。

犯罪の比較文化的相関事象

　我々の概念規定に関する限り、犯罪の重要な相関事象は文化間で異なるわけではない（ほとんどすべての相関事象に関してデータが完全かといえば、そうではないし、人種・民族性のようないくつかの相関事象のように、信頼できる結論を得るのに十分な変動が社会内において見られない場合もある。十分なデータを欠く一つの理由は、犯罪の相関事象は文化間で異なるはずだという、現在の証拠からは支持されない仮定があるためである）。例えば、データが入手可能なすべての社会の犯罪統計において男性が圧倒的であるというジェンダー差は、社会間で顕著に一貫している（Adler 1981 に掲載された日本、ナイジェリア、ハンガリー、ポーランド、イギリス、ノルウェー、フィンランド、オランダ、米国のデータを参照）。特に青少年非行に関心のある研究者たちにとってたぶんもっと重要なのは、年齢差がどこでも同じであることで、犯罪は青年期後期か成人期初期にピークがあり、その後、徐々に減少する（第 6 章及び Ong ［1986］参照）。すべての社会において、家庭の安定性は、個人レベルでも集合レベルでも、犯罪と負の相関があるように思われる（Rosenquist & Megargee 1969；Toby 1979a；Riley & Shaw 1985）。郡部よりも都市部で犯罪率が高いこと、犯罪の圧倒的多数が財産犯罪であることなども普遍的であるように思われる。犯罪の深刻さランキングを比較文化的に調べた研究では、文化間でかなりの一致が見られている（Newman 1976）。

　どこでも見られる個人レベルでの非行の相関事象は、性的早熟、学業適性の低さ、薬物使用（酒、たばこを含む）などである。入手可能なデータには、このように一貫性があるので、犯罪・非行の一般的——つまり、比較文化的——理論を構築することは可能である。それは、犯罪を近視眼的な自益追及とみなし、犯罪性を行為の長期的結果に対して関心をもつのに必要な自己統制の相対的欠如とみるものである。

8章　文化と犯罪　　*163*

▌結　論

　我々の立場からすると、犯罪・非行の国際比較研究がまず目指すべきは、犯罪と自
己統制の相関事象に関する次の 2 種類のリストをつくることである：それは、文化依
存的な相関事象とそうでない相関事象である。第 1 のリストは、個人的傾向を反映す
るものではなく、事象生起の容易さに影響を与える犯罪変数あるいは機会変数からな
るものである。第 2 のリストは、低自己統制の原因と結果からなるもので、それは、
即座の快楽のために長期的未来を危険にさらす個人の志向性に影響を与える諸要因で
ある。もちろん、こうしたリストの作成のためには犯罪の一般理論が不可欠である。
こうした理論がないことから、国際比較研究は文字通り自分が追及しているものが何
かを認識することはなく、当然ながら、その貢献は大なり小なり無視されてきたので
ある。

── 9章 ──

ホワイト・カラー犯罪

White-Collar Crime

犯罪学においてホワイト・カラー犯罪ほど顕著な概念はない。このトピックを1章として、あるいは複数の章で論じない教科書は完全ではないようにすら思われる。どんな学会大会においても、企業犯罪の理論と研究に関する最新展開を論じるパネルが組織される。司法教育のカリキュラムには、多くの犯罪が経済的に恵まれた階層の人たち、特に経済的パワーをもつ立場にある人たちによって行われるという種々のテーマを扱うコースが組み込まれている。事実、犯罪学ではどんなトピックを論じてもホワイト・カラー犯罪という亡霊に付きまとわれる。理論はいつでも、犯罪全体像の重要な一部であるこの事象を取り込むことができるかどうかによって検証される。この「犯罪」相関事象を見出した研究者たちの中には、ホワイト・カラー犯罪がこの領域の伝統的研究に対してもつ意味を理解できない無知な犯罪学者たちによって、しばしば不当な扱いを受けてきたということで、不満を抱く者が多い。アカデミアの外では、ホワイト・カラー犯罪はさらに大きな影響力をもってきた；例えば、ホワイト・カラー犯罪者に対する検察力を高めるとか監視機関を創設するなど、FBIの方針変更も行われてきた（Geis & Meier 1977: 2）。

ホワイト・カラー犯罪が犯罪学の重要な研究領域として確立され、多くの研究と理論がそこに投入されてきた今となっては、この概念の功罪をより明確に評価することができるであろう。本章では、我々の一般理論をホワイト・カラー犯罪に適用する。本章の命題は、ホワイト・カラー犯罪と犯罪一般の区別は他のあらゆる犯罪タイプと犯罪一般の区別と同じものであるというものである；つまり、ある目的のために設けられた区別の有用性が不当に一般化され、本来適用不能で、またそうすべきでない領域にまで適用されてきたのである。政策目的のために特定犯罪を分析することが有益であったとしても（例えば Cornish & Clarke 1986 参照）、生態学的あるいは研究上の目的に対しても同じ区別が有益である根拠にはならない。例えば、エアゾール缶塗料の販売禁止によってバンダリズムは減少するかもしれないが、それをもってバンダル族と街頭強盗では原因が異なると解釈することはできない。同様の理由で、ホワイト・カラー犯罪を規制したいという願望と、それらが独自の因果プロセスの産物であると

いう結論を混同すべきではない。事実、我々の犯罪一般理論は、ホワイト・カラー犯罪の頻度と分布を、強姦、バンダリズム、単純暴行など他のすべての形態の犯罪の頻度や分布とまったく同じように説明するものである。ホワイト・カラー犯罪が独自の理論的問題をもつという我々とは異なる仮定に基づく大量の文献が存在することから、我々の主張を展開する前に、いくつかの概念的疑問を解決しなければならない。

■ ホワイト・カラー犯罪概念の起源

古典学派理論では、潜在的には人間社会に威力と偽計が常に付きまとうと仮定された。威力と偽計はどちらも自己利益を追求する手段とみなされ、両者の違いは理論上の重要事項とはみなされなかった。犯罪とは生物学的、心理学的、社会学的病理の証拠であると仮定する実証学派に古典学派が道を譲ったとき、威力と偽計はもはや自然のものとは仮定されず、それらの使用を説明するために何か特別な動機や衝動が求められた。こうした衝動の主な社会的起源は、当初から、低い社会階層、貧困、不平等だった。この概念は貧者の高犯罪率を説明した（そして、その責任は、実は、富と権力の所有者にあると主張した）。ある政治的目的にとっては不都合なことに、それはまた、貧者は富と権力をもつ者と比較して犯罪率が高く、後者は相対的に犯罪には無縁であると仮定された。

この文脈から見て、ホワイト・カラー犯罪の創設は二つの望ましい結果をもたらした：それは貧困病理理論が誤りであることを立証し、特権階級の犯罪性と彼らが刑罰を免れやすいことを明らかにしたことである。

階層–貧困–不平等モデルを受け入れた社会学理論（例えば、Merton 1938；Cloward & Ohlin 1960；Blau & Blau 1982）がそれを維持するためにしたことは、ホワイト・カラー犯罪を本質的に無視することであった。ホワイト・カラー犯罪の概念を受け入れた社会学理論は、二つの方向のいずれかに向かわざるを得なかった：「病理的」原因（例えば、分化的接触）を否定する一般理論に向かうか、あるいは特定犯罪のために、あるいは犯罪タイプ別に仕立てられた理論（例えば、Bloch & Geis 1970；Clinard & Quinney 1973；Gibbons 1973）に向かうかである。

現代においてホワイト・カラー犯罪概念はポピュラーなものとなったが、それはその科学的価値というよりも政治的魅力によるものであることは明らかである（Geis & Goff 1983；Braithwaite 1985: 1）。事実、ホワイト・カラー犯罪概念を導入した結果生じた主な影響は、その従属変数に関する実証学派的概念を複雑にしたことと、多少なりとも階層独自な面をもつ犯罪とその原因に注目しない実証学派の研究成果を否定することであった。

■ 現代のホワイト・カラー犯罪理論

　ホワイト・カラー犯罪研究者たちの抱える大きな問題点とは、この概念が暗黙裡に含む仮定を無視してきたことである。表面的には、この用語は、ホワイト・カラー犯罪が現実の犯罪であること、社会的地位の高い人たちが現実に犯罪を行っていること、彼らが行う犯罪は一般の犯罪とは異なること、彼らの違法行為の原因は他の犯罪者において働いているものとは異なること、そして、ホワイト・カラー犯罪への公的反応は一般の犯罪に対するものとは異なることなどを当然のことと仮定している（この用語そのものからは見えにくいが、しかし、これとの関連でしばしば指摘されるのは、ホワイト・カラー犯罪が実は一般の犯罪よりも深刻で、より危険で、社会的・市民的価値に対してより有害であるという見解である［Sutherland 1983；Will 1987]）。

　一見すると、これらの仮定は特に偏っているとも不合理とも思われない。しかし、よく考えると、「教会犯罪（church crime）」概念と同じ結論に至るであろう。教会指導者によって行われる犯罪は間違いなく現実にある正真正銘の犯罪であるが、それらは非教会犯罪とは異なる（すなわち、非課税の寄付金を盗むことは非営利組織においてのみ可能である）；その犯罪原因は、その文化的、経済的状況に特有のものであろう；そしてもちろん、法システムの教会犯罪に対する反応は他の領域の犯罪に対するよりも寛大だったり厳格だったりする。

　ここで見たように、単純で有用な概念のように見えたものが、実はかなり複雑な様相を呈するようになる。犯罪は低階層に集中しているという考え方に対する反発としてホワイト・カラー犯罪概念が生じたことを知らなかったのなら、それは、低率カテゴリーの原因（例えば、健全な家庭の犯罪；首席犯罪（valedictorian crime）；女性犯罪；老人犯罪；田舎町犯罪）であっても、犯罪がすべての集団に見られることを我々に想起させるだけのものであったろう。そこで疑問が生じる：ホワイト・カラー犯罪概念には、犯罪者の特徴から犯罪を分類する無数の方法とは区別される、それ自体の意義あるいは用途があるのだろうか？　ホワイト・カラー犯罪のこうした意義や用途は、その仮定を一つずつ考察することによって明らかになるであろう。

ホワイト・カラー犯罪は本当に犯罪なのか？

　古典学派理論は、犯罪者の特徴、犯罪の様態、また犯罪が法的制裁に直面する可能性の違いなどには注目しなかったので、ホワイト・カラー犯罪が犯罪学領域の一部かどうかという問いなど、古典学派理論では起こり得なかったであろう。犯罪とは威力と偽計によって個人的利益を達成しようとする試みなので、富者や権力者が犯罪を行

うことも、またそれが国家による罰を受けないこともあり得るのは明らかである。

実証学派犯罪学はあらゆる点において犯罪概念を歪なものにしてしまった。そこでは、犯罪者とは文明化された行動を学習できない人々や、自力ではほとんど制御できない力によって不適切な行動をするよう強いられる人々とされた。その結果、法とその刑罰は、それ自体が人間行動に関する科学的知識とは相容れない概念あるいは制度となってしまった。この意味で、自明なるものの可能性を否定する世界観には何らかの誤りがあると主張するホワイト・カラー犯罪概念は、実証学派への反旗となったのである：自明なるものとは、知的で権力をもつ人々が自分の目的達成のために威力と偽計を用いるという事実である。

証拠は、明らかにホワイト・カラー理論のこの側面を支持しているように見える。犯罪を下層階級に限定する正当な理由はない（例えば、Merton 1938；Cloward & Ohlin 1960；Blau & Blau 1982）。むしろ、証拠は、威力と偽計が用いられたとき犯罪はどの社会水準でも可能だし、ホワイト・カラー犯罪は明らかに犯罪であることを示している。一般性を標榜する犯罪理論であればすべて、富者や権力者による犯罪、職務過程でおかされる犯罪、権力・影響力・責任をもつ地位が個人的・組織的利益のために利用される犯罪（Reiss & Biderman 1980: 4）などに対して、問題なく適用されるべきであると、主張するであろう。

高地位の人々が犯罪をおかすのか？

ホワイト・カラー犯罪概念を奨励する人たちによると、その主要価値は、実際の犯罪が下層階級に限られるものではないことを我々に想起させることである：「この研究は……上位の社会経済的階級の人たちが多くの犯罪をおかすという証拠を提示しようと試みてきた……大企業の中に非常に頻繁に法律違反をしてきたものがあることが見出されたことで［この目的は］達成された」（Sutherland 1983: 264）。

その通り、ホワイト・カラー犯罪は確かに犯罪であり、ホワイト・カラー犯罪は現実である。ある医者は殺人をおかし、医者は時折、メディケア［訳注1］で不正をする（Geis, Pontell, & Jesilow 1987）；弁護士たちがクライアントから預けられた資産を悪用することは知られている；企業管理者たちは、時折、入札談合を企てる；労働組合幹部が年金資金を使い込むことがある；製造業者は、時折、法に違反したやり方で有害な化学物質を処理する。

ホワイト・カラー犯罪が経験的現実であるとともに概念的可能性をもっていると結論付けるために、個人と組織の区別を設ける必要は明らかにない。また、ホワイト・

訳注1　米国の高齢者および障害者向けの公的医療保険制度

カラー犯罪を他の犯罪形態から区別するために特別な動機要素を導入する必要もない。一般犯罪同様、ホワイト・カラー犯罪者も明らかに個人的利益を追求している。この利益は直接に、あるいは彼あるいは彼女が属する集団や組織を通して間接的に犯罪者のものとなる。他の犯罪同様、利益の計算違いはあっても、それをもって、利益追求がなかったという証拠にはならない。加えて、高地位者による犯罪を記録するために、分析単位の議論（例えば、組織が犯罪をおかすのか？）を導入する必要はない。

ホワイト・カラー犯罪は一般犯罪と異なるのか？

ホワイト・カラー犯罪と一般犯罪の間に違いがあることを明らかにするためには、ホワイト・カラー犯罪の定義例とそこから派生した、あるいは類似した概念を吟味するする必要がある：

ホワイト・カラー違反は、合法的な経済的・政治的制度秩序内で重要な権力・影響力・責任をもつ違反者の地位を、非合法な利益のために、あるいは個人的・組織的利益を目指して非合法な行為を行うために使用することを含む罰則付きの法律違反である。(Reiss & Biderman 1980: 4)

［ホワイト・カラー犯罪は］尊敬されるべき高い社会的地位をもつ人がその職務過程においてに行う犯罪である。(Sutherlan 1983: 7)

金銭や財産を得るため、支払いあるいは金銭・財産の喪失を避けるため、あるいは仕事上のあるいは個人的な優位を得るため、非物理的手段や隠蔽・策謀によって行われる非合法な行為あるいはそうした一連の行為。(Edelhertz 1970、Braithwaite 1985: 18)

職務犯罪とは、職務過程で個人が自分自身のために行う犯罪と従業員の雇用主に対する犯罪から成る……［企業犯罪（corporate crime）とは］企業社員が企業体のためにあるいは企業体自身が行う犯罪である。(Clinard & Quinney 1973: 188)

ホワイト・カラー犯罪概念の信奉者たちは、犯罪タイプや犯罪者タイプの間に重要な違いを見出したと信じている。こうした区分の価値は、それが犯罪者、被害者、あるいは刑事司法職員の行動を説明し、予測し、コントロールする上で有益であるかどうかによって決めなければならない。こうした基準がなければ、こうした概念の分析と評価は困難だし不可能であろう。そこで我々は、説明、予測、コントロールの観点から見て、ホワイト・カラー犯罪とその犯罪者が他の犯罪や他の犯罪者とどう異なる

かを問うてみることにする。

ホワイト・カラー犯罪者は他の犯罪者とどう違うのか？

　ホワイト・カラー犯罪問題への一つのアプローチは、それが犯罪と雇用に関する新しい見方を提供していることに注目するものである。事実、ホワイト・カラー犯罪概念は、仕事（非雇用）がないことが犯罪を、それがあること（雇用）が非犯罪をもたらすという伝統的仮定に挑戦するものである。この伝統的仮定（非雇用理論）は動機付けを強調し、犯罪は相対的貧困から生じる剥奪の結果であると主張する。反対に、雇用理論あるいは「職業理論（occupation theory）」（Clinard & Quinney 1973）は犯罪機会を強調し、犯罪は金銭や財物への職務中の接近機会の結果であると主張する。しかし、どちらの立場も犯罪者の社会的地位やその他の特性にはあまり注意を払っていない。事実、どちらの立場も、非雇用のストレスと雇用に伴う機会に同じように反応する異なる人たちがいると主張するだけである。

　一方で、雇用が犯罪に与える実際の影響を検討した研究は、明確に、通常の一般犯罪者とホワイト・カラー犯罪者の区別は不必要としている。これら二つの立場は、同じ犯罪行為に研究の焦点を当てている。両者の唯一の違いは、ある独立変数から予測される効果の方向である。この違いは、我々が当初「ホワイト・カラー犯罪理論」を「実証学派」（衝迫あるいは圧力）理論に対する反論と位置付けた考え方に対応する。非雇用理論よりも雇用理論を好む研究は独立変数の扱い方を問題にするであろうが、（ホワイト・カラー犯罪者といった）特殊な犯罪者カテゴリーの必要性を示すことはできないであろう。雇用理論は証拠と一致し得るが、そのために、雇用に伴う犯罪が独自の原因の産物であるという見方を必要とするわけではない。

　要するに、従業員が仕事に関連した窃盗をすることがあるという知見は、窃盗（ホワイト・カラー犯罪）の独自理論を正当化するものではないし、同様に、失業者が窃盗をしやすいという知見は、もっぱら下層階級に焦点を当てる理論（剥奪あるいは緊張理論）を正当化するわけでもない。

　「職務犯罪」に焦点を当てることは、多分、ホワイト・カラー犯罪と他の形態の犯罪の区別を曖昧にするので、ホワイト・カラー犯罪概念の信奉者たちは、これを権力や責任のある地位にある富裕で、高地位で、尊敬される人々による犯罪に限定することを好む傾向がある（Sutherland 1983；また Reiss & Biderman 1980 参照）。ホワイト・カラー犯罪をこのように限定すると、その研究課題はいっそう困難になる：ホワイト・カラー犯罪者に対する適切な対照群はどこに見出せるのか？

　ホワイト・カラー犯罪者のこの限定された定義を支持する研究者たちは、それらを通常犯罪者と比較し、ホワイト・カラー犯罪を行う社会的に低地位の人々を無視し続

けてきた。これによって彼らは、高地位の一般犯罪者を記述するために同じ用語を使用することができる。例えば、サザーランドは、一定の範囲で、ホワイト・カラー犯罪者の行為は「熟慮的で」、彼らはしばしば「犯罪を繰り返し」「社会復帰」が難しいことを示そうとする。この比較から彼は、通常犯罪統計のために伝統的に用意されてきた高地位ホワイト・カラー犯罪統計の信憑性に関して懸念を表明する。つまり、サザーランドによれば、公式統計は、通常犯罪者の犯罪活動量を過小評価しているように、高地位ホワイト・カラー犯罪者のそれも大幅に過小評価している（1938: 227-28）。現代の学者によれば、関連するホワイト・カラー犯罪統計における過小評価と混乱は今も続いている（Reiss & Biderman 1980）。

　高地位ホワイト・カラー犯罪者と低地位通常犯罪者を比較することは、犯罪者母集団中の大きな部分を失うことになるが、しかし、それは高地位にある人を、普通は社会階層の底辺にいる人のために用意された用語で記述することを可能にする——例えば、「ホワイト・カラー犯罪者はポン引きのメンタリティをもっている」（Bequai 1987）。そして、暴露された上層部の腐敗は氷山の一角に過ぎないと主張することができる。しかし、この比較には他に積極的な価値はほとんどない（Toby 1979b）。それは、富裕で権力をもつ者たちの犯罪行動は貧困で力のない人たちのそれとは原因が異なると主張し、個別の犯罪行動理論を強引に推し進めるが、その主張の正しさを証明できていない。他の比較が必要であるように思われる。

　一つの可能性は、高地位犯罪者を同じ地位にある非犯罪者と比較することである。この比較を行う前に、そのロジックを簡単に検討してみよう。犯罪者をまず社会的地位によって選抜し、その後、同じ地位の非犯罪者と比較する。これは、犯罪をおかした低階層者を犯罪者でない低階層者と比較することと似ているし、もっとよいのは、非行をした優秀な学生とそれがない優秀な学生を比較することである（何故なら、優秀な学生はホワイト・カラー犯罪者のように犯罪率が低いと期待されるからである）。比較される両集団が地位属性を共有しているとすれば、その属性によって彼らの行動を説明することはできない。この比較は社会的地位から、緊張、機会、病理などのミクロ・レベルあるいは個人レベルの属性に注意を向けさせる。ミクロ・レベルの同じ属性は、優秀な学生の中の犯罪者と非犯罪者の違い、**それに**低階層者内のその違いを説明できるであろう（マクロ・レベルの区別を犯罪理論に導入するために設計されたホワイト・カラー犯罪概念は、皮肉なことに、実際には、因果説明をより低レベルの心理学的レベルへと否応なく向けさせる）。

　ホワイト・カラー犯罪者を他の犯罪者から区別する第3のメカニズムは、好んで企業犯罪に焦点を当てる人たちの研究に見出される（Ermann & Lundman 1982；Braithwaite 1985）。ジョン・ブレイスウェイト（John Braithwaite）によると、「中核的

関心領域である企業犯罪は……一貫性のある理論化のための、広範だが十分に同質性の高い領域である。ホワイト・カラー犯罪の有益な理論はとらえどころがないことはわかったが、影響力の大きな企業体・組織体犯罪理論［訳注2］には可能性がある」（1985: 19）。

企業体犯罪概念の潜在的価値が何であれ、その概念が解釈のために必要であるとする実証的データはまだ生み出されてはいないし、それでなければ見出されない重要な犯罪タイプを同認する上でそれが有益であったという証明もなされていない。研究単位は個人ではなく組織体であり得るし、そうすべきであると主張する研究者は、データが集まり、解釈が行われるようになるにつれて、この概念をそう長くは使い続けることができないであろう。サザーランドは企業に関する彼のデータを集計し（その大部分を「常習犯罪者」と呼び）、個人病理に基づく行動の説明を嘲笑したが、彼は企業体犯罪を分化的接触理論によって説明し続けたし、また、企業体の行動をその内部で権力の座にある者たちの行動と同等視した（Cohen, Lindesmith, & Schuessler 1956；Geis & Meier 1977: 84）。法律違反をした会社重役に関するブレイスウェイト自身による研究レビューは、以下のような結論に達している。「企業における法コンプライアンス・レベルを規定するのは首脳陣、特に最高経営責任者の態度である……さらに、中間管理職はしばしば、首脳陣が設定した目標達成に失敗するか、それともその目標を非合法に達成するかの選択に迫られると報告されている」（1985: 17）。

これらの主張の妥当性がどうであれ、それらは企業体を犯罪が起こり得る場とみなしているが、企業体そのものを犯罪行為者として扱ってはいないように思われる。この意味で、ホワイト・カラー犯罪もやはり、権威者が下位者よりもそこでの出来事に関して発言力が大きいという集団場面あるいは組織体場面——例えば、政府、部隊、学部、それに、この点においては非行ギャングも——で起こる他の犯罪と異なるものではない。

従って、ホワイト・カラー犯罪の発見は、その存在が理論や政策によって否定された文脈でのみ重要であるといえよう。サザーランド時代の理論は、通常暗黙にだが、権力者による犯罪の実在を否定する傾向があったし、社会政策は今日ほどにはこの領域に焦点を当ててはいなかった。今日、こうした理由付けはいずれも成り立たない。それ故、何か他の研究比較が求められる。この概念の理論的有用性は、犯罪者の比較ではなく、犯罪の比較に見出されるであろう。

訳注2　日本では「組織犯罪」は暴力団など犯罪組織による犯罪を指すが、本章では公共団体や企業による犯罪を指す。organizational crime も organized crime もここでは「組織体犯罪」と訳す。

ホワイト・カラー犯罪は他の犯罪とどう違うのか？

　ホワイト・カラー犯罪はしばしば、権力や影響力のある地位を占める人によってのみ行われる犯罪であると定義される。この定義では、高地位者によっても行われるが、低地位者によっても同様に行われる可能性のある犯罪が排除されてしまう。この定義では、自分の配偶者殺人やレイプが、もしも加害者の職業上の権力や影響力の結果でないなら、ホワイト・カラー犯罪とはみなされないであろう。つまり、銀行で横領ができるのは銀行員だけである；インサイダー取引ができるのは株仲買人だけである；メディケイド詐欺ができるのは、このプログラムにサービス料を請求できる人だけである；法的基準を満たさない自動車をつくることができるのは自動車メーカーだけである；そして、税金逃れができるのは税金を払っている人だけである。

　このアプローチは、独自の説明を必要とする独自の犯罪群を仮定しているように思われる。しかし、薬剤師による薬品窃盗が大工による材木窃盗とは違うとするところにどんな理論的意義があるのだろうか？　医師によるメディケイド詐欺は患者によるメディケイド詐欺とは違うとするところにどんな理論的意義があるだろうか？　銀行管理職による横領はガソリン・スタンドのサービス員による横領とは異なるとするところにどんな理論的意義があるだろうか？　ホワイト・カラー犯罪概念は、薬剤師による窃盗は大工による窃盗よりも重要で深刻である、あるいは異なる原因によるものであると論じる傾向がある。それは、医師の詐欺は患者のそれよりも重要（社会的損失が大きい？）であり、一方の原因は他方の原因とは異なる、等々と主張する。これらの主張は好意的に見ても欠陥があるし、実際には二つの大きな、互いに無関係だがしばしば混同される疑問を喚起する：まず、さまざまの犯罪の原因は同じなのか、そして、犯罪の深刻さは等しいのか、である。ホワイト・カラー理論家及び研究者は（多くの犯罪学者と同様）しばしば第2の疑問に対する答えは第1の疑問に対する答えに依存すると仮定する：すなわち、深刻な犯罪は深刻でない犯罪とは異なる（より強力な？）原因をもっているはずであると仮定する。明らかに、犯罪の原因とその深刻さが何らかの意味で対応があるとすることに論理的必然性はないし、後に示すように、そうではないことを示す十分な実証的証拠があり、そうであるべきではないという十分な理論的根拠もある。

　ホワイト・カラー犯罪を同種のブルー・カラー犯罪から区別することに明確な理論的意義がないとしたら、ホワイト・カラー犯罪の中に、メディケイド詐欺、脱税、インサイダー取引、独占禁止法違反、入札談合、消費者詐欺などの区別を設けるというよく目にするやり方に意味はあるのだろうか？　いくつかの理由で、犯罪間の区別は明らかに有益である。例えば、独占禁止法違反を暴露し告発するために必要とされる

専門的知識はメディケイド詐欺やインサイダー取引を防ぐために必要とされる専門的知識とは異なる。法制定その他の犯罪統制手段を遂行するには、個々の犯罪特徴に注目する必要がある（Cornish & Clark 1986 参照）。しかし、こうした目的のために、こうした犯罪タイプに対応した犯罪者の区分や犯罪の独自理論が必要というわけではない。非行研究者にとって、バンダリズム、放火、レイプ、侵入盗に必要な専門性を研究することに何の意味もない（彼らはしばしば、バンダリスト、放火犯、レイピスト、侵入盗犯に何らかの専門性があると主張する場当たり的な理論によって、そうするように奨励されてはきたが）。その延長線上で考えると、ホワイト・カラー犯罪者における専門性概念が実りあるものであると考える根拠はない。他方、ホワイト・カラー犯罪の全タイプに（そして、後に示すように、他のすべての犯罪にも同様に）適用できる一つの理論があると考えることには十分な理由がある。もしそうであるなら、個々の特定犯罪に特殊化された犯罪者動機付けとは、それらが重なり合うものだとしたら不要であろうし、それらが存在しないものであるなら間違っていることになる。

■ 犯罪タイプと犯罪者タイプの結び付き

犯罪と犯罪者の区別を探求していくと、それは、犯罪者タイプよりも犯罪タイプについて論じる方が有意義であるという結論に容易に行き着く。事象はそれぞれ独自の原因セットをもつ（例えば、自動車盗には自動車が、横領には他人の金銭へのアクセスが、暴行には被害者が必要である）。同時に、犯罪者は、自分にできることはまさに何でもしようとするように見える；彼らは特定犯罪に向かって専門分化するわけではない。強盗犯は強盗をしてきたが、将来は、強盗よりも侵入盗に精を出すかもしれないし、彼らが再び他の犯罪者よりも強盗を働くようになるとしても、その差はきわめてわずかなものである。これが強盗やレイプに当てはまるなら、実際そうなのだが、それは横領、詐欺、偽造にも当てはまるであろう。横領、詐欺、偽造は特殊な事象なので、もちろん特殊な原因があるが、こうした犯罪を行う犯罪者には因果的に他の犯罪者と異なる特殊性があると考える理由はない。従って、論理的には、犯罪性の一般理論が、強盗その他の犯罪タイプとは違って、ホワイト・カラー犯罪には通用しないとはいえない。ホワイト・カラー犯罪者が他の犯罪者と異なるという仮定は、犯罪者は特定犯罪に専門分化するという仮定の姿を変えたものであるに過ぎず、それは十分な証拠のない仮定でもある。

ホワイト・カラー犯罪は犯罪の定義条件を満たすものである（2 章参照）。それは、最小の努力で比較的迅速に、比較的確実に利益を提供する。それらが必要とするものは、人間行動の他のすべての様態にも存在する動機や圧力である。

174　Ⅲ部　理論の応用

　犯罪は財物、サービス、被害者を含むが、さらに別の構成要素をも含む：それらは
すべて機会を必要とし、発覚すると犯罪者は刑罰を受ける結果にもなると考えられ
る。しかし、こうした特性は、ある個人が犯罪に関わる一般的傾向を説明することは
できないし、それらは、それ故に犯罪性理論にとって中核的なものではない。

　しかし、我々の犯罪性理論の中核要素は、ホワイト・カラー犯罪者にも容易に見出
される。彼らもまた低自己統制の人たちであり、こうした行動の長期的コストを考慮
せず、即座の衝動に従う傾向のある人たちである。

■ 一般理論のホワイト・カラー犯罪者への適用

　低自己統制は犯罪行動の発生可能性に関連するが、それはまた職業的構造内での選
抜にも関りがある。通常の職業は、人々に特定の場所に特定の時間に居るよう要求す
る。それは根気よく学習すること、他者の利害関心に従う意志と能力、それに常識的
な外観に注意を払うことを求める。こうした職業的要請は犯罪性を含む特性とは一致
しない。ホワイト・カラー職業は、それ故、高水準の犯罪性とは矛盾する傾向がある。
言い換えると、職業構造の頂点にある選抜プロセスは、犯罪傾向の比較的低い人々を
採用する傾向がある。

　それ故、我々の理論は、現在の文献に見られる標準的な見解（例えば、Reiman
1979；Sutherland 1983）とは違って、ホワイト・カラー従業員の間で犯罪が比較的少
ないと予測する。標準的見解はホワイト・カラー犯罪の範囲に関する誤った統計に基
づいている。一方で、ホワイト・カラー研究者はしばしば*組織体*を分析単位とみな
し、ブルー・カラー従業員*個人*と比較する際、その大きさや複雑さを調整しない。
他方、組織体が参照される期間はしばしば個人よりもはるかに長い（Sutherland
1983）。結果として、ホワイト・カラー犯罪文献は、しばしば、数千人の従業員から
成る組織体が長い年月の間に行った犯罪数と単年度に個人が単独で行った犯罪を比較
することになる。

　比較可能な単位（例えば、年齢、性別、民族などの犯罪関連特徴が同じ個人）、比
較可能な期間（例えば、1年間）、比較可能な測定方法（自己報告あるいは逮捕数）
が用いられたときには、ホワイト・カラー従業員の犯罪率は、類似した機会をもつ構
造化の低い職業にある人のそれと比較して低いに違いない；それは、類似した機会を
もつ職業構造外にある人のそれと比較しても低いに違いない。

　この仮説に関する十分なデータは今のところ得られていない。しかし、従業員の窃
盗率研究は、我々にはこれと一致しているように見える。窃盗は従業員の間で流行し
ているという見方があるが、これに反して、ジョン・クラークとリチャード・ホーリ

ンガー（John Clark & Richard Hollinger 1983）は小売業従業員の 90％以上が、高価かどうかに関わらず、店の商品を盗んだことは一度もないと答えたこと、また、調査されたすべての民間企業（病院や電子機器企業）において深刻な犯罪が摘発されたことはほとんどないことを見出した。

人と事象を区別する我々の枠組みでは、ホワイト・カラー犯罪は職業場面で発生する事象として扱われ、そこで働く従業員の特徴とはみなされない。この枠組みでは、人々と事象を結び付けることは疑問視されるし、また、こうした結び付きがあるとしても、それは他の場面における人々とその場面に独自の犯罪事象との結び付きよりも強いわけではない。ホワイト・カラー従業員だけがホワイト・カラー犯罪をおかし得るのは明らかだが、以下の条件が満たされない限り、彼らがそれを行うという事実をもって彼らの特殊な犯罪性の証拠とみなすはできない。その条件とは、(1) 他の人たちにも同じ場面で同じ犯罪を行う機会が与えられている、あるいは（2）比較のために、他の場面での犯罪がホワイト・カラー犯罪と等価であるように構成されている、である。後者の解決策は、刑法および最も複雑な犯罪統計によって採用されるものである。

法および犯罪統計において、横領、詐欺、偽造はそれらが発生する職業場面に言及することなく定義される。それによって、労働力のホワイト・カラー部門と典型的に関連する犯罪のデモグラフィック分布を研究し、それらを他の犯罪の同じ分布と比較することが可能になる。もちろん、我々の一般理論は、類似の機会構造が与えられれば、犯罪間のデモグラフィック差異は消滅すると予測する。

図 10 は*統一犯罪統計報告書*（*Uniform Crime Reports*: U. S. Department of Justice 1981, 1985）の詐欺と横領の年齢別逮捕率を示している。ここから明らかなように、これらホワイト・カラー犯罪の逮捕率は 10 代後半と 20 代前半にピークがあり、また加齢と

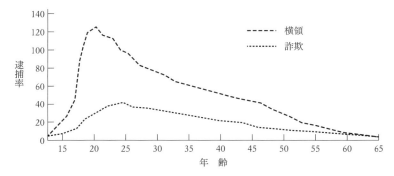

図 10　詐欺（1980 年 1 万人当たり）と横領（1984 年 100 万人当たり）の逮捕率
（Hirschi & Gottfredson 1987: 962；U. S. Department of Justice 1981, 1985 のデータより作成）

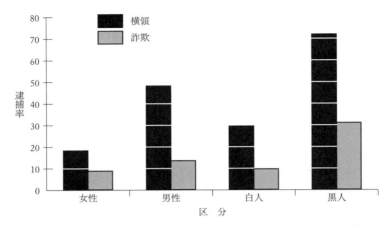

図11 横領（1981年100万人当たり）と詐欺（1981年1万人当たり）の性別、人種別逮捕率（Hirschi & Gottfredson 1987：963より作成）

ともに急速に下降する。37歳頃までには、横領率はピーク年齢時の半分になる。41歳頃までには、詐欺率はピーク時の半分になった。

図11は男性と女性、白人と黒人・その他の横領の逮捕率を比較したものである。この図からわかるように、1981年の男女の横領率は多くの犯罪、特に暴力犯罪と非常に似ている（実際、ホワイト・カラー犯罪率は男女間で収束しつつある）。図11はまた、人種差が一般犯罪に見出されるものよりも小さいことを示している。詐欺と横領の黒人・その他の率は白人よりも高いが、その差は一般に観察されるものほど大きくはない。

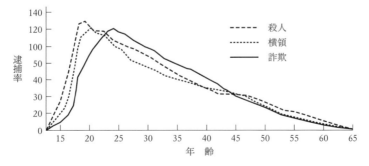

図12 殺人（1983年50万人当たり）、詐欺（1980年3万人当たり）、横領（1984年100万人当たり）の年齢別逮捕率（Hirschi & Gottfredson 1987：964より作成）

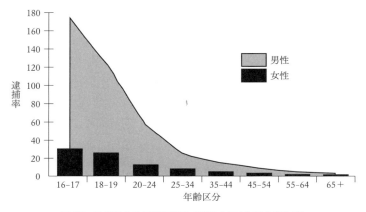

図 13　性別による横領逮捕率（1984 年 10 万人当たり）
(Hirschi & Gottfredson 1987: 965 より作成)

　図 12 と図 13 は図 10、図 11 に示されたデータの再現だが、しばしば見逃されてきた通常犯罪との比較を表している。図 12 は、横領と詐欺の年齢分布に殺人の年齢分布を重ねたものである。これらの分布の類似性は顕著である。それらの犯罪レベルの違いを無視し、分布形状の類似性だけを強調するようデザインされた共通要素を使って横領、詐欺、殺人の率を表したものである。実際は、詐欺逮捕率が殺人逮捕率よりはるかに高いが（13 : 1）、横領逮捕率は殺人逮捕率よりも低い（1 : 2）。しかし、明らかなことは、一般犯罪の相関事象が「ホワイト・カラー」犯罪とも同じように相関するものであることである。
　図 13 は性別間、年齢集団間でホワイト・カラー犯罪を行う機会の違いを調整したものである。これは、ホワイト・カラー労働力に対してそれぞれのカテゴリーを標準化したものである。この違いは、通常、ホワイト・カラー犯罪を分けて扱う必要があることを示すものである。しかし実際には、機会における年齢–性別–人種の違いが、ホワイト・カラー犯罪でも通常犯罪でも、その相関事象の違いをもたらすわけではない。反対に、そうした相関事象が強度や方向性において同じ序列にあるという事実は隠蔽される傾向がある。犯行機会を考慮に入れると、ホワイト・カラー犯罪のデモグラフィック差は通常犯罪のデモグラフィック差と同じである。
　典型的なホワイト・カラー犯罪とみなされる脱税の研究も、我々の仮説を支持している。ロバート・マンソンとライル・カルビン（Robert Mason & Lyle Calvin 1978 : 84）は、「若年者は年長者よりも収入を有意に過少申告する傾向がある」と報告している（脱税に対する標準的な年齢効果を支持する知見はローとテイトル［Rowe & Tittle 1977］、クロットフェルター［Clotfelter 1983］、ウィットとウッドバリー［Witte &

178　Ⅲ部　理論の応用

Woodbury 1985］からも得られている）。従業員による財産犯罪に関してクラークと
ホリンガー（Clark & Hollinger 1983: 抄録）が次のように書いている：「若年（16 歳
〜20 代半ば）、未婚、男性従業員が最も多くの財産犯罪を報告した」。

■ 個人差とホワイト・カラー犯罪

　個人特性を犯罪関与と結び付ける研究と理論は、ホワイト・カラー犯罪に関与する
人たちが犯罪原因とされるものとは「正反対」の特性をもっていることを根拠に、し
ばしば嘲笑の対象とされてきた。実際、ホワイト・カラー犯罪研究は、ある意味、正
しくこのロジックに起源をもっている：

> 犯罪が個人的、社会的病理に由来するという仮説はホワイト・カラー犯罪には明らかに当
> てはまらないし、もしもこの仮説がこうした犯罪を説明できないとしたら、こうした病理
> が犯罪一般の本質的要因であるとはいえない。こうした理論とは対照的に、分化的接触や
> 社会解体の仮説はホワイト・カラー犯罪にも下層階級犯罪にも適用可能であろう。
> (Sutherland 1983: 264)

　特性理論家が犯罪に結び付きやすいと信じる特性の多く（攻撃性、リスク・テーキ
ング、活動水準、身体的逞しさ、社交性など）は職業上の成功をもたらすものともい
えるので、彼らはこうした批判に特に弱い（もしも攻撃性が犯罪の原因なら、それは
また職業的成功の原因ともなり得る。それ故、それは犯罪の原因ではあり得ない。あ
るいは、この論理があり得ないかのどちらかである。第 3 章で示したように、研究者
が攻撃性あるいは犯罪と等価とみなす攻撃傾向はこうした議論をすべて無意味なもの
としてしまう）。特性理論に対するこの批判の問題点は三つある。第 1 に、それは証
拠のない事実を仮定している。通常犯罪と正の相関をする「特性」がホワイト・カ
ラー犯罪とは負の相関をすると信じる実証的根拠はない。むしろ、我々が先に示した
ように、別の見方の方にもっともな根拠がある。第 2 に、それは、単一の原因（ある
いは一組の原因）が異なる現れをするという明白な事実を否定する。すべての条件が
等しいなら、積極的な人は仕事で成功しやすいし、また犯罪行為にも従事しやすいで
あろう。すべての条件が等しければ、衝動的な人は万引きをしやすく、また会社から
の横領もしやすいであろう。第 3 に、この主張は職業上の地位と職業上の成功を混同
している。この主張は、ホワイト・カラー犯罪者がホワイト・カラー職業で成功する
と仮定しているが、それは、ホワイト・カラー犯罪研究者たちが逸話や顕著事例に依
存する傾向があることによって一層誇張される。ホワイト・カラー犯罪者になるため

には、その定義からして、その人はホワイト・カラー世界にいなければならないが、ホワイト・カラー従業員のすべてがこの世界の頂点で得られる権力、高収入、威信を享受できるわけではない。実際、大半の人はほとんど権力をもたず、それほどの収入でもなく、威信も中程度に過ぎない。しかし、この誤った仮定は、ホワイト・カラー犯罪の相関事象が通常犯罪の相関事象とは正反対であろうという期待をもたらす。畢竟、職業世界で成功するには時間が掛かるので、その間に人は歳を取るが、そうであれば、その事実は年齢と犯罪の間に通常見られる負の関係を逆転させるものである：ホワイト・カラー世界では白人が黒人よりも有利なので、それ故、少なくともここでは白人の方が犯罪率は高いであろう；そして、知能はホワイト・カラーとしての成功と正の関連があるので、それはホワイト・カラー犯罪とも正の関連をするであろう。しかし、データが入手可能なケースのすべてにおいて、これらのデータは、これらの仮定の逆が限りなく真実に近いことを示唆している。

　中学生にクレジット・カードを配布するとか、受刑者の外部通勤（work-release）プログラムの派遣先を銀行にすることができるなら、我々の仮説の実験的検証が可能となるであろう。こうした検証が行われなければ、ホワイト・カラー従業員の犯罪性が比較的低水準であることを確認することはできない。それによる確たる証拠ない限り、研究者たちは、刑事司法システムがホワイト・カラー従業員に好意的であるとか、会社は評判を維持するために彼らを保護するとか、ホワイト・カラー犯罪は比較的隠蔽されやすいなどと主張し続けるであろう。これらの主張は過ぎ去りし日々の遺物であるというのが真相ではないだろうか。司法省統計（1986）は、1983年のホワイト・カラー犯罪者の収監割合は暴力犯罪者と同じくらい高いと報告している。また、ホワイト・カラー犯罪に対する刑事司法システムの刑罰は、他の犯罪と同じ基準で決定されていることを示す優れた研究がある（Wheeler, Weisburd, & Bode 1982）。

▌ 犯罪理論に対するホワイト・カラー犯罪の意義

　ホワイト・カラー犯罪概念は、通常、たいていの犯罪理論、特に、犯罪者と非犯罪者の生物学的、心理学的、社会学的地位の違いに焦点を当てる諸理論と相容れないものとみなされている。他の理論は、この概念と特に矛盾しないことを強調することによってかなり有利な地位を得ている。一般性のある理論ほど優れているということには普遍的な合意がある。通常犯罪とともに、ホワイト・カラー犯罪を包摂し得る理論は非常に一般性があり、それ故、それは通常犯罪だけ、あるいはより狭く「少年非行」だけしか扱わない理論よりも優れている。実際、犯罪学の理論的試みに対してしばしば向けられる批判は、典型的に次のように表現される：「それはそうとして、ホワイ

180　Ⅲ部　理論の応用

ト・カラー犯罪についてはどうかな？」

　ホワイト・カラー犯罪から最も利を得る理論は学習、特に文化的価値の学習を強調するもので、サザーランド自身の分化的接触理論などがそうである。初期の研究においてサザーランドは、ホワイト・カラー犯罪は通常の職業的価値によってもたらされたもの、あるいは職業的価値の自然な延長線上にあるものとしてのみ理解可能であると主張した（1983: 240-64；Cressey 1986 も参照）。職業世界で社会化された人たちは、自分たちの犯罪行動を収益追求の中で期待されているものであると定義し、また、それは職業コミュニティ内での「中和化表現」によって一般に支持されているものであると定義するようになるであろう（Cressey 1968: 200）。それに加えて、そこでは、彼らがこうした複雑な犯罪を行うために必要な技術の訓練も行われる[*1]。この立場の現代版は、上記と類似の次のような疑問に答えようと試みる：「制御しようとしているまさにその現象を推奨するように社会が組織化されるというのは、どのようにしてだろうか？」（Vaughan 1983: 19）。

　こうした犯罪理論が存続できるのは、まさにその見かけ上の一般性、つまり、個人差に焦点を当てた理論の範囲を超える現象を一見説明できるように見えるせいである。こうした理論はその人気と生存をホワイト・カラー（あるいは組織体）犯罪との結び付きに負っているが、皮肉なことに、ホワイト・カラー犯罪は、これらの理論がそれを理解するために行ってきたこと以上のことを、これらの理論のために行ってきたのである。

　文化理論の文脈において犯罪を理解するために用いられる因果メカニズムを考えてみよう。この文脈の中では、個人は、犯罪が組織体の価値によって非難されるものであること、あるいは組織体による利益追求の自然な副産物として求められるものであることを学習するとされる。ある理論によると、組織体は、違法行為によってのみ満たすことができるような業績の期待値を設定する（Vaughan 1983；Braithwaite 1985: 17）；別の理論によると、ホワイト・カラー犯罪に必要な技術と合理化は日常の職務的作業の単純な延長である。いずれのケースでも、犯罪行動はそれを行う人の価値観と——相反するというよりも——一致していると見られる。

　こうした理論が遭遇する第1の困難は、ホワイト・カラー犯罪が比較的稀であることである。こうした理論の予測とは反対に、ホワイト・カラー犯罪は比較的稀でなけ

[*1]　クレッシィは横領犯のあるサンプルについて述べながら、サザーランドのホワイト・カラー犯罪理論に反駁する。これらの横領犯は、「職業文化」から横領を学んだのではなく、彼らの犯罪行動は、それに先立つ自分の非行によって生み出された問題を隠蔽しようとした結果生じたものであると報告した（Cressey 1953）。クレッシィの知見はホワイト・カラー犯罪文献ではしばしば無視されてきたが、皮肉にも、彼がサンプルを得たのが刑務所で、そこは、その犯罪が「刑事司法システムによって無視されている」犯罪者の居場所に相応しくないとされる場所であった。

ればならない。もしもホワイト・カラー従業員が実際に横領、入札談合、詐欺に相応しいように社会化されるのなら、ホワイト・カラー労働者の間で違法的行為が極度に高水準であることはどのように説明されるだろうか？ 共同経営者や従業員の犯罪は事業コストを高めるので、その事業がもはや立ち行かなくなることは容易に考えられる。事業の利益と生存がホワイト・カラー犯罪に限界を設けることはホワイト・カラー犯罪理論家によってはほとんど認識されていない（しかし、「組織体犯罪（organized crime）」の研究者はこうした限界について気付いていた［Reuter 1983 参照］）。

こうした理論の第 2 の困難さは、ホワイト・カラー犯罪者の犯罪行動が、組織体から、あるいは他のホワイト・カラー従業員からほとんど支持されないという繰り返し得られてきた知見に見られる。実際、証拠は、彼らが同僚や管理者から自分の犯罪を必死に隠そうとしていることを示している（Cressey 1953；Vaughan 1983；Lasley 1987）。その理由はきわめて示唆的である：ホワイト・カラー犯罪の被害者は組織体そのものであり、直接的には一般大衆ではない。ホワイト・カラー犯罪者は自己利益の追求という一般的傾向を他の犯罪者と共有しているので、彼らも当然、最も容易に手に入る機会を利用する。文化理論はホワイト・カラー犯罪者にもっと大きな目標を与えてしまい、これによって、その被害の本質を見誤る傾向がある。

ホワイト・カラー犯罪の文化理論がもつ第 3 の困難さは、それがこの現象の相関事象を見誤り、職業文化との接触が長引けば、犯罪行動の水準が高まる（ホワイト・カラー犯罪の年齢分布とは矛盾する）と主張することである。それはまた、犯行機会は犯罪行動傾向の通常の個人差を凌駕するし（以前報告した性差、人種差、年齢差とは矛盾する）、ホワイト・カラー犯罪は非常に複雑なのでそれを遂行するには特別な訓練と技能が必要であると主張する（たいていのホワイト・カラー犯罪は、ある銀行口座から別の銀行口座に預金を移すとか、化学物質を離れた地域で安売りするとか、日常的な請求業務に手を加えるなどであることを示す証拠と矛盾する［Vaughan 1983］）。こうした作業が犯罪者の利益動機（自己利益）と一致したものだといいながら、それは職業世界で一般に受け入れられている価値観と一致したものだということには矛盾がある。

これらの理論が抱える第 4 の困難さは、一般犯罪の研究者たちによってしばしば指摘される点である：そうした理論はすべて通常犯罪・非行の説明ができない（Kornhauser 1978）。ホワイト・カラー犯罪領域は、こうして、犯罪学理論の身内からの批判にさらされる。一般に受け入れられているホワイト・カラー犯罪理論は通常犯罪を説明できないために、その結果、自分自身のロジック（Sutherland 1983 参照）によって、ホワイト・カラー犯罪であろうと通常犯罪であろうと、犯罪を説明できないものとなる。

ホワイト・カラー犯罪学派が遭遇する困難さの源の一つは、それが犯罪の本質を根本的に見誤っていることである。ホワイト・カラー犯罪学派が犯罪を、道徳規範が曖昧な領域内で大きな潜在的利益によって動機付けられた、複雑で、高度に洗練された、高額な賞金を賭けた企てとイメージするところからスタートしたことから考えると、彼らが偏ったホワイト・カラー犯罪者像をつくり上げてしまったとしても驚くべきことではない。ホワイト・カラー犯罪学派には気の毒なことに、ホワイト・カラー犯罪に関する近年の研究は、それを、本書で使われている犯罪概念に決定的に近い（まったく同じとすらいえる）企てとして描いている。スタントン・ウィーラー（Stanton Wheeler）と同僚たち（1988）は、この疑問を直接に検討した。彼らは「ホワイト・カラー行為のほとんどすべての主要概念に含まれるであろうと［彼らが］信じる……8種類の違法行為を選抜した」（p. 332）が、それは「連邦法司法官が起訴する広範で多様なホワイト・カラー犯罪行為の一覧を提供する」（p. 334）ものであった。そして、ウィラーたちは次のように述べる：

> こうした犯罪に関する数百の判決前調査報告を読んで、ホワイト・カラー犯罪の大多数が平凡で、ありふれた性質のものであるという強い印象を受けた……ホワイト・カラー犯罪の中で最もエリート形態とされるもの、すなわち、独占禁止法違反を考えてみよう……我々のサンプルの大多数のケースは、ほとんど重大な意味をもつようなものではなく、低水準で、地域的で狭い範囲の犯罪によって特徴付けられるものである……要点は、これらは取るに足らない犯罪であり、ほとんど洗練さを有しない、ありふれたものに過ぎないということである。もしもこれが独占禁止法違反に当てはまるのであれば、我々のサンプルの多くの犯罪にも間違いなく当てはまるものである。（1988: 348-49）

我々の理論はこうした瑕疵を回避している。それは優れた研究と一致する犯罪像からスタートしている。それは社会的場面間での犯罪率の違いを予測するが、特定のホワイト・カラー職へは選抜プロセスがあることによって、ホワイト・カラー犯罪率は比較的低いと予測する。この発生率という点で、我々の理論は伝統的な「ホワイト・カラー犯罪」理論とは意見を異にし、直接的に検証可能な実証的疑問を提起する。我々の理論は、もちろん、人々が社会的サポートなく犯罪行動を追求できるという事実によって悩まされはしない。反対に、一般的社会規範と組織体自体の利益の両方に反するものであるが故に、それは明確に、ホワイト・カラー犯罪に対する社会的サポートの欠如を予測する。ここに、理論の意義と直接に関連する第2の実証的争点が存在する。

以前、我々の犯罪理論は、犯罪タイプに関わりなく犯罪をおかす人たちの特性が類

似していることを予測すると主張した。街頭犯罪と室内犯罪の違いは**犯罪者**ではなく**犯罪**の違いであり、どちらのケースでも犯罪者は類似した特徴を共有する傾向があると主張する。ここに、我々の犯罪一般理論と、一般に受け入れられているホワイト・カラー犯罪の第3の直接に検証可能な違いがある。

　文化理論が通常犯罪に関して抱く困難さは、競合する立場の価値を比較検証するもう一つの実証的機会を提供する。我々の理論は、一般の犯罪や犯罪者を念頭に構築されたものである。それは通常犯罪、青少年非行、薬物濫用、重大犯罪、「組織体」犯罪、地位犯罪、並びにホワイト・カラー犯罪を予測し、説明することを目指している。我々の理論は犯罪タイプ間での犯罪傾向の違いを仮定していないので、それは完全に一般的で、この点でも、犯罪を独自の、特殊な文化的動機をもつものとみなす文化理論とは対照的である。

▌要　約

　我々は、ホワイト・カラー犯罪概念に内在する類型論アプローチが誤りであることを示してきた。この誤りの一つの原因は、犯罪を研究する者たちがこのトピックを自分たちの親学問の関心下に置こうとする根深い傾向にある。この傾向はとりわけ、通常犯罪者には無益であることが証明されている概念スキーマを救済する機会をホワイト・カラー犯罪の中に見ようとする社会学者たちの間で顕著である。それはまた、ホワイト・カラー犯罪の中に自分たちの基本スキーマを再び展開させる機会を見ようとする経済学者たちの間にも存在する。類型論に馴染みのある心理学者たちは犯罪者たちを、彼らの犯罪の意味に関して「比較的等質」と考えられるグループに無限に分けようとする。これら全学問分野の量的分析者たちは、ホワイト・カラー犯罪を、ある抽象的モデルを具体化する機会とみなす。これらの学問的関心のすべては、「ホワイト・カラー犯罪」という従来の見方を受け入れることによって満たされる。本章はこの従来の見方を疑い、犯罪とは、初めに全犯罪に共通な特徴を探求し、そこから犯罪性に向かう個人内の傾向を帰納する単一理論によって説明可能な単一の現象であることを主張する。

　こうした理論によってはじめて、こうした傾向の原因を素描し、その多様な現れ方を考察する立場に立つことができる。こうした多様な現れ方とは、もちろん、人々が利用可能な機会と彼らが置かれている環境の関数である。他の考え方では、社会的立場と社会的因果関係が混同されてしまう。

---

10 章

組織と犯罪

Organization and Crime

　一般大衆、法執行コミュニティ、それにアカデミックな犯罪学者の多くも、組織犯罪（コーサ・ノストラ、マフィア、シンジケート、それに事実上、ヘルズ・エンジェルスなど）を、本書が展開する理論的見解に反する証拠と見る。組織犯罪概念は四つの点でこれに反すると主張する：（1）それは、一般的特徴である自己統制が多様な現れをするという考え方に挑戦する（例えば、犯罪者は多様な犯罪および類似活動に従事するという結論とは矛盾する）；（2）それは、犯罪者の低自己統制に伴う特徴が協力的活動に長期的に従事し続けることを困難にするという考え方に挑戦する；（3）それは、犯罪が長期的価値への配慮なく即座の快を安易に追求するものであるという考え方に挑戦する；（4）それは、青少年非行と成人犯罪に関する完全な理論は、集団あるいは組織の因果的影響を考慮に入れなければならないと主張する。

　実際には、こうした反論のどれにも妥当性はない。我々が発展させてきた理論は、犯罪の「組織的本質」を扱うためにつくられた諸理論が主張する事実を説明することができる。他の個所でもそうだったように、ここでも、学問分野の関心から生じる事実と、現象の観察から生じる事実とを区別する必要がある。もしもある犯罪が合法的組織の産物であるなら、あるいは、暴徒が、実際、合法的企業のように構造化されているのなら、ある犯罪行動を説明するために組織行動の原理に訴えることにはメリットがあるかもしれない。しかし、最優先ですべきことは、犯罪と犯罪性に関するメディアや法執行機関の、また政治家や社会科学者のイメージが、どの程度証拠と一致しているかを確かめることである。ここでもまた我々は、実証学派理論が求めるものと観察された事実とを注意深く区別しなければならない。

　犯罪・犯罪性理論を組織犯罪に適用すると、犯罪者の間に見られる組織は何であれ外部から与えられ維持されるものである——すなわち、犯罪者が長期的目標を追求しているように見えるのは、学者や捜査官たちが、本来、構造や一貫した目標をもたない一連の事象を説明するために行った後付けの解釈である——との主張となる。逮捕された暴力団やギャングの一員が、自分たちの行動をより大きくて強力なシンジケートの一部であると脚色するという事実があることはわからないでもない。こうした脚

色を社会科学者たちが簡単に受け入れてしまうことの方が不思議だが、それは、すべての人間行動の根底に組織があるという考え方に、彼らが本来惹かれるところがあるからであろう。

　社会学的実証学派は、もともと、選択と自由意志という古典派概念に反対し、それに代わって、本来的に社会をなして暮らすソーシャル・アニマルを仮定した。社会学的理論の課題は、ソーシャル・アニマルがどのようにして反社会的行為を行うようになるかを説明することであった。我々は以前（第4章）、「緊張」理論と「文化」理論のもとで、この問題に対する標準的な解決策に取り組んだ。これらの理論は、個人犯罪者の行動に対して社会学的説明を与えるようデザインされていた。例えば、緊張理論は、下層階級の男性は中流階級の男性よりも、慣習的成功達成のための合法的手段に対するアクセスが拒否されているために、犯罪をおかしやすいと主張する。この理論は、集団間の犯罪率の差を説明する。集団内の差を説明するよう求められると（例えば、たいていの下層階級の男性はなぜ遵法的なのか、など）、それはやむなく「より低次の水準」の説明を受け入れ、犯罪因果関係の中で家族、心理学、あるいは生物学の役割を認めることになる。

　もともとの定式化にも含まれていたが、文化理論もまたある時点で別の説明水準に移ることを余儀なくされる。この理論では、例えば、下層階級の男性は、威力と偽計の使用に好意的な定義をもつ文化の中で社会化されているので、中流階級の男性よりも犯罪行為をおかす傾向が強いとされる。犯罪における集団内変動の説明を求められると（やはり、たいていの下層階級の男性はなぜ遵法的なのか、と）、この文化理論は、やむなくより低次の説明を受け入れ、家族、心理学、そして生物学に対してすらある役割を認めることになる。

　この状態は社会学的実証学派にとって居心地の良いものではなかった（学問分野としての実証学派には、ある領域の重要な変数を、独立変数であろうと従属変数であろうと、すべての所有権を主張する傾向があることを想起してほしい）。そうして、臆面もない学問的帝国主義のため、それは犯罪原因の**完全に社会的**解釈を追求する。現在の文脈では、これは独立変数（そして、それが働かせる力）を集団レベルの現象として概念化することを意味する。学問分野としての社会学の関心に合うように犯罪を概念化しようというこの衝動の強さは、多分、それを他の「水準」の説明から弁別しようという次のような試みへと駆り立てる：

　　マクロ社会レベルは非常に異なるセットの疑問に取り組む。それは、社会システムと文化の中に見出される行動のタイプと発生率の変動を説明する社会システム、文化、そして下位文化はどのようであるかを問う。このレベルの説明には、多様な犯罪の機能主義理論、

葛藤理論、マルクス主義理論が含まれる。これらのタイプの理論は、何故異なる社会システムと構造、文化と下位文化が異なる犯罪タイプと異なる犯罪率をもたらし、また、ある特定の社会システム、文化、下位文化、あるいは社会構造内の特定位置における犯罪がなぜ特徴的にパターン化されるのかを説明しようとする。(Short 1987: 2)

　個人犯罪に対する標準的な社会学理論の「完全に社会的」説明はどれも、個人の特性には言及しない。それらは環境の特性にのみ注意を向ける。社会学者にとって関心のある環境の主な側面とは、多くの場合、「他の人たち」や「集団」である。ここから多少なりとも直接に、自分の学問領域の関心を理論的に具現化したものとして組織（別名、「集団」）に焦点を当てる社会学者たちの近年の傾向が生まれてきた。

　社会学者は集団をフォーマルとインフォーマル、単純と複雑、成長と固定に区別し、さらに組織化された集団と解体された集団を区別することによって、この装置を利用して個人水準の行動説明が改めて可能になると考えた（「解体された」集団においては、個人は彼自身の装置に投げ返され、彼自身の性質が求めるように反応することになる）。そうして、学問分野の純粋さのために、彼らは説明概念としての「解体」を拒絶した。社会学の草創期には非常に顕著だった解体概念は（Thrasher 1927；Shaw & McKay 1931）、最終的には不興を蒙ることになり、その対極にある組織は、社会学的思考の中で中核的役割を占めるようになったのである。

　社会的行動が集団内あるいは組織内で発生するという考えと、犯罪そのものが社会的行動であるという考えを結び付けることによって、完全に社会的な犯罪理論が容易に達成される。この結合から「犯罪組織」「組織化された犯罪」「組織的な犯罪」「企業犯罪」「犯罪下位文化」「ギャング非行」など、現代の社会学的犯罪学の標準概念が生み出される[*1]。

　社会学的犯罪学は、もともと、青少年犯罪に焦点を当てた研究伝統に由来する。その結果、社会学者たちも初めは子供の行動に焦点を当てていた。社会学以前の実証学派では、ギャング集団への参加を非行原因の付帯産物とみなし、「非行仲間」に言及することはほとんどなかった。対照的に、社会学的実証学派はたちまち集団参加を青少年犯罪の**必須条件**とみなし、ギャング、集団非行、交友因子に関する研究を大量に産出したが、これは今日まで続くこの分野の最重要点である（Erickson & Jensen 1977；Zimring 1981；Ellito, Huizinga, & Ageton 1985；Reiss 1988）。

　この立場における最初の大規模研究はフレデリック・スラッシャー（Frederic

---

*1　社会学理論が認める犯罪タイプの多くは類似のロジックによって生み出されてきたように思われる。「下層階級犯罪」「英国犯罪（British crime）」「地方犯罪（rural crime）」はそれらが発生する集団から引き出される独自の特性をもつと仮定される。

Thrasher）の『**ギャング：1313個のギャング集団の研究**（*A Study of 1313 Gangs*）』（1927）だった。スラッシャーは、青少年ギャング集団は都市スラムの若者たちの生活の中で組織が欠けていることに対する組織的反応である（社会学の標準的仮定）と信じた。彼は、ギャング集団が、そこで人々が個人的安寧を見出し、その中で社会化される「一次集団」の性質を帯びると信じた。スラッシャーの見解では、ギャング集団とは最終的には高度にかつ複雑に組織化され、外的脅威に直面しながらもみずからを永続させることができるものだった。

　スラッシャーのギャング集団定義は、以下のような仮定から直接に引き出されたものである：「ギャング集団は……もともとは自発的に形成され、抗争を通して統合された。それは……対面で集まり、目的もなくうろつき、つまり、空間内を集団単位で移動し、抗争し、計画を立てる。この集合的行動の結果、伝統、自発的な内部構造化、団結心、連帯性、士気、集団意識、縄張り地域への愛着などが発展する」（1927: 57）[2]。

　スラッシャーが非行ギャング集団に見出したと思った特徴は、もちろん、フォーマルな組織の特徴でもあった：それは、合理的目的あるいは目標志向的活動、内部層化、排他性、集団コミットメント、組織内で役割を占める特定個人に依存しない安定性などである。実際、スラッシャーの見解では、ギャング集団は、行動、影響、文化の機能をもつ実体であり、現代の企業体、教育施設、犯罪シンジケートと異なるものではない。

　もしも青少年ギャング集団を複雑な組織として描くことができるのであれば、同じ「フォーマル集団」仮定が大人の犯罪にも適用され、ホワイト・カラー犯罪、組織犯罪、企業犯罪といった完全に社会的説明が産出されてきたことも驚くべきことではない[3]。本章は、犯罪と犯罪性に対するこうした仮定の適用可能性を検討する。そのために、ギャング集団構造に関する研究史をたどり、組織犯罪に関する研究史をたどり、これを複雑組織とする理論的仮定と組織犯罪に関するデータに対して、犯罪と自己統制に関する我々の概念を適用する。

■ ギャング集団

　メディアは概してギャング集団の記事に溢れている。ギャング同士の殺人、刑務所

---

[2]　スラッシャーの定義の現代版はショート（Short）に見られる：「(1) 家庭外で繰り返される集会；(2) 自己定義された包摂／排除基準と所属の連続性；(3) エリア内を習慣的にうろつき回って縄張りを形成する；(4) 広範な活動レパートリー；(5) 権限、役割、威信、友情、特殊な利権分派などによる組織分化」（1978: 16）。

[3]　9章でのホワイト・カラー犯罪に関する我々の考察は、社会学者たちが犯罪の説明として個人病理を拒絶したことに焦点を当てたもので、組織に関する諸仮定との関連に向けられたものではなかった。その理由は、ホワイト・カラー犯罪理論の社会学的展開がきわめてお粗末だったので、それが産み出した貢献よりも失ったものの方が容易に目に付いたからである。

でのギャング、警察ギャング対応部署の活動などが頻繁に報道されるが、犯罪組織と薬物マーケットの「当然の」結び付きが、ギャング活動への関心を喚起する主要な刺激である。組織化された悪のイメージは、1930年代の酒の密売であれ、1950年代と1960年代の暴走族であれ、あるいは1970年代と1980年代の麻薬売買であれ、常に法執行コミュニティに刺激を与え、同様に、メディアにもアピールしてきた。真実の原因探求にとっても健全な公共政策にとっても不都合なことだが、組織化された犯罪ギャングたちに対して抱かれている並外れた能力と長期にわたる辛抱強い努力というイメージは、政策や小説によって与えられたもので、研究の成果ではない。実際、研究では、これに対する支持として逸話以上のものを見出すことはできていない。

　最初に我々は、社会学的理論、大衆メディア、法執行コミュニティの主張するように、非行ギャング集団が組織化されているという主張を分析してみよう。我々はまた、こうした組織が犯罪と非行に対して直接の影響力をもつという、そこから推論される結論についても調べてみよう。

内部階層化

　社会学的見解の要は、ギャング集団が「権力、役割、威信、友情、特殊な利害党派」をもつというスラッシャーの主張である（Short 1987: 17）。この見解によると、リーダーとは、組織の方向付けと長期的志向を定め、その目標を定義し、その毎日の活動を決定し、個々人に役割を振り、成員性をコントロールし、目標達成によって生まれる主要な利益を広く収穫するなど、特別な技能や性質をもつ人々である。さらに、この見解によると、リーダーシップ役割は、内部階層化と専門化された作業分担から成るシステムを含む階層的役割構造によって支えられる（具体的な非行ギャング集団の役割構造を描くことは、この古典的文献においてすら困難だった。明らかに、構造を仮定することは構造を記録するよりも簡単である）。

　ギャング集団のリーダーシップと役割構造に真剣に取り組んだ研究は、ギャング集団の古典的イメージを確認することはできなかった。事実、これらの研究は、男子青少年のギャング集団が組織化というよりも非組織化の方が顕著であることを明らかにしている。彼らは一般的に誰が自分たちの「リーダー」か認識できないし、他の人たちが誰がリーダーか決めようとするとそれに抵抗する。また、どんなプロセスによってであれリーダーとされた人たちは、その提供されたポジションを受け入れることを拒否する。ソーシャル・ワーカーがギャングたちを組織化しようとしても——彼らに幹部を選ぶよう頼んで——たいてい上手くいかないと報告されている（Suttle 1968；Klein 1971）。一つの非定型的ギャング集団を研究したレービス・ヤブロンスキー（Lewis Yablonsky 1962）は、それが「リーダーたち」によって彼らの「精神病状態」

の産物として創造されたものであることを報告している――このことは、「ギャング集団」が少年たちにとって、また捜査官にとっても同様に、目指す目標であることを示唆しており、また、青少年自身の報告が、ギャング構造に関する情報源として疑わしいものであることを我々に想起させるものである。要するに、ギャング集団とは古典的イメージによって示されたように構造化されてはいない。そこにあるのは、せいぜい、友情というインフォーマルな構造であり、フォーマル組織としては気配もない。

排他性と集団コミットメント

　大衆イメージや捜査機関の観点からすると、ギャング集団はメンバーシップと忠誠心を強調する緊密に結合された集団である。その証拠は、服装（例えば、黒のレザー・ジャケット）、話し方、髪型（例えば、スパイクヘア）の統一性のようなものに見出されるとされる。さらに、そのイメージによると、ギャング・メンバーは時間の大半を仲間と過ごし（「頻繁にまた規則的に相互作用する」）、互いに強く惹かれ合っている（「凝集的」）とされる。ギャング集団の因果的影響を強調するアカデミックな理論家も同様の仮定をしている。結局のところ、メンバーが所属感をもっていなかったり、互いに惹かれ合っていなかったり、一緒に過ごすことがほとんどないような集団が、メンバーの行動に対してどのようにして強い影響力を行使するかを（あるいは責任をもつかを）確認するのは困難である。

　ここでも研究結果は、古典的あるいは組織的イメージを支持しない。ギャング・メンバーは互いをあまり気にかけない。彼らは互いを信頼しないし、内部階層システムに沿うような自己認識の仕方をしない。ギャング・メンバーは、仲間が同意しない限り、集団共同事業のために金銭的貢献をしようとはしないとジェラルド・サトルズ（Gerald Suttles 1968）は報告している。ギャング・メンバーは、互いをファースト・ネームあるいなニックネームで知っているだけで、互いの過去について知識もなければ互いの未来についての関心もないとマルコルム・クライン（Malcolm Klein 1971）は報告している。

　こうした事実は、ギャング集団研究においてしばしば報告された別の事実と一致する。ギャング集団のメンバーシップは日毎に激しく変動し、出席ルールは適用されない（たいていのギャング・メンバーは、畢竟、食住のために大人に依存する；たいていは、学校システムと折合いを付けるように求められる；多くは何らかの職を得ている、少なくとも断続的には）。しかし、ギャング・メンバー間で相互作用が少ない理由は、おそらく、彼らの間では一般に友情、関心、信頼が欠如しているせいであろう。クライン（1971）が指摘するように、ギャング・メンバーは、積極的な関心や価値観を共有しているが故にではなく、貧困、不幸な家庭環境、社会的不遇を共有している

が故に一体化できないのである（Short & Strodtbeck 1965 参照）。持続的な社会的相互作用には共通の関心、利益、信頼、他者への関心を相互に交換し合う能力が必要なところから、ギャング・アタッチメントのはかなさは容易に予測できる。

組織の目標

この分野の古典理論は、ギャング集団がそのメンバーに対して二つの機能を果たすと仮定した：ギャング集団は非行行動の遂行をうながし、またそれによって、メンバーに地位を与え、彼らの自尊心を高める。しかし、実際は、ギャング集団が非行行動の遂行に特に適しているというわけではない。第 2 章で記述されたような典型的非行行動とは、多くの少年が参加することによって、多くの場合、より容易になるというよりはむしろ困難になる。侵入盗は 2、3 人の少年の方が容易で、それ以上では明らかに足手まといである。同じことは、強盗、自動車盗、薬物使用にも当てはまる。第 2 章で我々が指摘したように、ある出来事は仲間がいる方が確かに容易で確実だが、しかしこうした出来事は、必ずしも計画的だったり、組織的というわけではない。多くの犯罪事象において、同じ場所、同じ時間に数人の青少年がいることを想定することに疑問の余地はない。しかし、社会学者はその理論化において、複数の青少年と犯罪行為が結び付くことを、集団活動と犯罪の結び付きと誤認してしまった。他の仲間と一緒にいる一人の少年が自動車のアンテナを引き抜くと、社会学理論は、組織（仲間集団）が動機付けを与えることによってその行動を生み出したと言うであろう（すなわち、集団はメンバーであることの条件としてその行為を要求し、地位高揚によってその行為に報酬を与えた、と）。

この事実や我々の犯罪理論と一致する別の解釈は、犯罪の生起をうながす事象の特徴に焦点を当てるものである。制裁の確実性と迅速性を低下させるように思われるこうした特徴は、正確に知覚されるかどうかは別にして、当該事象が発生する可能性を高める。この観点からすると、集団は制裁の免除を意味する；集団は行為の責任を曖昧・不分明にし、犯人がその場で摘発されたり、将来、報復されるリスクから守ってくれる。集団は報復の威嚇によって制裁を止めさせることもある。このとき、集団は遮蔽物や避難所として働き、それがなければ行われなかったであろう行為を隠蔽するものとなる。

時折、米国の都市では、警察によるギャング・メンバーの大規模な「掃討」が報告される。こうした掃討はギャング活動を前提にしている。掃討が報告されるのは、通例、この前提が確認されたことを見せるためである。数千人の逮捕が続き、読者は彼らをギャング・メンバーと結論付ける。実際は、彼らはたいてい、飲酒運転などの交通違反や比較的少量のドラッグ所持をしているだけである――それらはギャング・コ

ネクションを示すものではない。通常、また、こうした掃討で逮捕される人たちは青少年ではないし、ギャング・メンバーになるには年を取り過ぎている大人たちである。

　比較的自己統制の低い青少年が大多数近接して住んでいること、また、彼らに対する監視が比較的緩い水準であることを考えると、必然的に彼らは、米国の都市の街路に群れることになるであろう。こうした事実からすると、彼ら「ギャングたち」は、時折、非行や犯罪行為に手を染めるが、それはたばこの万引きや老人を脅すことから、ドラッグの大量摂取、特に誰に向かってではないが運転しながらの発砲などに及ぶであろう。こうした個人の集合を「ギャング」と呼ぶこと、そして彼らの連合体が国境を超えると主張することは、あらゆる信条の政治家に対して否定しがたい説得力をもつ。左翼陣営では、こうした巨大な犯罪者組織を資本主義社会の組織と結び付けることがある。左翼でも右翼でも、それは刑事司法システムによる巨大支出を正当化するために使われる。

　たとえ我々の犯罪・犯罪性理論が青少年ギャング集団を容易に説明できるにしても、依然として、マフィア、コーサ・ノストラ、シンジケート、他の高度に組織化された成人の犯罪行為という問題は残る。米国犯罪学は、組織化された犯罪の構造と影響を理解するために相当の努力を払ってきた。事実、どんな時代でも、組織化された犯罪は、犯罪問題に対するメディアと議会の関心を引きつけるものであろう。

▌組織化された犯罪

　社会学の伝統的見方では、ギャング集団は組織化された犯罪を通して成人に対する職業訓練の場としての役割を果たす（Cloward & Ohlin 1960）。徒弟制の概念は、成人犯罪の組織が合法的企業組織に類似しているという考え方に説得力を与える。FBI の最初期から、法執行コミュニティは繰り返し組織犯罪という概念を推進してきた[4]。この見方は、信望のある政府委員会や捜査機関の報告によって定期的に強化されている。法執行及び司法運営に関する大統領委員会（The Commission on Law Enforcement and Administration of Justice）のステートメントを見てみよう：

　組織犯罪は、米国人民とその政府のコントロール外で行動しようとする社会である。それは数千の犯罪者から成り、彼らは大企業のように複雑な構造内で活動し、合法的政府より

---

[4] 組織犯罪概念の利益（とコスト）は政治家にも同様に及んでいる。1988 年のアリゾナ州知事エバン・メッチャム（Evan Mecham）の弾劾裁判では、組織犯罪に対する政府の姿勢に国民の注目が集まった。メッチャムの支持者たちは、彼への有罪判決は組織犯罪による州支配に対する最後の障壁を失うことになるだろうという主旨の論陣を張った。彼と敵対する人たちから見れば、彼らが州を脅かす組織犯罪勢力に対して協働して対抗する積りがないと言わんばかりのこの主張は明らかに不快なものだった。

も厳格に執行される法律に従う。その行動は衝動的ではなく、むしろ手の込んだ謀議の産物であり、数年にわたって遂行され、巨大な利益を蓄積するために全活動分野にわたるコントロールの掌握を目指している。(1967: 1)

大統領委員会報告の組織犯罪パートは大部分が社会学者のドナルド・クレッシー（Donald Cressey）によって執筆されたが、彼は次のように主張する：

犯罪者の間には、ビジネスマンや政府役人、その他の一般市民同様、広範囲のフォーマルおよびインフォーマルな組織が存在する。その一つの種類は、単純に、利害・態度の類似性と相互支援に基づく相互作用の安定的パターンである……別のケースでは、組織は役割セットを意味し、それらの役割は、それを果たす個人によって明瞭な目的に奉仕するものとして認識されるようになったものである。個々人には個別の業務が割り当てられ、組織への入会は制限され、生存と維持の規則が定められていることから、この種の事業は組織と認められる。さらに詳しく見ると、こうした単位は三つの重要な特徴をもっている。第1に、労働分業が存在する……第2に、組織内の個人の活動は、労働分業を支える規則、合意、理解に従い、他の参加者の活動と連動して行われる。第3に、事業全体は、表明された目標を達成するよう合理的にデザインされている。(Sutherland & Cressey 1978；Cressey 1969 も参照)。

犯罪に関する法執行者／政治家／メディアの見方は、組織社会学の基本的前提が当てはまるという仮定によって支えられている。犯罪学内部において、フォーマルな組織の諸原理が犯罪と非犯罪の両者を説明するという考え方は、犯罪者を選択された職業のなかでキャリアを追求する専門家と概念化することによって支持される。もしも犯罪者が専門家なら、彼らは当然ルーチンと予測可能性の文脈で活動する。実際、サザーランドの著書『**職業的窃盗犯**（*The Professional Thief*)』(1937) には、職業的犯罪者が、利益を最大化しリスクを最小化するため、互いに協力し、精緻な閉ざされたネットワークを発展させ、内部威信階層を構築するという見解が見られる。組織概念からスタートしようと、あるいは職業概念からスタートしようと、犯罪は、合理的に構造化された人間の他の形態の活動に類似していて、それは同じように説明可能であるという結論に至る：家屋に浸入して窃盗するときも、有害物質を不法投棄するときも、人々は自分たちの安全と利益を増やすために組織をつくる（犯罪組織の機能に関するクレッシーの論述は、合法的企業組織の機能に関する標準的論述と同じである；サザーランドの職業としての窃盗の論述は、実のところ、医師やソーシャル・ワークのような慣習的職業の標準的論述と同じである）。

10章　組織と犯罪　　193

　組織化された職業的犯罪に関する研究結果は、標準的な社会科学／メディア／法執行者の見解とは合致しない。窃盗ゲームのキー・プレイヤーである盗品故買者に関する優れたエスノグラフィーを見ると、そこには専門家が配置されているという見解とは一致しないいくつかの事実が明らかにされている。第1に、窃盗の大部分は、万引きや置引きなど軽微で、無計画で、衝動的な行動である。第2に、窃盗犯たちは通常彼らが盗んだ物品の価値を知ってはいない。実際、彼らはしばしばその価値の一部のためにその物品を手放す。第3に、窃盗犯たちの間に名誉はほとんどない。盗品故買者が最も恐れるのは、窃盗犯が当局との司法取引の中で彼を通告することである。盗品故買者は、取引している窃盗犯たちを日常的にだましているので、彼らを恐れる理由があるのであろう。そして最後に、法執行の適切な機能のために賄賂が必要であるという証拠はほとんどない（Klockars 1974）。

　窃盗犯の特徴はまた売買された物品と囮（おとり）捜査で逮捕された犯罪者の性質から推測されるであろう。囮捜査とは、「警察が窃盗犯になりすまし、また、窃盗犯が盗品をもち込むよう誘導するために盗品の取引相手、すなわち、盗品故買者になりすますものである」（Klockars 1988: 85）。警察が報告するこうした囮捜査から見ると、大都市地域にはあらゆる種類の盗品の巨大で活発なマーケットが存在すると思われるであろう。しかし、それは、合法的であれ、非合法的であれ、通常はマーケットのない物品を含んでいるので、実際のところ、このマーケットの大部分は警察主導のものである。結果として、囮捜査によって捕えられた「窃盗犯」はしばしばまったくの素人だったり未熟な者なので、物の価値も労働の価値もわからない。こうした捜査で「一掃された」人たちに関するカール・クロッカーズ（Carl Klockars）の論述は示唆的である：

　　他の者たちは、機会が与えられれば手に入る物は何でも盗み、買い手を見つけることが容易でないきわめて特殊なものを取る者もいる。3個の1977年式フォード・ピントのキャリブレーターを盗んだ窃盗犯が直面した苦境を考えてみよう。この窃盗犯は、こうした自動車をもつ3人の人たちのこと、ましてやキャリブレーターの不調に遭遇している、あるいはそれを予期し得る3人の人のことなど知らないであろう。そうした人たちを探し出し、盗品を彼らに示し、そこそこの値段で売れたとしても、また、盗みの機会が得られたのは「幸運」であったとしても、それは彼らの努力には見合わないでものであったろう……トラック、自動車、バンを盗む窃盗犯のことを考えてみよう。盗まれた車を買おうとする人はほとんどいない……道路は8,000ドルから1万ドルの車で満ちており、それ以上高額の車も多く、それらの大半は簡単に盗むことができるが、盗まれた車の大半は放置された状態で発見される。しかし、駆け出しの若い自動車窃盗犯が、盗んだ自動車、トラッ

194　Ⅲ部　理論の応用

ク、バンのために、1ドル当たり7セント、あるいは3セントも払う愚かな買取業者［す
なわち、警察の囮捜査官］を見つけることができたとしたら、その窃盗犯は一時のことだ
が、ひと稼ぎできるであろう。

犯罪と犯罪性の一般理論の視点から見た組織犯罪

　クレッシー（1969）が提案し、他の非常に多くの研究者たちによって言及された筋
書きに沿って組織された犯罪シンジケートというものを我々の理論はどう説明できる
だろうか？　クレッシーの理論は、緊密に編成され、階層的に組織された非常に多く
の人たちが、個々人の成員性を超えて持続する組織の中で、一定の長さの期間協力し
合うと主張する。この組織は、厳格な行動規則によって一つにまとまっているが、そ
れは、「組織に忠実に」「名誉を重んじる人間であれ」「警察には話すな」「男らしさと
年長者を敬え」などである。

　我々の理論は、こうした特徴描写によって犯罪行動の重要な部分が説明できるとい
う考え方に対しては明確に異議を唱える。組織犯罪の存在に関する我々の見解は、
ノーバル・モリスとゴードン・ホーキンス（Noval Morris & Gordon Hawkins 1970）
と同じである。しかし我々はかなり異なる筋道をたどってこの見解に達した。モリス
とホーキンスは、組織犯罪の存在を支持する証拠が（神の存在を示す証拠と比較して）
薄弱であることに（当然のことながら）印象付けられたが、我々の抱く印象は、組織
犯罪の概念が犯罪と自己統制の概念と相容れないことである。

▍結　論

　時折人々は協力して犯罪をおかすし、時折人々は自分のために犯罪をおかすよう他
の人を雇うことがある。「薬物マーケット」は両方の現象の好例である。それでもな
お、犯罪概念は、長期にわたる協力関係の維持とは相容れないし、犯罪傾向をもつ人
たちは信頼できず、当てにならないし、協力的ではない。このことは、長期にわたる
協力的努力を必要とする犯罪から巨大な利益を得る者がいることを否定するものでは
ない。しかし、こうした「組織」は比較的儚いもので、存在を認知されるほど長く存
続し得る一つの組織がある一方で、目の前の目標を達成することすらできない数百の
組織がある。犯罪傾向をもつ人々の母集団が比較的小さいとすれば、また、彼らが非
常に多様な犯罪的企てに従事する傾向があるとすれば、ときには、同じ人たちが一定
の期間協力して仕事をすることが見られるであろう。

　組織犯罪人物の「経歴」は（彼ら自身がよく言うように）、犯罪と犯罪性の一般理

論と整合するものである。こうした人たちは、彼らが参加する犯罪事象を通して組織のネットワークと連帯を強めるが、彼らは一般に広範囲の犯罪行動に、ときには他の人たちと協力して（多くは偶発的な接触を通して）、また多くの場合は単独で従事すると報告する。大がかりな詐欺（例えば、Teresa 1973 参照）に加わったという評判をもつ人たちですら、民家侵入盗、自動車盗、強盗などのありふれた犯罪に関わったことを報告している。彼らはまた自分たちで結果をコントロールできない賭博もすると報告する。つまり、いわゆる組織犯罪者たちも、普通の犯罪者同様、しばしば高リスクで低利益な犯罪に手を染めると報告するが、それが発覚したら、彼らに依存している組織自体も容易につぶれてしまうであろう。言い換えると、その組織員であった者たちの証言に基づいても、組織犯罪は長続きしない。

　法執行機関やメディアは、悪を拡散させる元凶、悪賢い敵という組織犯罪イメージをもち、それは大規模な法執行政策を正当化し、またメディアへの注目を永続させるものだが、我々の主張によってそれを変えることができるとは信じていない。しかし我々は、ギャング犯罪、組織犯罪、プロ犯罪者などを説明するためには特別な理論が必要であるとも信じていない。組織犯罪にまつわる社会的犯罪神話を拭い去ったなら、犯罪と自己統制の理論によって「組織」犯罪の現実が説明されるであろう。

IV部　研究と政策

PART IV　*Presearch and Policy*

11章　研究デザインと測定
12章　公共政策への示唆

---
11 章

研究デザインと測定

Research Design and Measurement

犯罪と犯罪性の概念は研究デザインと測定手続について示唆を与える。もしも我々の概念が真に新しいものであれば、それは研究デザイン／測定問題にも新たな光を投げ掛けるであろう。それは、犯罪者の自己報告が犯罪と非行の測定にとって十分なものかどうか、計量方法の選択（すなわち、事件数か発生率か）、犯罪と非行の尺度の有用性、縦断的研究の必要性、実験的・準実験的研究デザインの有望性などについて示唆を与えるであろう。犯罪学ではしばしば忘れられているが、堅固な概念と理論選択こそが研究デザインと測定を構築する基礎であって、その逆ではない。

▌ 理想的デザイン

他のすべてが等しいなら、科学的研究の理想的デザインとは、被験者が処理条件にランダムに振り分けられ、その後、さまざまの処理の効果を比較する完全実験である（Campbell & Stanley 1963: 3 参照：彼らは実験方法を「基本的な証明の言語であり、競い合う諸理論間の不一致を裁く唯一の法廷」と呼んだ）。このデザインは、十分な追試とともに、因果性に関する三つの基準をそれぞれ独立に満たす：原因と結果の結び付き；結果に対する原因の時間的先行；そして、疑似相関でないこと（nonspuriousness）である。どんな他のデザインもこれには劣るが、それらの間にも優劣がある。例えば、トーマス・クックとドナルド・キャンベル（Thomas Cook & Donald Campbell 1979: 9）は、科学的十全性において完全実験に次ぐものは、外生条件の統制をせず完全実験の能動的介入を行うデザイン、すなわち準実験（quasi-experiment）である（このデザインは因果性の最初の2基準を満たし、第3基準も時には、運が良ければ満たすことができる）。科学的十全性がさらに低いものとして受動的観察デザインがあるが、これは、研究者が自然の与えるものを受け取り、相関的あるいは類似の統計的方法によって因果的要素を推論する試みである。受動的デザインは変数間の相関を確認することはできるが、結果から原因を見分けることは難しいし、当該の相関を生み出す可能性のある他の変数を統計的に統制することによって、ごく弱いけれど

も実験に近付くことができる。こうした困難さは、多変量統計の発展にもかかわらず残っているが、それはそうした統計値が、操作やランダム化といった点で弱い代替物に過ぎないからである。

　我々の概念スキーマを念頭においた犯罪学研究では、研究者は、犯罪と自己統制という二つの従属変数の一方を研究するであろう。何が理想的研究デザインかは、犯罪と自己統制のどちらが焦点かに依存し、また、両者の間に仮定された相互作用に依存するであろう。まず、犯罪から始めてみよう。

▌ 犯罪と研究デザイン

　理論を検証するために「人を犯罪者にすることはできない」ので、実験方法は犯罪学には不可能だとしばしばいわれる。この結論は犯罪と犯罪性を混同している。実際、我々は毎日犯罪を統制しようと努力しているし、こうした実験的方法を組織的に、厳密に、科学的なやり方で遂行することを拒否する倫理的あるいはその他の理由はない。

　例えば、人々の中には、庭に照明設備を、ドアや窓に閂を、有価物のために鍵を購入する人もいれば、それをしない人もいる；自家用車と自宅に鍵を掛ける人もいるし、それを忘れる人もいる；危険と考えられる都心地域に行くのを避ける人もいれば、あえて冒険しに行く人もいる；一人で外出する人もいるし、集団で出かける人もいる；町内見回り隊を組織する人たちもいるし、そうしない人たちもいる；混雑した通勤電車の中で長い時間を過ごす人もいれば、隔離された静かな場所で過ごす人もいる；見知らぬ人の車に乗せてもらう人もいれば、それはしない人もいる；友人や家族と長い時間を過ごす人もいれば、見知らぬ人の中で長い時間を過ごす人もいる。こうしたすべてのケースで、人は犯罪原因を照射し得る自然実験に従事している。

　我々の立場からすると、こうした実験では、「犯罪者」の身元確認、あるいは、実のところ、個々の被害者の身元確認も必要でない。これらは生活の中の通常のリスク、つまり日常的リスクの変動を対象にしており、それ故、倫理的には中立である。それらは、最も効率の良いサンプル・サイズや外生変数の効果を統制する方法以外に、特別な研究デザインを必要とするものではない。

　それ故、犯罪は比較的容易に研究することができるし、例外的なデザインを考える必要もない。日常活動理論や犯罪機会理論に基づく最近の研究は、犯罪に焦点を当てた研究において検討可能な範囲を示唆している（Newman 1972；Mayhew et al., 2976；Waller & Okihiro 1978；Cohen & Felson 1979；Clarke & Cornish 1983；Hope 1985；Felson 1987）。第2章で述べたように、犯罪の重要な規定因は、標的あるいは被害者の特徴、建物への侵入容易さ、潜在的犯罪者からみた標的への接近可能性あるいは利用

可能性、入手可能な物品の携帯性と可処分性、それに明確な抑止者の存在などである。

　今ここで引用した諸研究の従属変数は、窃盗、強盗、レイプなど、各タイプの犯罪事象を単純に数えることであり、そこでは、事象を合算したり、それらを犯罪者であれ被害者であれ、特定個人に結び付ける努力は必要とされていない。

　もちろん、犯行機会の変動が、実際、犯罪者の存在可能性の変動であることは常に可能である。テレビが軽くなると、同時に、人々はその窃盗に関心をもつようになる；人々が家を離れると、ちょうどそのとき、他の人々はその家財に関心をもつようになる。それ故、機会が犯罪に与える効果を研究するためには、我々は個人の特性を「統制」する何らかの努力をしなければならない。

■ 自己統制と研究デザイン

　伝統的犯罪学では、犯罪数のカウントは犯罪者のある特徴の測度である。初期の研究では、複数の犯罪をおかす人が犯罪者とか非行者に分類された。この伝統はつい最近まで続いていた（Glueck & Glueck 1968 参照）。もっと最近の研究では、サンプル内のすべての人にある数値——多くは、彼らが行った犯罪事件数——を割り振ることによって、犯罪を連続変数として扱う傾向がある（例えば Wolfgang, Figlio, & Sellin 1972 参照）。

　我々の理論では、こうした伝統はどちらも、犯罪行為が行為者の自己統制とネガティブに関連しているという事実を見逃している：低自己統制の人たちでも、ある条件下では犯罪をおかす機会をほとんどもたないであろうし、高自己統制の人も、ある条件下では犯罪をおかす多くの機会をもつであろう。こうした人たちが一つのサンプルに混在しているなら、犯罪機会の差異は自己統制の差異と交絡し、その結果、研究者が一方の影響を他方の効果と見誤ってしまうことは起こり得る。

　この問題の解決策の一つは、犯罪行為を遂行する機会とは独立に、犯罪傾向を測定することである。例えば、その傾向は犯罪が可能になる**前に**測定可能である；すなわち、犯罪性の測度は、青年期以前に入手可能な情報からつくることが可能である（そして、それはその後の行動を予測する能力によって妥当性が確認される）。また、異なる機会条件に被験者を割り振ることによって、自然の変動によって、あるいは同一の犯罪関連特徴を共有する人たちだけに焦点を当てることによって、犯行機会を一定に保つことが可能である。このとき、犯行機会には差がないので、犯罪行為の差異は個人傾向の差異に帰属することが可能である。

　もちろん、犯罪を自己統制から区別する最善の方法は実験法で、そこでは研究者が個々人を条件に割り振り、機会水準を変化させ、犯行機会とは独立に自己統制を測定

11 章　研究デザインと測定　　*201*

することができる。こうした実験法は、準実験法ですら、犯罪のような現象に関しては
ほとんど不可能であり、研究者たちは利用可能な中で理想的とはいえないデザイン
を用いて最善を尽くすよう強いられる（理論的に理想的なデザインが、実践において
はしばしば理想的ではないことは指摘する必要がある。つまり、多くの完全実験は単
に情報価値がないし、そうでないものも、その価値に比べて面倒だったり負担が大き
かったりする）。非実験的デザインはまた、因果性の基準を満たす程度において、ま
た、結果の外的妥当性のような他の妥当な科学的基準に関して、また、時間的・金銭
的コストなどの科学的ではないが重要な基準に関して異なる。こうした問題に対する
今日流行の解決策は縦断的デザインである。縦断的方法に基づく広範な研究とその強
力な主張は、その方法論的価値と学術的価値を評価する機会を提供している。こうし
た評価は、犯罪学的理論と研究デザインの間の適切な組合せを詳細に検討する機会を
与えるであろう。

　縦断的研究は犯罪の本質や自己統制と整合的だろうか？　縦断的研究の方法論的長
所はその短所を補うものだろうか？　その効率性はそのコストを上回るものだろう
か？　こうした疑問に答えることは、犯罪・自己統制理論を展開させる上で有益で適
切なデザインが何かを明らかにすることに繋がるであろう。

▌ 初期の縦断的研究

　米国における犯罪の組織的実証研究の起源は、たぶんシェルドン・グリュックとエ
レノア・グリュックの先駆的研究である。グリュック夫妻の初期の研究（1930, 1940）
は主として縦断的で、数多くの犯罪者を長期間に渡って追跡したものである。グ
リュック夫妻の考えでは、犯罪者は犯罪をするし、非犯罪者はしない。犯罪性の変動
は、それ故、犯罪の変動と実質的に同一である。非行者が確認されると、非行者では
ない者はその状態が続くとして、事実上無視される。しかし、非行者も時間とともに
変化する。ある者は成熟によって更生し、別のものは再犯するが、こうした結果をも
たらす因子の継続的研究には価値がある。このためグリュック夫妻は、まずは犯罪者
サンプルの確認から始めたのである。次いで彼らは、犯罪者を一定期間追跡して行動
の変化を記録したが、その目的は、「さまざまの形態の施設矯正処遇の効果」を見つ
けることであった（1950: 序文 ix）。

　グリュック夫妻は最終的には因果性の研究に焦点を移した。因果性の探求という点
から見て、この研究がもつ大きな問題点は、それが合理的な比較対照群をもたなかっ
たことである。縦断的研究の開始時、グリュック夫妻は一般母集団からの統計値に
頼った。後に、データが使えるようになると、犯罪者たちを若年時の彼ら自身と比較

することが可能となった。しかしそのどれも、グリュック夫妻、そしてその批判者たちを完全には満足させなかったので、彼らは最終的に標準的な横断的デザインを用い、（年齢、IQ、居住地域などに関して）マッチングさせた犯罪者サンプルと非犯罪者サンプルの比較に取り掛かった。彼らの主要な横断的研究は 1950 年『***少年非行の解明**（Unraveling Juvenile Delinquency）*』として刊行された。

　グリュック夫妻は、『***解明***』のために 500 名の非行者と 500 名の一般少年を対象者とし、その後長い年月にわたって彼らを追跡し続け、その結果を 1968 年『***長期的視点からの非行少年と一般少年**（Delinquents and Nondelinquents in Perspective）*』として公表した。その結果、グリュック夫妻は、同じ被験者に基づいた比較可能な二つの研究、つまり、大規模な横断的研究と同様に大規模な縦断的研究を我々に提供してくれたのである。

　犯罪に関する実証的知識の蓄積という点で、グリュック夫妻の大きな貢献は、疑いなく、1950 年の横断的研究の方に見られるであろう。マービン・ウォルフギャング、ロバート・フィグリオ、テレンス・ソーンベリー（Marvin Wolfgang, Robert Figlio, & Terence Thornberry 1978）は、1972 年、『***解明***』は犯罪学において最もよく引用される本であると報告している。1968 年の縦断的研究の発表後 16 年間、彼らの横断的研究は縦断的研究よりも 4 倍多く引用されている（Social Science Citation Index, 1966–1984）。測定、概念化、分析がほとんど重なっているにもかかわらず、横断的研究に影響力が偏っているという事実は、他の条件が等しいなら縦断的研究が犯罪学にとってより重要で価値があるという見方とは矛盾するものである。縦断的デザインを好ましいとするこうした主張はともかく（Farrington, Ohlin, & Wilson 1986）、縦断的研究と横断的研究を比較した他の試みでも同じ結論に至っている：研究のための研究である縦断的研究が横断的研究よりも大きな影響力を与えてきたという一般的仮定を支持する証拠はない。

　では、横断的デザインよりも縦断的デザインが好ましいという見方が犯罪学において広く普及しているのはなぜなのだろうか？（縦断的研究の信奉者リストは長いものになる：例えば、Elliott, Huzinga, & Agenton 1985；Blumstein et al., 1986；Farrington, Ohlin, & Wilson 1986；Reiss 1988）。この疑問に対しては三つの答えがあるように思われる：縦断的研究は因果性の問題を解決する上で横断的デザインよりも優れているとする方法論的優位性；犯罪と犯罪性の事実はその解明に縦断的研究を必要とするという理論的優位性；縦断的研究は刑事司法システムの働きを独自に評価することができるとする政策的優位性。

　縦断的研究は同一被験者に対する反復測定を含むが、「追跡」の頻度と期間は当該現象に依存する。犯罪の縦断的研究では、毎年（例えば、Elliott, & Huzinga, & Agenton

1985）あるいは2年に一度データを集める研究もあるが（West & Farrington 1977）、たいていはもっと長いインターバルを設ける（例えば、McCord & McCord 1959；Gluck & Gluck 1968；Wolfgang, Figlio, & Sellin 1972）。長期的デザインだからといって、データ収集の方法や頻度、サンプリング方略、分析方法、プロジェクト期間などが決まっているわけではない。

　すべての被験者が共通な経験（例えば、同じ病院で生まれた、あるいは同じ年に生まれたなど）を共有している時、縦断的研究は「コホート」研究と呼ばれる。サンプルが複数のコホートの人たち（例えば、別々の年に生まれた人たち）を含んでいる時、縦断的研究は「マルチコホート」研究と呼ばれる。こうした研究が第2波のデータ収集を終えると、それはマルチウエーブ・マルチコホート研究となる。マルチウエーブ・マルチコホート研究は、年齢、時期、コホートの効果を分離することができる。それは、被験者が特定の年に（あるいは病院で）生まれたこと、彼らが特定の年齢にあること、研究がある特定の時期に行われたことなどが重要かどうかを明らかにするようデザインされている。一般に、マルチウエーブ・マルチコホート研究は、単一ウエーブ・単一コホート研究よりも、また当然ながら、ここでの用法に従うなら、最小のデータ収集を行う後ろ向き単一ウエーブ・マルチコホート研究である横断的研究よりも優れていると考えられている。

　前向きの縦断的研究の長所とされるものの一つは、それが「結果」変数に無知であることである。例えば、縦断的研究者はどの被験者が将来非行者になるのかを知らない。この利点は欠点も伴い、効果的なサンプリング手続を不可能にすることである。効果的サンプリングの一つの手続は、従属変数と密接に関連することが知られている変数に関して母集団を層化し、非行者になる可能性の高い被験者をオーバーサンプリングすることである（犯罪の相関事象あるいは犯罪行為を行う傾向には安定性があるとの仮定に基づく方略）。この安定性あるいは長期的予測可能性の仮定を疑問視する犯罪・非行の縦断的研究者たちは、この手続を取らない傾向がある（例えば、Wolfgang, Figlio, & Sellin 1972；Elliott, Huizinga, & Ageton 1985；Tracy, Wolfgang, & Figlio 1985）。

▌ 因果列

　犯罪学の文献を見ると、因果列の問題に関心がある時、縦断的デザインは横断的デザインよりも優れているとの主張が頻繁になされる。デルバート・エリオットとハーウィン・ボス（Delbert Elliot & Harwin Voss）は次のように述べている：

変数間の時間順序を確認する困難さのため、横断的データから因果推論を行うのは難しい。ある時点で収集されたデータから非行行動やドロップアウトに至る発達的事象系列やプロセスに関する洞察を得ることは一般的に不可能である……異なる複数の時点でデータが入手可能なら、研究過程で起こるこれらの得点変化の量や方向を査定することが可能で、それは我々が因果推論を引き出すことを可能にする。(1974: 7-8)

デービット・ファーリントンも同じ主張をしている：「縦断的研究の別の利点は、一つの因子の変化の後に別の因子の変化が起こることを示すことによって、原因と結果の関係を明確にできることで、この点で横断的研究より優れている」(1986a: 212)。ジョアン・ピーターシリア（Joan Petersilia）は、縦断的研究は「因果推論に関心があるなら横断的研究よりも優れている」(1980: 337) と主張する。そして、アルフレッド・ブルームシュタイン（Alfred Blumstein）たちは縦断的デザインが「求められる」研究領域のリストを示している：

犯罪キャリアに関する以下のような多くの課題に対して、横断的研究によっては十全な取組みは不可能である：個人の犯罪キャリアに対する種々のライフ・イベントの影響；キャリア発達に対する支援の効果；発達的事象系列間の違いとキャリア発達の違いを説明する個人間の異質性。これらおよび関連する疑問に答えるためには、さまざまな年齢の人々に対する前向きの縦断的研究が必要である。(1986: 199)

こうした主張は、縦断的デザインが因果列の問題を解決するという信念の広がりを示している（このデザインに対しては因果列問題以上の信仰があることが示唆されているが）。しかし、それらがこうした問題を解決する能力をもつことの証拠は提供されていないし、例証すらもない。縦断的研究の信奉者たちは、この点に関して、因果列が犯罪学にとって特に困難な問題であることを示してもいない。

因果列は犯罪と非行において特に困難な問題なのだろうか？　犯罪とは即座の満足をもたらす事象であるとする我々の定義を想起してほしい。この定義には時間的曖昧さはない。事実、たいていの場合、分単位、時間単位でその発生をきわめて正確に定めることできる。いつ、その酒屋は強盗に遭ったのか？　その暴行、その窃盗、その殺人、その放火はいつ起こったのか？　これらは本来的に困難なあるいは曖昧な疑問ではない。もちろん、時間を厳密に定めることが困難な犯罪や非行もある。いつ、その子供はたばこを吸い、ドラッグを使ったのか？　いつ、その子供は手に負えない子供になったのか？　しかし、こうしたより曖昧な犯罪ですら十分厳密に発生時間を確認し、時間的事象系列に関して、少なくとも最も重要な原因変数を用いて明確な結論

11章　研究デザインと測定　　*205*

を引き出すことは可能である。

　もしも因果列が問題であるなら、それは、犯罪とその潜在的原因の順番を確定することの困難さに由来するものであろうと思われる。犯罪自体は比較的明瞭な事象なので、問題は、犯罪の潜在的原因がいつ生じるかなのだと考えざるを得ない。

　この点から見て、犯罪のどんな原因が問題となるのだろうか？　縦断的研究の信奉者の議論からすると、この問題に関連して、以下の4群の独立変数があると推測される：(1) 年齢、時期、コホート；(2) 犯罪・非行の因果性の中で暗示される標準的な原因変数；(3) 治療と刑事司法処遇；(4) 通常のライフ・イベントの効果。これらの変数群の各々について、因果列問題を念頭に検討してみよう。

年齢、時期、コホート

　標準的な横断的研究では、年齢と犯罪の相関が観察されるが、これについてはさまざまの解釈が可能である。年齢に由来すると思われる差異（例えば、若者における高い犯罪率）は、犯罪発生に関わる重要な経済的・社会的要因における近年の変化に由来する可能性がある。それらはまた、高率集団が誕生した、あるいは彼らが小学校を卒業した時代に存在した諸条件のせいである可能性もある。こうした示唆――見かけ上の年齢効果は時代効果あるいはコホート効果であり得る――は、縦断的デザインを強く強調する人々の間で、縦断的研究の正当性を示す主要な根拠である（例えば、Greenberg 1985；Blumstein et al. 1986；Farrington 1986a）。ある単一コホート（ある一定期間内に誕生した人々）を誕生から死まで追跡するケースを考えてみると、彼らの犯罪行動における年齢差をコホート差に帰することはできない。その年齢差は不都合なことに、時代の効果である可能性もある。高率年代は、そのコホートがその年代にあった時代、社会全体の犯罪発生率が高かったことを反映している可能性もある。明らかに、コホート・デザインは、こうした問題を解決するには明快さに欠ける（研究者はコホート・デザインの一部として収集されたものではない別のデータを参照しなければならない）。

　しかし、これらの推論上の困難さのどれも曖昧な因果列の結果ではないし、我々がここで考察している縦断的研究に正当性を与えるものでもない。年齢、時代、コホートのどれが観察された差異の原因であるかを突き止める際、それらの問題がどんなに複雑であろうと、それらが犯罪に先行するか後続するかに関しては議論の余地がない。犯罪が年齢、時代、コホートを生み出すことはできないのだから、それ故、それらを含む因果列問題に対して、縦断的研究は必要ではない。

　複雑な縦断的研究は年齢効果、時代効果、コホート効果を分離できると過剰にもてはやされてきたが、だからといって我々は、その理論的・実践的成果には見るべきも

のがないと考えているわけではない。むしろ、これらの分離にこだわった結果、より興味深い犯罪データから注意が逸らされ、この分野で長い間利用されてきた年齢データについて誤った解釈がなされるようになったことの方が問題であろう。例えば、縦断的研究者たちはしばしば、見かけ上の犯罪の年齢分布は年齢効果というよりも「コホート」効果あるいは「時代」効果ではないかと疑問を呈してきたが（Blumstein & Cohen 1979；Greenberg 1985；Farrington 1986a；Cohen & Land 1987）、別々の時代の別々のコホートを用いて犯罪の年齢分布を分析するなら、この疑問に対する実証的回答が得られるであろう（Hirschi & Gottfredson 1983；Gottfredson & Hirschi 1986）。実際のところ、縦断的研究は時代効果を発見する方法としては、概ね非効率的であるように思われる。第 2 次世界大戦後の犯罪動向は、縦断的研究者が報告するずっと以前に、通常の横断的データによって記録されているのである（Tracy, Wolfgang, & Figlio 1985）。

　コホート効果への関心はいっそう紛らわしい。年齢効果と時代効果を取り除いたとき、あるコホートが隣接するコホートよりも犯罪率が高いことが見出されたと仮定してみよう。この差をもたらしたものは何か——すなわち、どんな生活境遇がコホート間の違いをもたらすのだろうか？　その答えは、悲しいことに、可能な説明変数の数は事実上無限大であるというものである。それはコホートの規模や構成であり得るし、多くの自然大災害の一つが起こったときの年代の違いである可能性もあるからである（「コホート効果」への関心にとって、さらに皮肉なことは、それがその発生のずっと後でようやく見つかることである。それ故、それは操作のしようがないし、また政策的意義もない）。

標準的原因変数

　ある変数に関するデータは、刑事司法システムによって、また、研究デザインや理論的関心が何であれ、研究者たちによって、ルーティン的に収集されているので、それらと犯罪の関係については自信をもって語ることができる。非常に興味深いことに、縦断的研究者たちは、縦断的研究の有望さを正当化するためにこれらの変数を使い続けている。このセクションでは、これら標準的変数のいくつかと、それらを使って縦断的研究を正当化しようとする議論に焦点を当てる。

▶**性別**　縦断的デザインの長所を賞賛するブルームシュタインたちは、その研究において「ジェンダーに関する最も一貫したパターンは、データの出所、犯罪タイプ、関与レベル、関与の測度などが何であれ、重大犯罪への男性の関与がどの年代でも女性を大きく凌ぐその程度である」と報告している（1986: 40；また Hirschi & Gottfredson 1983 参照；Farrington 1986a；Blumstein, Cohen, & Farrington 1988b と比較せ

よ）。もしも性差が、年齢を含め、これらすべての条件を通して見られるほど十分に頑健であるなら、それを発見するために縦断的研究は必要ではない。もしも性差がどの年齢でも同じなら（6章参照）、その強さを確かめるにはどこかの年齢でこの差を検討するだけで十分であり、どう測定されどう定義されたものであろうと、犯罪における性差を縦断的研究の正当化に使うことはできない。

▶**人種**　縦断的研究者たちは、人種–犯罪相関が因果列の点から見て問題であるとはもちろん主張しない。それでは、人種–犯罪関連性に関して縦断的デザインの価値は何だろうか？　ある年代では他の年代よりも人種が重要であるということがあり得る。実際、ウォルフギャング、フィグリオ、セリン（Wolfgang, Figlio, & Sellin）のコホート研究（1972）は、黒人が白人よりも「早く始める」ことを示唆した。ウォルフギャングたちのデータを我々が分析したところ（Hirschi & Gottfredson 1983）、黒人と白人の間の「初発年齢」差は、実は単に犯罪発生率の差であることを示しているが、この差は横断的研究によってどの年代でも確認できるものである。黒人は非黒人よりもどの年代でも犯罪率が高いので、自動的に、彼らは非常に若い年齢でも犯罪率が高いのである。コホート研究では、これが、その用法でいうところの初発年齢差と呼ばれるイリュージョンを生み出す。黒人はまた上の年齢でも犯罪率が高いので、コホート研究なら、黒人と非黒人の間には「離脱年齢」差があると主張するであろう。実際は、黒人犯罪者は非黒人犯罪者よりも早く開始するのでもないし、より長く留まるわけではないので、このコホート知見は誤解を招くものである。こうした概念的混乱を生み出すこのデザインの用法（「開始」「持続」「離脱」などのキャリア用語）は、犯罪者の間に区別を設けない犯罪–自己統制モデルとは相容れない。

　縦断的ロジックは開始と離脱だけでなく、さらに、年齢による人種効果の有意義な変動を示唆する。例えば、ブルームシュタインら（1986: 41）は、マルチコホート縦断的研究である全米青少年調査（National Youth Survey）を見て、黒人対白人の強盗比は、コホート成員が11〜17歳の時は2.25：1だが、4年後の15〜21歳では1.5：1に低下すると解釈した。こうした事実は重要かもしれないし、そうでないかもしれない。それを明らかにする一つの方法は、それらを概念的枠組に位置付けることである。そうすると、それらが解釈可能なものであるか、それとも疑わしいものかが判明する。犯罪–自己統制理論から見れば、こうした特殊な事実は、それらを生み出した研究の意義に対して疑念を強めるだけである。

　子細に検討するなら、エリオットたちの年齢–人種効果は、縦断的デザインの利点よりもむしろ欠点を例証するものとして使うことができよう。ブルームシュタインたちが比較した年齢範囲における重なりには当惑させられるが、それはともかく、彼らが引用した差異は、慣習的棄却水準において統計的に有意とは思われない。全米青少

208 IV部　理論の応用

年調査の縦断的デザインではサンプルが限定されるために、それらの年齢別、人種別、罪種別の推定値の標準誤差は大きなものになっている。実際、この調査は、人種比較をする際、同時に性別で分割することはできない。横断的研究では人種–性別交互作用の報告は定石なので（例えば、Hindelang 1981；Hindelang, Hirschi, & Weiss 1981）、たとえ統計的有意差検定をパスできたとしても、その研究知見を疑う理由はあるといえよう。

▶**年齢**　犯罪学における縦断的研究の一つの特徴は、それが見出すことになるものが何であるか（それが見付けようとしているものが何か）に関する不可知論である。どの縦断的研究も、すべてのことは等しく可能であるという新鮮で一見科学的なスタンスで開始される。年齢と犯罪の関連に関しては 150 年以上にわたって行われた数多くの研究があるのに、それでもブルームシュタインたちなら、「犯罪の開始および現在の犯罪関与の年齢分布に関しては、ある共通したサンプルについて公的記録と自己報告両方のデータが必要である」と言うのだろう（1986: 42）。

　年齢–犯罪関連性が犯罪学的理論と犯罪統制政策にとってきわめて重要であることには多くの犯罪学者が同意するであろうが（Greenberg 1979, 1985；Hirschi and Gottfredson 1983, 1986；Gottfredson and Hirschi 1986；Cohenand Land 1987；Shavit and Rattner 1988）、縦断的研究の信奉者だけは、この関連性に関する基本的事実は疑わしいと主張するであろう。6 章において我々は、年齢–犯罪関連性は実践的目的からみても理論的目的から見ても不変であるという我々の見解を支持する証拠を上げて論じた。縦断的研究を推進する人たちにとって、この証拠は、犯罪原因が年齢によって異なることを示唆しているように見える。

　この論争に含意されることが何かを明らかにしてみよう。縦断的デザインの信奉者たちは、年齢と原因変数の交互作用は理論的および政策的意義が大きいと主張する。我々は、こうした交互作用は、年齢の犯罪に対する大きな直接的効果のもつ理論的及び政策的意義に比べると取るに足らないと主張する。我々の見解は研究に基づいている。彼らの見解はまだ行われていない研究に基づいている。我々の見解の弱さとされるものは、それが弱いデザインによって生み出された知見に基づいていることである。彼らの見解の強さとされるものは、より強力な研究デザインによってサポートされる**であろう**ということである。この状況は特別なものではない；事実、それは年代物の実証学派である。実証学派の一つの特徴は、現在受け入れられている事実を破壊し、今後の研究の口実とする傾向があることである。こうした破壊のために必要なことは、ただ、現在の事実は、それらが意味しているように見えることを意味していないと述べるだけである。いったん、現在の知見に対する疑念がつくられると、実証学派は控えめに、これから得られる知識は現在のものよりも優れているだろうから、

もっと重視されるべきだと主張する。

　この立場は、証拠が示すように、どこにも行き着く先がない。それは、我々がもっていない知識を我々のもっている知識よりも常に優れているとするし、これまでの研究はすべて無駄であったとうそぶく贅沢を我々に許すものである。年齢効果に関する結論を、それが主として横断的データから得られたものであるという理由だけで疑わしいとみなすことは、研究と真実の間の究極の関係を捻じ曲げるものである。研究とは、真実を発見するものではなく、我々が真実を発見する手助けをするものである。最後に、我々は、どんな研究から得られた結果であっても、その質がどんなものであれ、他の手段によって得られたものと比較しながら考量する必要がある：

> 適切に分析され他のデータからの情報で補強された横断的データは、しばしば、他のすべての種類のデータよりも、年齢効果に関するほとんど決定的な証拠を与えることができるのに、現在の研究者たちは、それを認識することに失敗してばかりいる。さらに彼らは、横断的データから年齢効果を推論する際の障害を見付け、その後、ほとんど常に、縦断的データに過剰なまでに熱狂するのである。(Glenn 1981: 362)

▶**家族変数**　我々は家族変数を自己統制の最も重要な要因としてきた。縦断的研究者たちは、家族要因が「[非行行為への] 関与に対する強力で一貫した効果」をもっていることを認めている（Blumstein et al. 1986: 43）。しかし、縦断的研究者は、犯罪性の概念をもたないので、おそらく我々が人生の重大時期とみなす時期をのがしてしまい、自己統制水準の決定的な差異が出来上がってしまった**後に**彼らの縦断的研究を立ち上げるのである。例えば、ブルームシュタインたちは、ウェストとファーリントンの研究（1977）を手本として引きながら、「子供が小学校の時の育児と家族行動の測度を、重大犯罪あるいは大人の犯罪行動への関与を示すその後の公的記録や自己報告に関連付ける縦断的研究は、犯罪的関与に対する育児の効果を査定するのに特に良く適している」と主張する（1968: 43）。

　我々の見解では、自己報告に対する家族要因の効果を調べる研究であるなら、自己統制の差異が形成される時、家族がどのようであったかを明らかにしようとするであろう。研究が示すように、この重大時期は小学校期に**先行する**が、それはこの時までに通常重要な差異が現れるからである。実際、多くの研究者たちは、子供が非常に幼い時の家庭の条件に関心を**もってきたし**、また、この時期を研究するために可能なことを実行してきたのである。その結果、我々はそれについていくつかのことを知ることになった。ブルームシュタインたちの表現によれば、家族要因に関する文献は「一貫した、厳格なしつけ；きめ細かな監督；コミュニケーション、愛情、子供の行

動への関心などを含む強い親子関係」が犯罪関与度の低さと結び付いていることを示している（1986: 43）。

こうした研究課題に縦断的研究が「特に良く適している」という立場にとっては不都合なことだが、リストにあげられた要因はまさに 1940 年代の横断的研究（Glueck & Glueck 1950）で確認されたものである。これらの要因はその後の多くの横断的研究によって追試されており（Patterson 1980 参照）、それらを受け入れるために縦断的デザインに頼る必要はなかった。実際のところ、縦断的研究はせいぜい横断的デザインの結果を再確認し、横断的家族研究の方法論的批判は妥当なものではないことを示しただけと見ることができる。ここでも、我々の結論は、犯罪と犯罪性に関する真実を生み出すためには特定の方法だけで必要十分であるという考え方は、優れた証拠を見ると支持されないというものである。

▶**初期の反社会的行動**　犯罪キャリアの持続性は縦断的研究の主要焦点であった。これを見るなら、我々は縦断的研究が必要かどうかを見極めることができるに違いない。もしも犯罪行動に（あるいは、犯罪をしないことに）生涯を通して連続性があるなら、人々を長い年月にわたって追跡する必要はない。もしも生涯を通して犯罪行動に連続性がほとんどあるいはまったくないのなら、やはり人々を長い年月にわたって追跡する必要性はない。縦断的研究は、生涯を通しての変化のパターンあるいは**発展**——すなわち、犯罪行動における変化のパターンあるいは発展——があると仮定する。縦断的研究の結果は、この仮定に対してどう答えているのだろうか？　近年数多く行われている縦断的研究を見るなら、非行の持続性を推定させるものを多く見出すことができるに違いない。

ジェラルド・バックマンら（Jerald Bachman et. al 1967）のデータを使って、ロス・マツエダ（Ross Matsueda 1986）は、15〜18 歳の少年を対象にした 4 ウエーブのデータについて、非行の安定性係数は 0.75、0.81、0.59 だったと報告している。ライル・シャノン（Lyle Shannon 1978）は、警察沙汰を起こした回数に関して 18 歳以前と 18 歳以降（被験者が 32 歳まで）で 0.52 の相関があると報告している。エリオット、ホイジンガ、エージェントン（Elliott, Huizinga, & Agenton 1985）は、全米青少年調査の期間とそれ以前の期間で非行に 0.58、0.71 の相関があることを報告している。ファーリントン（1985）は、彼のロンドン・コホートについて、14 歳・15 歳時と 16 歳・17 歳時に自己報告された非行の間で減衰修正なしの相関 0.62（ガンマ係数）を示すデータを報告している。ヒンデラング、ハーシー、ワイス（Hindelang, Hirschi, & Weiss 1981: 79）が指摘するように、こうした安定性は、その背後にある人格特性の不変性を仮定するまでもなく、行動指標から十分に予測し得たものである。

実際、背後にある人格特性に注目するなら、安定性の証拠はより印象的なものとな

る。男性の攻撃性に関する 24 個の縦断的研究をレビューしたダン・オルベウス（Dan Olweus）は、「5 年間で推定された非減衰安定性相関は 0.69、10 年間では 0.60 である」（1979: 866）と結論した。ブルームシュタインらは、犯罪の持続性に関する証拠を集約し、「正確なところ、成人期犯罪キャリアまでどれくらいがもち越されるかは、司法の対応、犯罪領域、成人期記録の評価に用いられる基準（例えば、逮捕か有罪かなど）によるが、青少年期非行の存在が成人期犯罪キャリアの前兆となることについては強力な証拠がある」と結論した（1986: 88）。

　ブルームシュタインらによると（また、発達研究のレビューは実質的にすべて同様だが；例えば、West & Farrington 1973；McCord 1979；Loeber & Dishion 1983；Hirschi & Gottfredson 1986）、自己統制における差異は、それが最初に確認された年代以降ある程度安定し続ける。縦断的研究者の表現によると、初期の自己統制は成人期の自己統制を予測する。長期的予測力を良とするなら、短期的予測力は優であろう。このことが、縦断的研究を支持する人たちにとって一つの問題になる：実際、ほとんど変化が起こらないとして、どうしたら短期的変化を研究の主要焦点とすることができようか？

　縦断的研究者たちはこの問題に対処するために二つの仕掛けを用いる。一つは、従来観察されてきた安定性は、全生涯を通じて確認されたものではないと主張することである。これをまともに受け取るなら、今後の縦断的研究は、8～10 歳以前の時期と概ね 50 歳以上の時期に焦点を当てるよう誘導されるはずである。しかし、多分その理論が、犯罪傾向の差異は制度的経験によって生み出されるという仮定に立脚しているために（また、彼らが「重大」犯罪の研究を好むために）、縦断的研究者たちは、この年代にはあまり関心を示してこなかった。青年期のギャング集団、結婚、あるいは刑事司法システムの影響などを強調する理論に強く関連した出来事は乳幼児や幼い児童にはあまり生じない。同様に明らかだが、老人の犯罪は稀なので、そこから何かを論じようという試みに価値を見出すことは難しいであろう。

　短期的変化がほとんど起こらないという問題に対するこの解決策に欠陥があるとしたら、第 2 の仕掛けはこれよりはるかに賢明である。生涯にわたる一貫性があるとはいえ、この一貫性は完全ではない。課題は非一貫のケースを説明することである。ブルームシュタインらを引用すると「反社会的ではあるが重大犯罪を含む犯罪パターンに発展しない青少年を弁別する信頼性のある要因についてはほとんどわかっていない。さらに、証拠によると、若成人期に初めて犯罪者となる人たちが、ついには重大犯罪を行うかどうかを予測することはさらに困難である」（1986: 47）。

　これまで説明されていないケースに研究の焦点を向けるという考え方は、古くてわかりやすい。説明効率を改善するなら、行動がまだ説明されていないケースに焦点を

212　Ⅳ部　理論の応用

当てるべきであろう。例えば、低 IQ で親による監督が不十分であることが非行を予測させるなら、監督が十分で高 IQ の非行者のケースは難題である。この問題は、さまざまな姿を取って、非行研究の初期に浮上した。これは「高非行地域における良い少年」「中流階級の非行者」「遅発犯罪者」「成績優秀な学校ドロップアウト」などの問題である。

　この問題を追求しようと、グリュック夫妻（1968）は 500 人の非行者を成人期まで組織的に追跡し、（母親の監督、母親のしつけ、家族の凝集性などを根拠に）非行性「低リスク」と分類された少年たちの非行を説明しようと試みた。グリュック夫妻は彼らの縦断的データを広範囲にわたって分析したが（この問題に対して縦断的研究の必要性を主張する人たちはこの分析を引用していない）、このサンプルの非行性を予測する変数を明らかにすることはできなかった。

　言い換えると、ある時点で非行性の等質な集団をつくっても、彼らの将来の非行を予測することはできないということだが、このことはまさしくこうした観点からの研究によって以前にも報告されたし（Hirschi & Gottfredson 1938）、また犯罪者の将来の犯罪を予測する試みによっても繰り返し確認されたことである。例えば、仮釈放予測の長い歴史は、将来の犯罪者を非犯罪者から区別する信頼できる主要因子は、彼らの過去の犯罪記録であることを示している（例えば、Gottfredson & Gottfredson 1988 参照）。犯罪レベルの変化が縦断的研究によって説明できるという考え方に対して、こうした縦断的研究結果がもつ否定的意義は、この課題に直接焦点を当てた研究がもっと必要であるとする人たちには歓迎されなかった。

　犯罪の主要予測因子はおそらく犯罪であるという事実は我々の理論の中核である。このことは、犯罪性（低自己統制）が種々の犯罪原因を吸収する集約的現象であることを我々に教えるもので、それは、どの点から見ても犯罪の*個人レベル*の原因である。ここからの推論として、それは、自己統制以外の犯罪の人格的相関事象を探求する試みは成果を生まないし、短期的な施設経験（治療プログラム、就労、刑務所生活）は、犯罪性に対して有意味な変化をもたらすことはできないことを我々に伝えている。そしてもちろん、それは逆の仮定に基づく理論が誤りであることを我々に示している。

　犯罪だけが犯罪を予測できるという我々の主張は、非行前歴の程度が一定であるときも非行の予測が可能であると主張する研究結果とは矛盾するように思われる。例えば、エリオット、ホイジンガ、エージェントは、「［その後の非行あるいは薬物使用］に直接の効果をもつ唯一の変数は非行仲間との交わり、非行前歴、それに薬物使用である」と報告する（1985: 117）。しかし、エリオットたちは、縦断的デザインを正当化する彼らの理論を検証するために、自分たちの研究の中の縦断的特徴を使ってはい

ないのである。仲間の非行性と非行変化の関連に関して、彼らは「同時的測度の使用は必ずしも不適切ではない……なぜなら、ある関係は多少とも同時期に働いていると期待されるからである」と主張する（1985: 107）。結果として、エリオットたちの研究は、過去の非行性を統制すると、現在の友人の非行性と本人の非行性が関連していることを示したに過ぎない。この知見は、非行性の現在測度が非行性の現在測度と関連していることを示していると解釈されるであろう。これは、先行の非行性が後続の非行性と関連するという縦断的研究の結論と矛盾するものではない（時折、我々が指摘する問題は特定研究に固有のもので、縦断的方法全体の利点を損なうものではないとの主張がなされることがある。こうした主張は、当該の研究が主に縦断的方法の利点を示すためにデザインされたものであるという事実を無視している。それ故、彼らが縦断的方法の正当化に失敗したことを不問に付すわけにはいかない）。

▶**薬物濫用**　全米青少年調査から得られた非行行為と薬物使用の自己報告間の関連性を指摘した後、ブルームシュタインたちは「物質濫用と犯罪行動の間の因果関係を明確にするためには、犯罪関与と薬物使用両方についての縦断的研究が必要である」（1986: 50-51）と結論した。繰り返すが、将来の縦断的研究に対するこうした楽観主義は過去の縦断的研究から見ると疑わしいし、こうした研究の信奉者たちによって展開されてきた薬物-犯罪関連性の概念から見てもその感が強い。物質濫用と犯罪行動の因果関係は縦断的研究によって検討されてきたが、その結果は確定的ではない。ブルームシュタインらが再現した調査データによると、「非行者でもある薬物使用者に見られる主要パターンは、非行に薬物使用が続くか、あるいは同時であって、薬物使用が非行に先行するものではない」（1986: 51）。

　額面通りに受け取るなら、過去の縦断的研究からは、犯罪が薬物使用の原因である（強盗が中毒の原因？）という結論に至る。もっと合理的と思われる結論は、犯罪と薬物使用が共通の原因をもつというもので、それは最終的には、犯罪と薬物使用は同じもの——すなわち、低自己統制の現れ——であるという我々の結論に至る。もしも我々が正しいのなら、犯罪と薬物使用の因果関係を明らかにしようとデザインされた縦断的研究は、時間と費用の無駄としか言いようがない。

▶**仲間集団の影響**　第7章で、自己統制と非行ギャング集団への参加の関連性を考察した。我々の理論は、非行が他の非行者との接触の原因である（すなわち、同じ羽毛の鳥は相寄る［訳注1］とするグリュック夫妻の仮説（1950）と一致する。この仮説は、非行者との接触を非行の主要原因とする、ある分派では唯一の原因とする分化的接触理論によって主張される因果列とは逆である。非行行為と非行者との接触のどち

訳注1　類は友を呼ぶ。

らが先なのか？　これは明らかに、因果列問題を解決する能力をもつ縦断的研究には、格好の事例のように思われる。

　現代の縦断的研究は、回答者の非行性と彼の友人の非行性報告の間には相関があるという標準的な横断的研究結果を再確認している（Elliott, Huizinga, & Agenton 1985）。ブルームシュタインらは、「いくつかの縦断的研究は、非行的友人との接触が後の重大な犯罪行動への関与と明確に関連していることを示している」として、因果性問題は解決されたかのように述べている（1986: 53）。

　研究課題を立てる時は代替仮説に十分注意を払うべきなのだが、この発言は、それが欠如したまま縦断的デザインを使用するといかに困難な問題に遭遇するかを例証するものである。量的研究は、データの収集、分析、解釈を方向付ける概念図式を前提としてもっている。こうした概念図式がないなら、横断的研究であれ縦断的研究であれ、因果列問題も疑似相関（spuriousness）問題も解決できないであろう。例えば、「重大な犯罪行為への関与」に先立って非行友人がいるという「知見」は、類は友を呼ぶ仮説に反する証拠とはならない。なぜなら、それはこの仮説——人は初めに非行者となり、その後非行友人を見つけ、「重大犯罪」を含む非行行為に従事すると主張するものでもある——によっても予測されるものだからである。データ収集、分析、解釈の際、この代替仮説が認識されていなければ、ある研究が縦断的であるからという事実だけで、既存の知識に何かを付け加える可能性があるということにはならない。

　こうした問題を検討するために、時系列問題に関する証拠を収集しようとした一つの縦断的研究がある。エリオット、ホイジンガ、エージェントン（1985）は、持続的非行性の唯一の原因は友人の非行性であるという仮定を中核とする「統合理論」の検証を試みた。この研究は確率抽出法を用いた全国規模の自己報告調査で、1983 年から 6 ウエーブですでに収集されたデータが使われている。この研究は、本人の非行性／友人の非行性問題に新しい角度からの光を当てるものになるであろうか？

　全米青少年調査で見た場合、友人の非行性と本人の非行性のどちらが先だろうか？奇妙なことに、エリオット、ホイジンガ、エージェントンは、彼らの理論が仮定する変化は彼らの縦断的デザインでとらえられるよりも迅速なので、このデザインは因果列問題を決定付ける検証に貢献するというよりもむしろ妨害になると主張する（1985: 99）。そして、この理論の実際の検証では、先に述べたように（加えて、第 7 章参照）、複合的横断的／縦断的デザインで、非行仲間と非行の自己報告が同時に測定された。エリオットたちが非行の自己報告と非行友人の間に強い相関を見出したのは驚くべきことではない。この強い相関は少なくとも 35 年間類似した横断的研究で報告されてきたものである。時間格差であれ時間交叉格差であれ、この関連性に関するエリオットたちの解釈は、従来の研究のものよりも複雑である。しかし、その因果

的純度がより高いとはいえない。

　犯罪の社会的あるいはデモグラフィックな相関事象のいくつかを集約すると、因果列問題とは、1変数を1時点で処理するとほとんど消滅してしまうイリュージョンであるとの結論に我々を導く。我々は、既存の縦断的研究が横断的研究よりも因果列問題を適切に解決したという証拠を見出すことはできない。むしろ反対である：問題はむしろ概念的なものであり、縦断的研究が導入した分析の複雑さは、これにストレートに取り組むことを妨げる傾向があった。

処遇と刑事司法介入

　ファーリントンによると、「縦断的研究は特定の事象あるいは生活経験が発達過程に与える効果の研究に有益である。犯罪学の中核的課題は異なる刑事処遇が犯罪キャリアに与える効果に関するものである」（1979: 310-11）。ファーリントンはさらに、真の実験（処遇群と統制群へのランダム配置）と縦断的デザインが提供するプレ・ポスト処遇測度の特徴をブレンドした研究デザインを提案する。

　我々は、刑事司法システムの処遇効果を評価する理想的デザインが何かについて論争しようとは思わない。ただ、評価デザイン問題は慎重かつ総合的に議論されてきたし（例えば、Logan 1972；Cook & Campbell 1979）、これらのデザインの強さは認められてきたが、反復測定以外にそれらと特徴を共有しない縦断的デザインの価値は不明とだけ指摘しておく。

　犯罪と非行の縦断的研究はその定義からして非実験的である。研究者による積極的介入や処遇群と統制群への被験者のランダム配置は、これらのデザインの一部ではないし、正当なものとはみなされない。より重要なことは、縦断的研究の特徴が、強力な実験的あるいは準実験的デザインの一部あるいはそれらのセットとはみなされないということである。

　縦断的研究はしばしば、処遇と刑事司法介入が行動に与える効果を見出したと報告してきた。例えば、いくつかの研究は、刑事司法システムの処遇を受けた人たちの間で、介入（逮捕、有罪、科料、施設収容）の後、非行性が強まることを報告している（Williams & Gold 1972；Wolfgang, Figlio, & Sellin 1972；Farrington 1979）。しかし、これらの報告された効果には、それを疑う十分な理由がある（Gottfredson & Hirschi 1987b: 598-602 参照）。最大の理由は、より強力な実験的デザインが用いられると、そうした効果はたいてい見出されなくなることである。

通常の生活事象の効果

　縦断的デザインの魅力は、概ね、学校への入学と退学、結婚と離婚、就職と失職、

親になるといった通常の制度的経験を通して個人を追跡できるところにある。このデザインは、これらの事象が犯罪行動に対して因果的影響をもつこと、共同して非行可能性に影響を与える被験者の特徴（例えば、社会階層）と制度的経験の特徴（例えば、結婚相手が非行者かそうでないか［Farrington 1986a］）の交互作用を研究することが課題であることなどを仮定する。

　生活事象がどのような**条件**のもとで犯罪行動に影響を与えるのかという課題は、こうした事象が実際に犯罪行動に影響を与えるという証拠を得た後で取り組まれるべきものであろう。こうした事象が重要であるという証拠自体は、我々の見解では、犯罪・非行の発達研究の擁護者が我々にアピールするほど強いものではない（第 6 章、第 7 章参照）。これら通常の生活経験効果を解明する際の問題は、非行仲間が非行行動に与える効果を解明する際に遭遇するものと同じである。非行者との交友は「偶発的」、研究用語でいえば、ランダムではない。非行者ではない配偶者との結婚、良い仕事の継続、教育あるいは職業プログラムもまたランダムではないと主張できる。これらの事象がいつ発生するかも偶発的あるいはランダムではない。実際、多くの理論が、これらの事象と関連する人々の特徴は犯罪・非行とも関連すると主張するであろう。我々はさらに、人々の犯罪関連特徴がこれらの事象すべての原因であるとまで主張する。

　我々の理論が正しいなら、通常の生活事象の因果的影響に関する縦断的研究からの報告は誤りである。通常事象と非行の相関からは、明確に支持される理論もなければ明確に拒否される理論もない。こうした事象へのランダム配置（あるいは、第 2 次世界大戦時、ほとんどすべての若い男性を「職務」に「配置」したような完全な配置：第 7 章参照）も、関連する個人特性の注意深いコントロール（条件配置における十分な変動を伴うコントロール；すなわち、有意味な比較のためには、雇用から外される十分な量の「良い労働者」と持続的に雇用される十分な量の「悪い労働者」がいなければならない）も必要ではない。求められる自然の変動を見つけることが明らかに困難であることは、我々には、こうした事象が重要であるという縦断的／発達的仮定が個人特性の安定性に関する自明の証拠（West & Farrington 1977；Farrington 1979, 1986a；Loeber 1982）を無視していることの証拠と思われる。「横断的」研究（想起されるように、人々に「いつ」と「どれくらい長く」と尋ねることができる）は、同じ予算の縦断的研究よりも優れたものになるであろう。長期にわたって同じ人たちを追跡する予算を使えば、一時点でより多くの人たちからより多くの情報を集めることができ、その結果、こうした問題に対する現代の洗練された多変量統計の応用が促進される。縦断的研究の支持者はこうした技術の有用性を認識しているが（Farrington 1979）、あいにく既存の縦断的研究デザインは、部分的には、こうした技術がなぜか

不要であるという幻想によって、その応用を控えている。犯罪因果性に関する人格説と制度説の論争は重要だとしても、それを超えてなお縦断的研究が必要であるとする根拠のない主張（Farrington, 1979, 1986a, 1986b；Tracy, Wolfgang, & Figlio 1985；Blumstein et al. 1986；Farrington, Ohlin, & Wilson 1986）を正当化することは、やはりできない。

　研究者が直面するこの問題は、犯罪に対する結婚の効果を考察することによって例証される。広範囲に記録されているように、犯罪率は青年期後期にかけて上昇し、その後下降する。この犯罪の減少傾向は、就職、結婚、資産蓄積など犯罪行動と調和しないように思われるさまざまの生活事象と同時並行して起こる。この同時発生から多くの犯罪学者は、これらの事象が犯罪減少の原因であるとの示唆を得た（例えば、Greenberg 1979, 1985；Baldwin 1985；Farrington 1986a）。しかし、既存の研究は、加齢に伴う犯罪減少はこうした事象に由来するという仮説とは矛盾する。なぜなら、犯罪減少はこうした事象が起こっても起こらなくても生じるからである（Hirschi & Gottfredson 1983）。生活事象が犯罪の年齢分布を説明できないことは、これらの事象自体が犯罪の原因ではないことを意味している。この結論は、縦断的デザインの基本的・本質的根拠に反するものである。

　縦断的研究者は次のように主張して反論する：

　ある要因は特定の年代にしか当てはまらない。例えば、結婚ができない10歳児を対象に結婚と犯罪を研究することはできないし、60歳の人を対象に怠学と犯罪の関係を研究することも同様である。他の要因でも年齢が異なると意味が異なることがある……すべての要因がすべての年齢で同じように犯罪と関連するとの主張は信じがたい。（Farrington 1986a: 229）

同様に、次のような主張もなされる：

　犯罪との関連性は年齢によって異なる。例えば……子供が10歳までの親の有罪判決は、14〜16歳および17〜20歳という年齢での子供の犯罪の最良の予測因子の一つだが、10〜13歳という年齢ではそうではないことをファーリントン（1986b）は報告した。ウェスト（1982）は、18〜21歳の間の結婚はその年代での非行者の犯罪に何の影響も与えないが、21〜24歳の（非犯罪者の女性との）結婚はこの年代の犯罪減少をもたらすと報告した。結婚のような変数がどの年齢でも犯罪に対して同じ効果があるとの主張は信じがたい。（Farrington, Ohlin, & Wilson 1986: 27）

　論理とデータに基づくこの主張の組合せは、一見、説得力がある。結婚と怠学が子

218　Ⅳ部　理論の応用

供と老人で同じ効果あるいは同じ意味をもつとは期待できないであろう。しかし、そ
れらと犯罪の関連性を年齢不変説（the age-invariance thesis）に対する*論理的*拒否の
一部として使う前に、実際にどうなのかを実証的に確認する必要がある。もしも怠
学、結婚、安定した雇用が、ある年代で犯罪の原因であり、またもしもその後の年代
でこれらの変数と等価なものがないとしたら、犯罪の原因は実際年代によって異なる
であろう。それ故、まずもって確認されるべきは、これらの変数が各年代においても
つ因果的影響力である。これがなされてはいないのだから、この仮定に基づく主張は
論理的というよりも思弁的であったし、今後も思弁的に留まるであろう。

　人生のある一時期にのみ意味をもつように思われる変数の因果的影響が実際に確認
されたとしても、犯罪原因が年代特異であると決まるわけではない。当該変数は他の
様態あるいは相似態をもつ可能性がある。例えば、学業を怠けることは無断欠席とい
う様態だけではない。実際、家ではかつて「家庭怠学（home truant）」と呼ばれてい
たし、失業もある場合には怠学の極端な様態である。軍務からの「無断離脱
（AWOL）」は、学校のずる休みがもはやできない時に起こることから、論理的には
怠学と等価である。我々の主張が正しければ、ある要因はある年代でしか働かないと
いう考え方は単に犯罪原因の不十分な概念化を反映したものである（この主張に対し
て、ブルームシュタイン、コーエン、ファーリントンは「結婚と機能的に等価なもの
が 8 歳児にあるとは……疑わしい」と述べている［1988b: 65］。この当然の疑問に対
する答えは、各年代における結婚の機能に依存する。我々は結婚に犯罪防止機能を与
えていないので、8 歳児にとっての結婚等価物が何かを推論する立場にはない。しか
し、この疑問が適切に表現されるなら、ブルームシュタイたちが言うほど困難なもの
ではない。長期的現象の研究はすべて類似の困難に遭遇する。その解決策は、ただ背
後にある原因を概念化することによってのみ可能である）。

　しかし、犯罪原因が年齢によって異なるとする主張に対する実証的証拠は説得的で
はないことから、ここでの議論で、こうした概念的等価物を取り上げる必要はない。
年齢によって因果関係が異なることに対する主な知見は、ウェストとファーリントン
の縦断的研究（1977）からのものである。親の犯罪性が子供の年齢によって効果が異
なるという主張には説得力がない。すべての差異は同じ方向を向いているし、差異の
間の差異は非有意である（この差の統計的有意性検定は報告されていない）。提示さ
れたデータからの正しい結論は、親の犯罪性の効果はどの年代でも*同じだ*というも
のである。もしも同じでないとしたら、犯罪の主要原因の一つが「早期初発」と相関
せず、これへの曝露から 4〜10 年後にその効果を生み出すように見えるのはなぜかが
説明されなければならないであろう。

　結婚に関する知見はさらに非説得的である。ロンドン研究の被験者は異なる婚姻歴

にランダムに配置されたわけではないので、「年齢×結婚×結婚形態」の有意な交互作用がこのロンドン縦断的研究で発見されたと信ずるに足る十分な根拠はない。こうした交互作用が発見されたときには、我々の考えでは、それが追試可能で、理論的に有意味なものであることを示す責任がその研究者にはある。

▌有病率と出現率；関与率とラムダ

近年、縦断的研究への期待が高まっているが、その主な魅力は、それが一般犯罪者と職業犯罪者（career criminal）を明確に区別する機会を与える——言い換えると、「積極的犯罪キャリア（active criminal careers）次元」を研究する機会を与える——というものである（Blumstein et al. 1986: 55）。縦断的デザインの信奉者たちは、「犯罪率」がいくつかの成分に分解可能であるという事実を強調する。犯罪率は、人口に占める犯罪者数（犯罪の有病者数）と彼らが行う犯罪事件数の両者の関数である。犯罪率の分母が母集団の人数であるとき、最初の犯罪率は伝統的に有病率（prevalence rate）と呼ばれ、第 2 のものは出現率（incidence rate）と呼ばれる［訳注 2］。近年の犯罪キャリア研究者は、伝統的な出現測度の代わりに、個人別の犯行度数あるいは彼らがラムダ（lamda）と呼ぶものを産出するため、「積極的犯罪者数」を分母として使う。

これらのすべての統計値は横断的デザインと縦断的デザインから計算可能である。例えば、**統一犯罪統計報告書**（*Uniform Crime Reports*）および全米犯罪調査（National Crime Survey）による年間犯罪率は犯罪出現率に関する横断的推定値である。研究者が対象者を非行者とそうでない者に分けると（非行をどのように測定しようと）、有病率が算出される。犯罪行為を少なくも 1 回行った人の数と彼らが行った犯罪行為数がわかれば、研究デザインが何であれ、ラムダの計算が可能である。研究者の間には、有病率と出現率は交換可能なもので、ラムダは派生物であるとみなす伝統的傾向があった（Gottfredson & Hirschi 1986）。一方、現代の縦断的研究者たちは有病率とラムダを好み、伝統的出現率測度を派生物とみなしている（Farrington 1979；Wilson & Herrnstein 1985；Blumstein et al. 1986）。

縦断的研究者コミュニティの有病率とラムダへの関心は、交換可能性の考えからではなく、これらの測度が別個の原因をもつという考えから生じている。「犯罪者を非犯罪者から区別する要因は、彼らの犯行度数の点から見て、犯罪者間を区分する要因とはまったく異なる可能性がある」（Blumstein et al. 1986: 54）。表現を変えると、犯罪キャリア研究者は、2 回目の犯罪の原因は 1 回目の犯罪や 3 回目の犯罪の原因とは

訳注 2　これらは疫学用語である。

異なるし、犯罪を5回行う犯罪者は2回あるいは12回行う犯罪者とは異なり、これら犯罪者間の差異は、犯罪の因果性に関して、犯罪者と非犯罪者の差異と同じように重要であると仮定する。時系列で見た犯罪者間の差異に注目することによってさらに複雑さは増す。けちな窃盗からレイプ、器物損壊へと進む犯罪者は、加重暴行からスタートし、自転車盗と万引きに進む犯罪者とは因果的に異なるであろう。こうした時系列が犯罪キャリア研究にとって重要であり、それは、その定義からして時系列の中で生じるものであることから、それらは縦断的研究を正当化する役割を果たす。ラムダは、個人犯罪者に焦点を当てる犯罪統制政策に関心をもつ人たちにとっても魅力的である。

　犯罪研究は、医学研究において繰り返し見出されてきたものとは異なる区分を導入する。例えば、心臓疾患の原因を研究する医学研究者たちは、心臓発作を起こした人たちに焦点を当てて再発の因子を見出そうと努めるか、あるいは一般母集団に焦点を当て、心臓発作を起こす人と起こさない人を見分ける因子を見出そうとする。先のケースでは、研究者たちは、行動と治療が最初の心臓発作によって大きな影響を受けた人たちを対象とする。後のケースでは、当該の医学的問題を改善しようと試みる中で「因果的経歴」が汚染されていない人たちを対象とする。第1のグループに焦点を当てる研究者たちは、心臓発作患者個々人の治療の方策を立てようとして、あらゆる種類の手術技能、薬品、機器の開発を試みるであろう（そうして、自分たちの努力に注目と資源を惹き付けようとする）。こうした方策が成功するなら、その分、心臓発作患者の寿命は長くなるであろう。心臓発作の有病率の研究者たちは、対照的に、喫煙、運動不足、過剰なコレステロールなど、心臓発作の操作可能な原因の追究を試みるであろう。こうした研究が成功するなら、それだけ、多分、心臓発作の患者を含め、非常に多くの人の寿命を延ばすことになるであろう。人間の寿命統計値の上昇は、ラムダ因子よりも有病率因子によるところがはるかに大きい。

　同じロジックが犯罪に当てはまらないとする理由はない。我々の理論は、犯罪有病率の相関事象は、犯罪出現率の相関事象でもあると予測する。すなわち、我々の理論は、犯罪行為の原因は、その行為の数にかかわらず同じであると仮定する。それはまた、犯罪の「原因となる」個人の安定した特性が、それによって「安定した」あるいは「一貫した」犯罪行動をもたらすわけではないとも仮定する。

　以前、我々はこの疑問に関連するデータを分析したことがあった（Gottfredson & Hirschi 1988a）。ここで、その分析結果を簡潔に示し、それが犯罪–犯罪性理論の立場に対してもつ意味を述べてみよう。

　標準的な研究では、人々の犯罪性は、彼らが一定期間に行った犯罪行為の数を数えることによって定められる。その目的は、犯罪性測度の変動を説明することである。

11 章　研究デザインと測定　　*221*

一般に研究者たちは、我々がしたように、ある犯罪の原因は他の犯罪の原因と同じである——すなわち、「犯罪」あるいは「犯罪性」は連続変数である——と仮定する（もちろん、20 個の行為と 30 個の行為の違いが、2 個の行為と 3 個の行為の間の違いよりも 10 倍大きいと仮定する必要はない）。彼らはまた一般に、犯罪性を生み出す因果システムは、外部の力が作用しない限り、通時的に安定し続けると仮定する。よく知られているように、こうした諸仮定は統計的・理論的利点をもち、ダイレクトで有意味な検証が可能である。犯罪者と非犯罪者の間のどこに線を引くか、また、犯罪者の中にどれくらい多くのレベルを認めようとするかなどは研究者によって異なる。これらの問題を実際にどう決定するかは、一般に、データの分析と先行研究を手掛かりと

表 7　犯罪種とデータの違いによる出現率（I）、関与率（P）、度数（λ）の測度：13〜18 歳男子

犯罪回数	公的記録，全犯罪			公的記録，重大犯罪[a]		
	I	P	λ	I	P	λ
	(1)	(2)	(3)	(4)	(5)	(6)
0	1,630	1,630	—	2,280	2,280	—
1	396	957	396	214	307	214
2	211	—	211	41	—	41
3	111	—	111	33	—	33
4	66	—	66	5	—	5
5	49	—	49	6	—	6
6+	124	—	124	8	—	8
全標本	2,587	2,587	957	2,587	2,587	307
全犯罪／犯罪者	3,067	957	3,067	509	307	509
平均	1.19	.37	3.20	.20	.12	1.66

犯罪回数	公的記録、窃盗			自己報告[b]		
	I	P	λ	I	P	λ
	(7)	(8)	(9)	(10)	(11)	(12)
0	2,220	2,220	—	724	724	—
1	232	367	232	643	1,757	643
2	73	—	73	482	—	482
3	23	—	23	343	—	343
4	18	—	18	171	—	171
5	6	—	6	79	—	79
6+	15	—	15	39	—	39
全標本	2,587	2,587	367	2,481	2,481	1,757
全犯罪／犯罪者	660	367	660	3,949	1,757	3,949
平均	.26	.14	1.80	1.59	.71	2.25

（Richmond Yourth Project；Hirsh 1969: 54-62, 298-99 より）

a　強盗、侵入盗、暴行

b　「今まで」の期間に関する 6 項目。反応は「はい」「いいえ」とコードされた

する。これらは研究課題、測定方法、当該集団内の犯罪頻度に依存するので、データ分析なしに決めるのはリスクが大きいだけである。

すでに述べたように、キャリア研究者は反対の立場を取る。その立場からすると、基本的分割点は少なくとも1回は犯罪をしたことがある人と一度もしたことがない人の間にある。この先の分割（すなわち、犯罪者の中での分割）になると、分割手続はキャリア研究以外の研究者たちが取るものと酷似したものになる。

これら多くの区分の意義を検討するために、我々は、2,587人の男子の警察記録及び自己報告データと1,488人の女子の自己報告データを集めたリッチモンド青少年プロジェクト（Richmond Youth Project: Hirschi 1969）のデータを使用した。公的データは、その後の処分がどうであれ、警察ファイルに記録された犯罪数である。大サンプルと多くの重大犯罪が記録され報告されていることから、有病率と出現率の区別を検討するには十分である。

前頁表7の第1列はこのサンプルの男子が行った犯罪件数である。一般に度数分布と呼ばれるこの列は、通常の用法では犯罪の「出現率」（I）にあたる。キャリア研究者たちはこの分布を、誤解を招き**そうな**根拠で分割する。この論理に従って、第2列は、このサンプルを、犯罪記録をもつ者ともたない者の2グループに分けたものである。キャリア研究用語によると、この分布は「関与率（participation）」（P）と呼ばれる（関与率は、防犯あるいは逸脱・軽微犯罪理論においては興味深いとされるが、刑事司法政策への影響に注目した研究ではほとんど価値が認められていないことを想起して欲しい）。

第3列は、犯罪を行った者の間での犯罪分布を示しているが、これはキャリア研究用語では「度数（frequency）」あるいはラムダ（λ）と呼ばれる。キャリア・モデルの中心となる区分は下記の公式で表現される：

λ = I

ここで、I ≧ 1、あるいは P = 0

これら二つの測度の違いは、一方が0の値、つまり非犯罪者を含むが、他方は含まないことである。0（非犯罪者）と他の数字（犯罪者、どのように定義されたものであっても）の違いの原因に関心が向けられるときには、ラムダは必要ない[*1]。

同表7のデータに含まれる別の測定問題は、重大犯罪を、重大さを考慮せず、軽微犯罪あるいは全犯罪と対比的に扱っている点である。強盗、侵入盗、暴行はどこでも重大犯罪とみなされるので、第4列はサンプル全体におけるこれらの犯罪事件数を示している。重大犯罪事件数もまた、問題なく関与率やラムダ相当値（第5列、第6列）に変換できる。

犯罪の最も一般的な分類はもちろん対人犯罪と窃盗である。第7列はそこで窃盗の

11 章　研究デザインと測定　　*223*

分布を示し、第 8 列と第 9 列には窃盗事件数に関する関与率とラムダ測度を示している。

　最後に、同表 7 は同じサンプルに関する標準的な 6 項目自己報告測度の同じ 3 種類の分布を示している（第 10〜12 列）。自己報告データでは、サンプルの大半が少なくともいくつかの犯罪を報告して犯罪者カテゴリー内に入ってしまうので、関与率測度は特に問題が多い。

　さてここで、「犯罪」相関事象のこうした区分の意義について検討してみよう。従属変数のレンジを狭めることが相関係数に対して与える統計的影響に熟知した研究者なら、この分析結果を予測できるであろう。もしもこれらの区分が十分に強力で、むしろ逆に、統計的傾向を際立たせることになるとしたら、彼らは瞠目するであろう。もしも**何の理論的根拠もなく**、有病率・出現率区分が、定説となっている統計的傾向とは正反対の結果を生み出すとすれば、彼らは再び瞠目するであろう。

　次頁表 8 は 7 個の一般的な犯罪相関事象と 12 個の犯罪測度との関係を示したものである。犯罪は初め公的記録で測定され（第 1〜9 列）、次いで自己報告で測定された（第 10〜12 列）。相関係数のもとになるケース数は測度によって異なり、サンプル規模のレンジは各列の最下行に示されている。（自己報告データについては性別が示されている。）統計的関連性の二つの標準的測度であるピアソンの r とガンマが比較ごとに報告されている（注書きがない限り、表中のピアソンの相関係数は 0.05 水準で有意なものである。サンプル数は前々頁表 7 に記載の通り）。

　表 8 の相関係数の精査から二つの結論が得られる。第 1 に、相関はキャリア測度が変わっても実質的に同じである。キャリア・モデルの予測に反して、研究者はここで、出現率にも関与率にも、さらに、無節操に定義が変わるラムダに注目することも可能である。表 8 の相関係数には多少の変動はあるが、それらの方向、パターン、相対的強度は全測度に関してほぼ同じである。そこで、一般的に、また犯罪・犯罪性理論と一致して、表 8 から得られる犯罪の原因と相関事象に関する信頼できる結論はキャリ

＊1　ブルームシュタイン、コーエン、ファーリントン（1988b: 58）は、彼らが「個別犯罪率」「度数」「ラムダ」と呼ぶものを我々が誤解していると不満を述べている。彼らは度数あるいはラムダを次のように定義しようとする：「積極的犯罪者がある時間単位内に行った犯罪事件数」――これは、まったく理解困難でも、我々が用いている定義とまったく異なるものとも思えない。しかし明らかに重要なことは、それが、ラムダを創作した人たちの心の中に存在するものを厳密に測定するものであるかどうかある。そうでなければ、観察された結果から、真のラムダの動きについて何かを言うことはできない（Blumstein, Cohen, & Farrington 1988b: 25-64）。社会科学の他の分野では測度の大きな変更があっても通常はほとんど違いをもたらさないのに、ここでは小さな変更がなぜこうした違いをもたらすのかについてブルームシュタインたちは何も言っていない。もちろん、彼らは、他の人たちと同様、最終的にラムダを正しく測定するなら得られるであろう結果について推測しているだけなので、このためにこうした小さな変更が違いをもたらすのだが、彼らはそのことを示すことができないのである。

224   IV部　理論の応用

表8　外部変数と犯罪の発生率（I）、関与率（P）、度数（λ）の各測定との相関（ピアソンのrとガンマ）

外部の変数		公的記録、全犯罪[a]			公的記録、重大犯罪[a]		
		I	P	λ	I	P	λ
		(1)	(2)	(3)	(4)	(5)	(6)
人　種	r	.21	.25	.16	.17	.20	.10
	ガンマ	.46	.51	.24	.57	.58	.16
喫　煙	r	.21	.25	.15	.14	.16	.06[*]
	ガンマ	.47	.52	.28	.47	.48	.21
飲　酒	r	.20	.23	.16	.14	.16	.09[*]
	ガンマ	.44	.48	.16	.46	.47	.26
異性交際	r	.14	.21	.07	.10	.11	.10[*]
	ガンマ	.38	.42	.10	.34	.34	.32
GPA	r	− .21	− .28	− .13	− .15	− .18	− .07[*]
	ガンマ	− .35	− .38	− .17	− .36	− .37	− .10
逮捕された友人	r	.21	.26	.14	.15	.16	.15
	ガンマ	.37	.41	.21	.37	.38	.30
事例数		1,858–2,587	1,858–2,587	699–957	1,858–2,587	1,858–2,587	206–307

外部の変数		公的記録、窃盗[a]			自己報告[a]		
		I	P	λ	I	P	λ
		(7)	(8)	(9)	(10)	(11)	(12)
人　種	r	.24	.27	.19	.04	.02[*]	.04
	ガンマ	.67	.67	.42	.06	.03	.08
喫　煙	r	.16	.15	.17	.35	.23	.30
	ガンマ	.42	.42	.27	.51	.58	.44
飲　酒	r	.16	.15	.15	.41	.26	.36
	ガンマ	.42	.43	.15	.60	.69	.51
異性交際	r	.11	.11	.12	.29	.22	.22
	ガンマ	.31	.31	.22	.40	.46	.34
GPA	r	− .13	− .14	− .11	− .15	− .10	− .13
	ガンマ	− .27	− .28	− .18	− .14	− .15	− .12
逮捕された友人	r	.16	.18	.10	.43	.29	.36
	ガンマ	.38	.39	.13	.46	.53	.39
事例数		1,858–2,587	1,858–2,587	250–367	1,784–2,481	1,784–2,481	1,274–1,757
性　別	r				.28	.25	.21
	ガンマ				.48	.51	.43
事例数					2,201	2,201	1,370

（Richmond Yourth Project；Hirsh 1969 より）

a　これら3変数の定義および分布は221頁表7に示されている

*　この相関係数は .05 水準で有意ではない

ア区分には依存しない。第2に、この結論には一つの重要かつ容易に予測可能な限定条件がある：関与率からラムダに、また重大犯罪のラムダに移るにつれ、相関係数は小さくなり、サンプル規模が小さくなるにつれ最終的には非有意に近付く。結果が有意かどうかを我々に伝えるのは統計的検定以外にない中で、キャリア・パラダイムでは、このように、サンプル規模の縮小に伴って相関係数が小さくなっていく。

「**関与**率測度を使用する研究者はラムダの相関事象について誤った方向に導かれるのか？」と問うなら、答えは「否」である。この研究が一般化可能であるなら（そして、表8の知見がこの分野において最も堅固に再確認されるものの一つであるなら）、標準的測度に基づく知見は「積極的犯罪者」「重大犯罪者」「職業犯罪者」だけでなく、キャリア・モデルの支持者たちの研究にとって重要な犯罪者のあらゆるカテゴリーとタイプにも十分適用可能である。このように、このモデルの支持者たちは、彼ら自身の「パラダイム」の有用性と妥当性の問題に対して先行研究がいかに重要であるかを認識しないのである。

興味深いことに、ブルームシュタイン、コーエン、ファーリントン（1988a）は我々の見解を、次のように、検証可能な仮説としてまとめているが、それが表8と一致することは明らかである：「もしも彼ら［ゴットフレッドソンとハーシー］が正しいなら、すべての犯罪キャリア特徴は相互に関連しており、関与率の相関事象と予測因子は、度数や犯罪キャリア期間の相関事象や予測因子と同じであるはずであろう」（前掲書：5）。同時に、彼らは彼ら自身の見解を、次のように、やはり検証可能な仮説としてまとめているが、これが表8のデータと一致しないことは明らかである：「犯罪キャリア・アプローチでは、対照的に、犯罪キャリアの個々の特徴はそれぞれ異なる相関事象と予測因子をもち、それらは必ずしも相互関連しないであろう」（同上）。

先行研究は表8の結果と一致し、犯罪の相関事象は、測定方法、犯罪タイプ、犯罪の重大さが違っても、さらに変数レンジの制約があっても頑健である。事実、犯罪の基本的相関事象に関しては実質的な合意があり、それは、それらの理論的意味を巡る少なからぬ論争の中で確立されてきたものである。

犯罪性測度としての犯罪事象

しかし、我々は犯罪や犯罪性のある測度が他のものよりも優れていると言おうとしているわけではない。むしろ、犯罪行為や犯罪事象それ自体が、犯罪性の最善の測度ではないというのが我々の立場である。

第1に、年代間で比較可能な測度をつくれるほど、人生の各段階でこうした事象の数が十分にあるわけではない。例えば、非常に幼い子供は犯罪行為ができないし、それは老人の多くもそうである。第2に、集団間で犯罪性の比較研究が行えるほど、集

団間において比較可能な事象数が、たとえ高発生期であったとしても、十分にあるわけではない。女性とかある民族集団はこの点で特に問題である（例えば、リッチモンド青少年プロジェクトは女性の犯罪記録が少なすぎたために女性に関する警察データを収集しなかった）。第3に、高発生率集団においてすら、犯罪性を連続変数として扱うほどにはこうした事象数（公的データや裁判データによって測定された時）が十分に多くはない。最後に、また最も重大な点として、こうした事象はしばしば、行為者の犯罪性からある程度独立した機会因子に依存する。それが官憲の行為と犯罪者の行為の両方を含むものである時、その事象は行為者の犯罪性からさらにかけ離れたものになるであろう。

犯罪性測度としての自己報告された犯罪行為

「自己報告測度を好む研究者は表8の比較によって誤った方向に導かれるだろうか」と問うなら、その答えは「否」である。その結果は測定方法には依存しない。しかしここでも、犯罪と自己統制理論から見てすべての測定方法が等しく適切であるという結論になるわけではない。

公的に記録された事象が、環境機会と官憲行動、それに行為者特性を反映しているという点で何重にも複雑であるとするなら、自己報告された事象もまた別の意味で何重にも複雑である。自己報告は何重にも複雑な事象であるとともに犯罪性をも反映している。それは、自分の行動を解釈し開示することに対する犯罪性の影響を反映するものである（質問紙とインタビューは、回答者の犯罪性によって妥当性が異なると思われる。つまり、我々の理論が予測するように、犯罪性の水準が高ければ自己報告された犯罪測度の妥当性は低くなる［Hindelang, Hirschi, & Weis 1984]）。まとめると、犯罪行為に関する公的データと自己報告はいずれも犯罪性測度としては制約があることから、新しいあるいは別の方法が開発されるべきであるということになる。

研究デザインと犯罪理論

縦断的研究は犯罪原因に関する特定の理論あるいは特定の志向性の産物である。犯罪を発達過程あるいは発達段階の結果とみなしたり、就いたり辞めたりできる職業あるいは身分とみなしたり、あるいは柔軟性のある個人が正の学習をした産物であるとみなすような理論はすべて、個人を時間軸に沿って追跡することが望ましい、あるいはそれが必要であると主張する。

我々の理論は犯罪を、人々の比較的安定した特性と、彼らが経験する予測可能な状況および機会の産物とみなす。犯罪活動における大きな変化が、役割、制度、組織への参入、あるいはそれらからの離脱と結び付いているとは仮定しない。それ故、この

理論は、人生のどの時点でも十分に検証可能であろう。どの年代の対象者が好まれるかは、重要な変数の期待される分布に依存するであろう。

それ故、明らかなことは、検証されるべき理論的課題によって研究デザインは大きく規定されるということである。逆も同様に真である：特定の研究デザインを信奉することは、ほぼ必然的に、ある犯罪理論を受容することを伴う。例えば、縦断的研究を好む研究者は、ある状態から別の状態への移行（例えば、独身から結婚へ）が犯罪における変化を生み出すと仮定しなければならない。諸制度の取合せあるいは社会的関係などの諸特徴が犯罪に影響を与えると仮定しなければならない（例えば、夫自身のもともとの特性とは独立に、非行のない妻との結婚は良い影響を、非行のある妻との結婚は悪い影響を与える）。こうした理論は、もちろん正しいこともあればそうでないこともある。しかし、その誠実さには問題がある。縦断的デザインへの選好の背後にはこうした理論や非方法論的仮定があることは認識されるべきである。

縦断的デザインの採用には理論的仮定が暗々裏に入り込んでいるが、縦断的研究者の間で犯罪の明示的理論は稀である。彼らは失業、学校中退、結婚の効果検証を提案するが、これに関心を向ける理論的根拠となると、一般に、これらの要因が「差をもたらすに違いない」といった常識的仮定以上のものは見られない。この点を追求されると、縦断的研究者は折衷的となり、横断的結果を説明するために従来用いられてきた理論に回帰する傾向がある。例えば、人生経路に沿った犯罪の変化を説明しようとして、デービッド・グリーンバーグ（1979）は、伝統的な緊張理論と社会的統制理論の諸概念を組み合わせたモデルを提案している。エリオット、ホイジンガ、エージェントン（1985）は、三つの標準的な社会学的理論（緊張、統制、分化的接触）を組み合わせて全米青少年調査の構造化を図った。そして、ファーリントン（1986b）は、下位文化、機会、社会的学習、社会的統制、分化的接触を組み合わせて、非行の4段階プロセス・モデルをつくり上げた。

縦断的研究の「理論的」魅力は、犯罪現場に我々を誘い、その事象が起こる前、最中、そしてその後に当該人物を研究することができることを暗々裏に約束する点にある。頻回測定は、犯罪を含む因果列にダイレクトに関わる測定であり、また、当該事象に関与する人たちに対してそれがもつ意味を理解する上で十分詳細な測定であると受け止められている。

「頻回」測定とはいえ、実際は、年に一度あるいは6か月に一度の測定である。それ以上の頻回測定は経費的に困難であるし、こうした頻回測定によってもたらされるライフ・イベントの稀な組合せを研究するためには、ケース数を確保するために研究サンプルの規模を拡大することが必要だが、それも難しい。例えば、ある特定の*1週間*に、ある青少年サンプルのごく一部が学校を退学し、初めてマリファナを吸い、

新しい非行性のある友人を獲得する。こうした行動とその後の犯罪の間に完全な相関を仮定するとしても、帰無仮説を棄却するにはサンプル規模がどう見ても小さすぎるであろう。従って、こうした頻回測定研究を主導する理論自体は正しかったとしても、それを検証するために収集されたデータはそれを否定も肯定もできないであろう。

　それでも、頻回測定は縦断的研究に対して魅惑的な正当化を与え続けている。我々は行動系列と因果系列を同等視する傾向があるので、先行事象の観察によって自動的に後続事象の本質が明らかになると期待する。言い方を換えると、我々は「完全な」観察が因果プロセスの理解に必要なすべてであると仮定する。残念ながら、それはまったく真実ではない。我々は犯罪者を毎日、毎時に観察することはできるが、それでも彼らの行動の原因を知ることはできない。事実を解釈するには文脈が必要である。縦断的事実ですら、それ自身を語るわけではない。チャールズ・ダーウィンが我々に想起させたように、観察とは、それが有益なものであるなら、ある見方を肯定するか否定するものでなければならない。現時点では、縦断的研究の系譜は、犯罪原因に関して、より詳細でより頻回な観察を正当化できるような独自の知見や説得力のある理論をもってはいないように思われる。

　横断的立場からすると、人々の間の、また彼らが暮らす境遇の間の差異は時間が経過しても十分に安定しており、日々の変動性は無意味であるか測定誤差以上のものではない。この立場からすると、境遇の表面上の大きな変化は、犯罪自体の説明から完全に予測可能である。学校、就労、対人関係における持続性の欠如は、そもそもの犯罪原因と仮定される個人的要因の現れに過ぎない。非行友人と仲良くなることは、因果的重要性をもたない事象のもう一つの例である。こうした「事象」は犯罪原因の予測可能な結果なので、それらを観察する時期の問題ではない。

　犯罪傾向の差異はまた時間的に十分に安定しているので、持続的に繰り返し査定される必要はない。因果システムには基本的に安定性があるので、その中のどの断片を検討するかは、以下のような点を考慮して決められるべきである；(1) サンプリング効率：人生の中で犯罪率が最大の変動を示す時期に研究を集中させるのが有意義である；(2) 測定の適合性：質問紙調査、記録調査、実験的介入など、それぞれに適した対象者がいる；(3) 政策関連性：例えば、老人犯罪の理解は実践的意義が小さい；(4) サンプリング・コスト：例えば、若者は見つけるのも協力を引き出すのも容易なので好まれる。

　横断的立場に属する一つの考え方では、犯罪率の年齢差は年齢そのものに由来する（第6章参照）。この観点から注目される犯罪原因とは、以前に論じた犯罪傾向ではなく、犯罪傾向が等しい者たちの間に見られる犯罪行動可能性の差に関するものであ

る。例えば、犯罪傾向を一定にすると、十代に対する門限のある地域はない地域よりも犯罪率が低いことが期待されるであろう。犯罪傾向を一定にすると、学校が出席規則を強化する地域ではそうでない地域よりも犯罪率は低下すると期待されるであろう。こうした明らかに政策関連の課題に向けられた関心を満たすことができる研究のためには、実施可能な縦断的デザインの範囲をはるかに超える十分に大きな、そして、犯罪傾向の差をコントロールできるほどの変動性の大きなサンプルが必要である（さらに、こうした知見は遅滞なく産出可能なので、標準的な縦断的研究によって生み出されたものよりも政策関連度が大きいであろう）。

　一見すると、研究と政策にとって、両方のアプローチの良さを取り上げるのが合理的に見えるかもしれない。時間と費用が無制限なら、また、ラムダに焦点を当てる政策の機会コストがないのなら、我々はこの意見に賛成しよう。これは現実的ではないので、現在のように縦断的研究を強調することは、刑事司法政策のための有望な道筋を見失うことになると我々は信じている。犯罪キャリア研究者は、刑事司法政策は犯罪者に限定されており、一般母集団に注意を向けていないと主張する。この論法に従えば、家族、学校、環境デザインなどに向けられた政策は「刑事司法」政策ではないし、それらは犯罪統制の責を担う連邦機関にとって無意味な研究トピックということになる。我々がこれに賛同できないのは言うまでもない。

▌ 結　論

　本章の命題は、ある問題の概念化とこの問題に焦点を当てた研究デザインの間には密接な結び付きがなければならないというものであった。犯罪学には、研究デザインの気まぐれな流行の波があるが、前向きの縦断的デザインが現在注目されているのも同様の現象と思われる。この事態は、みずからのために絶え間なく「事実」を追い求める実証学派の一形態に傾倒した結果である。我々は、これまで何も発見されてこなかったと仮定するのではなく、既存の知識に基づいて研究事項を位置付ける必要があることを明瞭に認識した、より高次の形態の実証学派があると信ずる。

　実際、犯罪–自己統制理論は、どんな研究デザインであっても考慮しなければならない三つの一般的事実に基づいている。議論のために、これらの事実を抽象的な方法論的用語で表現してみよう：

　1. 犯罪と逸脱の指標はそれら自身の間で一貫して正の相関をする。それ故、高い信頼性のある犯罪の一般的測度（バーサティリティあるいは信頼性 [reliability]）を構築することは可能である。

　2. 犯罪のこうした合成測度は通時的に高度に安定している。ある時点で高度の犯

罪性をもつ人は、その後の人生においても高度の犯罪性をもち続ける傾向がある（持続性）。

3. 犯罪の合成測度は人生経路に沿って予測可能な軌跡をたどるが、それは青年期後期にピークがあり、その後の人生を通して急速に減少する（**年齢効果**）というものである。

端的に言えば、犯罪学は、広範かつ一般的で、人生初期から安定し、通時的に予測可能な変数である従属変数をもっている。研究デザインや測定に関する多くのことはこれらの事実から生じる。例えば、縦断的研究が有益なものであるには、それは犯罪が確実に測定できる年齢以前から始められなければならない。そうでなければ、こうした研究では、従属変数の発現に先行して独立変数を測定することはできないし、犯罪性の個人差によってそれ自体影響を受けない環境を検討することもできない。例えば、たいていの縦断的研究が対象とする人生の時期において、学校経験と交友パターンは非行の個人差と分かちがたく結び付いている。こうした事情を考えると、縦断的デザインが、安価でより効率的な横断的デザインよりも**アプリオリ**に優れている（あるいは異なっている）わけでないことは明らかである。

もしも犯罪の興味深い変動（すなわち、年齢、性別、民族性などの操作不能な変数によっては説明できない変動）が比較的若い年齢で現れるのなら、こうした変動を人生のもっと後に現れる制度的経験に帰因することは難しくなるであろう。さらに、もしも「犯罪性」の現象が縦断的研究の開始時期に存在しているのなら、この現象の発現に関する相関研究からは、他の現象よりもそれが因果的に優位であることを証明することはできないであろう。

バーサティリティあるいは測定信頼性に関する知見は、我々が自己統制と呼ぶ基底的概念の存在の実証的証拠といえるであろう。もしも我々が正しいのなら、あるいは何らかの基底的概念がデータと合致するなら、犯罪と関連行動をカテゴリー化したりタイプ分けする試みは、収束妥当性・弁別妥当性の標準的検証を通過することはできないであろう。本章で行った出現率と有病率の議論に基づくと、犯罪概念自体が2概念に分割され、それぞれが弁別妥当性をもつとするある犯罪学者たちの主張は、まったく事実に反するものである。同様に、犯罪エスカレーション、犯罪転換、職業的専門分化などの縦断的概念は（これらの「現象」研究の促進を目指すデザインとともに）、すべてバーサティリティという事実によって否定される。

本書を通して（特に第6章）議論されてきたように、年齢効果は研究のデザインにとっても解釈にとっても重要な役割を果たす。犯罪原因は年齢によって変わらないので、犯罪原因はどの年齢でも研究できる。それ故、どの年齢を選択するかは、研究の質と効率性の問題並びに公共政策の問題によるであろう。

本章で議論された研究と研究デザインは、内実を伴う概念によって主導されない科学の危険性を例証するものである。それらはまた、犯罪学の確固たる知識を無視する危険性をも例証している。我々が論じてきた理論は、我々の考えによれば、先行研究の主要な学術成果——追試、信頼性、妥当性、一般性などの最も厳密な科学的検証を生き抜いた学術成果——と整合するものである。

―――――― **12 章** ――――――

公共政策への示唆

Implications for Public Policy

　本書を通して我々は、犯罪と犯罪性の概念は犯罪統制政策の評価にとって決定的に重要であるという立場を取ってきた。第 2 章では、典型的犯罪の諸要素を取り上げ、それらが刑事司法システムのあり方といかにずれているかを示した。第 5 章では、犯罪と犯罪性に関する我々の概念が家庭や学校の構造にとってどのような意味をもつものかを詳細に論じた。第 10 章では、政策とその執行が組織犯罪に対して全体として有効でないことを論じた。我々の理論が公共政策に対して与える強い示唆は、刑事司法システムを変更すれば犯罪行動の減少が強く期待されるというという支配的な見解は誤っているとするものである。本章では、現代の主要な刑事司法政策に具体的に焦点を当て、それらに期待される効果を犯罪・犯罪性理論の観点から評価する。

　犯罪低自己統制理論のいくつかの特徴は、現行あるいは提案されている刑事司法政策の評価に対して強い関連性をもっている。なぜなら、それらは、これらの政策の背後にある思想とは明確に異なるものだからである。第 1 に、我々の理論は、自己統制の差異が生涯を通して持続すること、それらの差異が人生の最初期に形成されることを強調する。低自己統制は、児童期初期に強力な抑制力が欠けていたことから生じるので、それは、その後のあまり強力でない抑制力、特に刑事司法システムの相対的に弱い抑制力などに対しては強く抵抗する。罰の可能性（逮捕など）や罰の強度（刑期の長さなど）を変えることが犯罪行動の生起に有意な効果をもつであろうという一般の期待は、自己統制の本質を見誤っている。

　第 2 に、我々の理論は、低自己統制から派生する行為や行動の少なからぬ多様性と、それ故、こうした行為が、相当程度、ある共通の原因もっていることを強調する。怠学の個人的原因は薬物使用、加重暴行、自動車事故の個人的原因と同じなので、刑事司法システムは、せいぜい、それらの原因の中の弱い一つに過ぎない。また、これらの行為の一つが他の規定因になっているとし（例えば、薬物使用が犯罪の原因であるとか；怠学が犯罪の原因であるとなど）、それに的を絞った試みもたいてい不発に終わるであろう。

　第 3 に、我々の理論は、行為そのものによって得られる即座の利益の中に犯罪動機

が存在する、あるいはそれに限定されると主張する。強姦、強盗、殺人、窃盗、横領、インサイダー取引などの背後により大きな目的などない。理論から演繹された願望（例えば、平等、十分な住居、良い仕事、自尊心）を充足させることによって犯罪を減らそうという政策は失敗に終わるであろう（以下で議論される更生に関する証拠の大半は、我々の見解に一致したものである）。犯罪者は犯罪をしようという強力な衝動をもっているわけではないので、我々の理論は、特定の犯罪行動や逸脱行動の遂行に必須な変数に焦点を当てたプログラムの成果は限定的であると主張する。すなわち、侵入盗、コンピュータ窃盗、自動車泥棒が減少したからといって、他の犯罪が補償的に増えるわけではない。我々の理論は、犯罪タイプ間の置換え、単純な犯罪から精緻な犯罪への発展、ある地域から他の地域への移動などを予測するものではない。

　最後に、我々の理論は、人の一生の中で、犯罪行為の生起可能性に関して大きな変化が自然に起こることを認める。この高度に予測可能な生活境遇に注意を向けない政策は、プログラム効果に含まれる自然の変化を見誤ったり、対象者にも社会にも何の利益にもならない処遇や不能化（incapacitation）に少なからぬ資源を浪費することになりやすい。

　たいていの刑事司法政策は精密な理論的基盤をもっていない。犯罪と自己統制の理論的予測に基づいて評価するなら、それらはどうなるであろうか？

　過去数十年間、アメリカの刑事司法政策はいくつかの局面を経てきた（von Hirschi 1985）。20世紀は概ね実証学派の諸仮説が支配的であり、刑事司法システムは更生をその主要目標としてきた。それは、多様な治療技法によって犯罪者を遵法的市民に変えることができると仮定していた。それはまた、治療処遇がなされないなら、彼らは犯罪行動を継続するだろうとも仮定していた。これらの諸仮定は、犯罪者に刑罰を科す人たちにかなりの裁量を与え、犯罪の重大さや犯罪者が社会に与えた危険度とともに、犯罪者に必要と考えられる処遇量に基づいて裁判官が刑期の長さを決めることを可能にした。この実証学派の諸仮定は、部分的にとはいえ、執行猶予や仮釈放の根拠となり、少年に対して別の司法システムを構築する根拠となり、また刑事司法システムにおける専門家（心理学者、精神科医、ソーシャル・ワーカー）の役割拡大に根拠を与えてきた。

　しかし、1970年代半ば、研究結果は、処遇治療がほとんどあるいはまったく効果をもたないし、想定された専門家の診断力を証明することはできないことなどを示していると解釈されるようになってきた。子細に検討すると、少年司法システムと成人司法システムは相違点よりも類似点が多いこと（また、それらの間で犯罪者を年齢以外に区別することが難しいこと）が明らかとなった。結果として、少なくとも研究者コミュニティでは、更生モデルは不人気となった。更生を根拠付ける実証学派は、治

療が可能かどうかにかかわらず、犯罪者の「拘束」を正当化するために使われることも可能だったであろうが（なぜなら、それは将来の違反行動を予測することも可能なので）、実証学派と更生の結び付きは非常に強いので、更生の「失敗」は、刑期判断に対する新たな根拠付けの探索をうながした。

　そこで、1970年代後半、抑制学派が台頭してきた。実証学派は抑制理論が人間の本質に関する自分たちの仮定とは反するものであること（また、刑罰効果研究の解釈においても異なっていること）を知ってはいたが、米国の政策立案リーダーたちはもはや伝統的な犯罪実証学派ではなかった。ある者は、「犯罪は……潜在的犯罪者をより効率よく威嚇することを目指した刑罰政策によって［のみ］効果的に削減できる」(von Hirschi 1984: 7) という古典学派の仮定を引っ下げた経済学者たちだった。別の者は、人間行動の原因に関する実証学派の仮定を共有しないオペレーション研究者たちや法律家たちだった。彼らの影響は、米国科学アカデミーが抑制政策の事実根拠を探求する研究班に資金提供をするほど十分に強かった。この研究班の結論は、全体として、証拠は抑制には効果がないという考えよりも抑制論を支持するものが多いと報告するもので（Blumstein, Cohen, & Nagin 1978)、心配になるほど楽観的なものだった。この研究班は、多分、刑事司法システムによる裁定の効果に関する研究を調査しただけで、より大きな枠組みで行われてきた従来の抑制研究群を無視しているため、その報告は、実行可能な公共政策としての抑制論に関心を高めるものではなかった。むしろ、この研究班では、不能化に関する研究の方が政策立案者の関心を惹き付けるものであった。

▌不能化への現代的関心

　不能化（incapacitation）概念への現代的関心は、犯罪学に適用された旧い実証学派概念の再発見にまで遡ることができる（ロンブローゾを想起してほしい）：これは、犯罪者を犯罪頻度によって分類するのが有益であるという考え方である。この考え方から、慢性的、常習的、職業犯罪者を同認する試みが生まれる。もしも、犯罪問題が少数の非常に積極的な犯罪者の仕業であるなら、この問題は彼らを同認し、その能力を剥奪することによって制御することができるであろう。ここで、研究によって答えるべき課題は、犯罪行為への関与がどの程度一般的あるいは広範であるかである。

　1972年、ウォルフギャング、フィグリオ、セリンはフィラデルフィアの少年1万人の犯罪記録研究を公刊した。この研究では、少年たちを誕生から18歳まで追跡し、彼らが逮捕され有罪判決を受けた回数をカウントした。この1万人の少年達は18歳までに10,214件の犯罪を行ったが、平均は1人1回をわずかに超えるものだった。

しかし、犯罪はサンプルの少年達の間で均等に分布してはいなかった。実際には、3分の1の少年たちだけで全犯罪を行っており、平均的非行者は約3個の犯罪に関与していた。しかし、これらの犯罪は、サンプルの非行者たちの間でも均等に分布してはいなかった。実際には、非行者の6分の1が、全非行者の行った犯罪の半分以上に関与していた。ウォルフギャングは、全サンプルの6%にあたるこれらの少年達を「常習犯罪者（chronic offender）」と呼んだ。

　このように犯罪が人口のごく一部に集中していることは、政策立案者に対して、これら常習犯罪者を分離し、彼らが犯罪行為に及ぶことを妨げることによって、犯罪率を半減させることができることを示唆するものだった。言い換えると、常習犯罪者の再発見は、国民全体に向けた防犯から、犯罪発生に顕著に偏った責任があると考えられる小集団に注意を向けさせるものとなったのである。

　犯罪統制政策におけるこの新しい方向性は多くの魅力的特徴をもっているように思われる。それは、最小の費用と努力で相当程度の犯罪率低下を達成することができることを示唆している。常習的、慢性的、職業犯罪者に焦点が当てられているので、彼らを社会から隔離する政策に対して法律的あるいは倫理的問題はほとんどないであろう。職業犯罪者の数は少ないので、刑事司法システムの対象範囲を警察から受刑者までの全レベルで縮小することができるであろう。機会犯罪者、軽微犯罪者、重大犯罪者の混在した対象者集団に受身的に対処する大規模で扱いにくいシステムの代わりに、この新政策では少数の危険な者に的を絞って資源を集中するという効率の良いシステムをつくることができるであろう。最後に、この新システムは刑事司法システムを、社会問題を処理する仕事から切り離し、本来それだけにしかできないことをさせることになるであろう：すなわち、自由であり続けることが地域の安全を脅かす人たちを同認し、社会から排除することである。

選択的不能化政策の評価

　選択的不能化政策を実施するには、常習犯罪者を、彼らが常習者であることを証明する犯罪をおかす前に同認しなければならない。犯罪をおかした後でこうした犯罪者の不能化をしてもほとんど価値はない。選択的不能化政策の実施にとって最低限必要なことは、犯罪の習慣的あるいは持続的パターンを十分な正確さをもって予測できるスキームやメカニズムである。

　こうしたスキームとはどんなものであろうか？　第1に、それはかなり高い正確性基準を満たしていなければならないであろう。社会的脅威を示すスコアの持ち主は、結局、自由を剥奪されることになるからである。第2に、それは、公表され、容易かつ一貫性をもって測定可能で、社会的・法律的に受容可能な危険度の証拠に基づくも

のでなければならないであろう。第3に、それは、同認して予防アクションを起こす前に入手可能な証拠でなければならないであろう。最後に、測定装置は潜在的危険性をもつ対象者に操作にされないようなものでなければないであろう。

　こうした要件を満たす予測手続を開発する見通しはあるのだろうか？　非常に興味深いことに、研究者たちは、選択的不能化のアイデアが登場するずっと前に非行予測の見通しについて検討していたのである。そうした努力は、穏やかなあるいは最小限の介入を正当化するには十分な正確さをもって非行が予測可能であることを示した。例えば、ケンブリッジ・サマービル青少年研究（Cambridge-Somerville Youth Study: McCord & McCord 1959）では、11 歳時点で非行者になると予測された少年たちは、そうならないと予測された少年たちよりも、実際により多く非行者となったことが示されている。科学的基準によれば、これらの予測は顕著な成果だった。しかし、非行者になると予測された者たちの大半が 10 年後重篤な非行者となったわけではなかった。非行者になると予測された集団全体に対して厳格なあるいは行動制限的な処遇をすることは決して正当化されないであろう。予測された非行者でそうならなかった者は「偽陽性（false positive）」と呼ばれる。完全な予測ができない時、こうした偽陽性は常に起こり得るであろうし、この事実からある学者たちは、予測的刑罰は必然的に不当であると主張している（von Hirschi 1985）。ケンブリッジ・サマービル青少年研究に偽陽性が含まれていたことは、利用可能な中で最善の予測方略でも、それが犯罪行為発生前に用いられたときには「正確性」基準を満たさない可能性が高いことのよい証拠である。

　早期年齢から非行を予測するために用いられる要因を検討してみると、これらの予測スキームが社会的・法的受容基準の充足にも失敗することがすぐに判明する。つまり、社会科学者たちは犯罪と非行の信頼できる妥当な予測因子を見出すことができたが、それは厳しい介入を正当化することができるほどのものではなかった。例えば、将来の犯罪性の主要予測因子は他の子供を押したり突いたりする傾向である。他の予測因子には、親や他の権威者との良好でない関係、アルコールやたばこの摂取、さらに個人の年齢（年少者の方が年長者よりも犯罪行為をする可能性が高い）も含まれる。こうした特性や行動傾向のどれも、それ自体、拘束を正当化するものではない。それ故、不能化の伝統は、より抵抗なく刑事司法システムの介入対象となるような行動に焦点を当ててきたのである。

　刑事司法システムによる不能化に相応しい行動とは、当然、不法行為である。ある一つの基準で受容できる予測因子を探求していくと、別の基準では受容できない予測因子に行きつく。不能化によって不法行為を予防するには、それが開始される前から不法行為の遂行を待ち構えている必要がある。どのような種類の不法行為がどれくら

いあれば、それに続く不法行為の効果的予測が可能となるのだろうか？

　すでにみたように、過去において犯罪行動の頻度が大きければ、将来の犯罪行動の頻度も大きくなる。例えば、シャノン（Shannon 1981）は、過去と将来の非行行動の間には強い相関があることを示したが、これは研究文献の中で何度も報告されてきたものである（6 章参照）。この相関の強さを説明する際、シャノンは、18 歳以前に 5 回犯罪を行った者のほぼ 3 分の 2 は、その後の 12 年ほどの間に 5 回以上犯罪を行うだろうと述べている。選択的不能化の政策にとってこの関連性は明らかに有益である。しかし、ここでの問題は、刑事司法システムが犯罪者に対して最も厳しい制裁を科すのは常に過去の記録に基づいてのものであることである。実際、今回の犯罪の重大さ以外で、刑事司法システムのアクションを予測する最適の因子は前歴である。すなわち、他の条件がすべて等しければ、前歴をもつ犯罪者はもたない犯罪者よりも、より容易に逮捕され、訴求され、厳しい処遇判決を受ける。

　こうした現実はすべての刑事哲学と合致するもので、確かに驚くべきことではないが、それは選択的不能化に対して特別な問題を投げかける：すでに十分選択的で、不能化の目標によって推奨されるまさにその選択基準を使っているシステムに対してどう改良を加えるべきなのか。

　こうした問題に対処するために、選択的不能化の信奉者たちは次の二つの犯罪者グループに焦点を当てる：現システムによって不必要に不能化された人たちと、現システムが与えるよりも大きな不能化に値する行動を取る人たちである。こうした集団に焦点を当てることはある問題を浮き彫りにする。刑罰の厳しさあるいは不能化の可能性に対する最適の予測因子は本件の犯罪の重大さである。つまり、現システムのもとでは、前歴の如何にかかわらず、殺人や強姦で有罪となった人たちが不能化を受ける可能性が最も高い。こうした犯罪者の多くは前歴をもっているが、もたない者もいる。厳密な不能化政策なら、初発の殺人者や強姦犯は不能化の対象ではないと主張するであろうが、それは、報復など法的処罰の他の目標と明らかに矛盾する。

　この問題の結果として、実際の選択的不能化は第 2 グループに焦点を当て、現在、刑事司法システムによる認知を逃れている高頻度あるいは常習犯罪者の同認を試みることに向けられている。一見して、こうした試みは失敗する運命にあるように思われる。その理由は**隠れた**職業犯罪者の発見を目指した研究を調べてみるとわかるであろう。

　こうした研究で最も有名な例がピーター・グリーンウッド（Peter Greenwood 1983）のものである。グリーンウッドは高頻度犯罪者を同認する尺度構築にあたって 7 変数を取り上げた：

1. 最も最近の逮捕以前の 2 年間、その半分以上の期間投獄されていた。

2. 予測される犯罪タイプで有罪歴がある。

3. 16 歳以前、少年非行で有罪歴がある。

4. 州あるいは連邦少年施設に収容されていた。

5. 本件逮捕以前の 2 年間にヘロインあるいはバルビツール使用歴がある。

6. 少年期にヘロインあるいはバルビツール使用歴がある。

7. 本件逮捕以前の 2 年間、就労はその期間の半分以下である。

選択的不能化の対象である高頻度犯罪者の予測を意図したこの尺度は、受刑者サンプルへのインタビューに基づいて構築された。これは少なからぬ批判を浴びてきた（詳細な議論については von Hirschi 1985 参照）。例えば、読者の方々ならすぐに気付かれるように、すでに不能化されている人たちに対するインタビューによって構築された尺度の予測能力に関して、妥当性はない。つまり、それは最も関心のある人たち──すなわち、現在、投獄を免れている人たち──に関する情報を提供することはできない。その開発経緯が示すように、この尺度はまた、予測装置は行動予測が為される対象者たちによって操作されるべきではないという我々のルールに違反している（被面接者たちは自分の刑期を長引かせるような行動を否定する傾向があるであろう）。

とはいえ、グリーンウッド尺度によって、高頻度犯罪者と低頻度犯罪者を弁別すると思われる要因が何かを知ることは興味深い。これらの要因はかなりの程度重複し、同じもの──すなわち、不法行為の前歴──を測定しているように見えることを指摘しないわけにはいかない。上で示したように、現在、刑事司法システムの意思決定者は、投獄決定に際して、前歴に少なからぬ注意を払う。前歴に対して常にまた明示的に注目することは意思決定を制度化し、その可視性と公平性を高めるが（Gottfredson & Gottfredson 1988）、しかし、それによって、いわゆる職業犯罪者を分離する能力をこのシステムが大きく増大させることは期待できないであろう。

しかし、これまで刑事司法システムの認知を免れてきた選択的不能化標的を同認するこの方法には、さらに根本的な問題がある。グリーンウッドの手続によってこうした「標的」が同認される時までには、彼らは成人として投獄されてしまっているであろう；言い換えると、彼らは犯罪が最も多い年齢を過ぎてもなお犯罪を続けてしまっているであろう。それ故、犯罪者の投獄を少し増やすだけで犯罪率の大きな低下（選択的不能化の目標）が達成されるとは期待できない。このため、グリーンウッドの尺度はまた、この予測用具が高頻度犯罪性の**予測**を可能にするための要件を満たすことはできないであろう。

年齢に伴う犯罪減少という事実を踏まえると、不能化が最大の効果をもたらすためには犯罪の急速な増加やピークの直前の年代に焦点を当てるべきであることが示唆さ

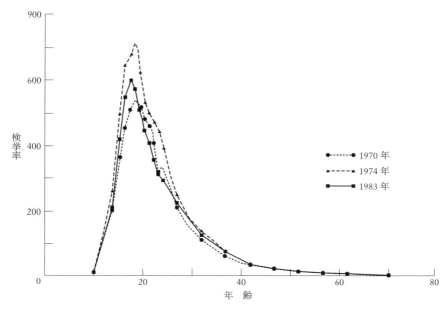

図 14　1970 年、74 年、83 年の米国の男性強盗犯の年齢別検挙率（10 万人当たり）
（Gottfredson & Hirsh 1986: 223 より）

れる。図 14 は、FBI の 1970 年、1974 年、1983 年の検挙率によって示された強盗犯の年齢分布である。これらの統計は、潜在的不能化効果を目指して介入を行うなら、それは早期に、概ね 13〜14 歳時に行われるべきであることを明瞭に示唆している。若年者を無能化することには明らかに利点はあるが、倫理的問題を惹起することから、通常、こうした政策の仕組みを実地に検討することは行われなかった。これは選択的不能化には奥の手があるという印象を与えるが、それは、倫理的理由による制約がなければ、という条件付きで使えるカードである。

　選択的不能化はこうしたカードをもっているだろうか？　これを見つける一つの方法は、この政策寄りの研究者たちに、倫理的関心を棚上げした場合、最大限効率の良いシステムとは何かを問うことである。彼らに、思うように無能化してみたらと言ってみたらよい。すると、彼らは 13〜14 歳の若者を閉じ込めておこうとするだろうか？　そうだとして、一体誰を閉じ込めるのだろうか？

　グリーンウッドのような予測装置が使えないことは明らかである。その代わりとして何が使えるだろうか？　前に我々が示したケンブリッジ・サマービル・タイプの尺度も、余りに多くの非行者でない者まで監禁してしまうので、求められる効率性は達成できないであろう。唯一残された選択肢は、以前の犯罪行為に基づく決定のように

思われる。これらの事実をつなぎ合わせると、「奥の手」とは、13〜14歳の者を最初の犯罪に基づいて不能化する方策ということになる。しかし、ウォルフギャング、フィグリオ、セリン（1972）が示したように、犯罪者の約半数が一回限りの犯罪者なので、このやり方ではやはり、放っておいてもこれ以上犯罪をおかさない人たちを無能化するという非効率性に陥ることになる。一回限りの犯罪者の数の多さからすると（18歳までにウォルフギャングたちのサンプルの3分の1が相当）、こうした方略はいずれにしろ考慮に値しない。そこで、我々は、選択ポイントを犯罪1回目ではなく2回目に移さざるを得ないが、この選択方策はどのような結果をもたらすだろうか。

　最大限効率の良い不能化方策とは、リスクの余りに小さいと仮定される人を不能化しないものであることを想起して欲しい。このことは、1回目の犯罪者は投獄されるべきではなく、2回目の犯罪者はすべて投獄されるべきであると示唆する。しかし、この示唆された方策も現実味は乏しい。どんなにリスクが小さいと仮定されても、1回目の犯罪者の中には、正義や抑止の観点から投獄という刑罰を与えなければならない者たちがいる。また、2回目の犯罪者の3分の1以上は18歳になるまでに3回目の犯罪をしないことから（Wolfgang, Figlio, & Sellin 1972）、ここでも我々は、多くの低頻度犯罪者を高頻度犯罪者として扱ってしまうことになる。こうして、基準となる犯罪回数は増えていく。

　もちろん、どんな政策をとっても、どの時点かでは多重再犯者は投獄に値するということになる。注意すべきは、投獄を正当化するのに十分な犯歴が累積するには一般に時間がかかり、こうした犯歴をもつ犯罪者は13歳や14歳ではなく、犯罪のピーク年齢を過ぎてしまっていることである。このため、選択的不能化のこうしたロジックはそれ自身の価値を損なってしまう。我々は、犯罪行動の絶対的生起可能性が減衰し、我々の予測が実践的価値をほとんどもたなくなって初めて、相対的犯罪行動を予測することができるようになるのである。

▎職業犯罪者

　選択的不能化に関する結論としては、それは不可避なものであるが、祝福されるべきものでも嘆慨されるべきものでもないということになろう。しかし、これを受け入れられないとし、職業犯罪者を同認する方略を追求する者もいる：それは、犯罪行動のパターンが一般の犯罪者母集団から逸脱している者たちで、仲間たちが引退した後も長く犯罪に積極的であり続ける犯罪者たちである（Blumstein et al. 1986）。こうした犯罪者たちの探求のために相当の研究資源が投入されてきたが、その努力がよい成果を生み出したとは思われない（Gottfredson & Hirschi 1986, 1988a）。もちろん、公共

12 章 公共政策への示唆 *241*

政策は必ずしも研究結果に振り回される必要はないし、職業犯罪者の学術的研究が開始される以前から、検察庁や警察署内に特別な職業犯罪者部門が多く設置されていた。こうした部門は、長い前歴をもつ者を逮捕し訴追することを最優先にしてきた。こうした活動はメディア、政治家、そして一般大衆に対して相当のアピール度をもつものである。それは、犯罪者母集団の一部に対しては、集中的できめ細かな対応が必要であると主張するものである。こうした部門が犯罪問題に対して効果があるのかと疑いを抱く理由はあるが、影響力のある政策立案者たちは我々とこうした見解を共有してはいない。例えば、米国司法研究所（National Institute of Justice）所長、ジェームズ・スチュワート（James Stewart）は、犯罪低減の鍵として職業犯罪者に対する攻勢を支持する：

> 例えば、1970 年代の研究は職業犯罪者の存在を確認した。この重要な知見に従って、当研究所は高頻度犯罪者が犯罪と刑事司法活動に与える影響を調べる研究を支援した。この基本的知見から、刑事司法資源を職業犯罪者に選択的に集中させるという発想が生まれた。今日、職業犯罪者の概念は刑事司法において確固たるものとなっている——そして、政策の立案と施行の劇的な見直しが図られている。現在の研究は、こうした犯罪者をより正確に同認する方法の検討を行っており、そこで推奨された最近のある研究によると、高リスクの執行猶予者のより多くの割合を投獄させ、高リスクな受刑者についても同様により長く投獄させることによって公共の安全が図られるのは明らかであると結論付けられている。[1987：iii]

犯罪統制にとって最重要とされることから、職業犯罪者概念は注意深く分析される価値がある。職業犯罪者に対する資源集中を支持する人たちは犯罪の本質については何ら発言するものをもたない。このため彼らはキャリア概念［訳注 1］の中に特別な価値ある何かを見つけ出さなければならない（第 4 章における経済学的実証学派の議論を想起して欲しい）。キャリア概念の意味とは何だろうか？　歯科医術、大学講義、犯罪などを例として考えてみると、キャリア概念はいくつかの意味をもっている。それは「いつあなたは教師になったのか？」という開始と「いつあなたは教師をやめたのか？」という離脱を含む。開始と離脱があれば、キャリア概念にはまた「どれくらい長くあなたは教えたのか（あるいは、教えるつもりなのか）？」にあるように、可変的期間あるいは長さも含意される。これらを考慮に入れると、キャリアは、専門性の分野（例えば、論理学と科学的方法）、それに費やされる時間と努力（半時間）、達成水準（教授）、生産性（年間 0.19 論文）、現在の動向（下降）、全体的形状（初期に

訳注 1　犯罪は職業選択の一つであるという見方。

242　Ⅳ部　研究と政策

ピークがあった）、他の活動のための中断（サバティカル、管理運営）など多くの次
元に沿って特徴付けられる。キャリア用語を使うことを決めると、キャリア・モデル
を構築し、そのパラメータを推定するために必要な研究計画をつくるのは比較的容易
である（Blumstein et al., 1986: fig. 1-1）。

　実際、キャリア概念は実証学派において概ね当初から犯罪に適用されてきた。生物
学的実証学派は「習慣的」犯罪者をもっていた；心理学的実証学派はサイコパスを
もっていた；社会学的実証学派は職業的犯罪者をもっていた。グリュック夫妻は長期
に及ぶ研究プロジェクトを通して犯罪キャリアに焦点を当てた。そして、現代犯罪学
における実証学派の多分主要研究において、ウォルフギャング、フィグリオ、セリン
（1972）は、開始、拡張、離脱などキャリア関連の事項にかなりの注意を払ってきた。

　グリュック夫妻がキャリア用語を明示的に導入したとき、この概念は潜在的メリッ
トをもっていたように思われる。50年前は、年長になるにつれて個々の犯罪者は、
もっと重大な犯罪に、あるいは少なくともより専門分化された犯罪に従事すると推論
するのが合理的だった。50年前は、開始、持続、離脱などの概念が犯罪問題のより
よい理解を導くと仮定するのが合理的だった。しかし今日、個々の犯罪者が年長にな
るにつれて次第により重大な犯罪に従事するようになるという仮定は合理的ではな
い；このトピックに関する研究は、彼らがそうではないことを示している（例えば、
Glueck & Glueck 1940, 1968）。今日、犯罪者が特定犯罪タイプにおいて専門分化する
傾向にあると仮定することは合理的ではない；研究は、彼らがそうではないことを示
している（例えば、Wolfgang, Figlio, & Sellin 1972: 163；Blumstein & Cohen 1979: 585；
Hindelang, Hirschi, & Weis 1981）。

　もしも犯罪者が特定犯罪タイプに専門分化されないのであれば、もしも彼らが年月
を経るうちに次第により犯罪的となったり、犯罪に熟達していくということがないの
であれば、またもしも彼らが犯罪によって生活に十分な財貨を稼ぐということがない
のであれば、我々は、職業犯罪者への関心が衰えないことや彼らの存在を前提として
犯罪統制プログラムが組まれていることをどのように説明したらよいのであろうか。
犯罪キャリアに向けられた研究は、現在、例外的に長期にわたって――すなわち、成
人期に十分に及んで――犯罪活動の頻度が高水準を維持する犯罪者のサブグループの
発見に向けられている。

　その結果、年齢と犯罪の関係（第6章参照）こそが、キャリア・パラダイムの評価
という点で、また犯罪統制政策に与えるその示唆という点で最も重要なものである。
事実、年齢とともに犯罪が急速に減少することは、キャリア・パラダイムの妥当性を
直接に脅かすものである。キャリア・パラダイムにとって関心があるとされるのは重
大で略奪的犯罪であるが、これらは一般に若者によって行われ、彼らのある者は一定

期間それを続けるが、たいていはその後、アルコール、薬物、家族葛藤などで権威者たちと衝突しながらも下降線をたどる（二十代後半）。グリュック夫妻は、このテーマに関する生涯にわたる研究の後、多分最後の言葉の中で、非行者には 25〜31 歳の間に「犯罪性の減少が確実に起こり、それは特に重大なタイプにも起こる」と報告したし、また、この時期に「……成熟を達成できない犯罪者たちは……しばしば生物体と意志力の**非統合**を伴う軽微な非行を繰り返す傾向がある」（1968: 151–52 強調は原著のまま）と述べた。

　刑務所にいる犯罪者たち（おそらく刑事司法システムにとって特に興味のある人たち）は、年長になるにつれて規則違反をすることは少なくなる（6 章および Glueck & Glueck 1940: 319 参照）。地域にいる犯罪者の研究は、彼らが年齢とともに犯罪活動水準を低下させることを繰り返し示している。仮釈放フォローアップ研究、特に重大犯罪者に関する研究とみなすことができるものは常に、仮釈放の年齢が上がるにつれて犯罪が急速に減少することを見出しているが（例えば、Glaser 1964: 474 参照）、それ故にこそ、仮釈放成功の主要予測因子に年齢が含まれているのである。カリフォルニア仮釈放者から成る大サンプルを釈放後 8 年間追跡したとき、「主要な新しい犯罪」の発生率は、釈放後の年数とともに急速に減少した（Gottfredson & Gottfredson 1980: 265）。

　犯罪の通時的持続性の問題に特化して取り組んだ、たぶん最も完全な研究はルディ・ハーパネン（Rudy Haapanen 1987）のものである。ハーパネンはカリフォルニアの重大犯罪者サンプルについて 15〜20 年間の追跡データを集めた。彼の結論は核心をとらえたもので、職業犯罪者概念には反するものであった：

> 我々の縦断的研究は犯罪関与の単純な指標だけでなく、関与の範囲や特定犯罪タイプの反復程度といった「キャリア」特徴を分析することを可能にした。これらの分析は、この重篤犯罪者の大サンプルにおいて、彼らが逮捕された罪種と逮捕率の両方が人種によって明瞭に異なり、また年齢に伴って明瞭に減少したことを示している。（1987: iii）

職業犯罪者概念——積極的な犯罪者では犯罪は年齢とともに低下しないとか、積極的な犯罪者では犯罪は年齢とともに低下しないであろうという見方（Blumstein, Cohen, & Farrington 1988a, 1988b によって展開された）——は多くの証拠の前では吹き飛んでしまう。

▎更　生

　近年、犯罪統制政策として不能化が熱い注目を浴びている一方で、更生にはそれは見られない。学者たちの間では、更生プログラムは広範囲に試行されたが、どれも物足りないという結論が一般に受け入れられている。特定プログラムの成功をアピールする報告は今も続いており（例えば、Murray & Cox 1979）、またプログラム効果に関する研究の質も改善の余地は多く残っているが（Gottfredson 1979；Sechrest, White, & Brown 1979 参照）、実証学派の進展に伴って高まった治療処遇への熱意は、学術コミュニティのほとんどの分野で深刻な悲観主義に取って代わられてしまった。

　治療処遇が成功するために必要な仮定は、不能化の成功に必要な仮定と多くの点で同一である。母集団全体を「治療」しなければならない事態を避けるためには、犯罪に従事しそうな人たちを、彼らが最大の犯罪性に達する前に同認しなければならない。公正関心との深刻な葛藤を避けるためには、治療処遇を開始する前に明確に不法な行為が遂行されるのを待つ必要がある。せっかくの努力が水の泡となってしまうのを避けるためには、犯罪者が自発的に犯罪関与をやめてしまう前に、治療処遇を開始し完了させる必要がある。このように、治療処遇プログラムが成功する「チャンスの窓」は、その潜在的効果がどのようなものであれ、非常に狭い。この狭さのために、たいていの治療処遇プログラムが実際には機能しているように見える：犯罪者は、彼らに何が起こったかにかかわらず、通常、十代後半には自分の行動を変化させるからである。

　我々の立場からすると、治療処遇は犯罪原因論に基づくものであったり、それと整合的なものである必要はない。実証学派のほとんどの理論は治療処遇については沈黙している。しかし、子細に検討すると、たいていの理論が暗黙の裡に、標準的な治療処遇プログラムは非効果的であろうとしている。それ故、非効果的な処遇の試みを大量に生み出し、これをサポートしてきたのは実証学派理論であるという指摘は、実証学派に対する、あるいはそれが生み出してきた犯罪原因研究に対する不当な批判である。とはいえ、実証学派は、犯罪者の統制を超えて犯罪促進的に働き、それ故、犯罪者の同意の如何にかかわらず変化させることができると考えられる要因の探求を主張しているので、この批判の多くはみずからが招いたものである。我々の理論は、犯罪者に自己統制を教える試みとは整合的だが、すべての指標は、発達の非常に初期でない限りこうした教育はほとんど効果をもち得ないことを示している（第 5 章参照）。自己統制教育において自然の学習環境が非効果的であるとするなら、刑事司法システムで利用可能な人工的環境に大きな効果を期待することはできないであろう。

我々が思っている介入とは、治療処遇というよりは一般には予防と考えられているものである。長期的利益への関心から即座の満足を遅延するよう子供を訓練する何かが行われない限り、トラブルは起こると仮定される。こうした訓練は成人によって行われなければならないが、こうした成人が学校での教育処遇などで訓練される必要はない。彼らに必要なのは、児童期初期の社会化の要件を学ぶこと、すなわち、子供を監視し、低自己統制のサインを認知し、彼らを罰することを学ぶことだけである。つまり、持続的効果をもつ効果的・効率的な犯罪予防は親や育児に責任をもつ成人に向けてのものであろう。こうした介入は犯罪が行われる時期との関連で早すぎるとか遅すぎるということはない；違法可能性という瑕疵はない；公正さを根拠に深刻な批判が起こるという可能性もほとんどない。

我々の理論が、特定タイプの犯罪者向けに特定の介入を求めるものでないことに注意して欲しい。我々の知っている限り、通常行われている育児方法（5章参照）が社会の一部の集団にとって不適切であるとかその可能性があるという証拠はない。

他の治療処遇では、拘束された母集団の時間とエネルギーを奪い、受刑者に対して生活上の便宜を提供し、さらに矯正システムのために職員募集を行う必要があるが、刑事司法システムの矯正プログラムは、そのコストに十分見合うだけ、犯罪行動を低減できる可能性は低い。

▌ 警　察

我々は本書全体を通して、通常犯罪の通常の特徴を強調してきた：つまり、犯罪には計画性、技能、組織、資源がなく、成功もない。自己統制の欠如とたまたま目についた機会の組合せが必要なすべてである。犯罪者はただで何かを手に入れる機会をたまたま見つけると、それに飛び付く。この事実は、法執行の自然的限界を物語っている。

捜査には特殊才能が必要とか、経費を掛ける価値があるという考え方は我々の理論とは合致しないもので、実際のところ、実証研究とも反する（Sherman 1983）。警察官の数を増やす——それによって機会を制限する——だけで犯罪率に対する実質的効果を達成できるという考えもまた、我々の理論及び実証研究とは合致しない。強盗、侵入盗、暴行、殺人、窃盗、薬物取引など、犯罪の圧倒的数の多さと比較すると警察は抑制因にはならない（Sherman 1983 に要約された文献を参照）。こうした大量の犯罪の中で、犯罪者は警察によって監視される可能性を認識していないし、気にもしていない。

犯罪活動に**対処する**には十分な警察力が必要である；それは、交通や群衆をコントロールするために必要である；また、緊急医療事態、迷子、騒音、無法な隣人に対

処するためにも必要である。これらはすべてそれ自体重要な機能であり、それをやめるよう主張するつもりはない。しかし、こうした機能は、警察イデオロギーにとっても支援要請をする側にとっても最優先事項ではない。公的財源の分配に目を向けるなら、警察の最優先事項は犯罪統制機能であろう。

我々の理論が示唆するように、警察力や装備の増強、パトロール戦術の変更、監視の強化が犯罪率に効果をもつという証拠はない。やはり我々の理論と一致して、職業的窃盗犯や盗品故買者の同認を目的とする警察の隠密活動（いわゆる「囮（おとり）」捜査）の効果を支持する証拠もない。第10章で指摘したように、こうした作戦は犯罪者に対する間違った仮定（技能水準、組織化、犯罪的生活手段への執着）に基づいている。多額の費用と時間をかけた作戦の結果はたいてい多数の平凡な「負け犬」の捕獲であり、彼らの多くは非常に自己統制が低い者たちであって、警察がメディアに対して正確に説明するなら、その中に、こうした作戦対して社会的支持を高めるような者たちはほとんど含まれていない。

我々の理論は犯罪者の若さを強調する。反対に、警察の見方は頑固な（それ故、成熟した成人）犯罪者を強調する。我々の理論は犯罪者が何でも屋（versatility）であることを強調する。警察の立場では、侵入盗部門、強盗部門、売春巡視隊、放火捜査員などの新設を主張する。警察内部をこのように専門分化させることには悪影響もあり得る。例えば、警察が「強姦犯」にだけ注意を向けていると、当該犯罪者が侵入盗、薬物使用者、けちな窃盗犯、飲酒運転者、学校ドロップアウトでもあり得る可能性を見落とすことがある。ある犯罪が行われたということで同じタイプの犯罪者を捜査するという決定がなされるときはいつでも、判断ミスが生じやすい[1]。

▌銃規制

銃を所有するには金銭的コストがかかる。出来の良い銃を所有するには多額の金銭が要る。合法的マーケットで銃を購入するには努力、書類づくり、ときには短い遅延が必要である。銃はもち歩くには不便で、保管にも手間が掛る。さらに銃は弾薬がないと役に立たないが、これまた費用が掛かり、保管が必要である。同時に、銃は比較

---

[1] この種の判断ミスの例は、1986年の夏、アリゾナ州ツーソンで、夜の早い時間帯に行われた一連の押込み強姦犯と考えられる人間、「プライム・タイム・レイピスト」を警察が探索したときに起こった。これらの押込みは、窃盗、強盗、薬物使用、誘拐、暴行、自動車盗、それにレイプを伴っていた。しかし、警察捜査は賢い「レイピスト」の発見に的を絞った。最終的に、このレイプ犯は多くの非行歴をもつ長期的犯罪者であることが明らかとなったが、彼は自動車販売店での窃盗で投獄されていた期間があり、また多くの被害者のすぐ近くに住んでいた。彼に薬物の繋ぎをしていた人間の一人が警察に密告し、それによって彼の身元が判明した。伝えられるところによれば、包囲されたとき彼は「自分は誰も傷つけていない」と言い、自殺を図った。これらの事件の前、彼には性犯罪の前歴はなかったのである。

的重量が軽く、短距離では容易に携帯可能であり、また、住居あるいは世帯ではステレオ装置やビデオ装置などとともに、最も価値ある無防備な小さい物体の一つである（ステレオ装置やビデオ装置と同様、たいていの目的にとって一丁の銃で十分である）。

こうした事実に照らして、また我々の犯罪理論に照らしても、銃犯罪を報告した受刑者のインタビューにおいて、彼らの大半が、（合法的経路ではなく）同類の者から武器を入手したこと、もともとは住居から盗まれた（「サタデー・ナイト・スペシャル」［訳注2］とは反対の）高価で出来の良い銃であったこと、武器の目的は被害者の抵抗を抑えるものであったこと、他の人を怯えさせることが武器を携行する主要な理由であったことなどが明らかになった（Wright 1986）ことは驚くべきことではない。

これらの事実を組み合わせると、合法的な銃売買や所有の規制に焦点を当てた銃の規制政策には限界があることが示唆される。犯罪者は合法的仕組みを利用することなく銃を入手し、所有移転をする。彼らが合法的仕組みを利用しようとする限りは、合法的マーケットに対する現在の自然的統制（価格や不便さ）でも通常犯罪者の大部分には効果があり、彼らが犯罪目的で銃を入手するためこのマーケットを利用することを妨げることができるであろう（多くの通常犯罪の報酬では、出来の良い拳銃に支払う頭金にもならない）。合法的マーケット規制の効果がない理由の一部は、地下マーケットで銃の入手が容易であることで、そこでは犯罪者たちは余った（盗んだ）銃をきわめて安価で手放すのである。

我々が描く「通常」殺人として、犯罪者が自分を苛立たせる仲間から逃れるために拳銃を使うという典型的ケースを想起していただきたい。別のケースとしては、銃による威嚇が被害者を十分怖がらせることができなかったため実際に銃を使うというものがある。いずれのケースでも、我々からすると、銃が入手できなければ殺人は起こらなかったと思われる。しかし上で述べたように、だからといって、通常の銃規制法がこうしたタイプの殺人の発生率に影響を与えることができるとは期待できないであろう。どちらのケースでも、この犯罪目的のために銃が購入されたわけではなかった。前者では、銃は多分自己防衛のために購入されたか（多分、地下マーケットで）、あるいはスポーツ目的ですでに購入されていたものかもしれない。後者では、銃はほぼ間違いなく地下取引を通して得られたものであったし、この目的に適した武器の範囲は非常に大きいので、小売販売を効果的に制御できるとは想像しにくい（我々の主張が正しいとするなら、銃や弾薬の全面禁止は、威嚇や傷害などを伴う犯罪の発生件数に重要な効果を与えるであろう）。

訳注2　米国、カナダで販売されている低品質だが安価な小型拳銃のこと。

自由社会における犯罪の低減

　古典学派も実証学派もともに国家に対して犯罪統制の責務を負っている。古典学派たちは刑事司法システムの運用によってこうした統制を達成しようとするが、実証学派は犯罪の個人的、社会的動機を除去するプログラムを通してこれを達成しようとするであろう。どちらの場合でも、国家は犯罪統制事業の中心であり続ける（どちらの場合も、国家は犯罪の形式的原因であるとともに実質的原因でもある）。

　我々は別の見解を提示する。それは国家が犯罪の原因でもないし解決でもないというものである。我々の見方では、低自己統制という犯罪性の起源は人生の最初の6〜8年に見出されるが、それは子供が家族あるいは家族的諸制度の統制と監視のもとにある時期である。特定の犯罪行為を妨害することで達成可能な利益は限られているが、子供たちを社会化する家族的諸制度の機能強化に向けた政策であれば、唯一、実質的に犯罪を低減させる可能性のある現実的な長期的国家政策となり得る[*2]。

結　論

　本書を始めるにあたって我々は、一方において古典学派、他方において科学主義派あるいは実証学派の歴史的断絶を解消したいと願った。当初我々は、古典学派理論は実証学派が発展させてきた理論と同様に「科学的」であり、実証学派理論に含まれる犯罪性概念は犯罪の古典学派像にも当てはまることを論じるだけで、この目的を達成できると考えた。すなわち、我々は何の努力をするまでもなく、犯罪に関する一方の伝統的観念と犯罪者に関する他方の伝統的観念を結び付け、それによって真の一般理論を構築することができると期待していた。これはそれほど単純なことではないことが明らかとなった。

　古典学派の理論から我々は犯罪の理論的概念を導き出したが、これは、実際の犯罪行為に関するデータと顕著に一致することが明らかとなった。この概念は単純さ、普遍的欲求の即座の充足、長期的結果への関心欠如を強調するものである。それはさらに、事故や薬物の不法使用など、犯罪に連動することが昔から知られている多くの行為を正確に説明するという利点ももっていた。犯罪事象の古典学派概念はこうした所見と一致するが、それはそれ自身の問題をもち、実証学派の犯罪者概念との調和が不

[*2]　我々は「家族的諸制度」の意味を実父母から成る伝統的家族単位に限定はしない。我々の見地からすると、社会化機能はこうした制度を必要としない。しかし、それは子供の訓練と福祉を担う責任のある成人を必要とするものである。

可能に思われた。このため我々は、古典学派の概念を現代のその学派の代表者が提示するものをそのまま無修正で採用することはできなかった；犯罪選択の説明において、彼らは政治的制裁に過剰な影響力を、また犯罪と労働市場参加の間に過剰な類似性を仮定していた。犯罪研究は以前から、家族的制裁が犯罪行動を支配すること、「犯罪のキャリア」というフレーズは撞着語法であることを示してきた。

犯罪性概念に対する実証学派の取組みに目を向けると、彼らが構築した犯罪者像は彼ら自身が生み出してきた研究成果とは一致しないことが見出された。例えば、我々は、犯罪傾向は人生の初期に生じること、それらは生涯にわたって相当程度に安定していること、また、逸脱行動の個人差こそが確認される唯一の「パターン」であることなどを知っている。しかし、その取組みによって、受け入れられるような犯罪者概念の確立は上手くいかなかったが、実証学派が彼ら自身の関心を展開した点は評価に値する。例えば、彼らは犯罪選択を、就労、社会的地位、集団凝集性、心的葛藤などの長期的問題の追求から生じると論じている。こうした結果、彼らの取組みから生み出された研究の多くは、彼ら自身の犯罪理論の枠を超えるものとなったのである。

最終的に我々は自己統制理論を採用した。この理論は、犯罪行動に対する重要な規制の起源が育児法にあるとし、犯罪行動に個人差があることを認め、長期に渡るその安定性を予測し、犯罪と結び付いた利益の単純さと即時性を仮定する。自己統制理論は、デモグラフィックであれ、社会的であれ、制度的であれ、犯罪関連の諸事実を整合的に統合し、何が重要で、何がもはや注目に値しないかを我々に教えてくれる。それはまた、どのような研究デザインと実施法が適切かを我々に教え、また、どのような領域が重要な結果をもたらす可能性があり、どのような領域ではまったくその可能性のないかについても示唆を与えるものである。我々の理論はまた、類型論、犯罪と犯罪者の特殊なタイプ、時間別・場所別の特殊な犯罪学といったやっかいな問題を解決できるであろう。最後に、我々の理論は犯罪に対する公共政策を評価し立案するための一貫性のある根拠を提供する。現代の犯罪政策は、犯罪キャリア・プログラムから警察活動の変更まで、選択的不能化から薬物犯罪コネクションまで、すべてが実証学派の犯罪者概念にルーツをもつ。自己統制理論によれば、これらのプログラムのどれも犯罪問題に対して大きな影響力をもつことはできない。効果的な政策は、潜在的犯罪者にとって犯罪事象を魅力とするものに取り組むものでなければならないし、また、自己統制を生み出す育児法に取り組むものでなければならない。

どんな本もいつかは閉じなければならない。無制限の時間とスペースと想像力があるなら、我々の犯罪の一般理論が意味するところをさらに先までたどることができるであろう。例えば、価値観の本質と起源、民法と刑法の違い、集団間葛藤、教育的、法的・経済的な複雑組織の構造と機能などに対する意義は解明されないままに残され

ている。畢 竟、犯罪の一般理論は社会秩序の一般理論でなければならない。

　本書のさまざまの個所で我々は、互いに競合する犯罪理論を提示してきたが、我々の理論と他の理論の違いに関する体系的議論は今後に委ねなければならない。我々の理論は「合理的選択理論の焼き直し」ではないし、どんな学問分野の合理的仮定とも整合的だし、ここで議論しなかった事実によって容易に論破されることはないと信じるが、しかし、自分たちの理論を批判的攻撃から守ることよりも、新しい視点を提示することの方に熱中していたことは認めざるを得ない。犯罪研究は非常に重要なので、理論の所有権を主張し合ったり、学問分野の線引きの議論などによってそれが疎かにされてはならない。最後に、かつて地域コミュニティの中に精緻な心の働きを見出した学問分野である犯罪学に対し、我々の理論が知的関心を再燃する手助けになるなら、それは我々の喜びとするところである。

引用・参照文献

References Cited

Adler, Freda. 1981. *The Incidence of Female Criminality in the Contemporary World*. New York: New York University Press.

Akers, Ronald L. 1973. *Deviant Behavior: A Social Learning Approach*. Belmont, Calif.: Wadsworth. 2d ed., 1977.

——. 1984. "Delinquent Behavior, Drugs, and Alcohol: What Is the Relationship?" *Today's Delinquent*, 3: 19-47.

——. 1987. "A Social Behaviorist's Perspective on Integration of Theories of Crime and Deviance." Paper presented at the Albany Conference on Theoretical Integration in the Study of Deviance and Crime. State University of New York at Albany, Department of Sociology.

Archer, Dane, and Rosemary Gartner. 1984. *Violence and Crime in Cross-National Perspective*. New Haven: Yale University Press.

Aschaffenburg, Gustav. 1913. *Crime and Its Repression*. Boston: Little, Brown.

Bachman, Jerald G., Robert L. Kahn, Martha T. Mednick, Terrence N. Davidson, and Lloyd D. lohnston. 1967. Youth in Transition. Vol. 1. Ann Arbor: University of Michigan, Institute for Social Research.

Baldwin, John. 1985. "Thrill and Adventure Seeking and the Age Distribution of Crime: Comment on Hirschi and Gottfredson." *American Journal of Sociology*, 90: 1326-30.

Bandura, Albert. 1973. *Aggression: A Social Learning Analysis*. Englewood Cliffs,. NJ.: Prentice Hall.

——. 1986. *Social Foundations of Thought and Action*. New York: Prentice Hall.

Beccaria, Cesare. 1963 [1764]. *On Crimes and Punishments*. Indianapolis: Bobbs-Merrill.

Becker, Gary. 1974. "Crime and Punishment: An Economic Approach." In *Essays in the Economics of Crime and Punishment*, edited by G. Becker and W. Landes (pp. 1-54). New York: Columbia University Press.

Becker, Howard S. 1963. *Outsiders*. New York: Macmillan.

Beeley, Arthur L. 1954. "A Social-Psychological Theory of Crime and Delinquency: A Contribution to Etiology." *Journal of Criminal Law,* Criminology, and Police Science, 45: 391-99.

Beirne, Piers. 1983. "Generalization and Its Discontents." In *Comparative Criminology*, edited by I. Barak-Glantz and E. Johnson (pp. 19-38). Beverly Hills, Calif.: Sage.

Bentham, leremy. 1970 [1789]. *An Introduction to the Principles of Morals and Legislation*. London: The Athlone Press.

Bequai, August, 1987. "Justice Department Sends Warning to White-Collar Criminals." *Arizona Daily Star*, March 15, p. F3.

Berk, Richard A., Kenneth J. Lenihan, and Peter H. Rossi. 1980. "Crimeand Poverty: Some Experimental Evidence from Ex-Offenders." *American Sociological Review*, 45: 766-86.

Blau, Judith R., and Peter M. Blau. 1982. "The Cost of Inequality: Metropolitan Structure and

Violent Crime. "American Sociological Review, 47: 114-29.

Bloch, Herbert, and Gilbert Geis. 1970. Man, Crime, and Society. New York: Random House.

Block, Richard. 1984. Victimization and Fear of Crime: World Perspectives. Washington, D. C: USGPO.

Blumstein, Alfred, and Jacqueline Cohen. 1979. "Estimation of Individual Crime Rates from Arrest Records." Journal of Criminal Law and Criminology, 70: 561-85.

———. 1987. "Characterizing Criminal Careers. "Science, 237: 985-91.

Blumstein, Alfred, Jacqueline Cohen, and David P. Farrington. 1988a. "Criminal Career Research: Its Value for Criminology." Criminology, 26: 1-3.6.

———. 1988b. "Longitudinal and Criminal Career Research: Further Clarifications." Criminology, 26: 57-74.

Blumstein, Alfred, Jacqueline Cohen, and Daniel Nagin. 1978. Deterrence and Incapacitation: Estimating the Effects of Sanctions on the Crime Rate. Washington, D. C: National Academy Press.

Blumstein, Alfred, Jacqueline Cohen, Jeffery Roth, and Christy Visher. 1986. Criminal Careers and "Career Criminals." Washington, D. C: National Academy Press.

Bohman, M. 1972. "A Study of Adopted Children, Their Background, Environment, and Adjustment." Acta Pediatrica Scandinavia, 61: 90-97.

Braithwaite, Iohn. 1981. "The Myth of Social Class and Criminality Reconsid. ered." American Sociological Review, 46: 36-57.

———. 1985. "White Collar Crime." Annual Review of Sociology, 11: 1-25.

Brantingham, Paul, and Patricia Brantingham. 1984. Patterns in Crime. New York: Macmillan.

Bureau of Justice Statistics. 1986. Tracking Offenders: White Collar Crime. Washington, D. C: U. S. Department of Justice.

Burgess, Robert L. 1980. "Family Violence: Implications from Evolutionary Biology." In Understanding Crime, editedby T. Hirschi and M. Gottfredson (pp. 91-101). Beverly Hills, Calif.: Sage.

Burgess, Robert L., and Ronald K. Akers. 1966. "A Differential Association—Reinforcement Theory of Criminal Behavior." Social Problems, 14: 128-47

Campbell, Donald, and Julian Stanley. 1963. Experimental and Quasi-Experimental Designs for Research. Chicago: Rand-McNally.

Chambliss, William. 1969. Crime and Legal Process. New York: McGraw-Hill.

Christiansen, Karl O., and S. G. Jensen. 1972. "Crime in Denmark—A Statistical History." Journal of Criminal Law, Criminology, and Police Science, 63: 82-92.

Clark, John P., and Richard C Hollinger. 1983. Theft by Employees in Work Organizations. Washington, D. C: U. S. Department of Justice.

Clarke, Ronald V. 1983. "Situational Crime Prevention: Its Theoretical Basis and Practical Scope." In Crime and Justice: An Annual Review of Research, vol.4, edited by M. Tonry and N. Morris (pp. 225-56). Chicago: University of Chicago Press.

Clarke, Ronald V., and Derek B. Cornish. 1983. Crime Control in Britain: A Review of Policy Research. Albany: State University of New York Press.

引用・参照文献　　253

Clinard, Marshall, and Richard Quinney. 1973. *Criminal Behavior Systems: A Typology*. New York: Holt, Rinehart and Winston.

Cine, Hugh. 1980. "Criminal Behavior over theLife Span." In *Constancy and Change in Human Development*, edited by O. G. Brim and]. Kagan (pp. 641-74). Cambridge, Mass.: Harvard University Press.

Cloninger, Robert, and Irving Gottesman. 1987. "Genetic and Environmental Factors in Antisocial Behavior Disorders." In *The Causes of Crime: New Biological Approaches*, edited by S. Mednick, T. Moffitt, and S. Stack (pp. 92-109). Cambridge, Engl.: Cambridge University Press.

Clotfelter, Charles T. 1983. "Tax Evasion and Tax Rates: An Analysis of Individual Returns." *The Review of Economics and Statistics*, 65: 363-73.

Cloward, Richard, and Lloyd Ohlin. 1960. *Delinquency and Opportunity*. New York: The Free Press.

Cohen, Albert K. 1955. *Delinquent Boys: The Culture of the Gang*. New York: The Free Press.

Cohen, Albert K., Alfred Lindesmith, and Karl Schuessler. 1956. *The Sutherland Papers*. Bloomington: Indiana University Press.

Cohen, Lawrence E., and David Cantor. 1981. "Residential Burglary in the United States: Lifestyle and Demographic Factors Associated with the Probability of Victimization." *Journal of Research in Crime and Delinquency*, 18: 113-27.

Cohen, Lawrence E., and Marcus Felson. 1979. "Social Change and Crime Rate Trends: A Routine Activity Approach." *American Sociological Review*, 44: 588-608.

Cohen, Lawrence E., and Kenneth Land. 1987. "Age and Crime: Symmetry vs. Asymmetry, and the Projection of Crime Rates Through the 1990's." *American Sociological Review*, 52: 170-83.

Colvin, Mark, and John Pauly. 1983. "A Critique of Criminology: Toward an Integrated Structural-Marxist Theory of Delinquency Production." *American Journal of Sociology*, 89: 513-51.

Conklin, John E. 1972. *Robbery and the Criminal Justice System*. Philadelphia: Lippincott.

——. 1986. *Criminology*. 2d ed. New York: Macmillan.

Cook, Philip J. 1986. "The Demand and Supply of Criminal Opportunities. " In *Crime and Justice: An Annual Review of Research*, edited by M. Tonry and N. Morris (pp. 1-27). Chicago: University of Chicago Press.

Cook, Thomas, and Donald Campbell. 1979. *Quasi-Experimentation*. Boston: Houghton Mifflin.

Cornish, Derek B., and Ronald V. Clarke. 1986. *The Reasoning Criminal*. New York: Springer-Verlag.

Cressey, Donald R. 1953. *Other People's Money*. New York: The Free Press.

——. 1969. Theft of the Nation. New York: Harper and Row.

——. 1986. "Why Managers Commit Fraud." *Australian and New Zealand Journal of Criminology*, 19: 195-209.

Crowe, Raymond. 1975. "An Adoptive Study of Psychopathy: Preliminary Results from Arrest Records and Psychiatric Hospital Records." In *Genetic Research in Psychiatry*, edited by R. Fieve, D. Rosenthal, and H. Brill (pp. 95-105). Baltimore: Johns Hopkins University Press.

Currie, Elliott. 1985. *Confronting Crime: An American Challenge*. New York: Pantheon Books.

Curtis, Lynn A. 1974. *Criminal Violence: National Patterns and Behavior*. Lexington, Mass.: D. C. Heath.

Darwin, Charles. 1859. *The Origins of Species*. New York: D. Appleton and Company.

———. 1874 [1871]. *The Descent of Man*. New York: Merrill and Baker.

DeFleur, Lois B. 1970. *Delinquency in Argentina*. Pullman: Washington University Press.

Douglas, J. W. B., J. M. Ross, W. A. Hammond, and D. G. Mulligan. 1966. *British Journal of Criminology*, 6: 294-302.

Edelhertz, Herbert. 1970. *The Nature, Impact and Prosecution of White Collar Crime*. Washington, D. C: National Institute of Law Enforcement and Criminal Justice.

Ehrlich, Isaac. 1974. "Participation in Illegitimate Activities: An Economic Analysis." In *Essays in the Economics of Crime and Punishment*, edited by G. Becker and W. Landes (pp. 68-134). New York: Columbia University Press.

Elliott, Delbert, Suzanne S. Ageton, and David Huizinga. 1978. "1977 Self-Reported Delinquency Estimates by Sex, Race, Class, and Age." Mimeographed. Boulder, Colo.: Behavioral Research Institute.

Elliott, Delbert, and David Huizinga. 1983. "Social Class and Delinquent Behavior in a National Youth Panel." *Criminology*, 21: 149-77.

Elliott, Delbert, David Huizinga, and Suzanne Ageton. 1985. *Explaining Delinquency and Drug Use*. Beverly Hills, Calif.: Sage.

Elliott, Delbert, and Harwin Voss. 1974. *Delinquency and Dropout*. Lexington, Mass.: D. C. Heath.

Ellis, Desmond, Harold G. Grasmick, and Bernard Gilman. 1974. "Violence in Prisons: A Sociological Analysis." *American Journal of Sociology*, 80: 16-43.

Ellis, Lee. 1982. "Genetics and Criminal Behavior." *Criminology*, 20: 43-66.

Empey, LaMar T. 1982. *American Delinquency*. Homewood, III.: Dorsey.

Erickson, Maynard, and Gary F. Jensen. 1977. " Delinquency Is Still Group Behavior ! ": Toward Revitalizing the Group Premise in the Sociology of Deviance." *Journal of Criminal Law and Criminology*, 68: 262-73.

Ermann, M. David, and Richard Lundman. 1982. *Corporate and Governmental Deviance: Problems of Organizational Behavior in Contemporary Society*. 2d ed. New York: Oxford University Press.

Eron, Leonard. 1987. "The Development of Aggressive Behavior from the Perspective of a Developing Behaviorism." *American Psychologist*, 42: 435-42.

Eysenck, Hans. 1964. *Crime and Personality*. London: Routledge and Kegan Paul.

———. 1977. *Crime and Personality*. Rev. ed. London: Paladin.

———. 1989. "Personality and Criminality: A Dispositional Analysis." In *Advances in Criminological Theory*, edited by W. S. Laufer and F. Adler (pp. 89-110). New Brunswick, N. J.: Transaction.

Farrington, David. 1973. "Self Reports of Deviant Behavior: Predictive and Stable ? " *Journal of Criminal Law and Criminology*, 64: 99-110.

———. 1978. "The Family Backgrounds of Aggressive Youths." As cited in D. Olweus, "Stability of Aggressive Reaction Patterns in Males: A Review." *Psychological Bulletin*, 86 (1979) : 852-75.

———. 1979. "Longitudinal Research on Crime and Delinquency." In *Crime and Justice: An Annual Review of Research*, vol. 1, edited by N. Morris and M. Tonry (pp. 289-348). Chicago: University of Chicago Press.

――. 1986a. "Age and Crime." In *Crime and Justice: An Annual Review of Research*, vol. 7, edited by M. Tonry and N. Morris (pp. 189-250). Chicago: University of Chicago Press.

――. 1986b. "Stepping Stones to Adult Criminal Careers." In *Development of Antisocial and Prosocial Behavior*, edited by D. Olweus, J. Block, and M. Radke-Yarrow (pp. 359-84). New York: Academic Press.

Farrington, David, Lloyd Ohlin, and lames Q. Wilson. 1986. *Understanding and Controlling Crime*. New York: Springer-Verlag.

Feeney, Floyd. 1986. "Robbers as Decision-Makers." In *The Reasoning Criminal*, edited by D. B. Cornish and R. V. Clarke (pp. 53-71). New York: Springer-Verlag.

Felson, Marcus. 1987. "Routine Activities and Crime Prevention in the Developing Metropolis." *Criminology*, 25: 911-31.

Felson, Marcus, and Michael Gottfredson. 1984. "Social Indicators of Adolescent Activities Near Peers and Parents." *Journal of Marriage and the Family*, 46: 709-14.

Ferraro, Gina Lombroso. 1972 [1911]. *Criminal Man*. Montclair, N. J.: Patterson Smith.

Ferri, Enrico. 1897. *Criminal Sociology*. New York: D. Appleton and Company.

Flanagan, Timothy. 1979. "Long-Term Prisoners." Ph. D. diss., State University of New York at Albany.

――. 1981. "Correlates of Institutional Misconduct Among State Prisoners." Mimeographed. Albany, N. Y.: Criminal Justice Research Center.

Freeman, Richard B. 1983. "Crime and Unemployment." In *Crime and Public Policy*, edited by J. Q. Wilson (pp. 89-106). San Francisco: Institute for Contemporary Studies.

Friday, Paul. 1973. "Problems in Comparative Criminology." *International Journal of Criminology and Penology*, 1: 151-60.

Geis, Gilbert, and Colin Goff. 1983. "Introduction." In White Collar Crime: *The Uncut Version*, by E. H. Sutherland (pp. ix-xxxiii). New Haven: Yale University Press.

Geis, Gilbert, and Robert Meier, eds. 1977. *White Collar Crime*. New York: The Free Press.

Geis, Gilbert, Henry Pontell, and Paul Jesilow. 1987. "Medicaid Fraud." In *Controversial Issues in Crime and Justice*, edited by J. E. Scott and T. Hirschi (pp. 17-39). Newbury Park, Calif.: Sage.

Gibbons, Donald. 1973. *Society, Crime and Criminal Careers*. Englewood Cliffs, N. J.: Prentice Hall.

Glaser, Daniel. 1964. *The Effectiveness of a Prison and Parole System*. New York: Bobbs-Merrill.

――. 1978. *Crime in Our Changing Society*. New York: Holt, Rinehart and Winston.

Glenn, Norval. 1981. "Age, Birth Cohorts, and Drinking: An Illustration of the Hazards of Inferring Effects from Cohort Data." *Journal of Gerontology*, 36: 362-69.

Glueck, Sheldon, and Eleanor Glueck. 1930. *500 Criminal Careers*. New York: Knopf.

――. 1934. *500 Delinquent Women*. New York: Knopf.

――. 1940. *Juvenile Delinquents Grown Up*. New York: Commonwealth Fund.

――. 1950. *Unraveling Juvenile Delinquency*. Cambridge, Mass.: Harvard University Press.

――. 1968. *Delinquents and Nondelinquents in Perspective*. Cambridge, Mass.: Harvard University Press.

Goddard, Henry H. 1914. *Feeble-Mindedness: Its Causes and Consequences*. New York: Macmillan.

Gold, Martin. 1970. *Delinquent Behavior in an American City*. Belmont, Calif.: Brooks/ Cole.

Golden, Reid M., and Steven F. Messner. 1987. "Dimensions of Racial Inequality and Rates of Violent Crime." *Criminology*, 25: 525-41.

Goring, Charles. 1913. *The English Convict*. Montclair, N. J.: Patterson Smith.

———. 1919. *The English Convict*. Rev. ed. London: His Majesty's Stationery Office.

Gottfredson, Michael. 1979. "Treatment Destruction Techniques." *Journal of Research in Crime and Delinquency*, 16: 39-54.

———. 1984. *Victims of Crime: The Dimensions of Risk*. London: HMSO.

———. 1986. "Substantive Contributions of Victimization Surveys." In *Crime and Justice: An Annual Review of Research*, edited by M. Tonry and N. Morris (pp. 251-87). Chicago: University of Chicago Press.

Gottfredson, Michael, and Don Gottfredson. 1980. *Decisionmaking in Criminal Justice*. Cambridge, Mass.: Ballinger.

———. 1988. *Decisionmaking in Criminal Justice*. 2d ed. New York: Plenum.

Gottfredson, Michael, and Travis Hirschi. 1986. "The True Value of Lambda Would Appear to Be Zero." Criminology, 24: 213-34.

———. 1987a. *Positive Criminology*. Newbury Park, Calif.: Sage.

———. 1987b. "The Methodological Adequacy of Longitudinal Research on Crime." *Criminology*, 25: 581-614.

———. 1988a. "Science, Public Policy, and the Career Paradigm." *Criminology*, 26: 37-55.

———. 1988b. "Career Criminals and Selective Incapacitation." In Controversial Issues in Crime and Justice, edited by J. E. Scott and T. Hirschi (pp. 199-209). Newbury Park, Calif.: Sage.

———. 1988c. "A Propensity-Event Theory of Crime." In *Advances in Criminological Theory*, vol. 1, edited by F. Adler and W. Laufer (pp. 57-67). New Brunswick, N. J.: Transaction.

Gough, Harrison G. 1948. "A Sociological Theory of Psychopathy." *American Journal of Sociology*, 53: 359-66.

Gove, Walter R. 1980. *The Labelling of Deviance: Evaluation of a Perspective*. 2d ed. Beverly Hills, Calif.: Sage.

Greenberg, David F. 1979. "Delinquency and the Age Structure of Society." In *Criminology Review Yearbook*, edited by S. L. Messinger and E. Bittner (pp. 586-620). Beverly Hills, Calif.: Sage.

———. 1981. *Crime and Capitalism: Readings in Marxist Criminology*. Palo Alto, Calif.: Mayfield.

———. 1985. "Age, Crime, and Social Explanation." *American Journal of Sociology*, 91: 1-21.

Greenwood, Peter. 1983. "Controlling the Crime Rate Through Imprisonment." In *Crime and Public Policy*, edited by J. Q. Wilson (pp. 251-69). San Francisco: Institute for Contemporary Studies.

Guttman, Louis. 1977. "What Is Not What in Statistics." *The Statistician*, 26: 81-107.

Haapanen, Rudy A. 1987. *Selective Incapacitation and the Serious Offender: A Longitudinal Study of Criminal Career Patterns*. Sacramento: California Department of the Youth Authority.

Harris, Anthony. 1977. "Sex and Theories of Deviance: Toward a Functional Theory of Deviant Type-Scripts." *American Sociological Review*, 42: 3-16.

Hartshorne, Hugh, and Mark May. 1928. *Studies in the Nature of Character*. New York: Macmillan.

Herrnstein, Richard. 1983. "Some Criminogenic Traits of Offenders." In *Crime and Public Policy*,

引用・参照文献　　257

edited by J. Q. Wilson (pp. 31-52). San Francisco: Institute for Contemporary Studies.

Hindelang, Michael J. 1971. "Age, Sex, and the Versatility of Delinquent Involvements." *Social Problems*, 18: 522-35.

———. 1973. "Causes of Delinquency: A Partial Replication and Extension." Social Problems, 20: 471-87.

———. 1976. *Criminal Victimization in Eight American Cities*. Cambridge, Mass.: Ballinger.

———. 1978. "Race and Involvement in Common Law Personal Crimes." *American Sociological Review*, 43: 93-109.

———. 1981. "Variations in Sex-Race-Age Specific Incidence Rates of Offending. "*American Sociological Review*, 46: 461-74.

Hindelang, Michael, Michael R. Gottfredson, and lames Garofalo. 1978. *Victims of Personal Crime*. Cambridge, Mass.: Ballinger.

Hindelang, Michael, Travis Hirschi, and Joseph Weis. 1981. *Measuring Delinquency*. Beverly Hills, Calif.: Sage.

Hirschi, Travis. 1969. *Causes of Delinquency*. Berkeley: University of California Press.

———. 1979. "Separate and Unequal Is Better." *Journal of Research in Crime and Delinquency*, 16: 34-38.

———. 1983. "Crime and the Family." In *Crime and Public Policy*, edited by J. Q. Wilson (pp. 53-68). San Francisco: Institute for Contemporary Studies.

Hirschi, Travis, and Michael Gottfredson. 1983. "Age and the Explanation of Crime." *American Journal of Sociology*, 89: 552-84.

———. 1986. "The Distinction Between Crime and Criminality." In *Critique and Explanation: Essays in Honor of GwynneNettler*, edited by T. F. Hartnagel and R. Silverman (pp. 55-69). New Brunswick, N. J.: Transaction.

———. 1987. "Causes of White Collar Crime." *Criminology* 25: 949-74

———. 1988a. "Toward a General Theory of Crime." In *Explaining Criminal Behaviour*, edited by W. Buikhuisen and S. A. Mednick (pp. 8-26). Leiden: E. J. Brill.

———. 1988b. "A General Theory of Crime for Cross-National Criminology." In *Proceedings of the Fifth Asian-Pacific Conference on Juvenile Delinquency* (pp. 44-53). Taipei, Taiwan.

Hirschi, Travis, and Hanan Selvin. 1967. *Delinquency Research*. New York: The Free Press.

Hirschi, Travis, and Rodney Stark. 1969. "Hellfire and Delinquency." *Social* Problems, 17: 202-13.

Hobbes, Thomas. 1957 [1651]. *Leviathan*. Oxford: Basil Blackwell.

Hope, Timothy. 1985. *Implementing Crime Prevention Measures*. Home Office Research Study no. 86. London: HMSO.

Hough, Michael. 1987. "Offenders' Choice of Target: Findings from Victim Surveys." *Journal of Quantitative Criminology*, 3: 355-69.

Hough, Michael, and Pat Mayhew. 1985. *Taking Account of Crime: Key Findings from the 1984 British Crime Survey*. Home Office Research Study no. 85. London: HMSO.

Huesmann, L. Rowell, Leonard Eron, Monroe Lefkowitz, and Leopold Walder. 1984. "Stability of Aggression over Time and Generations." *Developmental Psychology*, 20: 1120-34.

Hutchings, Barry, and Sarnoff Mednick. 1977. "Criminality in Adoptees and Their Adoptive and

Biological Parents: A Pilot Study." In *Biosocial Bases of Criminal Behavior*, edited by S. Mednick and K. O. Christiansen (pp. 127-43). New York: Gardner.

Jensen, Gary F., and Raymond Eve. 1976. "Sex Differences in Delinquency: An Examination of Popular Sociological Explanations." *Criminology*, 13: 427-48.

Johnson, Elmer, and Israel Barak-Glantz. 1983. *Comparative Criminology*. Beverly Hills, Calif.: Sage.

Johnson, Richard E. 1979. *Juvenile Delinquency and Its Origins*. Cambridge, Engl.: Cambridge University Press.

Johnston, Lloyd D., Jerald Bachman, and Patrick M. O'Malley. 1978. *Monitoring the Future*. Ann Arbor: Institute for Social Research, University of Michigan.

Johnston, Lloyd D., Patrick M. O'Malley, and Jerald Bachman. 1984. *Highlights from Drugs and American High School Students 1975-1983*. Washington, D. C.: U. S. Department of Health and Human Services.

Jonsson, G. 1967. *Delinquent Boys, Their Parents and Grandparents*. Copenhagen: Munksgaard.

Kandel, Denise B. 1978. *Longitudinal Research on Drug Use*. Washington, D. C.: Hemisphere.

Kelly, DeLos. 1982. *Creating School Failure, Youth Crime, and Deviance*. Los Angeles: Trident Shop.

Klein, Malcolm. 1971. *Street Gangs and Street Workers*. Englewood Cliffs, N. J.: Prentice Hall.

——. 1984. "Offense Specialization and Versatility Among Juveniles." *British Journal of Criminology*, 24: 185-94.

Klocka. rs, Carl B. 1974. *The Professional Fence*. New York: The Free Press.

——. 1988. "Police and the Modern Sting Operation." In *Controversial Issues In Crime and Justice*, edited by J.E. Scott and T. Hirschi (pp. 95-112). Newbury Park, Calif.: Sage.

Kornhauser, Ruth. 1978. *Social Sources of Delinquency*. Chicago: University of Chicago Press.

Lasley, James R. 1987. "Toward a Control Theory of White Collar Offending. "Unpublished manuscript. Claremont, Calif.: Department of Criminal Justice, Claremont Graduate School.

Laub, John H. 1983. "Urbanism, Race, and Crime." *Journal of Research in Crime and Delinquency*, 20: 183-98.

Lemert, Edwin. 1951. *Social Pathology*. New York: McGraw-Hill.

Loeber, Rolf. 1982. "The Stability of Antisocial and Delinquent Child Behavior: A Review." *Child Development*, 53: 1431-46.

Loeber, Rolf, and Thomas Dishion. 1983. "Early Predictors of Male Delinquency: A Review." *Psychological Bulletin*, 94: 68-99.

Loeber, Rolf, and Magda Stouthamer-Loeber. 1986. "Family Factors as Correlates and Predictors of Juvenile Conduct Problems and Delinquency." In *Crime and Justice: An Annual Review of Research*, vol. 7, edited by M. Tonry and N. Morris (pp. 29-149). Chicago: University of Chicago Press.

Logan, Charles. 1972. "Evaluation Research in Crime and Delinquency: A Reappraisal." *Journal of Criminal Law, Criminology, and Police Science*, 63: 378-98.

Lombroso, Cesare. 1918 [1899]. *Crime: Its Causes and Remedies*. Rev. ed. Boston: Little, Brown.

Mabli, Jerome, Charles Holley, Judy Patrick, and Justina Walls. 1979. "Age and Prison Violence." *Criminal Justice and Behavior*, 6: 175-86.

Mason, Robert, and Lyle D. Calvin. 1978. "A Study of Admitted Income Tax Evasion." *Law and*

Society Review, 13（Fall）: 73-89.

Matsueda, Ross. 1986. "The Dynamics of Belief and Delinquency." Paper presented at the annual meetings of the American Sociological Association.

Matza, David. 1964. *Delinquency and Drift*. New York: Wiley.

Mayhew, Pat. 1984. "Target-Hardening: How Much of an Answer？" In *Coping with Burglary*, editedby R. V. G. Clarke and T. Hope（pp. 29-44）. Boston: Kluwer-Nijhoff.

Mayhew, Pat. 1987. *Residential Burglary: A Comparison of the United States Canada, States, and England and Wales*. Washington, D. C.: National Institute of Justice.

Mayhew, Pat M., Ronald V. Clarke, A. Sturman, and J. M. Hough. 1976. *Crime as Opportunity*. Home Office Research Study no. 34. London: HMSO.

McClintock, Frederick H., and H. Howard Avison. 1968. *Crime in England and Wales*. London: Heinemann.

McCord, Joan. 1979. "Some Child-Rearing Antecedents of Criminal Behavior in Adult Men." *Journal of Personality and Social Psychology*, 37: 1477-86.

McCord, William, and Joan McCord. 1959. *Origins of Crime: A New Evaluation of the Cambridge-Somerville Study*. New York: Columbia University Press.

McGarrell, Edmund F., and Timothy J. Flanagan, eds. 1985. *Sourcebook of Criminal Justice Statistics— 1984*. Washington, D. C.: USGPO.

Mednick, Sarnoff. 1977. "A Bio-social Theory of the Learning of Law-Abiding Behavior." In *Biosocial Bases of Criminal Behavior*, edited by S. Mednick and K. O. Christiansen（pp. 1-8）. New York: Gardner.

———. 1987. "Introduction." In The Causes of Crime: New Biological Approaches, edited by S. A. Mednick, T. E. Moffitt, and S. A. Stack（pp. 1-6）. Cambridge, Engl.: Cambridge University Press.

Mednick, Sarnoff, and Karl O. Christiansen, eds. 1977. *Biosocial Bases of Criminal Behavior*. New York: Gardner.

Mednick, Sarnoff, William Gabrielli, and Barry Hutchings. 1983. "Genetic Influences in Criminal Behavior: Some Evidence from an Adoption Cohort." Paper presented at the annual meetings of the American Society of Criminology, Denver, Colorado.

———. 1984. "Genetic Influences in CriminalConvictions: Evidence from an Adoption Cohort." *Science*, 224: 891-94.

———. 1987. "Genetic Factors in the Etiology of Criminal Behavior." In *The Causes of Crime: New Biological Approaches*, edited by S. A. Mednick, T. E. Moffitt, and S. A. Stack（pp. 74-91）. Cambridge, Engl.: Cambridge University Press.

Megargee, Edwin, and M. Bohn. 1979. *Classifying Criminals*. Beverly Hills, Calif.: Sage.

Merton, Robert. 1938. "Social Structure and 'Anomie.' " *American Sociological Review*, 3: 672-82.

Miller, Judith. 1982. *National Survey on Drug Abuse: Main Findings 1982*. Washington, D. C.: U. S. Department of Health and Human Services, National Institute of Drug Abuse.

Morris, Norval, and Gordon Hawkins. 1970. *The Honest Politician's Guide to Crime Control*. Chicago: University of Chicago Press.

Murray, Charles A., and Louis A. Cox, Jr. 1979. *Beyond Probation: Juvenile Corrections and the Chronic*

Delinquent. Beverly Hills, Calif.: Sage.

Nagel, Ilene H., and John Hagan. 1983. "Gender and Crime: Offense Patterns and Criminal Court Sanctions." In *Crime and Justice: An Annual Review of Research*, vol. 4, edited by M. Tonry and N. Morris (pp. 91-144). Chicago: University of Chicago Press.

National Institute of Mental Health. 1982. *Research Highlights 1982*. Vol. 1. Washington, D. C.: U. S. Department of Health and Human Services.

Neison, Francis G. P. 1857. *Contributions to Vital Statistics*. London: Simpkin, Marshall.

Nettler, Gwynne. 1984. *Explaining Crime*. 3d ed. New York: McGraw-Hill.

———. 1982. *Killing One Another*. Cincinnati, Ohio: Anderson.

Newman, Graeme. 1976. *Comparative Deviance: Perception of Law in Six Cultures*. New York: Elsevier.

Newman, Oscar. 1972. Defensible Space: *Crime Prevention Through Urban Design*. New York: Macmillan.

New York State. 1976. *Characteristics of Inmates Under Custody*. Albany, N. Y.: Department of Correctional Services, Division of Programming Planning, Evaluation, and Research.

———. *New York State Statistical Yearbook*. 1979-80 edition. Albany, N. Y.: Division of the Budget.

Normandeau, Andre. 1968. *Trends and Patterns in Crimes of Robbery*. Ph. D. diss., University of Pennsylvania.

Olweus, Dan. 1979. "Stability of Aggressive Reaction Patterns in Males: A Review." *Psychological Bulletin*, 86: 852-75.

Ong, Jin Hui. 1986. "Drug Abuse Among Juveniles." In *Proceedings of the Fourth Asian-Pacific Conference on Juvenile Delinquency* (pp. 122-36). Seoul, Korea.

Orsagh, Thomas, and Ann D. Witte. 1981. "Economic Status and Crime: Implications for Offender Rehabilitation." *Journal of Criminal Law and Criminology*, 72: 1055-71.

Parmelee, Maurice. 1918. *Criminology*. New York: Macmillan.

Parsons, Talcott. 1957. *The Social System*. New York: Macmillan.

Patterson, Gerald R. 1980. "Children Who Steal." In *Understanding Crime*, edited by T. Hirschi and M. Gottfredson (pp. 73-90). Beverly Hills, Calif.: Sage.

Petersilia, Joan. 1980. "Criminal Career Research: A Review of Recent Evidence." In *Crime and Justice: An Annual Review of Research*, vol. 2, edited by M. Tonry and N. Morris (pp. 321-79). Chicago: University of Chicago Press.

Posner, Richard. 1977. Economic Analysis of Law. 2d ed. Boston: Little, Brown.

President's Commission on Law Enforcement and Administration of Justice. 1967. The Challenge of Crime in a Free Society. Washington, D. C.: USGPO.

Rand, Michael, Patsy Klaus, and Bruce Taylor. 1983. "The Criminal Event." In *Report to the Nation on Crime and Justice* (pp. 1-16). Washington, D. C.: U. S. Department of Justice.

Reiman, Jeffrey. 1979. *The Rich Get Richer and the Poor Get Prison*. New York: Wiley.

Reiss, Albert J., Jr. 1967. *Studies in Crime and Law Enforcement in Major Metropolitan Areas*. Vol. 1. Field Surveys III. Washington, D. C.: President's Commission on Law Enforcement and Administration of Justice.

———. 1976. "Settling the Frontiers of a Pioneer in American Criminology: Henry McKay." In

Delinquency, Crime, and Society, edited by J. F. Short (pp. 64-88). Chicago: University of Chicago Press.

———. 1988. "Co-offending and Criminal Careers." In *Crime and Justice: An Annual Review of Research*, vol. 10, edited by M. Tonry and N. Morris (pp. 117-70). Chicago: University of Chicago Press.

Reiss, Albert J., Jr., and Albert Biderman. 1980. *Data Sources on White-Collar Law-Breaking*. Washington, D. C.: U. S. Department of Justice.

Reppetto, Thomas A. 1974. *Residential Crime*. Cambridge, Mass.: Ballinger.

Reuter, Peter. 1983. *Disorganized Crime: The Economics of the Visible Hand*. Cambridge, Mass.: MIT Press.

Riley, David, and Margaret Shaw. 1985. *Parental Supervision and Juvenile Delinquency*. Home Office Research Study no. 83. London: HMSO.

Robins, Lee. 1966. *Deviant Children Grown Up*. Baltimore: Williams and Wilkins.

Robins, Lee. 1978. "Aetiological Implications in Studies of Childhood Histories Relating to Antisocial Personality." In *Psychopathic Behavior*, edited by R. Hare and D. Schalling (pp. 255-71). New York: Wiley.

Rojek, Dean, and Maynard Erickson. 1982. "Delinquent Careers." *Criminology*, 20: 5-28.

Rosenquist, Carl, and Edwin Megargee. 1969. *Delinquency in Three Cultures*. Austin: University of Texas Press.

Rosenthal Robert, and L. Jacobson. 1968. *Pygmalion in the Classroom*. New York: Holt, Rinehart and Winston.

Rossi, Peter, E. Waite, C. Bose, and Richard Berk. 1974. "The Seriousness of Crimes, Normative Structure and Individual Differences." *American Sociological Review*, 39: 224-37.

Rowe, Alan R., and Charles R. Tittle. 1977. "Life-Cycle Changes and Criminal Propensity." *Sociological Quarterly*, 18: 223-36.

Rowe, David, and D. Wayne Osgood. 1984. "Heredity and Sociological Theories of Delinquency: A Reconsideration." *American Sociological Review*, 49: 526-40.

Rutter, Michael, and Henri Giller. 1984. *Juvenile Delinquency: Trends and Perspectives*. New York: Guilford.

Sampson, Robert J. 1985. "Race and Criminal Violence: A Demographically Disaggregated Analysis of Urban Homicide." *Crime and Delinquency*, 31: 47-82.

———. 1987. "Urban Black Violence: The Effect of Male Joblessness and Family Disruption." *American Journal of Sociology*, 93: 348-82.

Schoff, Hannah Kent. 1915. *The Wayward Child*. Indianapolis: Bobbs-Merrill.

Sechrest, Lee, Susan O. White, and Elizabeth D. Brown, eds. 1979. *The Rehabilitation of Criminal Offenders: Problems and Prospects*. Washington, D. C.: National Academy of Sciences.

Sellin, Thorsten. 1938. *Culture Conflict and Crime*. New York: Social Science Research Council.

Shannon, Lyle. 1978. "Predicting Adult Criminal Careers from Juvenile Careers." Paper presented at the 30th meeting of the American Society of Criminology, Dallas.

———. 1981. *Assessing the Relationship of Adult Criminal Careers to Juvenile Careers. Final Report*.

Washington, D. C. National Institute of Juvenile Justice and Delinquency Prevention.

Shavit, Yossi, and Ayre Rattner. 1988. "Age, Crime, and the Early Life Course." *American Journal of Sociology*, 93: 1457-70.

Shaw, Clifford, and Henry McKay. 1931. *Social Factors in Juvenile Delinquency*. Washington, D. C.: USGPO.

———. 1942. *Juvenile Delinquency and Urban Areas. Chicago*: University of Chicago Press.

Sherman, Lawrence W. 1983. "Patrol Strategies for Police." In *Crime and Public Policy*, edited by J. Q. Wilson (pp. 145-63). San Francisco: Institute for Contemporary Studies.

Sherman, Lawrence W., and Richard A. Berk. 1984. "The Specific Deterrent Effects of Arrest for Domestic Assault." *American Sociological Review*, 49: 261-72.

Short, James F. 1987. "Exploring Integration of the Theoretical Levels of Explanation: Notes on Juvenile Delinquency." Paper presented at the Albany Conference on Theoretical Integration in the Study of Deviance and Crime, State University of New York at Albany, Department of Sociology.

Short, James F., and Fred L. Strodtbeck. 1965. *Group Process and Gang Delinquency*. Chicago: University of Chicago Press.

Siegel, Larry J., and Joseph J. Senna. 1981. *Juvenile Delinquency*. St. Paul, Minn.: West.

Silberman, Charles E. 1978. *Criminal Violence, Criminal Justice*. New York: Random House.

Simon, Rita J. 1975. *Women and Crime*. Lexington, Mass.: Lexington Books.

Skinner, Burrhus F. 1953. *Science and Human Behavior*. New York: Macmillan.

Skogan, Wesley. 1979. "Crime in Contemporary America." In *Violence in America*, edited by H. Graham and T. Gurr (pp. 375-91). Beverly Hills, Calif.: Sage.

ence Citation Index, 1966-84 editions. Philadelphia, Pa.: Institute for Scientific Information.

Sparks, Richard F., Hazel G. Genn, and David J. Dodd. 1977. *Surveying Victims: A Study of the Measurement of Criminal Victimization*. New York: Wiley.

Steffensmeier, Darrell, Emilie Allan, Miles Harer, and Cathy Streifel. 1989. "Age and the Distribution of Crime." *American Journal of Sociology*, 94: 803-31.

Stewart, James K. 1987. "Foreword." In *Research Program Fiscal Year 1988*. Washington, D. C.: National Institute of Justice.

Stinchcombe, Arthur. 1964. *Rebellion in a High School*. Chicago: Quadrangle.

Sutherland, Edwin. 1924. *Criminology*. Philadelphia: Lippincott.

———. 1937. *The Professional Thief*. Chicago: University of Chicago Press.

———. 1939. *Principles of Criminology*. Philadelphia: Lippincott.

———. 1940. *White Collar Crime*. New Haven: Yale University Press.

———. 1983. White Collar Crime: The Uncut Version. New Haven: Yale University Press.

Sutherland, Edwin, and Donald Cressey. 1978. *Principles of Criminology*. 10th ed. Philadelphia: Lippincott.

Suttles, Gerald D. 1968. *The Social Order of the Slum*. Chicago: University of Chicago Press.

Tannenbaum, Frank. 1938. *Crime and the Community*. Boston: Ginn.

Teresa, Vincent. 1973. *My Life in the Mafia*. New York: Doubleday.

引用・参照文献　　263

Thomas, William I. 1923. *The Unadjusted Girl*. New York: Harper.

Thrasher, Frederic. 1927. *The Gang: A Study of 1313 Gangs*. Chicago: University of Chicago Press.

Tittle, Charles R. 1980. *Sanctions and Social Deviance*. New York: Praeger.

———. 1988. "Two Empirical Regularities (Maybe) in Search of an Explanation: Commentary on the Age/Crime Debate." *Criminology*, 26: 75-85.

Tittle, Charles, Wayne Villemez, and Douglas Smith. 1978. "The Myth of Social Class and Criminality." *American Sociological Review*, 43: 643-56.

Toby, Jackson. 1979a. "Delinquency in Cross-Cultural Perspective." In *Juve-nile Justice: The Progressive Legacy and Current Reforms*, edited by L. T. Empey (pp. 105-49). Charlottesville: University Press of Virginia.

———. 1979b. "The New Criminology Is the Old Sentimentality." Criminology, 16: 516-26.

Tracy, Paul, Marvin Wolfgang, and Robert Figlio. 1985. *Delinquency in Two Birth Cohorts*. Washington, D. C.: U. S. Department of Justice.

Trasler, Gordon. 1980. "Aspects of Causality, Culture and Crime." Paper presented at the Fourth International Seminar at the International Center of Sociological, Penal and Penitentiary Research and Studies, Messina, Italy.

———. 1987. "Some Cautions for the Biological Approach to Crime Causation." In *The Causes of Crime: New Biological Approaches*, edited by S. A. Mednick, T. E. Moffitt, and S. A. Stack (pp. 7-24). Cambridge, Engl.: Cambridge University Press.

Turk, Austin T. 1969. *Criminality and the Legal Order*. Chicago: Rand-McNally.

Turner, Stanley. 1969. "Delinquency and Distance." In *Delinquency: Selected Studies*, edited by T. Selling and M. Wolfgang (pp. 11-27). New York: Wiley.

U. S. Department of Justice. 1979. *Uniform Crime Reports for the United States*. Washington, D. C.: USGPO.

———. 1981. *Uniform Crime Reports for the United States*. Washington, D. C.: USGPO.

———. 1985. *Uniform Crime Reports for the United States*. Washington, D. C.: USGPO.

Vaughan, Diane. 1983. *Controlling Unlawful Organizational Behavior*. Chicago: University of Chicago Press.

Vold, George. 1979. *Theoretical Criminology*. 2d ed., prepared by Thomas Bernard. New York: Oxford University Press.

von Hirsch, Andrew. 1985. *Past or Future Crimes*. New Brunswick, N. J.: Rutgers University Press.

Wadsworth, Michael F. J. 1979. *Roots of Delinquency: Infancy, Adolescence and Crime*. Oxford: Martin Robertson.

Waller, Irvin, and Norman Okihiro. 1978. *Burglary: The Victim and the Public*. Toronto: University of Toronto Press.

Warren, Marguerite. 1981. *Comparing Male and Female Offenders*. Beverly Hills, Calif.: Sage.

West, Donald. 1982. *Delinquency: Its Roots, Careers, and Prospects*. London: Heinemann.

West, Donald, and David Farrington. 1973. *Who Becomes Delinquent*? London: Heinemann.

———. 1977. *The Delinquent Way of Life*. London: Heinemann.

Wheeler, Stanton, David Weisburd, and Nancy Bode. 1982. "Sentencing the White Collar

Offender." *American Sociological Review*, 47: 641-59.

Wheeler, Stanton, David Weisburd, Elin Waring, and Nancy Bode. 1988. "White Collar Crime and Criminals." *American Criminal Law Review*, 25: 331-56.

Wiatrowski, Michael D., David B. Griswold, and Mary K. Roberts. 1981. "Social Control Theory and Delinquency." *American Sociological Review*, 46: 525-41.

Wilbanks, William. 1986. *The Myth of a Racist Criminal Justice System*. Belmont, Calif.: Brooks/Cole.

Will, George. 1987. "Keep Your Eye on Giuliani." *Newsweek*, March 2, p. 84.

Williams, Jay, and Martin Gold. 1972. "From Delinquent Behavior to Official Delinquency." *Social Problems*, 20: 209-29.

Wilson, James Q. 1975. *Thinking About Crime*. New York: Basic Books.

Wilson, James Q., and Richard Herrnstein. 1985. *Crime and Human Nature*. New York: Simon and Schuster.

Winchester, Stuart, and Hilary Jackson. 1982. *Residential Burglary: The Limits of Prevention*. London: HMSO.

Witkin, Herman, Sarnoff Mednick, Fini Schulsinger, Eskild Bakkestrom, Karl Christiansen, Donald Goodenough, Kurt Hirschhorn, Claes Lundsteen, David Owen, John Philip, Donald Rubin, and Martha Stocking. 1977. "Criminality, Aggression, and Intelligence among XYY and XXY Men." In *Biosocial Bases of Criminal Behavior*, edited by S. Mednick and K. O. Christiansen (pp. 165-87). New York: Gardner.

Witte, Ann D., and Diane F. Woodbury. 1985. "The Effect of Tax Laws and Tax Administration on Tax Compliance: The Case of the U. S. Invidividual IncomeTax." *National Tax Journal*, 38: 1-13.

Wolfgang, Marvin. 1961. "Quantitative Analysis of Adjustment to the Prison Community." *Journal of Criminal Law, Criminology, and Police Science*, 51: 608-18.

Wolfgang, Marvin, and Franco Ferracuti. 1967. *The Subculture of Violence: Towards an Integrated Theory in Criminology*. Beverly Hills, Calif.: Sage.

Wolfgang, Marvin, Robert Figlio, and Thorsten Sellin. 1972. *Delinquency in a Birth Cohort*. Chicago: University of Chicago Press.

Wolfgang, Marvin, Robert Figlio, and Terence Thornberry. 1978. *Evaluating Criminology*. New York: Elsevier.

Wright, James D. 1986. "The Armed Criminal in America." Research in Brief. U. S. Department of Justice, National Institute of Justice. November.

Yablonsky, Lewis. 1962. *The Violent Gang*. New York: Macmillan.

Zeisel, Hans. 1982. "Disagreement over the Evaluation of a Controlled Experiment." *American Journal of Sociology*, 88: 378-96.

Zimring, Franklin. 1981. "Kids, Groups and Crime: Some Implications of a Well-Known Secret." *Journal of Criminal Law and Criminology*, 72: 867-85.

Zink, Theodore. 1958. "Are Prison Troublemakers Different?" *Journal of Criminal Law, Criminology, and Police Science*, 48: 433-34.

索　引

Index

▶あ行

アイゼンク, H.　Eysenck, H.　63, 80,
　84, 100, 123

アシャッヘンバーグ, G.　Aschaffenburg,
　G.　36

アーチャー, D.　Archer, D.　156

アドラー, F.　Adler, F.　133, 162

アノミー　Anomie　65, 71　☞緊張理論

アルコールと犯罪　Alcohol and crime
　28, 35, 46, 126, 150, 216

アーロン, L.　Eron, L.　62

育　児　Childrearing　88, 93, 209, 249
　――と自己統制 and self-control　95

遺伝性と犯罪　Heredity and crime　53, 72

イブ, R.　Eve, R.　134, 136

因果列　Causal order　203

エーカーズ, R.　Akers, R.　35, 65

エリオット, D.　Elliott, D.　38, 70, 107,
　117, 141, 142, 202, 207, 210, 212, 214, 227

エリクソン, M.　Erickson, M.　83, 141,
　186

エリス, L.　Ellis, L.　48, 54, 118

エーリッヒ, I.　Ehrlich, I.　61, 67

エンピィ, L.　Empey, L.　113, 135

横断的研究　Cross-sectional research
　202, 214

横　領　Embezzlement　14, 34, 172

オーサグ, T.　Orsagh, T.　149

オスグッド, D.　Osgood, D.　54

囮捜査　Sting operations　22, 31, 193

親　Parents　49, 83, 88, 93, 129, 136, 142,
　216, 244
　――による監督（監視）supervision by
　　134, 248　☞家族要因
　――の低自己統制　and low self-control
　　92
　――の罰　punishment by　88

――の犯罪性　criminality of　50, 90,
　151, 219

オーリン, L.　Ohlin, L.　20, 73, 83, 103,
　130, 147, 151

オルベウス, D.　Olweus, D.　59, 161,
　211

オング, J.　Ong, J.　162

▶か行

下位文化理論　Subcultural theories　70,
　158　☞文化逸脱理論

学習理論　Learning theories　18, 64, 107,
　143

学問分野（諸学問分野）Discipline
　(Disciplines)　8, 43, 63, 74, 155, 184

家族要因　Family factors　209
　家族規模　size of family　93, 160　☞親
　――と公共政策　and public policy　91

カーチス, L.　Curtis, L.　112, 138

学　校　School　27, 60, 70, 95, 130, 145,
　189, 213, 229, 232

葛藤理論　Conflict theories　70, 186
　☞文化逸脱理論

ガーテン, R.　Gartner, R.　156

カリフォルニア人格検査　California
　Personality Inventory　99

ガールフレンド　Girlfriends　124, 127

感受性の欠如　Insensitivity　32

機会理論　Opportunity theory　199

企業犯罪　Corporate crime　165, 186
　☞ホワイト・カラー犯罪

喫　煙　Smoking　10, 35, 81, 220

帰納的方法　Inductive method　19, 43,
　73, 158

ギャロファロー, J.　Garofalo, J.　11, 14,
　19, 25, 31

キャンベル, D.　Campbell, D.　198,
　215

キュリエ, E.　Currie, E.　90
ギラー, H.　Giller, H.　88, 134, 138
緊張理論　Strain theories　69, 71, 103,
　139, 147, 169, 227
クック, P.　Cook, P.　20
クック, T.　Cook, T.　198, 215
クライン, M.　Klein, M.　68, 83, 189
クラーク, R.　Clarke, R.　12, 19, 164,
　199
グリーンウッド, P.　Greenwood, P.
　227, 238
グリーンバーグ, D.　Greenberg, D.　112,
　121, 155, 205, 216, 227
クリスチャンセン, K.　Christiansen, K.
　133
クリナード, M.　Clinard, M.　45, 165,
　168
グリュック, S. とグリュック, E.
　Glueck, S. and E.　60, 61, 62, 89, 94,
　128, 141, 150, 151, 153, 201, 202, 212, 242,
　243
グレイサー, D.　Glaser, D.　113, 243
クレッシー, D.　Cressey, D.　34, 121,
　192,
クロウ, R.　Crowe, R.　54
クロッカーズ, C.　Klockars, C.　22, 30,
　193
クロニンジャー, R.　Cloninger, R.　52
クロワード, R.　Cloward, R.　20, 73, 83,
　103, 130, 147
経済学的実証主義　Economic positivism
　66
警　察　Police　14, 22, 30, 125, 188, 193,
　222, 235, 245
ゲイス, G.　Geis, G.　164, 171
結　婚　Marriage　81, 135, 151, 211, 227
ケトレー, A.　Quetelet, A.　74
ケリー, D.　Kelly, D.　146
研究デザイン　Research design　3, 198
　処　遇　and treatment　215
　縦断的研究　longitudinal,　198
ケンドル, D.　Kandel, D.　35
公共政策　Public policy　3, 232

攻撃性　Aggression　59, 78, 155, 211
更　生　Rehabilitation　233, 244
強　盗　Robbery　14, 25, 38, 42, 158, 221,
　245
コーエン, A.　Cohen, A.　70, 71, 130,
　142, 147
コーエン, J.　Cohen, J.　18, 115, 151,
　206, 234, 242, 243
コーエン, L.　Cohen, L.　20, 171, 199,
　206
個人レベル分析　Individual-level analysis
　63, 97, 112, 142, 212
ゴッテスマン, I.　Gottesman, I.　52
古典学派理論　Classical theory　2, 71, 79,
　166, 248
コーニッシュ, D.　Cornish, D.　12, 19,
　101, 164, 173, 199
ゴフ, H.　Gough, H.　84
ゴブ, W.　Gove, W.　147
コホート研究　Cohort studies　203, 207
　☞縦断的研究
雇　用　Employment　34
　親の——と犯罪　of parents and crime
　94
　——と犯罪　and crime　149
　——の不安定さ　instability of　56, 62,
　81, 151
ゴーリング, C.　Goring, C.　45, 63, 113,
　122
ゴールド, M.　Gold, M.　141
コンクリン, J.　Conklin, J.　25, 137
コーンハウザー, R.　Kornhauser, R.　6,
　69, 103, 112, 138, 148, 181

▶さ行

詐　欺　Fraud　16, 134, 174, 191
サザーランド, E.　Sutherland, E.　7, 34,
　64, 69, 70, 71, 98, 121, 142, 166, 167, 169,
　170, 171, 174, 178, 180, 181, 192
殺　人　Homicide　16, 27, 105, 158, 177,
　247
サトルズ, G.　Suttles, G.　15, 138, 139,
　145, 189

サンプソン, R.　Sampson, R.　93, 139

ジェンセン, G.　Jensen, G.　133, 141, 145, 186

ジェンダー　Gender　72, 116, 132, 162, 206

シーゲル, L.　Siegel, L.　120

事　故　Accidents　84, 95, 117, 121

自己統制　Self-control　77, 125, 142, 159, 187, 200, 212, 245

　公共政策　public policy　232

　組織体犯罪　organized crime　232

　――とホワイト・カラー犯罪　and white-collar crime　83

　――における学校の役割　schools' role in　95

　――の安定性　stability of　98, 108

　――の形成における家族要因　family factors in manifestations of　209

　――の原因　causes of　80, 137

　――の社会的帰結　social consequences of　142

　――の要素　elements of　80

　比較文化的意義　cross-cultural relevance　159

自己統制の安定性　Stability of self-control　98

自己報告測度　Self-report measures　223,

失　業　Unemployment　149, 156, 218, 227　☞雇用

実　験　Experiments　48, 150, 190, 215

実証学派　Positivism　2, 19, 42, 58, 104, 116, 132, 154, 165, 185, 208, 233, 244

　実証学派思想　positivistic thought　57, 64

　タイプ分け傾向　tendency to typologize　45

　多因子因果性　multi-factor causation　63, 69

　――と公共政策　and public policy　3

　――の学問分野特性　disciplinary character of　9, 43, 63

　――の犯罪定義　definition of crime in　55

ホワイト・カラー犯罪　and white-collarcrime　165

自動車盗　Auto theft　14, 30, 173

シモン, R.　Simon, R.　134

社会化　Socialization　35, 69, 86, 95, 106, 136, 180, 245　☞自己統制

社会階級　Social class　71

社会解体　Social disorganization　6, 69, 74, 178

社会学　Sociolog　6, 58, 112, 124, 134, 155, 165, 179, 185, 227　☞文化逸脱理論

　古典学派への反立　opposed to classical thought,　71, 165

　――とホワイト・カラー犯罪　and white-collar crime　16, 166, 183

社会学的実証学派　Sociological positivism　185, 242

社会契約　Social contract　5, 106

ジャクソン, H.　Jackson, H.　22

シャーマン, L.　Sherman, L.　30, 245

自由意志　Free will　4, 42, 185

銃規制　Gun control　246

縦断的研究　Longitudinal research　85, 198

出現率　Incidence rates　219, 230

ショー, M.　Shaw, M.　89, 162

衝動性　Impulsivity　86, 99, 157

職業上の犯罪　Occupational crime　106, 134, 172, 178

職業犯罪者　Career criminals　78, 83, 219, 241　☞選択的不能化

ショート, J.　Short, J.　141, 187

ジョンストン, L.　Johnston, L.　35

進化生物学　Evolutionary biology　76

人　種　Race　26, 112, 162, 176, 207, 224

侵入盗　Burglary　14, 46, 67, 158, 173, 222, 246

心理学的実証学派　Psychological positivism　58, 242

スコーガン, W.　Skogan, W.　25

スコッフ, H.　Schoff, H.　37

スターク, R.　Stark, R.　6

ステフェンズマイヤー, D.　Steffensmeier,

D. 121

ステンチクーム, A. Stinchcombe, A. 96

制裁 Sanctions 4, 63, 77, 90, 190, 237

成熟矯正（成熟による矯正） Maturational reform 126

生物学的実証主義 Biological positivism 42, 73, 112

ゼックレスト, L. Sechrest, L. 244

セリン, T. Sellin, T. 69, 82, 116, 200, 207, 215, 234, 240

選択的不能化 Selective incapacitation 235 ☞職業犯罪者

専門分化 Specialization 39, 61, 82, 173, 230, 242

組織体犯罪 Organized crime 171, 181, 233

組織と犯罪 Organization and crime 184

▶た行

怠学 Truancy 74, 95, 159, 217, 232 ☞学校

多因子アプローチ Multiple-factor approach 69

ダーウィン, C. Darwin, C. 42, 228

ターク, A. Turk, A. 70

ターナー, S. Turner, S. 15

タンネンバウム, F. Tannenbaum, F. 146

知能 Intelligence 78, 112, 179 ☞知能指数

チャンブリス, W. Chambliss, W. ☞ 38

テイトル, C. Tittle, C. 72, 117, 129

デフロア, L. DeFleur, L. 115, 157

テレビと暴力 Television and violence 62, 90, 139

トビィ, J. Toby, J. 162, 170

トレイシー, P. Tracy, P. 203, 206, 217

トレイスラー, G. Trasler, G. 123, 126

▶な行

仲間集団 Peer group 70, 141, 190

日常活動理論 Routine activity theory 199 ☞機会理論

ニューマン, G. Newman, G. 138, 162

ニューマン, O. Newman, O. 199

人間の本性 Human nature 3, 65, 106, 160

ネーゲル, D. Nagin, D. 18, 67, 234

ネーゲル, I. Nagel, I. 133, 135

ネトラー, G. Nettler, G. 133

年齢と犯罪 Age and crime 113, 179, 205, 242

初発年齢 age of onset 115, 130, 207

——とデモグラフィック集団 and demographic groups 115, 175

——と投獄の効用 and effectiveness of incapacitation 238, 240

——と年齢効果の社会学理論 and social theories of age effect 123, 129, 177

——と犯罪タイプ and types of crime 116

——とホワイト・カラー犯罪 and white-collar crime 177

——と類似事象 and analogous events 37

予測 prediction 239

ノーマンディ, A. Normandeau, A. 26

▶は行

バーク, R. Berk, R. 30, 127, 149, 153

バージェス, R. Burgess, R. 7, 64, 89, 94

パーソナリティ Personality 58, 78, 98, 155

パーソンズ, T. Parsons, T. 61

パターソン, G. Patterson, G. 89, 91, 210

ハッチングス, B. Hutchings 48

ハーパネン, R. Haapanen, R. 243

ハフ, M. Hough, M. 16, 21, 25

パーメリー, M. Parmelee, M. 69

ハリス, A. Harris, A. 112, 132

犯罪 Crime

——の概念 idea of 3, 35, 56, 71,

165, 194

——のタイプ　distinctions among types　47, 116, 164, 173186, 233

タイプ間の関連性　connections among types　47, 116, 183,

——の定義　definition of　2, 19, 154, 168, 173

——の特徴　characteristics of　12, 14, 18, 20

——の本質　nature of　13, 67, 139, 182, 201, 241

——の利益　benefits of　64

犯罪キャリア　Criminal careers　151, 211, 225, 242　☞職業犯罪者

犯罪行為　Criminal acts　11, 14

犯罪性　Criminality　3, 77

犯罪動機　Motives for crime　35, 71, 232

犯罪のバーサティリティ　Versatility in offending　68, 72, 82, 230, 246

犯罪理論　Theories of crime　3, 13, 39, 43, 55, 58, 71, 77, 82, 88, 100, 107, 112, 120, 132, 149, 155, 171, 186, 226, 248　☞文化逸脱理論、緊張理論

ハーンシュタイン, R.　Herrnstein, R.　13, 28, 38, 48, 59, 79, 98, 113, 137, 157, 219

バンデューラ, A.　Bandura, A.　58, 64, 155

ビアン, P.　Beirne, P.　155, 156

被害者　Victims　5, 14, 26, 31, 38, 69, 81, 104, 138, 161, 174, 199, 247

比較犯罪学　Comparative criminology　156

比較文化的犯罪学　Cross-cultural criminology　134, 157

非行の集団特性　Group nature of delinquency　142　☞ギャング

非行予測　Prediction of delinquency　236

ビジネスと犯罪　Business and crime　192　☞ホワイト・カラー犯罪

ヒューズマン, L.　Huesmann, L.　59

ヒンデラング, M.　Hindelang, M.　11, 14, 20, 22, 25, 30, 68, 83, 133, 141, 208,

226, 242

ファーリントン, D.　Farrington, D(1978, 1979, 1986a, 1986b)　122, 151, 152, 204, 209, 120, 215, 217, 223, 225, 227；（ブラムシュタイン、コーエンとの共著 1988) 218；（オーリン、ウィルソンとの共著 1986) 151, 152；（ウェストとの共著 1977, 1986) 91, 218

フィグリオ, R.　Figlio, R.　68, 83, 116, 202, 215, 234, 240

フィーニィ, F.　Feeney, F.　25

フェリ, E.　Ferri, E.　37, 44

フェルソン, M.　Felson, M.　11, 20

不能化　Incapacitation　233, 244

フライディ, P.　Friday, P.　158

ブラウ, J. とブラウ, P.　Blau, J. and P.　139, 165

フラナガン, T.　Flanagan, T.　16, 118

ブランティンハム, P.　Brantingham, P.　23

フリーマン, R.　Freeman, R.　149

ブルームシュタイン, A.　Blumstein. A　204, 207；（コーエンとの共著 1979) 115, 206, 242；（コーエンとの共著 1987) 18, 67；（コーエン、ファーリントンとの共著 1988) 206, 218, 223, 225；（コーエン、ネーギンとの共著 1978) 18, 67, 234；（ブルームシュタインら 1986) 207, 208, 209, 211, 213, 214

ブレイスウェイト, M.　Braithwaite, M.　72, 165, 168, 171, 180

ブロック, R.　Block, R.　156

文化逸脱理論　Cultural deviance theories　69, 142, 157

分化的接触　Differential association　70, 180, 227　☞サザーランド, E.

文化と犯罪　Culture and crime　154

ヘーガン, J.　Hagan, J.　133

ペーターシリア, J.　Petersilia, J.　25, 82, 204

ベッカー, G.　Becker, G.　65

ベッカー, H.　Becker, H.　71

ベッカリーア, C.　Beccaria, C.　3, 65

ベンサム, J.　Bentham, J.　3, 58, 66, 78
防　犯　Prevention passim　16, 33, 222,
　　235
ホーキンス, G.　Hawkins, G.　38, 194
ポスナー, R.　Posner, R.　65
ホッブズ, T.　Hobbes, T.　3, 6
ホープ, T.　Hope, T.　199
ボーマン, M.　Bohman, M.　53
ボルド, G.　Vold, G.　70
ボーン, D.　Vaughan, D.　180, 181
ポンテル, H.　Pontell, H.　167

▶ま行

マツエダ, R.　Matsueda, R.　210
マッケイ, H.　McKay, H.　74, 141, 186
マッコード, J.　McCord, J.　62, 88, 128,
　　152, 203, 236
マッコード, W.　McCord, W.　62, 88,
　　128, 152, 203, 236
マッツア, D.　Matza, D.　12, 122, 130,
マートン, R.　Merton, R.　60, 71, 101,
　　147, 155, 165
マフィア　Mafia　185, 191　☞組織体犯罪
マレイ, C.　Murray, C.　244
ミネソタ多面的人格目録　Minnesota
　　Multiphasic Personality Inventory　99
ミラー, J.　Miller, J.　135
民族性　Ethnicity　137, 162, 230
メイソン, R.　Mason, R.　177
メイヒュー, P.　Mayhew, P.　12, 18, 22,
　　30, 156, 199
メイヤー, R.　Meier, R.　164, 171
メガージ, E.　Megargee, E.　44, 162
メドニック, S.　Mednick, S.　48, 101
モリス, N.　Morris, N.　38, 194

▶や行

ヤンソン, G.　Jonsson, G.　133
有病率　Prevalence rates　14, 22, 125, 190,

222, 244
養子研究　Adoption studies　48, 52
抑　止　Deterrence　39, 77, 200
　　☞経済学的実証主義

▶ら行

ラウブ, J.　Laub, J.　137
ラスレー, J.　Lasley, J.　181
ラベリング理論　Labeling theories　70,
　　112, 146
ラムダ　Lambda　219, 222, 229
ランド, K.　Land, K.　206, 208
離　婚　Divorce　56, 93, 215
リース, A.　Reiss, A.　15, 23, 145, 167,
　　186, 202
リレー, D.　Riley, D.　89, 162
良　心　Conscience　5, 64, 80, 102, 123
ルター, M.　Rutter, M.　88, 100, 134,
　　138, 177
レーバー, R.　Loeber, R.　90, 152, 211
レペット, T.　Reppetto, T.　22
レマート, E.　Lemert, E.　70
ロー, D.　Rowe, D.　54, 121, 177
ローガン, J.　Logan, J.　215
ロジェック, D.　Rojek, D.　83
ローゼンクェスト, C.　Rosenquist, C.
　　162
ローター, P.　Reuter, P.　16, 67, 139,
　　150, 181
ロッシ, P.　Rossi, P.　127, 138, 149, 153
ロビンズ, L.　Robins, L.　84, 91, 95, 155
ロンブローゾ, C.　Lombroso, C.　42,
　　56, 64, 102, 234

▶わ行

ワイス, J.　Weise, J.　133, 141, 210
ワズワース, M.　Wadsworth, M.　133
ワーレン, M.　Warren, M.　132, 135,
　　136

訳者略歴
大渕憲一（おおぶち・けんいち）
1950 年生まれ．社会心理学者．東北大学名誉教授．放送大学
宮城学習センター所長．1977 年より東北大学文学部助教授，
教授を務め，2016 年より現職．日本犯罪心理学会会長，日本
社会心理学会理事等を歴任．紛争解決，攻撃性，社会的公正
を専門とする．『犯罪心理学事典』（丸善出版）編集幹事．『人
を傷つける心』（サイエンス社）等，著書・翻訳書多数．

犯罪の一般理論——低自己統制シンドローム

平成 30 年 9 月 30 日　発　行

訳　者　　大　渕　憲　一

発行者　　池　田　和　博

発行所　　丸善出版株式会社
〒101-0051 東京都千代田区神田神保町二丁目17番
編集：電話 (03) 3512-3266 ／FAX (03) 3512-3272
営業：電話 (03) 3512-3256 ／FAX (03) 3512-3270
https://www.maruzen-publishing.co.jp

© OHBUCHI KEN-ICHI, 2018

組版印刷・中央印刷株式会社／製本・株式会社 松岳社

ISBN 978-4-621-30318-4　C 3011　　　　　Printed in Japan

本書の無断複写は著作権法上での例外を除き禁じられています．